中国海外耕地投资战略与对策
——基于粮食安全的视角

卢新海　韩　璟◎著

国家社科基金重点项目（11AGL005）成果
华中科技大学文科学术著作出版基金资助

科学出版社

北　京

内 容 简 介

中国人多地少，粮食生产潜力有限，且快速城市化进程中大量耕地被占用。如何保障国家粮食安全，成为中国可持续发展面临的重要难题。本书提出了通过"海外耕地投资"举措来保障中国粮食安全的战略构想与实施策略，并从三个方面对中国建立海外耕地投资战略进行了论述：一是从全球粮食安全困境与海外耕地投资状况、中国粮食安全形势与海外耕地投资决策方面进行分析，阐述了中国建立国家海外耕地投资战略的重大意义；二是从海外耕地投资地域的选择、海外耕地投资模式的选择、海外耕地投资风险的管控等方面论述了国家海外耕地投资战略的主要内涵；三是在通盘考虑国家粮食安全战略、政府角色、市场特色的基础上，构建了涵盖"战略支撑、政府支持、市场服务"三位一体的海外耕地投资保障体系。

本书适合从事宏观经济管理、可持续发展、农业经济与国土资源等领域的研究人员、管理人员与高校师生阅读。

图书在版编目（CIP）数据

中国海外耕地投资战略与对策：基于粮食安全的视角/卢新海，韩璟著.
—北京：科学出版社，2015

ISBN 978-7-03-046879-6

Ⅰ.①中… Ⅱ.①卢… ②韩… Ⅲ.①耕地–海外投资–投资战略–研究–中国 Ⅳ.①F323.9

中国版本图书馆 CIP 数据核字（2015）第 308640 号

责任编辑：马 跃 徐 倩 / 责任校对：高明虎
责任印制：霍 兵 / 封面设计：无极书装

科学出版社 出版
北京东黄城根北街 16 号
邮政编码：100717
http://www.sciencep.com

北京通州皇家印刷厂 印刷

科学出版社发行 各地新华书店经销

*

2015 年 12 月第 一 版 开本：720×1000 1/16
2015 年 12 月第一次印刷 印张：17 1/2
字数：352 000

定价：105.00 元

（如有印装质量问题，我社负责调换）

作 者 简 介

卢新海，二级教授、华中学者特聘教授、博士研究生导师，华中科技大学国土资源与不动产研究中心主任。同济大学管理工程博士，比利时鲁汶大学（Katholieke Universiteit Leuven，KULeuven）城市经济学博士后，英国伦敦大学学院（University College London，UCL）高级研究学者。中央党校哲学社会科学教学科研骨干研修班结业。主持国家社会科学基金重点项目、面上项目及国家自然科学基金面上项目等研究课题 30 多项，出版专著与主编教材 10 余部，发表论文 200 多篇，获得省部级政府科技奖励 6 次。

韩璟，华中科技大学土地资源管理专业博士、应用经济学博士后，华中师范大学公共管理学院讲师，主持国家自然科学基金项目、中国博士后科学基金项目各 1 项，发表学术论文 20 余篇。

前　　言

本书是在笔者主持的国家社会科学基金重点项目"基于粮食安全的中国海外耕地投资战略与对策研究"（项目批准号 11AGL005）最终成果的基础上，改编撰写的，由华中科技大学文科学术著作出版基金资助出版。

1. 海外耕地投资研究的背景

西汉贾谊在上奏汉文帝刘恒的《论积贮疏》中提到"夫积贮者，天下之大命也"，意思是粮食安全问题是执政者治国安邦的首要问题。习近平总书记也多次强调，保障粮食安全对中国来说是永恒的课题，任何时候都不能放松。虽然 20 世纪以来，人类在粮食生产上取得了长足的进步，但是受人口增长、资源退化、能源紧缺等因素的影响，马尔萨斯在《人口论》中对人类发展前景的悲观估计，仍如笼罩在人类可持续发展道路上的乌云，吹之不散。对中国来说，虽然改革开放以来，在粮食生产、国民收入上取得了巨大成就，但是受耕地面积迅速减少、耕地质量持续下降、环境污染日益严重、水资源约束逐渐趋紧及粮食金融化趋势不断加强等因素的影响，中国粮食安全形势并不乐观。中国的粮食自给率已经常性低于 95% 的安全警戒线，三大粮食品种的净进口也已常态化。正如《国家粮食安全中长期规划纲要（2008-2020 年）》所指出的，受人口、耕地、水资源、气候、能源、国际市场等因素变化的影响，中国粮食和食物安全将面临严峻挑战。

在全球粮食安全形势恶化，粮价持续走高的背景下，重新分配全球农业资源，特别是投资他国耕地资源已成为一些国家的重要选择。无论是粮食安全保障程度较高且经济发达的美国、英国、德国，还是粮食紧缺的日本、韩国、沙特、印度均已深涉其中，全球海外耕地投资规模已高达 5800 余万公顷。实际上，随着中国综合国力的提升和农业"走出去"战略的深入实施，中国企业已自发参与到全球海外耕地投资潮流中，据国际非政府组织遗传资源行动国际（Genetic Resources Action International，GRAIN）和 LandMatrix 的统计数据，目前中国企业一共投资海外耕地投资项目 68 个，涉及面积 288.1 万公顷。然而，国内政府官员却多次在媒体面前否认中国企业进行海外耕地投资，这使得中国投资企业进退失据。2013 年年底，中央农村经济工作会议再次强调，中国要确保谷物基本自给、口粮绝对安全，并提出要善于用好"两个市场、两种资源"，适当加快农业"走出去"

的步伐。因此，在全球海外耕地投资发展迅速、中国粮食安全形势严峻、农业企业"走出去"战略深入实施的时代背景下，海外耕地投资问题应当进入中国决策者的视野。

　　2. 本书的基本内容和观点

　　本书以保障国家粮食安全为目标，对海外耕地投资问题进行了较为系统地研究，其主要内容和基本观点如下。

　　（1）在经济全球化背景下，全球粮食安全形势的恶化和"人口-土地-技术"配置的不均衡必然导致海外耕地投资趋势的不可逆转。在过去的 50 年里，全球粮食总产量实现了翻三番的巨大成就，然而，随着全球人口规模的急剧膨胀、生物能源产业的快速发展，全球粮食供需失衡风险仍有扩大的趋势，克服全球粮食安全问题的焦点已由平衡粮食供需向增强粮食供给转移。从耕地的区域分布看，大多数亚洲和欧洲国家的人均耕地面积较小，资源局限突出。而拥有全球约 90%后备耕地资源的拉丁美洲国家和撒哈拉以南非洲国家的农业生产技术低下，粮食生产率极低，但这些地区成为未来提高全球粮食产量的希望所在。正是在以上客观条件下，产生了驱动海外耕地投资发展的六大现实动力：①粮食安全；②能源安全；③金融逐利；④产业控制；⑤资源控制；⑥公共政策。另外，全球海外耕地投资规模的爆发式增长和问题的凸显，也引起了相关国际组织的重视。世界银行（World Bank，WB）、联合国粮农组织（Food and Agriculture Organization，FAO）、联合国贸易和发展会议（United Nations Conference on Trade and Development，UNCTAD）、国际农业发展基金（International Fund for Agriculture Development，IFAD）、国际食物政策研究所（International Food Policy Research Institute，IFPRI）等国际组织和机构，纷纷参与到规范海外耕地投资的国际公约制定中，并颁布了《负责任农业投资原则》《国家粮食安全框架下土地、渔业及森林权属负责任治理自愿准则》《海外耕地投资行为准则》等国际公约，来指导企业的海外耕地投资行为，并奠定了全球海外耕地投资规范化发展的基础条件。

　　（2）统筹考虑当前中国在粮食安全、耕地资源和经济发展所面临的现实状况和矛盾，海外耕地投资应成为国家作为保障粮食供给、释放内部耕地承载压力的补充手段。本书利用灰色关联模型、格兰杰因果检验模型和 SWOT 分析模型，重点对保障中国粮食供给的国内生产手段、国际贸易手段和海外耕地投资手段进行了研究。国内生产手段的分析显示，耕地已成为制约中国粮食生产的重要物质要素投入，面对严峻的粮食安全形势，保障中国粮食安全最有效的手段就是化解耕地资源要素对中国粮食生产的约束。国际贸易手段的分析显示，中国利用国际粮食市场保障国内粮食供应所面临的价格风险越来越大，国际贸易的方式对保障中国粮食安全的有效性正在逐渐降低。海外耕地投资手段的分析显示，在当前的国内外环境中，中国已经具备了主动参与海外耕地投资的实力，在国际耕地资源充裕、海外耕地投资快速发展的背景下，海外耕地投资应作为中国保障粮食供给的补充手段。

（3）目前，国际上的确存在一批值得进行海外耕地投资的目标国。世界银行农业专家对全球可开垦耕地的研究显示，在全球 15 亿公顷没有开垦的土地中，大约有 4.45 亿公顷适合开垦耕种，其中，2 亿公顷在撒哈拉以南非洲地区，1.23 亿公顷在拉丁美洲地区，0.52 亿公顷在东欧地区。本书利用基于中心点的三角白化权函数和特尔斐法构建评价模型，从资源条件、生产基础、宏观环境、投资状况四个方面构建评价体系，对撒哈拉以南非洲地区、拉丁美洲地区、前苏联地区和耕地充裕发达国家的海外耕地投资潜力进行了评价。结果显示：撒哈拉以南非洲地区的埃塞俄比亚、加纳、苏丹、坦桑尼亚、莫桑比克、乌干达、尼日利亚七个国家最具海外耕地投资潜力；拉丁美洲地区的巴西、阿根廷、乌拉圭和哥伦比亚四个国家最具投资潜力；前苏联地区的俄罗斯、乌克兰和哈萨克斯坦三个国家最具投资潜力；耕地充裕发达国家中的澳大利亚、加拿大、美国、西班牙、丹麦、法国、芬兰、匈牙利和波兰九个国家最具投资潜力。

（4）当前，海外耕地投资模式可划分为部门合作型和权利控制型两类，中国投资企业应有策略地选择不同模式实施海外耕地投资。本书利用文献资料法和案例分析法对当前海外耕地投资模式及其特点进行了归纳总结，提出了基于部门合作的"公对公""公对私""私对私"模式，以及基于土地权利控制的土地权利完全拥有型、土地权利部分拥有型和土地权利控制型模式。基于对各种投资模式特征的比较，本书认为在投资发展中地区时，国有企业应重点选择"公对公"模式、投资主导型"公对私"模式、土地权利完全拥有模式和土地权利部分拥有模式；私营企业应重点选择引资主导型"公对私"模式、"私对私"模式、土地权利部分拥有模式和土地权利控制模式。而在投资发达国家时，无论国有企业还是私营企业均应着重考虑"私对私"模式、土地权利完全拥有模式和土地权利部分拥有模式。

（5）从对中国海外耕地投资企业的实证分析看，中国海外耕地投资企业在地域选择和风险管理中具有明显的特点。实证研究发现，目前中国企业在全球已实施的海外耕地投资项目共计 68 个。其中，在非洲实施的项目有 32 个、在亚洲实施的项目有 20 个、在拉丁美洲实施的项目有 7 个、在大洋洲实施的项目有 5 个、在欧洲实施的项目有 4 个。在全球已实施的 68 个项目中有 47 个项目位于本书所评价的国家中，占中国海外耕地投资项目总数的 70%，其面积占中国海外耕地投资总面积的近 90%。被投资国政策、国家关系和耕地充裕情况等已经成为影响中国投资企业选择投资地域的重要因素。对中国海外耕地投资企业从业人员的问卷调研实证显示，中国海外耕地投资企业所面临的宏观投资环境风险主要集中在政治风险、政策风险和经济风险中；中观企业资源风险是中国企业顺利实施海外耕地投资的主要障碍，国外企业竞争风险、融资支持风险、信息获取能力风险、物流运输设施风险和保险支持风险均需要引起中国投资企业的高度重视；中国投资企业面临的微观运营管理风险主要集中于财务风险和人员管理风险中。

（6）中国决策者要通盘考虑国家粮食安全战略、政府角色、市场特点，构建涵盖"战略支撑、政府支持、市场服务"三位一体的海外耕地投资保障体系。首先，中国政府要将海外耕地投资列为国内生产、国际贸易之外的粮食安全保障手段，并组织相关部门制订中国的海外耕地投资战略规划，统一政府的粮食安全公共目标和企业逐利的市场目标，并构建海外耕地投资的外交政策宣示策略，应对海外耕地投资的国家合作风险和舆论风险。其次，政府部门要强化对中国海外耕地投资企业的支持，积极参与海外耕地投资国际规则的制定，赢得先发优势。对外要与海外耕地投资目标国建立良好的农业合作机制，签署具备法律效力的备忘录、合作协议，为中国投资企业扫清制度性障碍；对内则要从税收、公共财政、贸易政策等方面强化对中国企业的政策支持。最后，加大对中国投资企业的市场服务力度，从国家财政、商业银行、政策性银行方面强化对投资企业的融资支持，建立健全境外投资保险制度和商业保险机构，增强中国投资企业的风险破解能力，并通过培养海外耕地投资中介组织来为中国企业搭建服务平台、拓宽投资信息来源、克服信息不对称性。

3. 中国应建立海外耕地投资战略

海外耕地投资与粮食安全问题紧密相关，而粮食安全又是关系国民经济发展、社会稳定和国家自立的全局性重大战略问题。在全球粮食安全形势不容乐观、海外耕地投资迅猛发展的现实背景下，作为全球第一人口大国、粮食进口大国的中国显然不能置身事外。目前，中国的粮食安全保障战略主要有两大抓手：一是强化对国内农业资源的综合利用，保证国内的粮食生产能力；二是通过与其他粮食出口大国的合作，加强贸易手段保证粮食供给的有效性。然而，以上两个抓手均面临严峻挑战，在国内供应方面，中国粮食自给率持续下降；在国际贸易方面，"大国效应"日益凸显，贸易手段的可靠性逐渐降低。虽然在现实中已有诸多农业企业自发地参与海外耕地投资，但是国家并没有将海外耕地投资纳入国家粮食安全战略的考量中。这一方面反映出中国与一些粮食进口国相比还存在战略缺失，另一方面也反映出中国政府对统筹利用两种资源、两个市场的认识有待进一步深化。因此，海外耕地投资对保障国家粮食安全的重要作用应当引起决策层的重视，在粮食安全保障中应当从生产环节加强对粮食获取能力的控制，将海外耕地投资作为保障国家口粮安全以外其他粮食需求量供给的补充手段，并将其上升为国家粮食安全战略的组成部分进行顶层设计和战略规划，从而将自发的、分散的企业海外耕地投资活动转变成为有计划的国家战略中的一部分，使得企业的海外耕地投资活动获得更多的政策支持与保障，并引导企业自觉参与到保障国家粮食安全的活动中。

卢新海

2015 年 10 月于武汉喻家山

目　　录

1 绪 论

1.1 研 究 背 景

1.1.1 全球粮食安全形势堪忧

2012 年 8 月 27 日，联合国粮农组织总干事席尔瓦（Jose Graziano da Silva）在接受法国《世界报》专访时表示，农产品价格未来 10 年将在高位震荡，因此，每个国家都应建立粮食基本储备，以满足在一周甚至一个月内应对农产品价格飙升的需求，确保粮食安全。2012 年 8 月 30 日，世界银行集团（Word Bank Group）发布的《粮食价格观察》也指出，由于美国和东欧夏季发生了前所未有的干旱和高温，2012 年 7 月全球粮价较一个月前暴涨 10%，其中，玉米和大豆的价格更是达到有史以来的最高水平。该报告还认为，由于供应的不确定性不断增大，人口增长导致需求增加，加上粮食系统的响应能力较低，预计粮价将长期居高不下并保持波动。

联合国粮农组织的统计数据也表明，自 2007 年起，国际谷物价格指数就一直在高位徘徊，在粮食危机最严峻的 2008 年，国际谷物价格指数平均值高达 175.6，当年 4 月该指数更是高达 202.5，创下了 1990 年以来的历史新高，使得全球粮食安全风险陡然增大。粮价大幅攀升让民众生活不堪负荷，埃及、喀麦隆、科特迪瓦、马达加斯加、菲律宾和印尼等国相继因粮食问题出现骚乱，粮食依赖进口的海地更因食品价格上涨而引发暴乱，导致总理下台。这场粮食危机也波及了发达国家，在美国、意大利等数个发达国家中，高粮价还引起了罢工和游行示威。严峻的形势也迫使各国携起手来，采取各种措施，如增加粮食种植面积、消除贸易壁垒等化解全球粮食危机。但是，经过三年努力，2011 年国际谷物价格指数平均值仍高达 167.0，国际粮价高位运行态势仍在持续。2010 年 11 月 17 日，联合国发出警告：新一轮粮食危机即将到来。根据联合国粮农组织的估计，2010～2011 年，全球谷物产量下滑了 2.1%，全球谷物库存较上年下降 7%，大麦、玉米和小麦的库存分别下降了 35%、12% 和 10%。联合国粮农组织在《粮食展望报告》中进一步指出，全球粮食进口费用将会突破一万亿美元，全世界距离新一轮粮食危机已经"十分接近"。

在严峻的全球粮食安全形势下，各国政要纷纷表态，众口一词地强调全球粮食安全的重要性，各国政府也纷纷采取措施保障国内粮食安全：法国、美国、阿根廷等耕地资源丰富的国家计划增加种植面积、提高粮食产量；俄罗斯、乌克兰、泰国、越南、印度等传统粮食出口国则在对国际供应紧缺的预期下，纷纷利用粮食禁令控制粮食出口，俄罗斯粮食协会甚至建议政府实行粮食票证制度，制止粮食大量出口；印度尼西亚、埃及等国则是通过取消粮食进口关税扩大进口，调高粮食出口关税抑制出口，充实国内粮食供应；利比亚、叙利亚等国则通过与乌克兰、埃及签署秘密双边协议的方式，以获取足够的粮食供应；而以日本、韩国、沙特等为代表的耕地资源匮乏、国内粮食自给率较低的国家则在海外通过购买、租赁、合营等方式大肆获取海外耕地资源使用权，用以种植粮食作物，满足国内市场需求。这些措施在保护国内粮食市场、化解国内粮食危机的同时，也给全球粮食市场带来了新的不确定性。

1.1.2 海外耕地投资竞争形势日趋激烈

以上措施中，海外耕地投资因具有较强的可控性、行动的持久性、解决问题的彻底性，而备受有实力的各国政府青睐。目前看来，最早进行海外耕地投资的国家非日本莫属，日本早在 1917 年就成立了专门协调海外农业活动的机构，目前已经投资海外耕地资源超过 1200 万公顷，相当于其国内耕地总面积的 3 倍。韩国投资海外耕地资源 30 万公顷，相当于其国内耕地总面积的 1/6。而作为世界上最大的大麦进口国和五大大米进口国之一的沙特，于 2011 年年初宣布将未来三年的国家战略粮食储备提高至 60 万吨，并确定了 27 个海外耕地投资目标国。最近几年，由于受全球粮食危机、生物能源产业、金融危机和环境问题的共同驱动，越来越多的跨国公司、政府和私募基金加入海外耕地投资的行列，其中不乏发达国家的身影。例如，摩根士丹利公司于 2008 年在乌克兰购买了 4 万公顷耕地；英国投资公司 Landkom 也在乌克兰买下了 10 万公顷耕地；两家瑞士投资企业黑土农垦公司和阿尔帕科农业公司于 2008 年也在俄罗斯分别购买了 33.1 万公顷和 12.8 万公顷耕地。严峻的粮食安全形势促使各国政府对海外耕地投资越来越重视，也使得海外耕地投资的规模和速度急剧增长。

在新一轮利用海外耕地资源的投资热潮中，脚步迈得最快、投入最多的非海湾国家莫属。对粮食进口依赖严重的沙特、巴林、科威特、卡塔尔、阿曼、约旦和阿联酋等海湾阿拉伯国家合作委员会成员国，已开始携手在国际上寻找海外耕地投资机会。在老挝、泰国、缅甸等东南亚国家，苏丹、乌干达等非洲国家，以及中亚和欧洲的哈萨克斯坦、格鲁吉亚、俄罗斯等国，都已经达成或正在磋商租地、购地协议，积极开展海外耕地投资计划。据不完全统计，迄今为止，海湾阿拉伯国家合作委员会及其成员国的海外耕地投资规模已高达 1190 万公顷。耕地资源相对充裕的印度也不甘示弱,正在积极展开利用海外耕地资源的行动。印度不仅与周边的缅甸,以及非洲国家接触,而且还延伸到了南美洲的巴拉圭和地广人稀的澳大利亚、加拿大等国。据印度《经济时报》报道,印度政府打算修订海外投资的限制条款,以便印度的公司和公共部门到海外收购耕地。

此外,部分经济发达国家的企业也积极参与其中。例如,美国的退休教师基金会(Teachers Insurance and Annuity Association-College Retirement Equities Fund,TIAA-CREF)和加州公共雇员养老基金(California Public Employees' Retirement System,CalPERS),荷兰的荷兰资产管理公司(Asset Performance Group,APG)、公务员基金和卫生保健基金,瑞典的国家第二养老基金、国家第三养老基金和Alecta 保险公司,丹麦的欧洲退休基金和劳动力市场补充养老基金等大举运用金融工具投身于海外耕地投资活动中;德国的联邦经济合作发展部(Federal Ministry for Economic Cooperation and Development)则分别于 2009 年 6 月和 2012 年 3 月两次发布政策文件,指导本国机构、企业进行海外耕地投资。

根据国际食物政策研究所 2009 年的研究报告,2005~2009 年全球海外耕地投资面积已高达 2000 万公顷;而国际知名非营利组织 GRAIN 2012 年则指出,2006~2011 年,全球共产生了以种植粮食作物为目标的海外耕地投资项目 416 个,涉及土地面积高达 3500 万公顷,共计涉及 66 个国家。Land Matrix 数据库的最新统计数据显示,截至 2014 年 2 月 9 日,全球一共有海外耕地投资项目 869 个,涉及耕地面积 5390 万公顷。从投资范围来看,非洲、南美洲、前苏联国家和东南亚地区是当前海外耕地投资的主要区域。规模庞大、扩展迅速、地域分布广泛的海外耕地投资项目已经表明,一股由多方参与的海外耕地投资浪潮正在席卷全球。

1.1.3 中国粮食安全与耕地保障形势严峻

粮食安全问题作为攸关国民经济发展、社会稳定和国家自立的重大战略性问题,历来受到中国政府的高度重视。生产足够的粮食,以满足人口增长、国民膳食结构改善、动物饲料、生物能源产业发展等日益增长的粮食需求量是中国农业政策的重要目标。《国家粮食安全中长期规划纲要(2008-2020 年)》明确指出,农业是中国国民经济的薄弱环节,随着工业化和城镇化的推进,中国粮食安全形势将面临以下问题:粮食生产逐步恢复,但继续稳定增产的难度加大;粮食供求将长期处于紧平衡状态;农产品进出口贸易出现逆差,大豆和棉花进口量逐年扩大;主要农副产品价格大幅上涨,成为经济发展中的突出问题。从中长期发展趋势来看,受人口、耕地、水资源、气候、能源、国际市场等因素变化的影响,上述趋势难以逆转,中国粮食和食物安全将面临严峻挑战。

研究表明，粮食的供给主要受耕地面积、粮食播种面积、资源与技术、生产者行为、扶持政策等多种影响因素的制约，而且从目前及未来一段时期来看，农业技术还难以在短时期内对粮食产量的变化起到决定性作用，耕地的数量和质量还是影响粮食产量变化的主要因素。因此，严格保护耕地资源的数量和质量，是保障中国粮食产量、维护国家粮食安全的重要举措。已有学者测算，若保证95%的粮食自给率，中国2010年耕地的需求量为12 013.48万公顷（18.02亿亩[①]），2020年为11 635.26万公顷（17.45亿亩）。鉴于中国耕地保护的严峻形势，在中国共产党的十七届三中全会中明确提出：坚持最严格的耕地保护制度，层层落实责任，坚决守住18亿亩耕地红线。划定永久基本农田，建立保护补偿机制，确保基本农田总量不减少、用途不改变、质量有提高。为此，中国政府在设定18亿亩耕地保护红线时，不仅从数量上保障耕地面积的总量，还通过大规模开展土地整理、加大农田水利基础设施投资力度、进行农业综合开发等措施从质量上保障耕地的生产力。

但是，由于中国正处于城市化快速推进的阶段，城市建设必然会占用耕地；而且农业的比较利益相对低下，土地农用的机会成本较大，地方政府、投资者，甚至农民不断产生农地转用的冲动，耕地保护红线面临着极大的挑战。2013年12月30日，在国务院新闻办第二次全国土地调查主要数据成果的新闻发布会上，国土资源部副部长王世元介绍，截至2009年12月30日，全国耕地面积20.3亿亩；到了2012年，耕地面积是20.27亿亩。从耕地分布和利用状况来看，全国有8474万亩耕地位于东北、西北地区的林区、草原及河流湖泊最高洪水位控制线范围内，还有6471万亩耕地位于25度以上的陡坡，这些耕地中有相当部分要根据国家退耕还林、还草、还湿和耕地休养生息等安排逐步调整；有相当数量耕地受到中、重度污染，大多不宜耕种；还有一定数量的耕地因开矿塌陷造成地表土层破坏、因地下水超采，已影响正常耕种。并且，自2000年以来的13年间，城镇用地增加4178万亩，占用的大多是优质耕地。所以，全国适宜稳定利用的耕地也就18亿亩多，中国人均耕地少、耕地质量总体不高、耕地后备资源不足的基本国情并没有改变，耕地保护的形势仍十分严峻。如何解决粮食需求增加和耕地资源短缺之间的矛盾，已成为摆在中国理论界与决策者面前的重要问题。

1.1.4 中国面临海外耕地投资新契机

2008年，《金融时报》（*Financial Times*）报道，中国政府正在考虑制订一个计划，鼓励中国农业企业在海外（特别是非洲和南美洲）进行耕地投资，并要将该计划上升为中央政府政策以保障国内粮食安全。这篇报道再次引起了国际上

[①] 1亩≈0.067公顷。

对中国粮食安全政策的关注，特别是对中国利用海外耕地资源保障粮食安全行动的关注。但是，由于担心引发"中国威胁论"的喧嚣，中国农业部和国家发展和改革委员会官员均否认中国有海外耕地投资的计划，并认为中国《国家粮食安全中长期规划纲要（2008-2020年）》中提到的农业"走出去"战略不是海外耕地投资计划[①]。

实际上，中国企业在非洲、南美洲、东南亚等地区投资耕地，进行农业生产的活动一直没有中断过。从20世纪80年代末开始，中国就有企业在澳大利亚投资农业，进行粮食生产和畜牧养殖。1996年，新疆生产建设兵团下属的新天国际经济技术合作（集团）有限公司在古巴和墨西哥投资种植业，进行农业生产和农产品加工。2004年，重庆市政府与老挝签订了"中国重庆（老挝）农业综合园区项目"合作协议，农业园区规划面积5000公顷，包括种植业、水产业、食品加工业等项目。2006年，湖北省农垦局下属的湖北省联丰海外农业开发有限公司在莫桑比克投资兴建示范农场，进行水稻、玉米等粮食作物的种植，总投资金额接近1000万美元。2007年，陕西农垦局下属的农垦农工商总公司与喀麦隆政府签署协议，在该国租用土地1万公顷进行水稻、木薯的生产和加工，使用期限为90年，总投资金额6000万美元。2011年，湖北省的万宝粮油公司在莫桑比克租用333公顷的土地进行粮食种植，使用期限为50年，总投资金额超过1000万美元，并且该公司计划在2013年将租地面积扩大为6700公顷。

面对经济发展过程中不断增长的粮食需求和国内日益乏力的粮食生产后劲，利用海外耕地资源保障国内粮食生产能力的做法逐渐进入中国政府的视野。2005～2013年连续八年，财政部、商务部在其联合下发的《对外经济技术合作专项资金申报工作的通知》中，明确鼓励中国企业到海外进行农业投资，并规定相关"走出去"企业可通过直接补助和贷款贴息方式获得最高3000万元人民币的财政专项资金支持。《对外经济技术合作专项资金申报工作的通知》特别提出，企业"境外农、林、渔和矿业的合作"将受到该政策的重点支持。农业部的匿名人士也表示，在《对外经济技术合作专项资金申报工作的通知》下发后，农业部已经下派多个调研小组到农业企业进行调研，并将调研成果用以编制《农业国际合作"十二五"发展规划》，这意味着未来五年，中国农业会逐步转向并侧重于"境外农、林、渔等方面的合作"，并且企业在此领域的投资将会受到政府在金融方面的大力支持。此外，该人士还表示，针对海外进行农业投资企业的财政、税收和保险等一系列

---

① 2008年7月3日，农业部国际合作司司长李正东在外交部举行的中外记者会上表示：海外少量媒体报道称"中国在海外屯田以保障国家粮食安全"的报道不符合事实；2008年11月13日，在国务院新闻办举办的《国家粮食安全中长期规划纲要（2008-2020年）》发布会上，国家发展改革委副主任张晓强表示，中国农业"走出去"战略不是到海外屯田，中国也没有海外屯田计划。

扶持政策也将逐步推出[①]。所以，有业内观察者直接表示："中国企业对海外农业的投资终于开始走出被政策遗忘的角落。"

2012 年 5 月 11 日，联合国粮农组织下属的世界粮食安全委员会（Committee on World Food Security）批准了《国家粮食安全范围内土地、渔业及森林权属负责任治理自愿准则》（*Voluntary Guidelines on the Responsible Governance of Tenure of Land，Fisheries and Forests in the Context of National Food Security*），该准则旨在帮助各国政府确保公民拥有或获取土地、森林和渔业资源的权利，也促使各国提高海外耕地投资项目的透明性，并将海外耕地投资逐步纳入规范的管理程序中。中国作为联合国粮农组织成员国和海外耕地投资参与国，《国家粮食安全范围内土地、渔业及森林权属负责任治理自愿准则》的通过无疑为中国政府消除海外耕地投资的消极影响、克服保护主义思潮和政治顾忌的阻碍、制定相关政策指导企业进行负责任和透明的海外耕地投资提供了新契机。

根据 GRAIN 和国际土地联盟（International Land Coalition，ILC）的 Land Matrix 最新公布数据，截至 2013 年 2 月底，全球共有规模以上海外耕地利用项目 869 个，涉及国家 117 个、共计耕地面积为 5390 万公顷，其中，中国企业投资项目 68 个，项目遍布非洲、大洋洲、南亚、南美等地区，项目总面积高达 288.12 万公顷。2012 年 2 月 20 日，《参考消息》更是刊登智利学者的观点：中国自给自足的粮食保障情况已经发生了变化，并改变了世界农业市场的平衡状况，到海外寻找耕地将是解决中国粮食安全问题的唯一途径。据经济观察报 2012 年 8 月 22 日的报道，中共中央农村工作领导小组副组长、办公室主任陈锡文撰文表示，按照 2011 年中国进口大豆和植物油的数据核算，中国需要使用 4000 万～4600 万公顷的境外播种面积，才能维持进口大豆需求的现状，由此推算，目前中国的粮食等农作物播种面积缺口已经达到 20%。因此，通过构建海外耕地投资战略保障国家粮食安全已迫在眉睫。

1.2 国内外研究进展

利用海外耕地投资这一方式保障国家粮食安全在目前还属于一个相对较新的研究话题，不同于以往传统的粮食安全保障方式，其所涉及的文献也分布在不同的学科之中，具有分布广、跨学科、数量多、聚焦度不足等特点。因此，本书拟从国内外的粮食安全、中国的粮食安全与耕地利用、中国保障粮食安全的支撑措施、海外耕地投资、海外资源能源利用五个方面对相关研究情况进行梳理和评述。

---

① 经济观察报 2011 年 5 月 7 日报道《中企海外农业投资缺钱，多部委筹备融资新政》。

1.2.1　国内外的粮食安全

粮食安全与食品安全统称为 food security，这一概念由联合国粮农组织于 1974 年正式提出。"food security"最初被用来描述一个国家是否能够获取足够的食物满足其国民的日常膳食能量需求。1996 年，联合国粮农组织提出了粮食安全的新定义："在任何时候，具有不同饮食需求和食物偏好的任何人，无论在物质上还是经济上都可以获取满足自己健康和运动生活所需要的充足的安全且有营养的食物。"（Food and Agriculture Organization，1996）Andersen（2009）提出了狭义的粮食安全概念，认为粮食安全意味着可以获取足够的食物，无论是在全球、国家层面，还是在社区、家庭层面都应如此。Wittman（2009）、Patel（2009）认为，粮食安全就是国家粮食主权（national food sovereignty）的安全，该观点主要强调一个国家无论是国内生产还是进口，都能获取满足国内食用或其他需求的粮食。

在全球人口不断增长的背景下，如何生产足够的粮食满足人类社会发展的需求一直是粮食安全研究关注的重要领域。1970 年，诺贝尔和平奖获得者、世界粮食奖创立者和绿色革命之父 Borlaug（2000）估计，要满足人类在 2025 年的粮食需求，全球平均粮食产量至少要在 1990 年的基础上增长 80%。英国皇家学会（Royal Society of London，2009）和世界银行（World Bank，2008）的研究报告认为，到 2050 年全球的人口会达到 90 亿，所以要实现全人类的可持续发展，粮食就需要增产 70%～100%。Bruinsma（2003）也预计，要满足 2050 年全球 90 亿人口的粮食需求，世界小麦、水稻和玉米的平均单产分别要提高 26.3%、42.5%和 16.7%，达到 3.6 吨/公顷、5.33 吨/公顷和 4.4 吨/公顷。2011 年 10 月 17 日，联合国人口基金（United Nations Population Fund）发布的一份简短报告称，截至 2011 年 10 月底，全球人口将达到 70 亿，世界人口激增使得水资源缺乏、土地沙漠化、生物多样性丧失等一系列环境问题愈加恶化，全球粮食安全形势也比以前更加紧张。人口的持续增长、膳食结构的不断改善、水土资源的日益贫乏和生物能源产业的蓬勃发展，使得粮食问题成为影响人类可持续发展的最突出问题[①]。

最近几年，由于农业科研投入和基础设施建设投资的降低，再加上全球水资源的日益缺乏，全球的粮食产量已经呈现下降趋势（Rosegrant and Cline，2003）。在政策框架下，调控各种影响粮食安全的因素将会成为解决粮食安全问题的关键，包括粮食生产的物质投入、粮食市场的管理、农业科研、气候变化、其他因素五个方面（Hyman et al.，2005；Saleth and Dinar，2009；Pyakuryal et al.，2010）。耕地面积的减少、土壤质量的下降、水土流失的加剧和地下水污染的日益严重都

---

① 新华网 2011 年 10 月 18 日报道《世界人口将达 70 亿，联合国说人类面临"可怕挑战"》。

成为当前粮食生产不可忽视的问题（Spiertz，2010）。Rosegrant 和 Cline（2003）认为，运用积极的政策来调控粮食生产的物质投入要素，到 2050 年粮食的产量可以比 1997 年高 71%；肉类的产量可以高出 131%；全球受营养不良威胁的儿童数量也可以由 3300 万降到 1600 万。耕地数量和质量的下降对全球粮食产量的降低影响显著，相关研究显示，耕地数量和质量的下降至少造成了全球粮食减产 5%（Crosson，1995；Andersen et al.，1997；Stocking，2003）。近几十年，全球农业用地面积大幅减少，城市化建设占用了大量农地，特别是高质量的耕地，沙漠化、盐碱化、水土流失及不可持续的土地管理都严重地制约了农用地面积的增长（Nellemann，2009）。联合国粮农组织的报告指出，1990 年以来全球不断下降的人均耕地面积已成为威胁全球粮食安全的重要方面（Food and Agriculture Organization，2007）。

严峻的粮食安全形势是全人类所面临的共同问题，无论是在高收入国家、中等收入国家，还是低收入国家都是如此（Babu and Tashmatov，1999；Jenkins and Scanlan，2001；Gorton et al.，2010；Zezza and Tasciotti，2010；Kneafsey et al.，2013）。虽然高收入国家存在着肥胖和营养过剩现象，但是部分家庭的粮食不安全现实也是不容忽视的，29% 的英国低收入家庭、20% 的新西兰抚养儿童家庭、15% 的加拿大家庭、11% 的美国家庭，以及 5% 的澳大利亚家庭均存在或多或少的粮食不安全问题（Russell et al.，1999；Ministry of Healthy，2003；Nelson et al.，2007；Nord et al.，2008）。非洲恶劣的自然条件、中美洲滞后的市场化进程及薄弱的农业基础设施、中亚缓慢而低效的政策改革都严重地制约着当地对粮食安全问题的解决（Sanchez and Leakey，1997；van Rooyen and Sigwele，1998；Makhura，1998；Baydildina et al.，2000；Babu and Reidhead，2000；Shriar，2002；Carvalho，2006；Cordell et al.，2009；Rufino et al.，2013）。

美国学者 Brown（1994）在 *World Watch Magazine* 上发表一篇 "Who will feed China" 的文章使得中国的粮食安全问题受到全世界的广泛关注（Brown，1995；Rozelle and Rosegrant，1997；Lin，1998）。Brown 认为，在耕地面积减少、化肥利用效率下降、灌溉用水紧缺的威胁下，中国将会面临严重的粮食供应短缺，并且这种短缺将推高全球的粮价，最终影响全球的粮食安全。针对以上论调，国内外学者进行了广泛而又持久的论证，最终形成了针对中国粮食安全问题的四种观点。一是中国将会面临严重的粮食供应短缺，并且这种短缺会推高全球粮价，最终危及全球粮食安全。二是通过农业资源开发和农业技术进步，中国可以保持自己的粮食自给率在 90% 以上，基本可以实现自己的粮食安全。三是中国虽有潜力保证粮食自给，但是为了发挥比较优势、发展经济、保护环境，还要从国际市场进口更多的粮食。四是中国不必拘泥于通过制定耕地红线保证粮食安全，应当通过农业技术进步和国际粮食市场来保障国内粮食安全（Brown，1994；梁鹰，1996；

陈锡康和潘晓明，1999；茅于轼，2008；肖国安等，2009；唐健等，2009；胡小平和星焱，2012）。

尹成杰（2005）提出，粮食综合生产能力由四个要素构成，分别是基础要素、支撑要素、促进要素和保障要素。因此，制定科学的粮食生产政策、提高粮食单产水平、加大农业科研支持力度、进行土地开发整理等措施，成为增加中国粮食供应量、缓解和解除中国粮食安全威胁的重要手段（樊闽和程峰，2006；郭燕枝等，2007；何蒲明和王雅鹏，2008；陈飞和范庆泉，2010；颜玉华，2011）。但是，有关中国是否可以生产出足够的粮食来满足其国民对肉、家禽、食品加工的需求仍然为学术界所担忧（Cater et al.，2009；Hovhannisyan and Gould，2011）。国民膳食结构改善对肉类的增加会助推中国对谷物饲料的增加，从而增强中国对国际粮食市场的依赖程度，还会推高国际粮价（Qiao et al.，2011）。陈百明（2002）预测，中国2030年粮食需求量将会达到6.99亿吨，而粮食生产量仅为6.77亿吨，到时候中国会有0.22亿吨的粮食缺口。黄佩民和俞家宝（1997）、陈锡康和潘晓明（1999）、樊胜根等（1997）也认为，中国到2030年将会出现粮食需求缺口，缺口量分别是0.45亿吨、0.5亿吨、0.79亿吨。

在加入世界贸易组织（World Trade Organization，WTO）这一时代背景下，利用国际粮食市场保障国内粮食安全也成为学者们关注的一个重要方面。苗齐和钟甫宁（2001）提出，粮食贸易将会成为中国粮食安全的重要组成部分，而国内粮食市场的发育和流通体制的完善是实现国际粮食贸易的基础。加入WTO对中国粮食安全的正面影响是，降低了中国保障粮食安全的资源代价、提高了粮食获取广度、降低了粮食安全消费成本，而负面影响则是，损伤了粮农收益和种粮积极性、减小了政府对粮食发展的宏观支持空间、国内粮食市场容易受国际粮食市场波动冲击（王雅鹏，2000a；Zhou，2001；Jiang，2002；Jiang et al.，2003）。朱晶（2003）提出，中国农业生产基础设施薄弱，尤其是政府对农业科研的投入不足，将会降低中国与世界主要粮食出口大国的竞争力，从而使中国粮食生产面临巨大挑战。蒋庭松等（2004）利用区域经济一般均衡模型对加入WTO带给中国粮食生产、贸易和自给率的影响进行了模拟，结果发现，加入WTO后农业部门受到冲击，不过中国的农业保护水平在加入WTO前就比较低，所以加入WTO后对农业的负面影响并不大。杨晓智（2009）认为，从中长期来看，粮食需求的增长速度仍将快过产量及供给的增长速度，全球粮食供求将长期趋紧。徐磊（2011）的研究发现，国际粮价风险较为严重，上涨的风险要大于下跌的风险，其中大米市场的价格风险最大，远高于玉米、小麦和大豆市场的价格风险。张晓京（2012）则从国家博弈的角度对国际粮食市场进行了分析，结果显示，发展中国家和发达国家实力的悬殊导致WTO《农业协议》对粮食安全做出了不平衡的规定，这严重限制了发展中国家制定保障国内粮食安全的政策空间。

1.2.2　中国的粮食安全与耕地利用

耕地是土地的精华,耕地资源的数量与质量是粮食生产的基本保证,是粮食安全、社会稳定和经济可持续发展的基本保障(鲁奇,1999;封志明和李香莲,2000)。耕地是人类和生命基本食物来源的基础载体,人类日常消耗热量的80%、蛋白质和纺织纤维来源的75%以上均来源于耕地资源(毕于运,1995)。耕地资源作为粮食生产最基本的物质承载基础,其数量和质量的变化势必引起粮食产量的波动,从而影响粮食的有效供给和安全水平(傅泽强等,2001;Fan,1997;曲福田和朱新华,2008)。

耕地资源作为粮食生产能力的基本构成要素,已经超越了实际粮食生产数量,成为衡量中国粮食安全保障情况的基础。粮食安全战略的核心也从对某年度粮食产量增加或减少多少逐渐转向建立粮食生产要素的保障体系、保证粮食生产能力免遭破坏或降低,即保障粮食安全的重点也由粮食产量安全逐步转向粮食生产能力安全(封志明和李香莲,2000;许经勇和黄焕文,2004;鲁靖和许成安,2004)。张月蓉和黄耀辉(1990)利用光能利用理论对中国的粮食生产潜力进行了估算,认为在中国光温水土(耕地)的具体自然条件下,当农业生产活动的人为干预因素得到充分满足时,中国耕地的粮食生产潜力为8亿~10亿吨。陈利顶(1995)在预测未来中国耕地变化趋势的基础上,结合粮食播种面积和单位面积预测成果,提出中国在2025年粮食产量将会达到5.59亿吨,但是仍然不能满足需求,耕地资源面临着危机。谢俊奇等(2004)利用农业生态区(Agricultural Ecology Zone,AEZ)法对中国耕地的粮食生产潜力进行了评价,研究结果显示,在2000年的投入水平下,中国耕地粮食生产潜力为食用粮58 984.28万吨,油料3017.76万吨,糖料9744.46万吨。中国科学院国情分析研究小组(2000)通过控制耕地与种粮面积,发挥光热水土资源潜力,预计2030年中国粮食总产可达6.6亿吨,其主要途径是节水增效、提高复种、推广良种、合理增施化肥、强化病虫鼠害防治等五个方面。

关于耕地的粮食生产能力对中国未来粮食安全的保障程度,学术界也展开了相关分析。鲁奇(1999)认为,由于耕地资源生产能力的约束,中国粮食安全形势十分严峻,但是只要对现有耕地资源加强科学管理、实施法律化保护、加大投入力度就有可能突破资源限制,为国家粮食安全提供有效保障。邓征祥等(2005)的研究发现,中国1986~2000年耕地面积增加了265万公顷,耕地的平均生物生产力却下降了2.2%,但是以上变化对中国粮食安全没有造成显著影响。封志明(2007)则认为,基于18亿亩耕地保证的粮食生产能力可以基本满足14.36亿人的粮食需求;在人均450千克的消费水平上,中国未来耕地的粮食生产能力足以

满足人口高峰时期 14.73 亿人的需要，但受耕地资源的约束，人均粮食占有水平
很难有进一步的提高。李录堂和薛继亮（2008）结合耕地变化预测出中国粮食生
产总量的增长速度高于人口总量的增长速度，中国未来人均粮食产量将持续保持
在 380 千克以上，中国可以保障自己的粮食安全。马永欢和牛文元（2009）采用
系统动力学理论对中国未来的耕地资源和粮食生产之间的匹配情况进行了模拟，结
果显示，中国耕地资源粮食供给能力与粮食需求之间将长期处于紧平衡状态。还
有学者对影响耕地粮食生产能力的因素进行了分析。熊健（1997）认为，中国耕
地的粮食生产能力受有效灌溉条件的影响很大，粮食产量与灌溉面积的关联度高
达 0.98。叶浩等（2008）对中国粮食主产区的研究发现，中国耕地产出效率的整
体水平不高，耕地的实际产出与现有投入水平下的潜在产出之间存在较大差距，
近 15 年来，中国耕地产出效率虽然逐渐提高，但提高的速率却在下降。

现阶段粮食生产作为一种低产出、低效益的土地利用方式，与其他产业在土
地竞用上处于劣势，以耕地占用为代表的耕地利用变化成为一种难以逆转的趋势
（曲福田和冯淑怡，1998；谭术魁和彭补拙，2002）。耕地数量和质量的变化，尤
其是耕地质量的下降，加快了耕地存量的隐性减少速度，在有限边际土地的前景
下，中国粮食安全问题不容乐观（蔡运龙，2000；葛向东等，2002；李秀彬，1999；
刘纪远等，2003；Liu et al.，2005；Tao et al.，2005）。黄德林等（2010）通过构
建农业一般均衡模型（Computable General Equilibrium，CGE），研究分析了耕地
利用的变化，特别是耕地面积减少条件下的粮食安全问题，模拟结果显示，产粮
耕地面积减少所产生的连锁反应不但会影响中国的粮食安全形势，而且会导致国
家宏观经济形势变坏。

关于是耕地数量还是质量变化对粮食生产起决定作用，目前还存在着争论，
有学者认为耕地质量是制约粮食增产的重要制约因素，也有学者认为耕地面积下
降是导致中国粮食减产的主要原因（刘金花和郑新奇，2004；熊鹰等，2005；石
少龙，2004；鲁靖和许成安，2004）。杨再高（1994）通过构建灰色模型对广东省
的粮食生产因素进行了分析，发现耕地的质量是影响当地粮食生产的重要因素。
傅泽强等（2001）认为，中国耕地资源对粮食生产具有根本的约束作用，但是这
种约束作用的程度取决于农业技术水平和物质投入强度，当农业技术水平和物质
投入强度减小时，约束作用增强；当农业技术水平和物质投入强度增加时，约束
作用减弱。黄广宇和蔡运龙（2002）对福建的研究发现，20 世纪 70 年代中期以
前，耕地面积的贡献率大于单产贡献率，后来农业科技成果的应用使得单产贡献
率超过了面积贡献率，但是由于报酬递减规律的作用，目前提高单产的难度越来
越大。周小萍等（2005）发现，耕地面积年变化率和粮食总量年变化率的相关系
数仅为 0.402，而粮食播种面积变化率和粮食总产变化率的相关系数高达 0.864，
所以，近期中国粮食总产减少最直接的原因是粮食播种面积的下降。陈利根等

（2006）通过中国 1997~2004 年城镇建设占用耕地对粮食生产的影响进行了分析，结果发现，虽然中国只有 1/10 的耕地转为城镇建设用地，但是其引起的粮食减产量却达到了粮食减产总量的 1/4，可见城镇建设占用耕地对中国粮食安全的威胁巨大。虽然建设占用耕地都通过国家的占补平衡政策补充了耕地，但是普遍的占优补劣导致了耕地质量的整体下降，进而严重影响了中国的粮食生产（Ash and Edmonds，1998；石淑芹等，2007；肖丽群等，2012）。洪波和陈浩（2007）分析了耕地非农化对粮食生产的影响，发现耕地非农化主要是通过影响耕地质量进而影响粮食产量的，耕地非农化规模每提高 1 个百分点，粮食单产水平下降 0.14 个百分点。

耕地变化的区域特征对中国粮食生产的影响也是学术界关注的焦点（Heilig，1997；Yang and Li，2000；Lin and Ho，2003）。Verburg（2000）采用空间分析法对中国粮食生产的地域差异进行了研究，结果显示，中国不同地区呈现出不同的土地利用进程和差异，特别是西部地区农业投入存在严重的低效率。陈佑启（2000）运用地理信息系统（geographic information system，GIS）模块分析了中国耕地利用变化对粮食生产的影响，结果显示，耕地变化的地域差异通过影响粮食播种面积进而影响粮食生产，并且耕地变化的空间分布特征在很大程度上也改变了中国粮食生产的立地条件，从而影响到中国粮食的单产与总量。何艳芬等（2004）对吉林耕地利用变化的分析发现，耕地面积变化表现为其他土地利用类型转化为耕地的面积大于耕地转为其他土地利用类型的面积，耕地质量变化表现为减少优质耕地补充劣质耕地，从而导致区域内耕地质量的整体下降，进而影响了粮食产量。曲福田和朱新华（2008）在粮食分区的基础上对耕地的占用状况和产出效率进行了分析，结果显示，粮食主产区耕地非农化速度慢于产销平衡区，产销平衡区慢于主销区。其中，粮食主销区的耕地非农化驱动力最大，所以建立有效的粮食产销区补偿机制对保障中国粮食安全极为重要。闫梅等（2011）的研究发现，耕地已成为中部地区建设用地扩展的主要来源，2002~2008 年中部地区建设用地总量的 69.32%来源于耕地，建设用地扩张导致耕地面积减少，尤其是优质耕地损失对中国粮食产量的影响非常严重。杨丽萍等（2007）对山东 1978~2004 年粮食生产与耕地动态变化的分析也发现，耕地面积变化远没有粮食播种面积变化对粮食生产的影响大，因此，可以用调减经济作物播种面积的办法保障粮食生产。

在中国耕地面积不断减少的趋势下，提高耕地利用集约度成为解决中国粮食安全问题的一个重要途径（张琳等，2008；何毅锋等，2008）。关于耕地利用集约度与粮食安全相关的研究，主要集中在对耕地集约利用水平的分析、耕地集约利用水平的变化特征、如何评价耕地集约利用水平，以及耕地利用情况对粮食安全的影响等方面（俞文政等，2009；范辉等，2009；张琳等，2008；赵翠薇和濮励杰，2006；朱红波，2007）。多数学者认为，耕地细碎化降低了耕地的利用效率、规模效应，以及耕地可持续利用的能力（万广华等，2005；李功奎和钟甫宁，2006；刘涛等，2008；吴洋等，2008；陈春苗和牛海鹏，2012）。张海鑫和杨钢桥（2012）通过建立超越对数随机前沿生产函数，分析了粮食生产技术效率及其损失的影响因素，结果显示，当耕地细碎化程度很高、地块平均面积不足0.03公顷时，农户的农业技术效率平均值仅为72.29%，技术效率损失十分严重。

成丽等（2008）运用虚拟耕地的概念，对中国粮食贸易中的虚拟耕地量进行了核算，结果显示，1978～2006年中国年均净进口虚拟耕地400万公顷，这一进口量对保证中国耕地资源的可持续利用起到了一定作用。吴锋等（2009）认为，虚拟耕地贸易可以实现土地资源的高效、可持续利用，但是中国较高的单位粮食虚拟耕地数量给中国粮食安全带来了风险。马博虎和张宝文（2010）的研究发现，1978～2008年的31年间，中国虚拟耕地交易达22 397.47万公顷，其中大米、玉米、小麦和大豆四种粮食的对外贸易中，虚拟耕地贸易净进口量合计为15 442.31万公顷，相当于中国2008年耕地面积的1.27倍。杨玉蓉等（2011）采用虚拟耕地法对中国粮食生产力布局进行了分析，并将中国粮食生产布局分为合理型、过密型、过疏型三类，中国有11个省区（主要分布在北方）的粮食生产布局过密，16个省区（主要分布在南方）的粮食生产布局过疏。成丽等（2011）认为，虚拟耕地净进口对耕地可持续利用具有显著的正向影响，尽管虚拟耕地进口战略可以减轻耕地资源进口国的耕地承载压力、提高耕地资源进口国土地资源的可持续利用水平、在全球层面实现对耕地资源的优化配置，但也会加强耕地资源进口国带来粮食的国际依赖；虚拟耕地出口的消极影响主要表现为对当地耕地资源的开发具有过度利用的风险。李晓俐（2011）认为，在中国严峻的耕地资源安全形势下，中国要确保未来粮食供应安全，就必须增加虚拟耕地的进口。

1.2.3 中国保障粮食安全的支撑措施

学术界除了关注生产方式对中国粮食安全的重要性外，还对保障中国粮食安全的支撑措施进行了研究，通过对相关文献的梳理，发现这部分的研究主要涉及粮食储备、贸易、价格、粮食安全体系建设四个方面。

由于粮食生产与粮食消费之间存在时间上的差异，采用粮食储备就成为平衡这种差异的重要手段。传统的观点认为，粮食储备规模越大，粮食安全程度就会越高。但是储备也需要成本，所以并不是规模越大越好，并且储备成本会随着规模的增大而急剧攀升（Hazell and Norton，1986；Hazell，1986b）。高储备不仅要求有更高的资金投入，造成更大的粮食损耗，而且要求有更高的粮食生产作为支撑。这对中国有限的耕地资源、水资源等都造成更大的压力，从长期来看也不利于中国可持续的粮食安全（朱晶和钟甫宁，2004）。吴志华等（2001）通过构建成本效率模型对中国粮食安全下的粮食储备规模进行了测算，提出按照社会可承受2%的粮食可供量波动（价格波动约 8%）和控制粮食储备成本的标准计算，中国粮食安全储备的适度规模为 4887.2 万吨。马九杰和张传宗（2002）通过对全额模型、差额模型、比例模型的比较分析，提出差额模型最有利于分析中国粮食储备规模。他们还提出了中国应持有储备规模、过剩粮食吞入准备规模、极端储备能规模分别为 5968 万吨、7731 万吨和 13 699 万吨。还有学者从储备的作用、储备体系的构建、储备对粮价的影响等方面进行了研究（高建军，2004；邹彩芬和王雅鹏，2005；苗齐和钟甫宁，2006）。郭志涛（2008）提出，地方政府应该在粮食储备管理中发挥重要作用，在粮价波动较大或出现粮食短缺时，地方政府应当及时利用粮食储备平抑粮价和消除供应短缺。丁声俊（2009）则提出，中国粮食储备规模和储备结构应当依国情保持适度，国家粮食储备的安全线应该适当高于联合国粮农组织提出的 17%～18% 的粮食安全警戒线。

随着中国对国际粮食市场参与程度的加深，特别是 2001 年中国加入 WTO 以后，利用国际粮食市场保障中国粮食安全的做法也引起了学术界的重视。程国强（1995）认为，中国由于粮食生产资源不足与粮食需求持续增加之间的矛盾不断加深，从国际粮食市场进口粮食来保障国家粮食供给的趋势已不可逆转，并且积极参与世界粮食市场的竞争也可以为中国农业政策进一步改革提供机会。王雅鹏（2000b）提出，加入 WTO 后中国应通过降低粮食生产成本，提高竞争力；利用"绿箱政策"拓展农业支持空间；建立农业合作组织和粮食进出口管理机构来应对参与国际市场的挑战。利用粮食进口来稳定国内粮食供给和熨平国内粮食产量波动虽然有利于中国的环境保护和资源利用，但是还应注意分散粮食进口来源国，从而真正地提高粮食安全程度（傅龙波等，2001；刘晓梅，2004；李晶晶，2005）。杨燕和刘渝琳（2006）认为，中国粮食进口量的变动是影响国际市场粮价变动的主要原因，而国际市场粮价的变动却不是影响中国粮食进口量变动的原因，这说明中国粮食进口贸易中存在着扭曲的"大国效应"。沈茂胜（2010）指出，中国依赖国际粮食市场来解决粮食安全问题是很危险的，在中国粮食供需紧平衡的状态下，适度利用国际市场调节国内粮食供给规模才是解决粮食问题的长久之道。

粮价作为影响粮食获取性的基本因素，其对粮食安全的影响也被学术界所重视。孙娅范和余海鹏（1999）运用 Granger 因果关系检验法和时间序列分析法对中国粮食产量和粮价之间的关系进行了分析，结果发现，粮价与粮食产量之间存在单向因果关系，粮食产量并不是粮价变化的原因。卢锋和谢亚（2002）对中国1987～1999 年的粮价变动与通货膨胀之间的关系进行了协整分析，结果发现，通货膨胀与粮价存在长期的均衡关系，通货膨胀已经成为导致中国粮价变化的主要原因。粮价波动的经济效应主要是影响粮食生产、农民收入及市场价格总水平，而这些影响又通过对农民种粮积极性的影响进而影响粮食生产总量（冷崇总，

2008)。何蒲明和刘建军（2009）认为，中国无论是粮食产量还是粮价都产生了较大波动，并且过大的粮价波动幅度对国家粮食安全产生了不利影响。丁守海（2009）则利用 Johansen 检验和 VEC 模型对粮食的价格传递关系进行了研究，发现不论是从长期整合还是短期波动的角度看，国际粮价的变动都会在相当程度上输入中国，其中尤以大豆为甚，玉米和大米次之，小麦最低。潘苏和熊启泉（2011）认为，长期而言，中国粮食市场与国际市场的整合度不高，价格传递不完全；短期内，国际粮价对中国粮价的影响也较小；国际价格对中国价格变动的贡献在不断加大，但仍处于较低的水平，主要原因来自进口需求的低水平、政府的边境控制和国内支持政策。

张立富等（2002）认为，粮食安全有宏观安全和微观安全、短缺安全和长期安全、量的安全和质的安全三大特征。因此，如何构建中国粮食安全体系也引起了学术界的重视。胡靖（2000）认为，粮食安全是中国现代化的重要基础和基石，由于粮食是一种特殊的公共物品，政府应当承担起责任，将维护粮食安全的重心由量的安全向提升粮食生产潜力、制定粮食安全制度和法规转变。马九杰等（2001）提出，中国应建立粮食安全预警系统，实现对粮食安全状况的全面分析和全面衡量，并对粮食安全状态进行预报，进而做出有利的政策影响，这也是全面实现粮食安全的必然选择。程亨华和肖春阳（2002）对中国 50 多年来的粮食产量波动系数、粮食库存安全系数、粮食外贸依存系数及贫困人口的温饱状况进行了定量分析，发现中国粮食安全水平正逐年提高，近期可以保证国内的粮食安全。龙方（2007）则提出了中国粮食安全体系指标的标准：人均粮食占有量为 390 千克左右，粮食储备率为 20%左右，粮食自给率为 92%左右。肖国安等（2009）认为，中国粮食安全体系的研究，不仅要研究粮食安全基础理论和国际粮食发展趋势，更要加强对粮食综合生产能力保障体系、粮食生产科技创新支撑体系、粮食市场宏观调控政策体系、粮食安全动态预警应急体系、粮食安全的国际化战略体系、重大农业自然灾害防御体系、特殊群体粮食安全援助体系等方面的研究。税尚楠（2012）提出，在信息和通信革命引领的全球化正在改变着全球粮食生产、贸易和市场格局，在全球化的平台上建立有中国特色的食品供给链，从容应对跨国公司在全球和中国的扩张博弈是保障我国粮食安全的重要选择。

1.2.4　海外耕地投资

从发展起源来看，海外耕地资源投资与利用并不算一个新鲜事物，早在 20世纪初期，日本就在拉丁美洲进行农业开垦，第二次世界大战以后，日本的海外农业垦殖计划迅速扩展，当时日本的主要目的是通过海外农业开发项目来输出其国内大量的人口，并为本国市场提供农产品（Eidt，1968）。只是这一问题在全球粮食安全形势恶化的影响下，随着实施海外耕地投资参与国家数量的急剧增多，被学术界重视起来（Kugelman and Levenstein，2009）。目前，国内外在这方面的研究还处于初级阶段，海外耕地投资也尚未形成一个规范的名称，有称之为 Land Grab 的（带有明显的否定意味），有称之为 Agricultral Investment 的，还有称之为 Farmland Investment 和 Land Deals 的。但是该问题已经引起 GRAIN、联合国粮农组织、世界银行、IFPRI 和 Land Deal Politics Initiative 等国际组织和学术机构的高度重视。

Cotual 等（2011）将大规模土地生意定义为，以某种（购买、租赁或其他）方式获取大于 1000 公顷以上的土地权利。世界银行认为，耕地投资是指为解决人类粮食不足威胁、提高农业生产效率和实现农业可持续发展而进行的耕地投资行为，主要以推广农业科技、改善农田基础设施、提高农业管理水平、获取投资效益和反贫困为目的（World Bank，2010a）。Genetic Resources Action International（2011）提出了土地掠夺的六个主要特征：①进行收购，包括租赁、特许经营、直接买断；②购买者为国家或者公司；③购买耕地面积大于 10 000 公顷；④这种购买是跨国的；⑤时间期限较长，通常为 33～99 年；⑥这种行为的主要目的是生产粮食，进行出口。Borras 等（2011）认为，土地掠夺主要是指来自企业、政府或私募基金的经济活动者通过获取他国耕地作为粮食生产或生物燃料生产的基地，其并不以种植粮食为主要目标，而是以追逐利润的商业投机为主要目标。根据以上定义，派生出两种截然不同的海外耕地投资态度：赞成者认为这种跨国投资可以帮助发展中国家的农业部门摆脱数十年的资金缺乏状态，并可以增加就业岗位和推广新的农业科技；反对者认为这种投资忽视了当地人的权利，重视对短期利益的追逐而忽视了当地环境的可持续发展，并且造成了当地政府的大规模腐败（Arezki et al.，2012）。

Deininger 和 Byerlee（2011）对全球可以耕种的土地面积进行了估算，发现全球大概有 15 亿公顷的土地没有开垦，其中有 44 500 万公顷的土地是可以开垦用于耕种的。Arezki 等（2012）的研究显示，全球可以开垦用于耕种的土地有 20 100 万公顷在撒哈拉以南非洲地区，12 300 万公顷在拉丁美洲地区，5200 万公顷在东欧地区。以拉丁美洲的亚马逊地区为例，1990～2006 年该地区牛的数量就增长了一倍，草场面积更是扩张了 2400 万公顷（Pacheco and Chapuis，2009）。在开垦速度上，有两种极端的观点：Bruinsma（2009）估计全球的耕地开垦速度将会达到每年 200 万公顷，而 Eickhout 等（2009）则认为该速度将会达到每年 1000～1200 万公顷。Deininger（2011）提出了一种比较保守的估计，他认为在 2030 年之前，全球的耕地开垦速度应该为每年 600 万公顷。如果没有合理的政策引导，这种开垦速度很有可能会造成社会和环境问题（Fargione et al.，2008）。可供开垦耕种的土地为海外耕地投资的开展提供了广阔的发展空间，使得海外耕地投资正快速在全球各地展开，而且已经形成了相当的规模（Arezki et al.，2012；Genetic Resource Action International，2008）。

在全球城市土地面积不断扩张的形势下，面对持续增长的粮食需求和生物燃料需求，耕地正逐渐被政治经济领域视为一种稀缺的竞用性战略资源（von Braun and Meinzen-Dick，2009）。这种观点已经被一些人口稠密、资金雄厚的亚洲国家所接受，如韩国、日本就将海外耕地投资视为一种全球战略，并将马达加斯加、莫桑比克、坦桑尼亚等非洲国家列为重要的投资目的地（Zoomers，2011）。一方面看来，海外耕地投资提高了全球农业利用的资金聚集程度；另一方面看来，海外耕地投资使以美国农业企业为代表的农业企业集团建立起了全球"粮食政权"，并且进行了跨国海外耕地投资布局（McMichael，2009；何昌垂，2013）。目前，有关海外耕地资源利用的主流研究仍然集中于非洲地区，但是已经呈现出向其他地区扩散的趋势，如前苏联地区、拉丁美洲地区和南亚地区（Davis，2008；Cotual and Vermeulen，2009；Visser and Spoor，2011；Li，2011）。黄善林和卢新海（2010）认为，耕地资源缺乏、粮食自给率低，但经济相对发达、收入水平高或其他自然资源丰富（如石油）的国家，如日本、韩国和海外国家是海外耕地投资的主体。但是，Cotual 和 Vermeulen（2009）对非洲的定量研究发现，来自中东和东亚的投资者并不是海外耕地投资主体的主要组成部分，欧洲国家在海外耕地投资中的作用应当引起研究人员的重视。Cotual 等（2011）对马达加斯加的海外耕地投资主体的分析显示，该国海外耕地的投资主体 70%来自欧洲，19%来自南亚和东南亚国家，11%来自中东地区。

自从海外耕地投资成为全球发展生物能源的重要组成部分以来，有关种植这种生物质原材料会占用大面积土地，以及是否会影响全球粮食安全的担忧和争议就从来没有停止过（Murphy et al.，2011；Haberl et al.，2011）。基于以上争论，学术界也分化出了两个阵营：一种观点是支持海外耕地投资进行生物燃料生产；另一种观点则认为种植生物质原料占用的大量耕地将会对粮食安全形成威胁，因此，反对通过海外耕地投资发展生物能源（Deininger，2011；Li，2011）。

在支持者中，世界银行的观点最具有代表性，该机构认为耕地投资所带来的资金促使土地产能提升，实现了投资与被投资双方的平等、双赢局面（World Bank，2007；World Bank，2010b）。Cotula 和 Vermeulen（2009）也认为，在南半球国家存在着大量未开垦土地和利用效率低下的土地，通过海外耕地投资不仅可以被投资国获取了发展的机会，更提高了被投资国的产出水平。Arezki 等（2012）的研究也显示，海外耕地投资通过产生就业岗位和改善农业基础设施，有效地解决了当地居民持久的贫困困扰。但是，以社会活动者为代表的另一群体却认为海外耕地投资剥夺了当地农民的财产，危害了当地的粮食安全状态，并且不可避免地产生了一系列不良后果。Scoones（2010）认为，海外耕地投资的开展促使当地农民开垦荒地、提高土地生产能力，其实质是为了加强企业（无论是生物燃料企业还是粮食生产企业）的产业链控制，最终使得农民丧失了与企业抗衡的能力，成为企业产业链上的附属品。Wolford（2010）对巴西的海外耕地投资利用项目进行了研究后也认为，海外耕地投资损害了被投资国人民的利益，农民失去土地后不但没有脱离贫困，反而变得更加贫穷。McCarthy 和 Cramb（2009）认为，农民在面对投资者时先天谈判的不足也是导致海外耕地投资项目饱受争议的原因之一。还有研究认为，被投资国政府管理能力的欠缺使得海外耕地投资中极易产生腐败，从而严重伤害了当地农民的利益（Institute for Food First，2010；Genetic Resources Action International，2011）。

　　针对海外耕地投资所引发的社会问题，学术界也进行了广泛的讨论。Deininger（2003）对非洲国家的调查发现，大部分非洲国家几乎没有官方的文件赋予国民土地的所有权或占有权，只有2%～10%的正式文件赋予了国民土地权利，而且这些土地证书多针对城市土地，因此，土地产权制度的不完善是海外耕地矛盾集中爆发的重要原因。Djire（2007）认为，限制土地权利开展的重要原因是长期而且烦琐的获取过程，特别是在土地登记过程中。以加纳为例，除了国家所有的土地外，其他未开垦土地的80%～90%都是在传统风俗占有制度下的，酋长的权威要高于法律赋予的权利（Kasanga and Kotey，2001）。Cotula 等（2011）的研究发现，在土地登记过程中，农民认为传统的土地占有制度已经足够保障他们的土地权利，因此，对官方的土地登记并没有很高的参与热情。Alden（2010）认为，在明确土地权利过程中农民难以抵御政府的强势，政府实际只对已经开垦的土地登记土地权利，并且还制定法律条款限制对公共财产权利的登记。以津巴布韦为例，传统风俗下的土地权利往往不被调查和登记，而且法律只登记个人的土地权利，而对传统风俗下的土地权利视而不见，由此给海外耕地投资项目的开展制造了很多矛盾（Deininger，2011）。因此，尊重当地农民土地权利（包括集体和个人两个方面），进行土地权利登记，成为一些国家在海外耕地投资过程中指导企业选择合作伙伴的重要指导原则（Federal Ministry for Economic Cooperation and Development，2009）。Cotual 等（2011）提出，海外耕地投资是全球不可逆转的社会经济发展方向，所以，投资和被投资双方都应当妥善处理当前海外耕地投资过程中的矛盾，追求长期效益。

　　石军红（2009）在粮食危机背景下对以日本、韩国为代表的海外耕地投资情况进行了分析，他认为要保证中国粮食安全，维护国家政治经济稳定，在确立以自给为本的前提下尝试海外屯田，对缓解国内资源紧张、减轻粮食安全压力，以及缓解全球粮食危机都是有积极意义的。李睿璞和卢新海（2010）对中国发展海外耕地投资的必要性和面临的历史机遇与潜在威胁进行了分析，并提出中国应该学习日本、韩国的投资经验，积极获取他国农地使用权；政府搭建投资平台，企业实现综合效益；重点开发非洲与拉丁美洲市场，实现投资模式多元化发展。从以上三个方面完善中国海外耕地投资的经营策略。黄善林和卢新海（2010）、卢新海和黄善林（2012）、卢新海和李书宁（2013）还梳理了当前国际上海外耕地投资状况，发现在当前海外耕地投资项目中，政府是海外耕地投资的主要推动者，其主要驱动因素是保障粮食安全和获取丰厚利润，投资模式有政府与政府、私有部门与政府、私有部门与私有部门三种主要形式，投资者往往以购买、租赁或优惠经营的方式获取耕地。王蕾和卢新海（2013）对海外耕地资源投资利用区位选择的特征和决定性因素进行了分析，指出东道国耕地资源禀赋和引资政策是决定海外耕地资源区位选择的关键因素。

1.2.5 海外资源能源利用

海外耕地资源投资利用对国内外学术界来说是一个崭新的研究命题，可资借鉴的资料不多，而耕地资源的利用与能源资源的利用有相通之处，因此，笔者对有关海外能源资源利用的研究情况也进行了查阅，以期为海外耕地投资提供借鉴。

文献研究发现，国外学者偏重于从跨国并购方面对利用国外资源进行研究，研究主要侧重于并购的动因、并购的效应和并购的方式与手段三方面。Hymer（1976）、Helpman（1985）认为，企业实施国际并购的决定因素是其垄断优势、国内外市场的不同，实施并购战略可以使企业在激烈的市场竞争中迅速扩大经济规模，获取价格控制权垄断地位或提高竞争能力抗衡垄断。Buekley 和 Casson（1998）则借鉴了交易成本的思想，认为通过并购可以使企业建立一个跨越国界的内部组织，将以往的外部市场交易转化为企业的内部交易，进而降低企业的交易费用。Rugman（1979）、Dunning（1988）认为，进行跨国资源利用有三种优势，即所有权特定优势、区位优势、内部化优势，同时还可以实现产品生产、投资布局、生产经营的多样化，从而分散企业的经营风险，巩固市场地位。Liehtenberg（1992）认为，并购可以更加有效地利用海外资源，有利于企业实现协同效应，可以使企业获取比较显著的正收益。Bremmer（2005）运用博弈理论对企业的海外并购情况进行了研究，发现项目的竞争不是零和博弈，而应该采取合作策略，如果在不合作的情况下以更高的成本获得并购资产，企业就可能面临"获胜者的咒骂"。

在国内研究方面，李树清（1995；1996）提出，中国应当利用海外油气资源，发展中国石油经济。冯连勇（2002）认为，开发利用海外石油资源是西方发达国家的共同做法，中国开发利用海外石油资源面临着难得的历史机遇，所以国家应根据中国的实践，从国家战略安全的高度，结合经济全球化的新规则，调整和建立相应的政策法规体系。国有资产监督管理委员会的中央企业境外投资考察团

（2004）认为，南美应成为中国开发利用海外矿产资源的战略重点地区之一，应建立大型企业集团参与利用海外资源，国家应从政策、管理体制、资金和人才培养方面予以支持。申瑞花（2007）、廖霞林（2011）对日本利用海外资源的模式进行了分析，认为完善的海外矿产资源开发利用扶持制度是日本获取海外矿产资源的关键所在，中国应该从加大财政支出力度、建立有效融资机制、建立投资亏损准备金制度三方面支持中国企业利用海外资源。

李托明（2010）从风险管理角度对中国企业利用海外资源情况进行分析后认为，中国企业在利用海外资源时应着重避免政治风险、法律风险、劳资风险和合作风险。李友田等（2013）认为，提升全球战略资源的控制能力，积极开展能源行业海外投资是中国能源型企业发展的必由之路，中国能源型企业在海外投资过程中遭遇了各种风险，尤其是非经济风险日益突出，严重制约着"走出去"战略目标的实现。张友先（2011）认为，中国金属矿产供需矛盾是长期存在的，在对外依存度不断攀升的背景下，应当促进中国企业利用海外矿产资源，国家应当通过建立联合开发机制、设立矿业开发基金、建立资源储备体系、引导金融机构完善支持矿业企业"走出去"的服务体系和建立资本市场五方面促进中国企业利用海外矿产资源。李众敏（2012）认为，随着中国对外投资规模不断上升和企业国际拓展的加速，中国迫切需要形成海外经济利益保护战略。

1.2.6 研究评述

粮食安全问题是一个全球性的民生问题，是涉及人类社会生存与可持续发展的重大问题。随着全球人口的增长、生物能源的发展和气候问题的凸显，粮食安全问题对人类可持续发展的约束已经越来越明显，并且在相关研究中得以证实。虽然工农业革命和绿色革命使全球粮食生产取得了巨大成功，但是现有研究也表明，科技贡献对粮食增产的贡献率正在下降，增加对粮食生产的物质要素投入，特别是通过开垦全球后备耕地资源的方式来增加粮食供给量成为解决人类粮食安全问题的重要选择。

从国内外学者对中国粮食安全状态的研究来看，一个重要的共识就是中国未来的粮食需求总量将会进一步扩大，而水土资源的短缺将会制约中国的粮食供给，中国的粮食安全将会面临一定的供需失衡风险。从以往经验来看，虽然农业科技的推广和应用对中国粮食增产做出了巨大贡献，但是随着农药、化肥的过度施用，农业科技的报酬递减规律已经逐渐显现，通过增加耕地数量、提高耕地质量的方式来保证粮食生产成为中国面临的重要选择。加入 WTO 为中国通过国际贸易提高国内粮食供给量提供了一种手段，但最近几年美国、欧盟等国家和地区生物能源产业的发展为国际粮食市场注入了一股强大的需求动力。特别是 2007 年粮食危机以来，国际粮价一直在高位徘徊，不但大幅增加了中国的粮食购买成本，而且也放大了国际粮食市场的不可靠性。面对国内日益趋紧的水土资源制约、逐年攀升的粮食净进口规模和国际粮食市场高企的粮价，中国未来的粮食安全形势不容乐观。

整体而言，由于全球水土资源总量有限、组合错位和分布不均，中国所遇到的粮食安全难题也是世界上其他国家所面临的。为化解威胁国家粮食安全的供给风险和市场风险，一部分国家已经将海外耕地投资作为保障国家粮食安全的重要选择。然而，这种粮食安全保障方式似乎并没有引起中国研究人员的足够重视，中国学术界虽然已经认识到加大耕地的投入对保障粮食生产极端重要，但是在研究视角上，相关研究将较多的目光聚集在国内，基本没有考虑利用海外耕地资源来缓解中国的粮食安全问题。海外耕地投资作为一种相对较新的耕地资源获取手段，一方面可以从生产环节实现对粮食的控制，另一方面也可以规避国际粮食市场的价格风险，并且还可以有效转移国内耕地资源承载压力。对中国这种耕地资源贫乏的人口大国来说，这一手段应当引起研究人员的足够重视。

实际上，为了获取发展所需要的自然资源，中国已经在积极参与全球石油、矿产等资源能源的投资，并引起了研究人员的重视。然而，从研究成果上看，由于国际上发达国家所处于的政治、技术优势，其利用海外资源能源的方式并不完全适合中国，国内学术界对于中国利用海外资源能源的研究还处于讨论层面，更没有达到指导企业进行海外实践活动的要求。耕地作为一种属性特殊，利用方式与石油、矿产迥异的自然资源，海外资源能源的投资模式对海外耕地投资也有明显的不适性，面对这一研究的空白，展开海外耕地投资方面的研究显得很有必要。

2 全球粮食安全困境与海外耕地投资状况

2.1 全球粮食安全与耕地资源概况

2.1.1 当前全球粮食供需状况

联合国粮农组织统计数据显示，2013 年 5 月全球总人口已高达 71.3 亿人，与 21 世纪初的 61.2 亿人相比，近 13 年间全球人口净增长超过 10 亿人，年均人口增长率为 0.93%。纵观全球人口数量的增长历程，从 30 亿到 40 亿用了 15 年，从 40 亿到 50 亿用了 12 年，从 50 亿到 60 亿用了 12 年，从 60 亿到 70 亿用了 13 年，基本每过 12 年全球人口都会净增长 10 亿人左右。联合国人口基金会的预测也显示，到 2025 年全球人口将会超过 90 亿人，即使采取必要的措施，到 2050 年全球人口也会超过 80 亿人。人口作为影响人类社会发展与进步的重要结构性力量，其快速膨胀的规模使得全球的土地资源紧缺、水资源缺乏、生物多样性丧失等环境问题更加严峻，也使得全球的粮食供应前景堪忧。

民以食为天，食以粮为先。全球人口规模快速膨胀所引发的首要问题便是粮食安全问题，并且该问题在经济增长和城市化的驱动下日益严峻（夏敬源和聂闯，2012；Hinrichs，2013）。20 世纪 50 年代，由美国在墨西哥引发，之后便席卷全球的"绿色革命"使全球粮食生产取得了戏剧性的突破，也掀起了全球投资农业科学研究的浪潮。育种技术的发展、生产工具的改良、化肥和农药的广泛使用、耕种条件的改善，以及农业从业人员文化水平的提升，这些都使粮食生产对扩大耕地面积的依赖有了一定程度的放松，显著促进了全球粮食供应量的提升。但是，我们也应看到农业科技边际效应的递减、全球生态环境的恶化、温室效应的扩大，特别是优质耕地大面积的流失使全球粮食供应面临着更多的不确定性。

联合国粮农组织统计数据显示，全球人均日热量摄入量已经由 1960 年的 2220 大卡（1 大卡≈4.19 千焦）增长到 2008 年的 2790 大卡，特别是发展中国家从人均 1850 大卡增长到了 2640 大卡。与此同时，发展中国家长期营养不良的人口比例也从 20 世纪 70 年代的 34% 降低到当前的 15%。从粮食供应增长率上看，全球粮食供应增长率并不稳定，从 20 世纪 70 年代的 3% 降低到 20 世纪 80 年代的 1.6%，又降低到 20 世纪 90 年代的 1% 左右，2000～2003 年甚至达到了 0.8%。但是，从近 10 年粮食供应方面来看，全球粮食产量从 2003 年的 18.95 亿吨稳定增长到 2012 年的 23.06 亿吨，年均增长率为 0.9%左右；粮食供应量也从 23.88 亿吨增长到 28.27 亿吨，年均增长率也保持在 0.9%左右。全球粮食库存量基本稳定在 5 亿吨左右，主要粮食出口国的库存量与消耗量之比的 10 年平均值为 18.5%[①]（表 2.1）。

表 2.1　全球粮食供应情况

年份	产量/亿吨	供应量/亿吨	期末库存量/亿吨	主要出口国的库存量与消耗量之比/%
2003	18.95	23.88	4.23	14.77
2004	20.75	24.93	4.73	17.26
2005	20.52	25.17	4.65	18.14
2006	20.21	24.86	4.16	13.90
2007	21.36	25.49	4.11	14.48
2008	22.93	27.08	4.91	19.07
2009	22.67	27.59	5.20	19.53
2010	22.60	27.81	5.00	17.44
2011	23.54	28.54	5.22	17.96
2012	23.06	28.27	5.05	16.11

数据来源：联合国粮农组织统计数据库

　　在过去的 50 年里，全球农作物产量实现了翻三番的巨大成就，农作物年均增长率一直在 2%以上，20 世纪 60 年代为 2.7%，20 世纪 70 年代为 2.4%，20 世纪 80 年代为 2.3%，20 世纪 90 年代为 2.5%，21 世纪前 10 年为 2.6%。特别是从近 10 年来看，全球三大主要粮食品种——小麦、水稻和玉米的产量均呈现出稳步增长，小麦年产量从 2001 年的 5.9 亿吨增长到 2011 年的 7 亿吨；水稻年产量从 6 亿吨增长到 7.2 亿吨；玉米年产量从 6.2 增长到 8.8 亿吨，年均增长率均为 1%左右[②]（图 2.1）。

　　当前研究普遍认为，全球粮食需求主要有两大驱动力：一是全球人口对粮食的需求，包括人口消费结构向畜牧产品、植物油和糖类转变；二是生物质能源的发展，主要是全球生物乙醇、柴油对粮食的消耗。特别是后者，通过利用玉米、甜高粱、木薯等粮食产品加工生产乙醇和液体柴油已经成为全球能源行业应对日益枯竭的能源危机的新希望，这也大大推高了全球的粮食需求量。巴西自 1975 年开始实施"燃料乙醇计划"，目前已经成为全球第二大燃料乙醇生产国和出口国。2010 年，巴西燃料乙醇产量已经高达 310 亿公升，约占全球总量的 38%。并且巴西计划到 2018 年，国内交通工具使用乙醇作为燃料的比例上升为 12%；

---

① 根据联合国粮农组织的界定，这里所指的主要粮食出口国为阿根廷、澳大利亚、加拿大、欧盟和美国。

② 受联合国粮农组织统计数据库数据更新的限制，此处的国际农业统计数据的时间截点多为 2011 年。

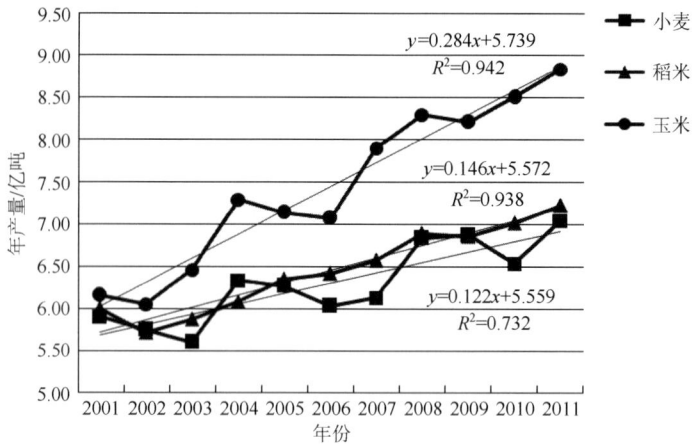

图 2.1 2001～2011 年全球小麦、稻米和玉米产量

2050 年达到 26%[①]。此外，作为全球第一大乙醇燃料生产国的美国，2010 年生产了 490 亿公升的玉米乙醇，美国政府还制定了到 2022 年国内生物质燃料要占本国能源消耗总量 25%的目标。欧盟也提出到 2020 年要实现生物燃料在交通能源消耗中占 10%的目标，其中作为欧洲最大生物乙醇生产国的德国，2012 年生物乙醇产量年比增长了 7%，达到 61.3 万吨[②]。因此，在人类食用与工业利用的竞争、直接需求和间接需求的双重压力下，全球粮食安全的形势不容乐观。

从全球区域人均粮食消费情况来看，进入 21 世纪后，东欧和中亚地区的人均粮食消费量呈现出最为强劲的增长势头，东欧和中亚地区 2012 年的人均粮食消费量比 2000 年增长了 24%，其次是东亚地区增长了 20%，撒哈拉以南的非洲也增长了 11%，西欧地区基本没有变化，而北美则呈现出下降趋势。近 10 年，全球粮食利用量和贸易量均呈现出年均 1%的增长势头，粮食利用量从 2003 年的 19.63 亿吨增长到 2012 年的 23.32 亿吨；粮食贸易量从 2003 年的 2.40 亿吨增长到 2012 年的 3.04 亿吨；而世界粮食库存量与贸易量的比例基本在 20%左右徘徊（表 2.2）。

表 2.2　全球粮食需求情况

年份	利用量/亿吨	贸易量/亿吨	（库存量/贸易量）/%
2003	19.63	2.40	20.92
2004	20.20	2.47	23.15
2005	20.40	2.47	22.34

① 期货日报网 2012 年 4 月 10 日报道《巴西燃料乙醇产业概述》。

② 2013 年 1 月 27 日，德国生物乙醇行业协会发布的最新报告显示，2012 年德国生物乙醇产量年比增长 7%，达到了 61.3 万吨。

年份	利用量/亿吨	贸易量/亿吨	（库存量/贸易量）/%
2006	20.78	2.58	19.42
2007	21.41	2.73	18.69
2008	21.98	2.86	21.96
2009	22.37	2.78	22.86
2010	22.75	2.85	21.48
2011	23.27	3.17	22.36
2012	23.32	3.04	20.95

数据来源：联合国粮农组织统计数据库

　　进入 21 世纪以来，尽管全球营养不良人口的比例基本保持了稳定，但是最近几年全球粮价的高位运行和全球经济增长的乏力，使贫穷国家处于粮食不安全状态的人数又呈现出增加的态势。此外，全球经济增长的乏力还会进一步扭曲全球粮食市场的供需平衡，使潜在粮食需求与实际市场需求之间的差距增大。从全球整体来看，尽管发达地区用于食用的粮食需求量有降低的趋势，但是来自生物能源、饲料等方面的需求则会对全球粮食供需平衡产生强烈的影响。从近 10 年全球粮食的总产量与总利用量之间的关系也可看出，即使忽略了全球庞大的粮食不安全群体，全球的粮食供需也没有实现平衡。尽管最近 10 年全球粮食盈余和赤字的年份各为 5 年，但是平均每年全球的粮食赤字约为 460 万吨（图 2.2）。

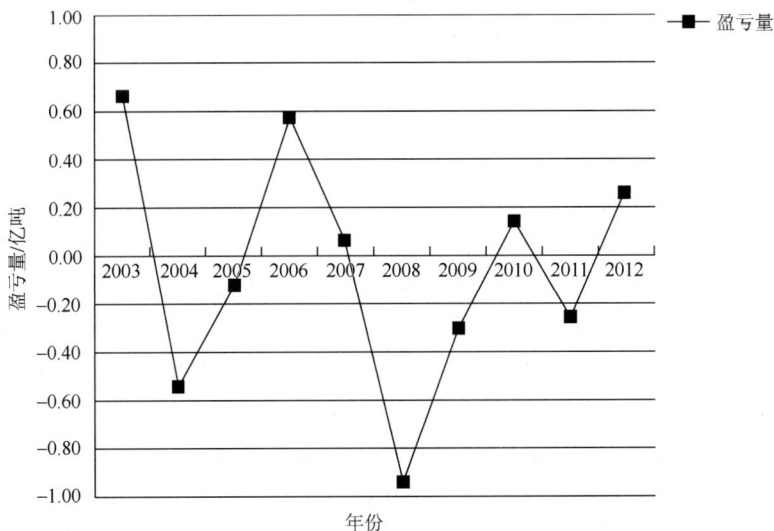

图 2.2　2003～2012 年全球粮食盈亏情况

2.1.2　全球耕地资源利用概况

联合国粮农组织统计数据显示，2011 年年底全球共有陆地面积 131 亿公顷，在陆地面积中约有 15.5 亿公顷用以种植农作物，其中一般耕地约为 14 亿公顷，永久性耕地约为 1.5 亿公顷，两者共占全球陆地面积的 12%。从耕地面积在全球的地域分布来看，全球耕地资源分布并不均衡。目前，亚洲拥有全球最多的耕地面积，约 5.54 亿公顷，占全球耕地面积总量的 36%；欧洲拥有 2.92 亿公顷，占全球耕地面积总量的 19%；非洲拥有 2.58 亿公顷，占全球耕地面积总量的 17%；北美洲拥有 2.47 亿公顷，占全球耕地面积总量的 16%；南美洲拥有 1.52 亿公顷，占全球耕地面积总量的 10%；大洋洲拥有耕地面积最少，约为 0.50 亿公顷，仅占全球耕地面积总量的 3%（图 2.3）。

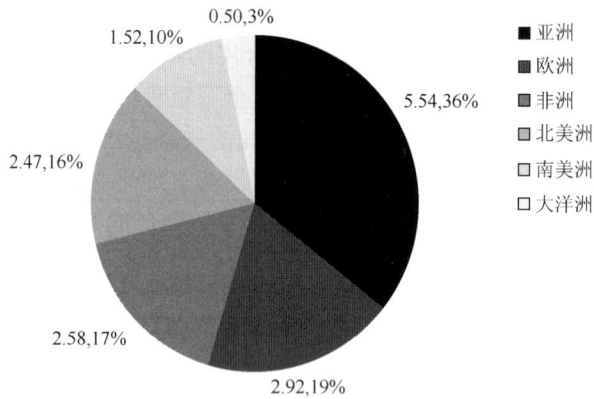

图 2.3　全球耕地面积分布

从耕地的质量构成情况来看，当前世界上一般耕地面积总量庞大，具有绝对优势，而永久耕地面积比例不高（图 2.4）。亚洲拥有一般耕地面积 4.74 亿公顷，占全球一般耕地面积的 34%；拥有永久耕地面积 0.8 亿公顷，占全球永久耕地面积的 52%。欧洲拥有一般耕地面积 2.76 亿公顷，占全球一般耕地面积的 20%；拥有永久耕地面积 0.16 亿公顷，占全球永久耕地面积的 10%。非洲拥有一般耕地面积 2.26 亿公顷，占全球一般耕地面积的 16%；拥有永久耕地面积 0.29 亿公顷，占全球永久耕地面积的 19%。北美洲拥有一般耕地面积 2.35 亿公顷，占全球一般耕地面积的 17%；拥有永久耕地面积 0.13 亿公顷，占全球永久耕地面积的 8%。南美洲拥有一般耕地面积 1.36 亿公顷，占全球一般耕地面积的 10%；拥有永久耕地面积 0.15 亿公顷，占全球永久耕地面积的 10%。大洋洲拥有一般耕地面积

0.49 亿公顷，占全球一般耕地面积的 3%；拥有永久耕地面积 0.02 亿公顷，占全球永久耕地面积的 1%。

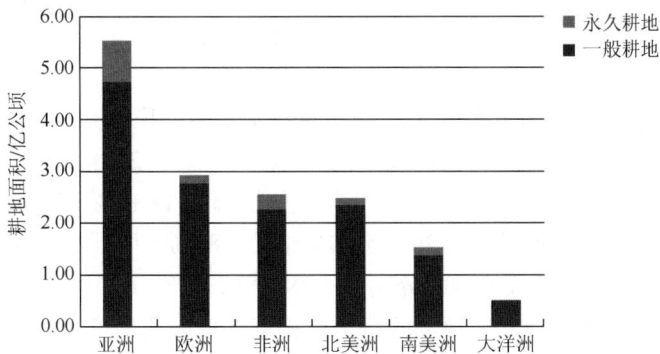

图 2.4　全球不同类型耕地面积分布

目前，全球的人均耕地资源占有量约为 0.22 公顷，但是这种占有量在全球各个地区的分布极不均衡，发达地区人均耕地面积较大，资源丰富，而发展中地区人均耕地面积相对较小，资源局限性突出。大洋洲拥有最为丰富的人均耕地资源占有量，平均每人占有耕地面积 1.35 公顷；其次是北美洲人均占有耕地面积 0.49公顷；欧洲地区人均占有耕地面积也有 0.4 公顷；接下来是南美洲人均占有耕地面积 0.35 公顷；非洲人均占有耕地面积 0.25 公顷；而亚洲人均耕地占有面积仅有 0.13 公顷（图 2.5）。

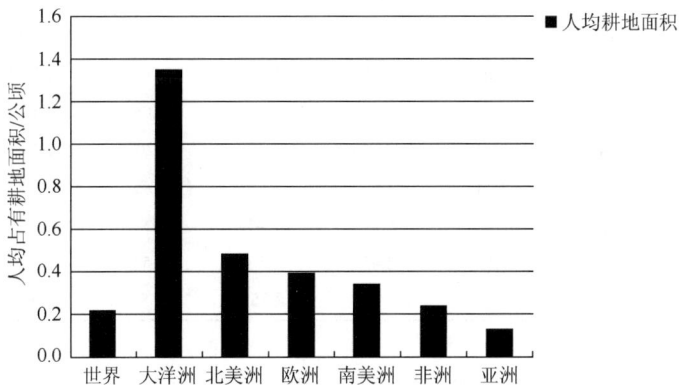

图 2.5　全球人均耕地面积分布

纵观近 50 年来全球耕地总量变动情况可以发现，全球耕地总量在 50 年中共增加了 1.82 亿公顷，其中，20 世纪 60 年代和 20 世纪 90 年代的增加幅度最大，但是近20年增速有所下降。从全球经济发展区域来看，作为发展中地区的非洲、南美洲和亚洲耕地面积总量一直处于增加状态；而发达地区的北美洲、欧洲和大洋洲近20年来耕地面积总量处于下降状态，并且北美洲和欧洲的耕地面积总量甚至低于1961年该地区的耕地面积总量，分别降低了0.18亿公顷和1.01亿公顷。虽然从绝对数量上亚洲增加面积最大，但从增幅上来看南美洲和非洲则非常突出。南美洲在20世纪60年代耕地面积增速特别显著，正是在绿色革命的推动下，该地区在此时间段的耕地面积增幅达到了35.62%，除了20世纪80年代6.31%的增幅相对较低外，南美洲在20世纪70年代的增幅为12.12%，21世纪的前10年的增幅达到18.75%；非洲除了20世纪70年代3.80%的增幅较低外，其20世纪60年代和20世纪80年代的增幅分别为8.88%和7.85%，近10年非洲的耕地面积增幅达到峰值，均为15.18%；亚洲的耕地面积增幅最大值出现在20世纪80年代，达到10.20%，但是由于亚洲耕地面积绝对数量庞大，虽然其他年代增幅约为2%左右，但50年间净增长耕地面积共计1.16亿公顷；大洋洲50年间共增长耕地面积0.16亿公顷，其增幅的峰值出现在20世纪60年代，达到了32.35%，随后20世纪70年代和20世纪80年代虽然增幅不大，也分别达到了4.44%和6.38%，但是该区域在近20年耕地面积却以5%～6%的速度在减少（表2.3）。

表2.3 1961～2011年全球耕地面积变动情况 单位：亿公顷

项目	全球	非洲	北美洲	南美洲	亚洲	欧洲	大洋洲
1961	13.71	1.69	2.65	0.73	4.38	3.91	0.34
1971	14.25	1.84	2.73	0.99	4.48	3.76	0.45
变动率	3.94%	8.88%	3.02%	35.62%	2.28%	−3.84%	32.35%
1981	14.55	1.91	2.73	1.11	4.61	3.72	0.47
变动率	2.11%	3.80%	0.00%	12.12%	2.90%	−1.06%	4.44%
1991	15.21	2.06	2.73	1.18	5.08	3.67	0.50
变动率	4.54%	7.85%	0.00%	6.31%	10.20%	−1.34%	6.38%
2001	15.17	2.24	2.66	1.28	5.45	3.01	0.53
变动率	−0.26%	8.74%	−2.56%	8.74%	7.28%	−17.98%	6.00%
2011	15.53	2.58	2.47	1.52	5.54	2.92	0.50
变动率	2.37%	15.18%	−7.14%	18.75%	1.65%	−2.99%	−5.66%

整体看来，近50年来全球人均耕地面积一直呈下降态势，从1961年的0.44公顷下降到2011年的0.22公顷，降幅高达50%。在全球六个大洲中，大洋洲、北美洲、欧洲、南美洲和非洲长期以来人均耕地面积均在全球人均耕地面积平均水平以上，只有亚洲的人均耕地面积一直处于全球平均线之下。大洋洲、北美洲和非洲50年的人均耕地面积下降速率均超过全球平均下降速率，欧洲、南

美洲和亚洲则基本与全球人均耕地下降速率持平。大洋洲一直拥有明显的人均耕地面积优势，也是人均耕地面积变动幅度和下降幅度最大的洲，其人均耕地面积的峰值出现在 1967 年的 2.49 公顷，而人均耕地面积的最低点则是 2010 年的 1.24 公顷，1961～2011 年人均净下降耕地面积 0.78 公顷。其次是北美洲，虽然其人均耕地面积由 1.02 公顷下降到 0.49 公顷，但是仍是联合国人均耕地面积警戒线的 10 倍左右。欧洲和南美洲的人均耕地面积则一直比较稳健，欧洲 50 年间人均耕地面积净下降 0.22 公顷，南美洲下降了 0.08 公顷。接下来的非洲人均耕地面积净下降了 0.33 公顷。亚洲 50 年间的人均耕地面积降幅与全球水平同步，也下降了 50%，从 0.26 公顷下降到 0.13 公顷，属于唯一一个低于全球平均水平的大洲（图 2.6）。

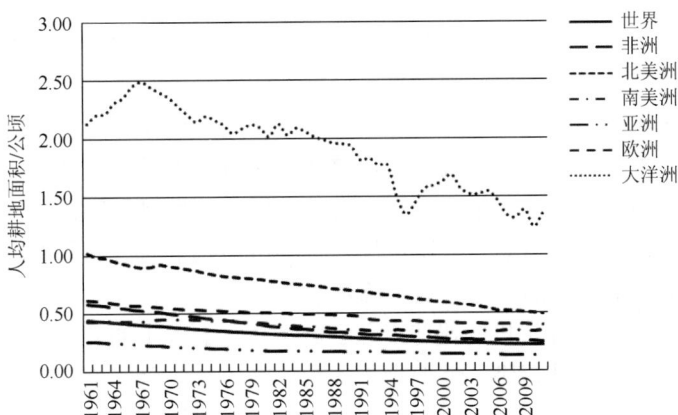

图 2.6 1961～2011 年全球人均耕地面积变化情况

随着人口的增长和全球经济的增长，一方面使一些国家的耕地逐渐被城市化和工业化大肆侵占，另一方面也迫使全球农业逐渐走向了集约化的道路。城市化和工业化造成的大量优质耕地流失和工业污染通过水循环流入农田，农业集约利用中化肥大量使用造成的土壤侵蚀加重和土壤肥力下降均对全球耕地质量的下降产生重要影响。特别是随着全球灌溉面积的扩张，以及对抽取地下淡水管理的失当，使得很多地方的地下蓄水层遭到破坏，如美国加州的中央山谷地带、中部大平原奥拉加加地区，巴基斯坦的旁遮普地区，中国的华北平原，以及摩洛哥的苏斯盆地均产生了严重的土地盐碱化问题。联合国环境规划署（United Nations Environment Programme，UNEP）认为，土地盐碱化和土地面积的大规模减少已经对全球农业可持续发展产生了重要威胁。联合国粮农组织统计数据显示，全球有 340 万公顷的土地存在不同程度的盐碱化问题，占全球可灌溉面积的 11%，其中巴基斯坦、中国、美国和印度四国的土地盐碱化面积大约有 210 万公顷，占全球盐碱化总量的 60%[①]。

2.1.3 全球粮食安全形势

在过去的 50 年里，随着作物单产的提升和耕地面积的扩充，以及农业集约化模式的推进，全球粮食总产量大约增长了 2.5～3 倍，特别是全球可灌溉耕地面积的大幅提升，大约贡献了全球粮食增产量的 40%[②]。虽然全球粮食生产取得了巨大成就，但是随着全球人口的快速增长，特别是发展中国家人口的快速增长，目前全球仍有大约 10 亿人处于粮食不安全状态，其中亚洲拥有绝对人口数量最大的群体，而非洲则拥有 28%的最高粮食不安全人口比例。从地区分布来看，广大发展中地区的粮食安全形势尤为严峻，面临粮食安全的国家大多位于非洲、亚洲、南美洲和中美洲地区。联合国粮农组织最新发布的 2050 年粮食安全的展望报告认为，未来全球粮食产量的提升和粮食安全状态的保障主要在于发展中国家耕地面积的扩充和作物单产的提升。尽管有研究认为，随着全球人口增长的趋缓和人均收入的提高，未来数十年全球粮食需求增速可能也会趋缓，但是，全球气候的变化、水土资源的日趋紧缺、生物能源市场的发展已经使得全球自然资源的承载力逼近极限，特别是粮食市场与能源市场和金融市场联系的日趋紧密，又使得全球粮食安全形势面临着新的、更多的不确定性。

2002 年以来，全球粮价的快速上涨引起了各方面人士的共同关注，协调生态系统和粮食市场为全球提供足够的食物成为各国应对粮食安全形势的重要选择。Schmidhuber（2006）认为，全球玉米、小麦、水稻和大豆等粮食产品的价格与全球能源价格的协同飙升预示了全球粮食市场与能源市场之间的联系将更加紧密，全球粮食安全形势将面临更大的不确定性。国际食物政策研究所专家 Msangi 和 Rosegrant（2009）认为，未来全球粮价将会持续上涨，预计 2050 年全球粮价将会比现在上涨 30%～50%，肉产品的价格预计也会在同期上涨 20%～30%。此外，全球粮食库存的持续下降，以及粮价平衡能力逐渐由政府向私人公司转移，特别是私人公司奉行的"适时管理"措施也有力地扰动了全球各国消除粮食不安全状态。以全球人口的增长、城市化率的提高为特征的全球社会环境和社会经济变化，如耕地面积减少、淡水资源紧缺、粮食贸易限制、生物能源政策等都使全球粮食安全形势更加不容乐观（图 2.7）。

全球各国在饮食习惯、食物种类、粮食品种等方面差异较大，用统一的粮食消耗量来测度全球粮食安全形势准确性较低，所以，联合国粮农组织通常用热量

[①] 数据来源：联合国粮农组织统计年鉴 2012。
[②] 数据来源：联合国粮农组织统计年鉴 2012。

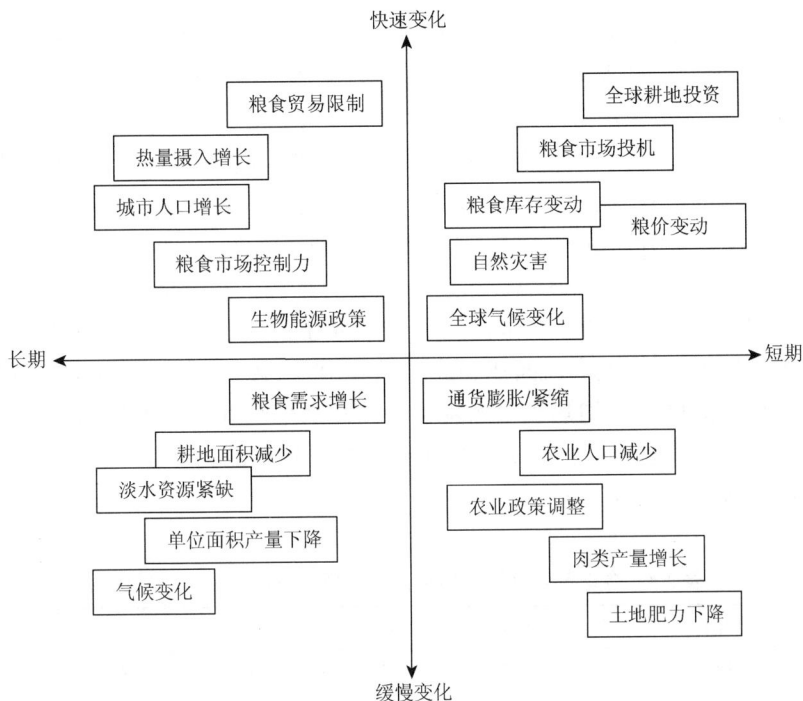

图 2.7 粮食安全形势变化驱动力

摄入供应能力来测度全球的粮食安全状况。当前研究普遍认为，发展中国家和不发达地区的粮食安全状态对全球的粮食安全形势具有重要影响，特别是发展中国家人口的增长和营养水平的提升对全球未来粮食安全形势具有举足轻重的影响。联合国粮农组织的研究发现，发展中国家的人均日热量摄取量已经由 30 年前的 2110 大卡上升至当前的 2650 大卡，并预计该指标将在 2040 年左右达到 2960 大卡，在 2050 年左右达到 3070 大卡，并且预计到 2050 年，全球日均摄入热量超过 2700 的人口比例将由目前的 51%提升至 90%。

联合国粮农组织在排除未来粮食用以生产生物能源的情况下，根据全球不同地区、不同民族、不同饮食习惯的特点，从热量摄入角度对全球未来粮食安全的情况进行了预测。从预测结果可以看出，人均日热量摄入量的提升将是未来全球的共同趋势，预计 2050 年全球日人均热量摄入量将由 1999 年的 2725 大卡提升至 3047 大卡，净提升 322 大卡，提升比例约为 12%。发展中国家和转型国家将是全球日人均热量摄入量提升的重要组成部分，预计在 1999~2050 年，发展中国家的日人均热量摄入量将提升 417 大卡，提升比例约为 16%；转型国家日人均热量摄入量将提升 399 大卡，提升比例约为 14%。由于工业化国家当前 3500 大卡左右的日人均热量摄入量已经相对较高，故其在 2050 年的日人均热量摄入值不会大幅提升，其 4% 的提升比例是最低的。从各地区的提升情况来看，撒哈拉以南非洲地区和南亚地区将是未来热量摄入量提升的重点区域，到 2050 年撒哈拉以南非洲地区日人均热量摄入量将会比 1999 年增加 580 大卡，提升比例约为 27%，比全球提升比例的一倍还要多；南亚地区的日人均热量摄入量也将在此时间段提升 509 大卡，其提升比例约为 22%，仅次于撒哈拉以南非洲地区，将近全球提升比例的一倍。其次是东亚和拉美地区，由于经济和人口的变化，二者均将经过一个快速增长和逐步趋缓的过程，东亚地区在此时间段内日人均热量摄入量将提升 380 大卡，提升比例约为 14%；拉美地区预计将提升 353 大卡，提升比例约为 13%。西亚和北非地区由于其饮食特点，当前食物提供的热量已经使该地区日人均热量摄入量处于较高水平，所以到 2050 年其日人均热量摄入量不会大幅提高，约提升 206 大卡，提升比例约为 7%，是全球中提升比例最低的一个地区（表 2.4）。

表 2.4　全球及各地区人均热量消耗情况及预测　　　　单位：大卡/人/天

组别\年份	1999	2005	2015	2030	2050
全球	2725	2771	2884	2963	3047
发展中国家	2579	2622	2770	2864	2996
工业化国家	3429	3462	3501	3548	3569
转型国家	2884	3045	3043	3159	3283
撒哈拉以南非洲地区	2128	2167	2319	2494	2708
西亚和北非地区	2991	2995	3072	3134	3197
拉美地区	2798	2899	2953	3084	3151
南亚地区	2334	2344	2532	2656	2843
东亚地区	2764	2839	3034	3112	3144

数据来源：联合国粮农组织 2050 年全球粮食与农业展望（2011）

发展中国家的粮食安全情况及营养供应能力，对全球粮食安全形势的变化具有重要影响。联合国粮农组织在非生物能源利用的情形下，从热量供应角度对全球粮食生产关于发展中国家的影响进行了预测，预计随着全球农业资源的开发和农业科技的进步，全球发展中国家的营养不良人口将会进一步下降。目前，发展中国家的营养不良人口比例大约为 10%，与 21 世纪初相比已经下降了将近 6 个百分点，预计到 2030 年，发展中国家的营养不良人口将会再降低 2 个百分点，到 2050 年时，发展中国家的营养不良人口可望达到 4.8%，全球营养不良人口总数预计也可由如今的 7 亿下降到 3.7 亿左右。从发展中国家的营养不良人口规模上看，南亚地区一直拥有全球最大的营养不良人口数目，该地区目前仍旧有 2.5 亿左右的人口处于营养不良状态。其次是撒哈拉以南非洲地区,拥有营养不良人口 2.1 亿人左右。东亚地区由于经济的发展,特别是中国反贫困工作的卓有成效,该地区目前营养不良人口有 1.5 亿人左右。接下来是拉丁美洲地区拥有营养不良人口 0.5 亿人,西亚和北非地区拥有营养不良人口 0.3 亿人左右。从营养不良人口的比例来看,目前撒哈拉以南非洲地区营养不良人口比例最高,为 22.3%,但是该地区近 10 年来营养不良人口比例下降也最为明显,其次是南亚地区的 13.8%、东亚地区的 7.1%、拉丁美洲地区的 6.9%、西亚和北非地区的 6.1%,预计到 2050 年以上各地区营养不良人口比例将会分别下降至 7.0%、5.2%、3.9%、3.1%、3.2%(表 2.5)。

表 2.5 发展中国家营养不良人口情况及预测

组别/年份	1999		2005		2015		2030		2050	
	数量/亿人	比例/%	数量/亿人	比例/%	数量/亿人	比例/%	数量/亿人	比例/%	数量/亿人	比例/%
发展中国家	8.10	17.0	8.23	16.3	6.64	11.3	5.56	8.1	3.70	4.8
撒哈拉以南非洲地区	2.02	32.0	2.13	30.5	2.04	22.3	1.74	13.9	1.18	7.0
西亚和北非地区	0.31	8.1	0.33	7.9	0.31	6.1	0.31	5.0	0.24	3.2
拉丁美洲地区	0.50	9.7	0.45	8.3	0.43	6.9	0.31	4.4	0.24	3.1
南亚地区	2.89	21.1	3.13	21.3	2.38	13.8	2.06	10.2	1.18	5.2
东亚地区	2.37	12.7	2.19	11.3	1.49	7.1	1.15	5.1	0.87	3.9

数据来源:联合国粮农组织 2050 年全球粮食与农业展望(2011)

国际食物政策研究所基于全球 115 个国家和地区的粮食生产及经济发展数据,利用 IMPACT 模型从产量供应和需求角度对全球 2050 年的粮食安全形势进行了预测。IMPACT 模型通过建立纳入国际贸易趋势国家和地区的粮食供需线性和非线性模型,在全球粮食市场框架下对各地区的粮食供需情况进行了模拟。供应模型主要考虑了物质的投入、灌溉面积的扩展、粮食生产率的提升,以及水资源的可利用性。需求模型主要考虑了粮食的价格、收入的增长、人口的增长,以及食用、饲料、生物燃料和其他方面对粮食的利用。预测结果认为,2050 年全球大部分地区的粮食供应将难以满足需求的增长,只有东欧和中亚地区、高收入国家的粮食供应量超过粮食需求量,其他地区粮食供应量均难以满足粮食需求量,尤其是东亚、西亚和北非地区的粮食安全形势将更加严峻(图 2.8)。

国际食物政策研究所认为,随着全球生物能源产业的发展,其在助推粮价上涨过程中的作用将逐渐显现。因此,在生物能源产业背景下分析全球粮食安全问题应通盘考虑影响全球粮食安全的因素,将评估粮食安全形势的焦点由增强全球粮食供应能力向平衡全球粮食供需转移。面对不断高涨的粮价,全球各国应当通过政策调整、通力合作应对日益恶化的粮食安全形势，这种政策包括减少贸易障碍和出口限制、加强对全球农业资源的开发和利用，从而使全球、国家和家户层面均能保障获取足够、安全和营养均衡的粮食产品。

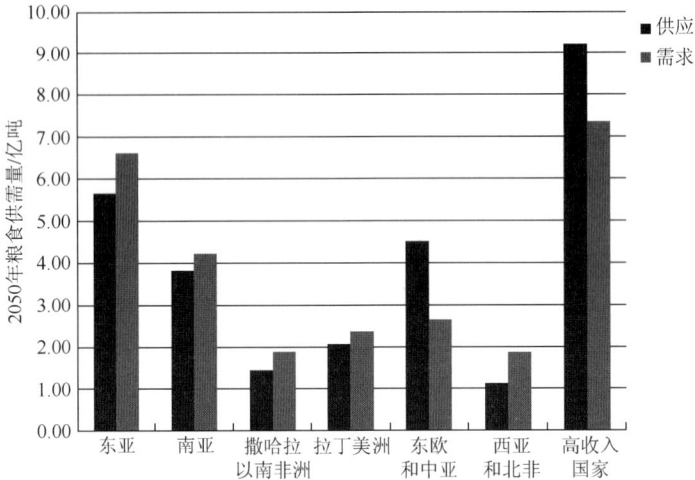

图 2.8　2050 年全球各地区粮食供需量预测

2.2　全球耕地充裕地区的耕地利用水平

联合国粮农组织 2013 年公布的报告显示，全球容易获取的后备耕地资源数量正日趋紧张[①]。目前，全球共有 15 亿公顷的土地用以农业种植，大约占全球土地面积总量的 12%。尽管还有大量土地可供农业种植，但是一方面这种后备耕地资源在全球分布极不均衡；另一方面此类土地大多是林地、生态保护区土地。联合国粮农组织相关统计数据还显示，全球 90%的后备耕地资源位于拉丁美洲和撒哈拉以南非洲地区。在以上后备耕地资源中，大约有 50%集中分布在巴西、民主刚果、安哥拉、苏丹、阿根廷、哥伦比、玻利维亚七国，而从耕地资源约束方面看，南亚、西亚和北非地区已经没有可供开垦的耕地资源。在全球人均耕地面积排名前 15 的国家中，前苏联地区的国家占 7 个，拉丁美洲的国家占 4 个，北美洲的国家占 2 个，非洲和大洋洲的国家各 1 个。此外，在全球农业增加值中，大约有 3/4来源于发展中地区，并且在多数发展中国家，农业产出占其国内生产总值的 30%以上，未来全球农业增产的希望也在广大发展中地区。

因此，本节将在联合国粮农组织和世界银行对当前全球耕地利用和后备耕地

---

① 联合国粮农组织统计年鉴 2013。

资源初步统计分析的基础上，分为撒哈拉以南非洲地区、拉丁美洲地区、前苏联地区、耕地充裕发达国家四个地区，对全球的耕地资源利用程度进行分析①。为更直观地说明问题，本书将以中国为参考标准，构造人均耕地数量相对指数来反映他国人均耕地拥有量与中国人均耕地拥有量之间的相对水平，其计算公式如下：

$$I_{ab} = \frac{S_a}{S_b} \tag{2.1}$$

其中，I_{ab} 为 a 国对 b 国的人均耕地数量相对指数；S_a 为 a 国的人均耕地面积；S_b 为 b 国的人均耕地面积。

2.2.1 撒哈拉以南非洲地区

撒哈拉以南非洲，也称为下撒哈拉、漠南非洲，大约位于北回归线以南，总面积大约有 2430 万平方公里，以高原地形为主，整个地区地势呈由东南向西北倾斜的特征，居民绝大多数是黑种人，共有国家 49 个。该地区以赤道为中心，气候呈南北对称分布，以热带草原和热带雨林气候为主，大部分地区年降水量在 1000 毫米以上。从农业生产条件看，该地区集中了整个非洲大陆最为优质的农业资源，土地资源和水资源均具有极大的开发潜力。在土地资源方面，该地区拥有草场面积约 9 亿公顷，是现有耕地面积的 4 倍多，只要改进灌溉条件，部分草场就可作为宜农荒地进行开垦；在水资源方面，除充裕的降水外，该地区还拥有水量丰富的河流，如尼日尔河、赞比西河、沙里河、塞内加尔河、朱巴河等（文云朝，2000）。

据联合国粮农组织数据库 2011 年的统计数据，撒哈拉以南非洲 49 个国家共有耕地面积 2.3 亿公顷、人口 8.77 亿人，人均拥有耕地面积 0.26 公顷，比全球人均耕地面积 0.22 公顷高 0.04 公顷，比中国人均耕地面积 0.09 公顷高 0.17 公顷。从国家的耕地拥有总量看，该地区全国耕地面积总量超过 1000 万公顷的国家有 6 个，如尼日利亚、苏丹、埃塞俄比亚等；全国耕地面积总量为 500 万～1000 万公顷的国家有 9 个，如乌干达、喀麦隆、加纳等；全国耕地面积总量为 100 万～500 万公顷的国家有 16 个，如乍得、安哥拉、津巴布韦等；全国耕地面积总量为 10 万～100 万公顷的国家有 13 个，如纳米比亚、厄立特里亚、利比里亚等；全国耕地面积总量小于 10 万公顷的国家有 5 个，如毛里求斯、塞舌尔、佛得角等（表 2.6）。受国土面积的约束，各国耕地总量的分布也极不均衡，全国耕地面积总量超过 100 万公顷的 31 个国家，共计拥有耕地面积总量 2.24 亿公顷，占该地区耕地总量的 97.4% 以上。

---

① 由于亚洲是全球唯一的人均耕地面积低于全球平均水平的地区，故本书在此不关注亚洲地区。

表 2.6　撒哈拉以南非洲各国耕地面积总量

序号	国家名称	耕地面积/万公顷	序号	国家名称	耕地面积/万公顷
1	尼日利亚	3920.0	26	多哥	272.0
2	苏丹	1722.5	27	中非	188.0
3	埃塞俄比亚	1568.3	28	卢旺达	147.0
4	尼日尔	1500.0	29	布隆迪	132.0
5	坦桑尼亚	1330.0	30	塞拉利昂	123.5
6	南非	1244.6	31	索马里	112.9
7	乌干达	895.0	32	纳米比亚	80.9
8	喀麦隆	760.0	33	厄立特里亚	69.2
9	加纳	760.0	34	利比里亚	63.0
10	民主刚果	755.5	35	刚果	56.0
11	科特迪瓦	730.0	36	几内亚比绍	55.0
12	马里	698.1	37	加蓬	49.5
13	肯尼亚	615.0	38	毛里塔尼亚	46.1
14	布基纳法索	576.5	39	冈比亚	45.5
15	莫桑比克	540.0	40	莱索托	31.2
16	乍得	493.2	41	博兹瓦纳	26.1
17	安哥拉	439.0	42	赤道几内亚	20.0
18	津巴布韦	422.0	43	斯威士兰	19.0
19	马达加斯加	410.0	44	科摩罗	14.0
20	塞内加尔	390.5	45	毛里求斯	8.2
21	马拉维	373.0	46	佛得角	5.0
22	几内亚	354.0	47	圣多美普林西比	4.8
23	赞比亚	343.5	48	塞舌尔	0.3
24	贝宁	288.0	49	吉布提	0.2
25	南苏丹	276.0	—	—	—

　　联合国粮农组织统计年鉴对全球各国人均耕地面积设立了五等划分标准，分别为：第一等，人均耕地面积大于等于 0.3 公顷，小于 2.5 公顷；第二等，人均耕地面积大于等于 0.2 公顷，小于 0.3 公顷；第三等，人均耕地面积大于等于 0.1 公顷，小于 0.2 公顷；第四等，人均耕地面积大于等于 0.05 公顷，小于 0.1 公顷；第五等，人均耕地面积小于 0.05 公顷。依据以上标准，撒哈拉以南非洲地区 49 个国家中，人均耕地面积拥有量处于第一等的国家有 18 个，如尼日尔、苏丹、多哥等，以上 18 个国家平均人均耕地面积拥有量为 0.4 公顷；人均耕地面积拥有量处于第二等的国家有 13 个，如坦桑尼亚、南苏丹、乌干达等，以上 13 个国家平均人均耕地面积拥有量为 0.25 公顷；人均耕地面积拥有量处于第三等的国家有 16 个，如埃塞俄比亚、利比里亚、肯尼亚等，以上 16 个国家平均人均耕地面积拥有

量为 0.14 公顷；人均耕地面积拥有量处于第四等的国家有 1 个，为毛里求斯，人均耕地面积拥有量为 0.06 公顷；人均耕地面积拥有量处于第五等的国家有 2 个，分别为塞舌尔和吉布提，人均耕地面积拥有量均小于 0.04 公顷，已处于联合国人均耕地面积警戒线 0.053 公顷之下。

根据式（2.1）构造的人均耕地数量的相对指数，2011 年，撒哈拉以南非洲地区 49 个国家与中国的人均耕地面积相比明显具有绝对优势（图 2.9）。除毛里求斯、塞舌尔和吉布提 3 个国家外，其余 46 个国家与中国的人均耕地数量相对指数均大于 1，即这些国家均拥有比中国多的人均耕地数量，其中最高的尼日尔与中国的人均耕地数量相对指数高达 10.19，即该国人均耕地面积拥有量是中国的 10 倍以上。根据撒哈拉以南非洲地区各国与中国的人均耕地数量相对指数分布情况，即撒哈拉以南非洲地区 49 个国家相对中国的人均耕地资源优势程度，可以将以上国家分为四类：第一类为人均耕地数量相对指数大于等于 9 的国家，仅有尼日尔 1 个；第二类为人均耕地数量相对指数大于等于 3 小于 6 的国家，共有苏丹、多哥、马里等 19 个国家；第三类为人均耕地数量相对指数大于等于 1 小于 3 的国家，共有冈比亚、赞比亚、南非等 26 个国家；第四类为人均耕地数量相对指数小于 1 的国家，共有毛里求斯、塞舌尔和吉布提 3 个国家。

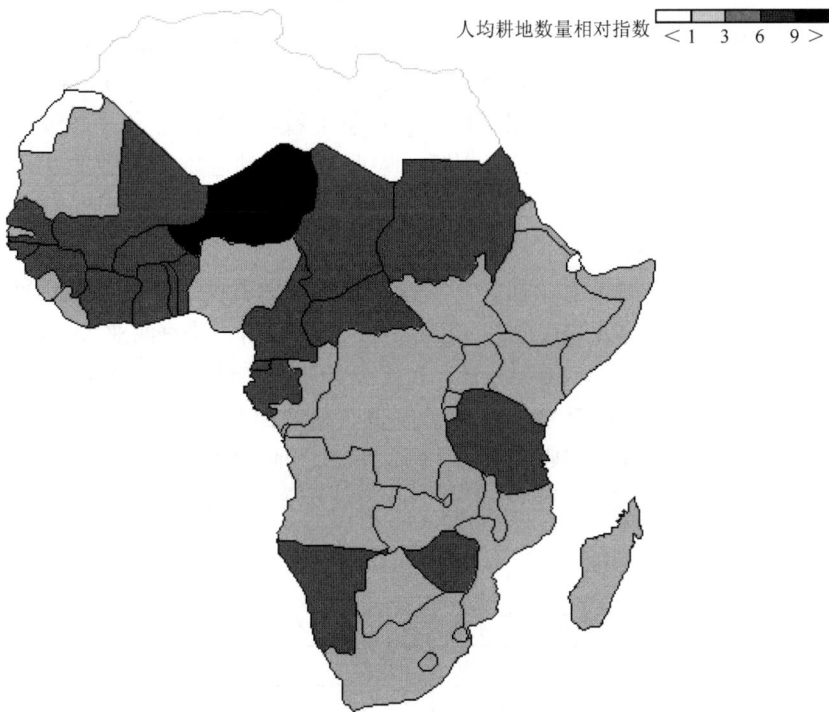

图 2.9　撒哈拉以南非洲各国与中国的人均耕地数量相对指数情况

2.2.2 拉丁美洲地区

拉丁美洲是一个政治地理概念，通常用来指代美国以南的美洲地区，此地区位于北纬 33°到南纬 57°之间，包括墨西哥、中美洲、西印度群岛和南美洲四个区域。该地区东临大西洋，西靠太平洋，南北全长约 11 000 多公里，面积约有 2056.7 平方公里，人口约 5.77 亿人，共有 33 个国家和十几个英属、法属和荷属殖民地。拉丁美洲地形复杂，北部墨西哥以草原为主，中美洲地区则多为山区，西印度群岛也多为山地，南美洲大陆靠近太平洋沿岸则是全球最长、纵贯南美大陆的山脉安第斯山脉，安第斯山脉以东则是平原与高原交错，从北至南依次有奥里诺科平原、圭亚那高原、亚马逊平原、巴西高原、拉普拉塔平原、巴塔哥尼亚高原等。整个拉丁美洲平均海拔仅 600 米，海拔在 300 米以上的高原、丘陵和山地占地区总面积的 40%，海拔在 300 米以下的平原占 60%。同世界其他大洲相比，拉丁美洲地区气候条件最为优越，3/4 的面积位于热带地区，多为热带雨林和热带草原气候，全年平均降水量多达 1342 毫米，大部分地区年均气温在 20℃以上。拉丁美洲也是世界上最为湿润的地区，农业生产条件优越，大部分地区气候适宜、雨量充沛、土壤肥沃，适合种植玉米、水稻和小麦等农作物。

据联合国粮农组织统计，整个拉丁美洲共有耕地面积约 4 亿公顷，约占全球耕地面积总量的 26%；共有人口 5.91 亿人，约占全球人口总量的 8.47%；人均耕地面积高达 0.23 公顷。从国家耕地拥有数量上看，耕地面积总量超过 2500 万公顷的国家只有 3 个，即巴西、阿根廷、墨西哥，占地区国家总数的 9%；耕地面积总量为 100 万~500 万公顷的国家有 14 个，如秘鲁、玻利维亚、委内瑞拉等，占该地区国家总数的 42%；耕地面积总量为 10 万~100 万公顷的国家有 6 个，如牙买加、哥斯达黎加、圭亚那等，占该地区国家总数的 18%；耕地面积总量不超过 10 万公顷的国家有 10 个，如巴哈马、巴巴多斯、圣卢西亚等，占该区域国家总量的 30%（表 2.7）。总体看来，拉丁美洲各国的耕地拥有总量分布极不均衡，巴西、阿根廷、墨西哥 3 个国家分别拥有耕地面积 7903.0 万公顷、3904.8 万公顷、2816.6 万公顷，3 个国家耕地面积总量占该地区耕地面积总量的 77.84%，而其余 30 个国家的耕地总量均不超过 500 万公顷，仅占该地区耕地面积总量的 22.16%。

表 2.7　拉丁美洲各国耕地面积总量

序号	国家名称	耕地面积/万公顷	序号	国家名称	耕地面积/万公顷
1	巴西	7903.0	3	墨西哥	2816.6
2	阿根廷	3904.8	4	秘鲁	450.0

续表

序号	国家名称	耕地面积/万公顷	序号	国家名称	耕地面积/万公顷
5	玻利维亚	405.5	20	哥斯达黎加	58.0
6	哥伦比亚	399.8	21	圭亚那	44.7
7	巴拉圭	399.0	22	牙买加	22.0
8	古巴	394.0	23	伯利兹城	10.7
9	委内瑞拉	325.0	24	苏里南	6.5
10	厄瓜多尔	253.5	25	特立尼达和多巴哥	4.7
11	危地马拉	244.5	26	多米尼克	2.4
12	尼加拉瓜	213.0	27	巴哈马	1.3
13	乌拉圭	184.6	28	巴巴多斯	1.3
14	智利	177.4	29	格林纳达	1.0
15	洪都拉斯	146.0	30	圣卢西亚	1.0
16	海地	128.0	31	圣文森特和格林纳丁斯	0.8
17	多米尼加	125.0	32	圣基茨和尼维斯	0.5
18	萨尔瓦多	89.5	33	安提瓜和巴布达	0.5
19	巴拿马	72.9	—	—	—

　　依据联合国粮农组织统计年鉴确立的全球五等人均耕地面积划分标准，拉丁美洲地区的 33 个国家中，人均耕地面积处于第一等的国家有 10 个，平均人均耕地面积为 0.49 公顷，如阿根廷、巴拉圭、巴西等，占该地区国家总数的 30%；人均耕地面积处于第二等的国家有 2 个，平均人均耕地面积 0.22 公顷，分别是墨西哥和巴拿马，占该地区国家总数的 6%；人均耕地面积处于第三等的国家有 13 个，平均人均耕地面积 0.13 公顷，如厄瓜多尔、智利、危地马拉等，占该地区国家总数的 39%；人均耕地面积处于第四等的国家有 6 个，平均人均耕地面积 0.07 公顷，如哥伦比亚、牙买加、圣卢西亚等，占该地区国家总数的 18%；人均耕地面积簇拥第五等的国家有 2 个，平均人均耕地面积 0.04 公顷，分别为巴哈马和特立尼达和多巴哥，占该地区国家总数的 6%。总体看来，该地区人均耕地拥有量相对比较充裕，人均耕地面积处于前三等的国家占该地区国家总数的 76%，只有巴巴多斯、巴哈马、特立尼达和多巴哥 3 个国家的人均耕地面积处于联合国人均耕地面积警戒线 0.053 公顷以下。

　　根据式（2.1）构造的人均耕地数量相对指数，2011 年拉丁美洲地区 33 个国家中，除哥伦比亚、牙买加、巴巴多斯等 8 个国家外，其余 25 个国家的人均耕地面积均高于中国（图 2.10）。从该地区各国与中国的人均耕地数量相对指数来看，该地区人均耕地面积在中国 2 倍以上的国家有 13 个，占该地区国家总量的 39%，其中，阿根廷的人均耕地数量优势最为突出，该国相对中国的人均耕地数量相对指数高达 10.64，即该国的人均耕地数量是中国的 10 倍以上。根据该地区各国与中国的人均耕地数量相对指数分布情况，即该地区 33 个国家相对中国的人均耕地资源优势程度，可以将以上国家分为五类：第一类为人均耕地数量相对指数大于等于 9 的国家，仅有阿根廷 1 个国家；第二类为人均耕地数量相对指数大于等于 6 小于 9 的国家，有乌拉圭、圭亚那和巴拉圭 3 个国家；第三类为人均耕地数量相对指数大于等于 3 小于 6 的国家，共有巴西、玻利维亚、尼加拉瓜等 6 个国家；第四类为人均耕地数量相对指数大于等于 1 小于 3 的国家，共有墨西哥、智利、洪都拉斯等 14 个国家；第五类为人均耕地数量相对指数小于 1 的国家，共有巴哈马、巴巴多斯、圣卢西亚等 8 个国家。

图 2.10 拉丁美洲各国与中国的人均耕地数量相对指数情况

2.2.3 前苏联地区

前苏联地区是指苏联解体后划分出来的 15 个独立国家所存在的区域。该地区面积共计 2240 万平方公里，横跨亚欧大陆，东西长度约 10 000 千米，南北宽度约 7200 公里，占全球陆地面积的 1/6 以上，相当于欧亚大陆的 2/5，基本上与整个北美洲的面积相当。前苏联地区 15 个国家的总体版图略呈长方形，现位于俄罗斯境内的叶尼塞河大约将该区域平等地分为两个部分，河西以平原和低地为主，河东则主要是高原和山地，北部北冰洋沿岸地势相对较为低平，南部和东部则高山连绵，整体地势呈由东南向西北倾斜。从地形上看，前苏联地区平原和低地面积约占 60%，山地和高原分别占 20%。该地区最主要的三大平原均位于叶尼塞河以西，从波罗的海沿岸到乌拉尔上是东欧平原，基本位于俄罗斯境内，面积大约为 400 万平方公里，是全球最大的平原之一；乌拉尔山到叶尼塞河之间是西伯利亚平原，面积大约有 260 万平方公里，平均海拔约 120 米，是全球最低的平原；图兰平原位于哈萨克斯坦西南部，北起哈萨克丘陵，东接天山山脉和帕米尔高原，南抵伊朗高原北部之科佩特山脉，西临里海，面积约 150 万平方公里。从气候上看，前苏联地区 16% 的面积属于寒带和亚寒带，80% 的面积属于温带气候，北部地区冬季漫长、严寒、干旱，气温和降水由西向东逐渐递减，气温年差逐渐增加，大陆性气候逐渐显著。从农业生产条件看，前苏联地区农业资源丰富，约 2/3 的耕地集中在水、热、土条件配合较好的森林草原带和黑土草原带，适合发展种植业和畜牧业。

据联合国粮农组织统计，2011 年年底，前苏联地区 15 个国家，共有耕地面积 2.05 亿公顷，约占全球耕地面积总量的 13%；共有人口 2.86 亿人，约占全球人口总数的 4.1%；人均耕地面积耕地高达 0.72 公顷。从各国拥有的耕地总量来看，俄罗斯是该地区最大的耕地面积所有国，拥有耕地总量 12 327.0 万公顷，占该地区耕地面积总量的 60% 以上；其次是乌克兰和哈萨克斯坦，分别拥有耕地面积 3339.5 万公顷和 2411.5 万公顷；该地区拥有耕地面积超过 400 万公顷的国家还有白俄罗斯和乌兹别克斯坦，分别拥有耕地面积 565.1 万公顷、466.0 万公顷；该地区拥有耕地面积为 100 万~200 万公顷的国家有 6 个，如立陶宛、阿塞拜疆、摩尔多瓦等；其余 4 个国家拥有耕地面积均在 100 万公顷以下（表 2.8）。

表 2.8　前苏联地区各国耕地面积总量

序号	国家名称	耕地面积/万公顷	序号	国家名称	耕地面积/万公顷
1	俄罗斯	12 327.0	9	土库曼斯坦	196.0
2	乌克兰	3 339.5	10	吉尔吉斯斯坦	135.1
3	哈萨克斯坦	2 411.5	11	拉脱维亚	116.5
4	白俄罗斯	565.1	12	塔吉克斯坦	98.0
5	乌兹别克斯坦	466.0	13	爱沙尼亚	63.8
6	立陶宛	221.7	14	格鲁吉亚	52.9
7	阿塞拜疆	211.3	15	亚美尼亚	48.4
8	摩尔多瓦	210.7	—	—	—

依据联合国粮农组织统计年鉴确立的全球五等人均耕地面积划分标准，在该

地区 15 个国家中，人均耕地面积处于第一等的国家有 9 个，占该地区国家总数的 60%；人均耕地面积处于第二等的国家有 2 个，分别是吉尔吉斯斯坦和阿塞拜疆；人均耕地面积处于第三等的国家有 4 个，占该地区国家总数的 27%。同全球其他地区相比，该地区各国的人均耕地拥有量也相当突出，在 15 个国家中一共有 11 个国家的人均耕地面积高于全球平均水平，占该地区国家总数的 73%。从人均耕地数量上看，哈萨克斯坦明显高于其他国家，人均拥有耕地面积 1.49 公顷，比全球人均耕地面积高 1.27 公顷；其次，俄罗斯、乌克兰、立陶宛 3 个国家的人均耕地面积也在 0.6 公顷以上，分别拥有人均耕地面积 0.86 公顷、0.74 公顷、0.67 公顷；摩尔多瓦、白俄罗斯、拉脱维亚、爱沙尼亚 4 个国家的人均耕地面积也在 0.4 公顷以上；土库曼斯坦、吉尔吉斯斯坦、阿塞拜疆 3 个国家也分别人均拥有耕地面积 0.38 公顷、0.25 公顷和 0.23 公顷；该地区人均耕地拥有量相对较少的乌兹别克斯坦、亚美尼亚、塔吉克斯坦、格鲁吉亚 4 个国家中，人均耕地拥有量最低的格鲁吉亚也拥有人均耕地面积 0.12 公顷，比中国人均耕地面积高 0.03 公顷，是联合国确立的全球人均耕地面积警戒线的 2.26 倍。

　　根据式（2.1）计算中国相对前苏联地区 15 个国家的人均耕地数量相对指数可以发现，该地区 15 个国家与中国相比具有明显的耕地数量优势，各国的人均耕地面积均高于中国（图 2.11）。从各国与中国的人均耕地数量相对指数上看，哈萨克斯坦高达 16.53，高居该地区 15 个国家之首，即其现在拥有的人均耕地面积是中国的 16 倍还多。根据前苏联地区各国与中国的人均耕地数量相对指数分布情况，即该地区 15 个国家相对中国的人均耕地资源优势程度，可以将以上国家分为四类：第一类为人均耕地数量相对指数大于等于 9 的国家，共有哈萨克斯坦和俄罗斯 2 个国家；第二类为人均耕地数量相对指数大于等于 6 小于 9 的国家，共有乌克兰、摩尔多瓦、立陶宛等 3 个国家；第三类为人均耕地数量相对指数大于等

图 2.11　前苏联地区各国与中国的人均耕地数量相对指数情况

于 3 小于 6 的国家，共有土库曼斯坦、拉脱维亚和爱沙尼亚 3 个国家；第四类为人均耕地数量相对指数大于等于 1 小于 3 的国家，共有吉尔吉斯斯坦、塔吉克斯坦、乌兹别克斯坦等 6 个国家。总体看来，目前前苏联地区拥有最为充裕的人均耕地数量，无论与中国相比，还是同世界其他地区相比，该地区的耕地利用压力均不明显，同时该地区农业生产基础设施相对落后和农业人口数量相对较少，因此具有很高的耕地利用潜力。

2.2.4　耕地充裕发达国家

本书所指的耕地充裕发达国家是指人类发展指数非常高，即联合国开发规划署公布的人类发展指数（Human Development Index，HDI）在 0.8 以上的国家，并且其人均耕地拥有量处于联合国粮农组织统计年鉴第一等，即人均耕地面积大于 0.3 公顷的国家（表 2.9）。符合以上标准的国家共有 12 个，其中欧洲国家有 9 个，如丹麦、法国、西班牙等；北美洲国家 2 个，为美国和加拿大；大洋洲国家 1 个，为澳大利亚。这类国家的典型特征是，经济发展水平普遍较高，制度较为规范，技术较为先进，社会比较稳定，人民生活水平较高。

表 2.9　耕地充裕发达国家各国人类发展指数情况

序号	国家名称	HDI	序号	国家名称	HDI
1	澳大利亚	0.94	7	西班牙	0.89
2	美国	0.94	8	捷克	0.87
3	加拿大	0.91	9	希腊	0.86
4	丹麦	0.90	10	塞浦路斯	0.85
5	法国	0.89	11	匈牙利	0.83
6	芬兰	0.89	12	波兰	0.82

据 2011 年联合国粮农组织公布的统计数据，以上 12 个国家一共拥有耕地面积 3.3 亿公顷，占全球耕地面积总量的 21%；一共拥有人口 5.62 亿人，仅为全球人口总量的 8.31%。从各国拥有的耕地面积总量来看，美国具有绝对的数量优势，其一共拥有耕地面积 16 276.3 万公顷，几乎占这 12 个国家耕地面积总量的一半；澳大利亚、加拿大 2 个国家分别拥有耕地面积 4807.8 万公顷、4789.4 万公顷，两国的耕地总量均超过 4000 万公顷；法国、西班牙和波兰 3 个国家拥有的耕地面积也超过 1000 万公顷，分别为 1939.0 万公顷、1721.0 万公顷和 1148.8 万公顷；其余 6 个国家拥有耕地面积则均不超过 1000 万公顷（表 2.10）。

表 2.10   耕地充裕发达国家各国耕地面积总量

序号	国家名称	耕地面积/万公顷	序号	国家名称	耕地面积/万公顷
1	美国	16 276.3	7	捷克	730.0
2	澳大利亚	4 807.8	8	匈牙利	457.8
3	加拿大	4 789.4	9	希腊	365.2
4	法国	1 939.0	10	塞浦路斯	324.0
5	西班牙	1 721.0	11	丹麦	250.3
6	波兰	1 148.8	12	芬兰	225.4

从人均耕地面积上看,欧洲国家塞浦路斯在这 12 个国家中拥有最高的人均耕地面积,为 2.90 公顷,是全球人均耕地面积的 13 倍还多;澳大利亚的人均耕地面积也超过了 2 公顷,几乎达到了全球人均耕地面积的 10 倍;人均耕地面积超过 1 公顷的国家还有加拿大,为 1.39 公顷;捷克和美国两国的人均耕地面积为 0.5～1.0 公顷,具体分别为 0.69 公顷和 0.52 公顷;匈牙利、丹麦、芬兰等 7 个国家的人均耕地面积均为 0.3～0.5 公顷(表 2.11)。根据式(2.1)计算中国与以上 12 国的人均耕地数量相对指数可以发现,耕地充裕发达国家与中国相比耕地数量优势极为明显,塞浦路斯的人均耕地面积是中国的 32 倍还多、澳大利亚的人均耕地面积是中国的 23 倍还多、加拿大的人均耕地面积也是中国的 15 倍以上,即使以上 12 个国家中人均耕地面积最少的波兰,其与中国的人均耕地数量相对指数也超过 3,即该国的人均耕地面积是中国的 3 倍以上(表 2.11)。综上不难看出,以上耕地充裕发达国家人均耕地面积值均处于较高水平,人均可利用耕地面积较为充裕,具有较低的耕地利用压力。

表 2.11   耕地充裕发达国家各国人均耕地面积及均耕地数量相对指数

序号	名称	人均耕地/(公顷)	I	序号	名称	人均耕地/(公顷)	I
1	塞浦路斯	2.90	32.23	7	丹麦	0.45	4.99
2	澳大利亚	2.13	23.63	8	芬兰	0.42	4.65
3	加拿大	1.39	15.49	9	西班牙	0.37	4.12
4	捷克	0.69	7.70	10	希腊	0.32	3.56
5	美国	0.52	5.78	11	法国	0.31	3.41
6	匈牙利	0.46	5.10	12	波兰	0.30	3.33

2.3   海外耕地投资的发生与发展

耕地作为粮食生产中最为重要的物质投入要素,其对保障全球粮食安全的重要作用历来受到联合国粮农组织的重点关注，联合国粮农组织也一直倡导要通过开发全球后备耕地资源来增加全球粮食供给量。整体看来，全球人口、耕地分布极为不均，有的国家和地区具有大量的耕地资源，但人口数目较少，如撒哈拉以南非洲地区、拉丁美洲地区和前苏联地区，有的国家和地区耕地数量贫乏，但是人口规模较大，如中国、日本、韩国等。在全球市场建立的时代背景下，资源的利用必然会向最优配置流动。从理论上讲，在全球粮食安全形势不容乐观的预期下，耕地资源必然会在全球一体化的影响下向其最优利用方式移动，即全球耕地资源利用具有帕累托改进的外部动力。在实践方面，一些国家面临着较为严峻的粮食安全、耕地安全威胁，但具有相当的农业生产技术、资金实力，另一些国家耕地资源闲置、农业生产技术水平较低，全球市场必然要将二者联系起来。也正是在这一规律的作用下，一部分国家已经走上了利用海外耕地资源释放国内耕地利用压力、保障国家粮食安全的道路。

2.3.1　海外耕地投资的发生

2008 年 11 月，韩国大宇物流与马达加斯加当时执政的拉瓦卢马纳纳政府签署土地租赁协议，在该国东部和西部分别租赁农地 30 万公顷和 100 万公顷，租期约 99 年，主要用于种植玉米和棕榈油供应韩国市场。由于 130 万公顷农地大约占马达加斯加可耕地面积的一半，以及项目谈判过程中当地政府对农户利益的重视不足，使得该项目一经推出便引发当地民众强烈不满，产生的骚乱成为导致拉瓦卢马纳纳政府 2009 年 3 月下台的重要原因，政权更迭后新执政的拉乔利纳政府一上台便立即取消了以上协议。这一事件的广泛影响，一方面引起了国际社会对近 10 年来在全球逐渐兴起的大规模海外耕地权利获取项目的关注，甚至此类活动还被贴上了"土地掠夺"和"新殖民主义"的标签；另一方面也使联合国粮农组织和世界银行等机构致力推行的这一农业投资问题出现政治化倾向，联合国粮农组织也发出警告，要警惕全球土地权利获取活动引发"新殖民体系"的风险。

从历史上来看，利用他国获取耕地资源从事农业生产并不是一个新鲜事物，其历史渊源甚至可追溯到殖民时代西方国家对美洲新大陆土地的获取。例如，16 世纪下半叶，西班牙王室通过阴谋、暴力，甚至欺骗等手段，获取了除巴西以外的整个南美、中美，以及北美的一部分土地分配给国民建立种植园（贝瑟尔·莱斯利，1984）。17 世纪初期，英国通过武力抢夺和购买两种方式获取北美印第安部落的土地超过 12 万公顷，用以种植烟草供应国内烟厂加工（陈丽芳，2013）。葡萄牙王室通过设立土地赠与制度，向殖民地的大肆移民开垦土地资源并生产农产品供应国内市场，17 世纪初期葡萄牙殖民地巴西每年就能够输出蔗糖 2 万吨，大约占当时整个欧洲市场的 80%（威尔逊·里奇，2002）。这一时期的耕地投资活动主要以建立贸易公司、大量进行移民，以及建立殖民地据点的方式展开，属于不光彩的海外耕地利用活动，也是当前部分观察者认为海外耕地投资活动是"新殖民主义"的历史渊源。

现代意义上的以商业投资为手段的海外耕地投资活动则主要由日本发起，随后韩国、印度、沙特、卡塔尔和中国等粮食紧缺国开始逐步加入，目前全球已经有包含各种发展层次的 56 个国家加入到海外耕地投资活动中。出于对国家粮食安全的担心，日本政府早在 1899 年就开始着手资助国内相关公司赴秘鲁经营农场，开展农业生产，这也是日本在南美洲有组织的海外耕地投资行为的开端，随后又分别由政府或民间组织在巴西、哥伦比亚和巴拉圭等地开展了类似的农业开垦活动。第二次世界大战以后，日本的海外农业垦殖计划扩展尤其迅速，其主要目的是通过获取他国土地利用权来进行农业生产，其主要表现是输出本国农业劳动力，输入国外农场生产的农产品（Eidt, 1968）。据韩国《朝鲜日报》2008 年 3 月 4 日的报道，日本已经在全球各国获取耕地面积约 1200 万公顷，这一数量已经相当于日本国内耕地资源总量的 3 倍（章丽华，2008）。韩国也与日本相似，由于粮食进口量大约占韩国国内粮食需求量的 95%，这一粮食安全的现实也促使其走向了利用国外耕地资源保障国内粮食供应的道路。韩国企业的海外耕地投资活动中政府烙印也非常明显，2008 年 4 月，韩国时任总统李明博就发出了"建立海外粮食基地"的号召，并在政府的主导下成立海外农业开发协力团，支持国内各种组织进行海外耕地投资。据环球时报报道，截至 2007 年年底已有 29 家韩国企业成功在俄罗斯、蒙古、中国、澳大利亚、东南亚等国家和地区获取耕地资源。韩国在俄罗斯远东地区已经获取耕地资源 30 万公顷，其数量相当于韩国国内耕地总量的 1/6（石军红，2009）。据非政府组织 GRAIN 的不完全统计，不算在马达加斯加投资失败的 130 万公顷耕地，截至 2011 年年底韩国已经在全球获取耕地资源超过 90 万公顷，大约为其国内耕地资源总量的一半（Genetic Resources Action International，2012）。不过，现代海外耕地投资活动主要通过跨国投资，采取购买、租赁、合作经营、合约农场等方式进行，与殖民时代以暴力掠夺为特征的土地获取行为有着显著的区别。

从海外耕地投资的内涵上看，其一般需要大量的资金注入，以农用土地的权利从多个土地所有者或使用者向一个或几个新的土地所有者或使用者转移为显著特征，并且所转移的土地一般面积较大、期限较长，其转出土地权利的一方主要是单个农户，其接受土地权利的一方则主要是个人、企业，甚至政府部门。这种以获取农地资源为特征的土地权利转移活动，无论其投资者来自私人部门（private sector）还是公共部门（public sector），其实质是在全球农业资源逐渐紧缺的背景下，由于国家边界的约束导致农业资源需求量与供给能力失衡，部分农业资源贫乏国以投资的形式获取农业资源充裕国的农业资源利用权，其本质是通过资本杠杆撬动农业资源突破国家边界约束在全球重新再分配的海外耕地投资。

2.3.2 海外耕地投资的驱动力

21世纪初期，海外耕地投资活动在全球逐步开展的主要动因是部分粮食进口国政府对国家粮食安全形势的担忧。随着近几年全球经济社会形势的发展，特别是2008年以来全球经济形势的变化，当前海外耕地投资活动已成为多种驱动力共同作用的结果。在理论上，有学者认为海外耕地投资活动在全球重新兴起的原因是新自由主义和帝国主义在全球的推行及其矛盾的集中体现，也有学者认为这是全球投资驱动下的经济发展为农业资源丰富的国家所带来的延伸福利（Nofodji，2011；von Braun and Meinzen-Dick，2009）。Large和Ravenscroft（2009）总结了当前海外耕地投资的三种理论动力：①新自由主义建立全球自由市场的意识形态；②新自由主义政策试图将空气、水、自然资源和土地商品化的行动；③殖民主义思维。从实践上看，当前海外耕地投资的驱动力主要有粮食安全驱动、能源安全驱动、金融逐利驱动、产业控制驱动、资源控制驱动和公共政策驱动六个方面。

1. 粮食安全驱动

从现实来看，部分粮食进口大国政府对粮食安全的考虑仍是驱动海外耕地投资活动的主要动力。这种平衡粮食供需的考虑包含了国内和国际两个层面：一是将海外耕地投资农场所生产的粮食直接拉回国满足国内市场需求；二是将粮食抛售国际市场，一方面获取销售利润，另一方面通过增加国际市场粮食供应量，熨平国际粮价波动，保证利用国际粮食市场稳定国内粮食供应的能力。日本、韩国、中国、印度、以沙特、卡塔尔等粮食进口大国均属于此类。粮食安全驱动下的海外耕地投资国一般经济实力雄厚，国内粮食需求压力较大，农业资源供应能力有限，其耕地投资的生产性导向往往十分明显，其根本目的是以海外耕地投资为手段利用他国农业资源生产农产品。从投资形式上来看，此类投资者主要采用两种方式实施投资：一是由政府直接出面与被投资国政府谈判，形成"公对公"的投资模式，如卡塔尔政府与加纳政府签署的5万公顷粮食生产基地投资协议；二是政府支持在市场框架下进行的"私对私"投资模式。后者是当前海外耕地投资的主流模式，投资国企业既可以是来自公共部门的国有企业，也可以是来自私人部门的私营企业。

2. 能源安全驱动

随着全球以石油为代表的能源价格不断高涨，欧盟、美国和巴西等生物能源制造大国对制造生物能源原材料日益增长的需求也是当前推动海外耕地投资在全球快速扩展的重要力量。利用玉米、甜高粱、木薯等粮食产品加工生产乙醇和液体柴油已经成为全球能源行业应对日益枯竭的能源危机的新希望。欧盟已经提出在 2020 年前要实现生物燃料在交通能源消耗中比例增加到 10% 的目标；美国政府也提出在 2022 年前国内生物质燃料要占本国能源消耗总量 25% 的目标；巴西也计划 2018 年国内交通工具使用乙醇作为燃料的比例上升为 12%，2050 年达到 26%。Scheidel 和 Sorman（2012）认为，由传统的化石能源向可持续利用的绿色再生能源转变将会是全球能源体系新陈代谢的重要内容，在这一转移过程必将引发部分国家对土地资源的渴求，预计由能源行业"耕地热"所引致的耕地需求量在未来将会急剧增长，这也意味着未来海外耕地投资市场的竞争将会更加激烈。

3. 金融逐利驱动

2008 年全球金融危机后，耕地又被金融部门确立为新的投资对象。这种受金融工具杠杆撬动的海外耕地投资驱动力来势汹汹，其对近几年海外耕地投资在全球膨胀式扩展的推动作用尤其值得重视。但是，金融部门所进行的海外耕地投资通常是非生产性的，其主要目的是利用国际市场土地价格的变化获取丰厚回报。在起始阶段，这种投资形式主要为欧洲国家的银行所利用，他们往往通过大量资金的注入来获取耕地资源利用权，然后再与棕榈油生产企业进行交易获取利润。但是，最近几年海湾国家，以及韩国、印度等也逐渐开始利用此种方式获取海外耕地资源，目前此种形式的海外耕地投资方式成为金融部门确保投资产品多样化和对抗全球通胀风险的重要选择（Colchester，2011）。GRAIN 发布的统计报告显示，养老基金是金融部门在海外耕地投资中的最大投资者，截至 2011 年年底，养老基金在全球海外耕地投资中所投放的资金规模已超过 200 亿美元。这些资金主要来源于美国、荷兰、瑞典、丹麦等发达国家，其投资的区域主要是南美洲、撒哈拉以南非洲、澳大利亚、东欧等国家和地区。

4. 产业控制驱动

工业企业通过建立原材料生产基地，实施产业链控制的发展策略，也是推动海外耕地投资发展的一股重要力量。例如，造纸企业建立生产木浆的速生林基地；奶制品企业建立畜牧养殖场地；木材加工企业建立林木生产基地；蔬菜加工企业建立蔬菜生产基地等。在部分国家，生产工业原材料的驱动力甚至超过其他类型的驱动力，成为推动当地海外耕地投资活动的最主要力量。英国《卫报》记者 Vidal 对沙特阿拉伯在埃塞俄比亚投资的一个 1000 公顷的蔬菜生产基地项目进行了调研，目前这个拥有近 1000 人的蔬菜基地平均每天可生产蔬菜 50 吨，并且投资者计划在近几年追加 20 亿美元的投资，将基地面积扩大到 50 万公顷，将来雇佣的工人数量也计划超过1万人①。Fairbairn（2013）对莫桑比克的海外耕地投资情况的研究也显示，木材生产是推动该国海外耕地投资的主要驱动力，来自瑞典、挪威、英国和葡萄牙等国的投资者已经在莫桑比克北部的Niassa、Nampula和Zambezia三省建立了大型林木生产基地，用于种植松树和桉树为生产纸浆提供原材料。

5. 资源控制驱动

以获取水资源为目标的海外耕地投资活动也成为当前某些国家进行海外耕地投资活动的新动力，特别是财力雄厚、水资源紧缺的中东国家在这方面的行动尤其引人注目。当前研究显示，随着全球气候的变化，未来水资源紧缺问题将更加严重。随着全球淡水资源消耗量的增大和水资源紧缺问题的突出，通过海外耕地投资的形式来获取充足的淡水资源成为一些缺水国家，特别是海湾国家的重要考虑。Bues（2011）、Borras等（2011）对海湾阿拉伯国家合作委员会中的国家在埃塞俄比亚和莫桑比克的海外耕地投资目的进行了分析，结果发现，利用合同条款保证获取水资源分配权正在成为以上国家实施海外耕地投资的重要内容。此外，还有一种观点认为，一些西方国家在非洲投资景观公园和自然保护区，其真实目的是联合生物医药公司从生物多样性研究中获益，这种以获取他国生物资源为目标的海外耕地投资行为也应该引起研究人员的重视。

6. 公共政策驱动

被投资国政府的吸引外资政策也是驱动当前海外耕地投资活动的关键力量。在海外耕地投资活动中，被投资国大多是不发达国家，资本紧缺是制约这些国家经济社会发展的重要因素。2003年，非洲联盟的各国就认识到了农业投资对发展非洲经济的重要性，并签署了"马普托"声明，承诺各国每年将不低于10%的国家预算投入农业部门。但是，大多数国家的政府并没有完成以上承诺。因此，通过制定相关政策，鼓励富裕国家以海外耕地投资的方式将资金投入本国农业部门成为大多数非洲国家发展本国农业的重要战略选择。例如，在利比亚投资马里的10万公顷海外耕地投资项目中，马里政府就运用投资优惠政策换取投资方增加农业基础设施建设条款，要求利比亚投资者帮助马里修建灌溉设施，并扩展马里可灌溉耕地的面积。

综上所述，我们可以发现，当前海外耕地投资的现实驱动力主要有两个方面：一方面是来自公共部门的政策驱动力，主要由政府部门主导，包括保障国家粮食安全的驱动、生物能源政策发展的驱动、获取关键发展资源（如水资源）的驱动、被投资国发展本国农业部门的引资驱动；另一方面是来自私人部门的利益驱动力，

---

① Vidal J. 2008. The great green land grab. The Guardian.

主要有各类企业主导，包括生产粮食或者生物能源原材料的套利驱动、金融部门资产保值增值的驱动、工业企业控制原材料来源的利润驱动。从目前来看，以上两个方面的驱动力相互交织、相互影响、不断演化，共同推动着海外耕地投资活动在全球的快速发展。

2.3.3　海外耕地投资的管理趋势

海外耕地投资活动的爆发式增长，以及由媒体报道所产生的巨大负面影响，使得当前海外耕地投资活动处于异常复杂的社会政治、经济和舆论环境中。海外耕地投资过程中对农户土地权利的侵犯、被投资国政府官员的腐败行为、土地价值的流失、利益分配的不合理引起了相关国际组织和人权观察人士的强烈关注，他们对海外耕地投资的发展形势非常担忧，甚至强烈反对海外耕地投资。但是，现实中的海外耕地投资却处于一种非常尴尬的境地：一方面被投资国急需通过海外耕地投资注入资金以发展本国农业，改善农民生活状况；另一方面，一些人权观察人士又提醒他们海外耕地投资会产生负面效应，导致农民更加贫困，甚至引发社会动荡。因此，加强对海外耕地投资流程的监管，建立良好的投资机制，统筹平衡各方利益诉求，特别是保护农户在投资过程中的正当权益已成为当前规范各方海外耕地投资行为的重要内容。

当前，海外耕地被投资国多为政府治理较差的国家，由国内制度法律的不完善所引发的强行驱逐农民、政府投机、腐败寻租、暗箱操作等情况，已成为制约海外耕地投资活动顺利发展的关键。海外耕地投资的主要发生区域撒哈拉以南非洲各国中，农户大多没有成文的土地权利证书，土地所有权的认定还遵循着传统的部落习惯认定法，土地权属制度中的国有、酋长所有、农户所有等权利边界模糊不清。尽管部分国家通过经济改革在权属登记上取得了一定成果，但受历史、政治、宗教等多种因素的影响，相关土地法律难以发挥有效的作用。例如，莫桑比克虽然在 1997 年就制定了《土地法》用以保护农户土地权利，但是由于莫桑比克土地市场的建设落后，部分投资者可以通过土地投资协议的特殊条款或者与当地土地代理机构进行合作规避《土地法》的限制，这使得农民难以利用法律保障自己的合法权益（Fairbairn，2013）。Smaller 和 Mann（2009）认为，规范海外耕地投资活动的核心在于制定法律约束各方行为，特别是要注重国内法律与国际法律之间的衔接，这样既可以给投资者划定一个合乎法律框架的活动范围，也可以使农民的土地权利、劳动保护权利、水资源权利，以及性别平等权利得到保障。

目前，加强国际间的合作，签订国际指导性准则、双边或多边协议已成为当前解决海外耕地投资"乱象"的一个重要努力方向。2010 年，世界银行、联合国粮农组织、联合国贸易和发展会议、国际农业发展基金四家机构率先针对海外耕地投资中的种种乱象发布了《负责任农业投资原则》（*Principles of Responsible Agricultural Investment*），从土地资源权利、粮食安全、投资管理、民众参与、投资责任、社会可持续发展、环境可持续发展七个方面提出了促进海外耕地投资公平进行的原则。国际食物政策研究所还特别制定了专门针对海外耕地投资代理机构的《行为准则》（*Code of Conduct*），以期以此为节点，协调投资者和被投资者之间的关系，建立一个有利各方利益相关者的政策环境。国际社会最新的努力成果应属于联合国粮农组织粮食安全委员会于 2012 年 5 月 11 日第 38 届特别会议审议通过的《国家粮食安全框架下土地、渔业及森林权属负责任治理自愿准则》（*Voluntary Guidelines on Responsible Governance of Tenure of Land，Fisheries and Forests in the Context of National Food Security*）。作为一个致力于土地、渔业和森林权属治理的国际公约，虽然其不具备法律效力，但是该准则在规范和完善海外耕地投资中的土地权属管理方面，尤其是在对农户合法权益的保护方面迈出了重要的一步。

加强对海外耕地投资活动中利益相关方行为的指导也引起了研究人员的重视。Deininger（2011）提出了海外耕地投资的政策、法律和制度框架组成要素：①认识权利；②自愿流转；③技术和经济可行；④程序公开公正；⑤环境和社会可持续发展。这一框架已经引起了部分国家的重视，如德国经济合作发展部就制定了六大原则来指导本国企业的海外耕地投资活动：①分享、透明和负责任；②承认现存的水土资源权利；③开发和补偿过程中充分尊重人权；④无限尊重合作双方的水土资源权利；⑤保护和可持续利用自然资源；⑥平等分享投资成果。被投资国也开始通过国内立法加强对海外耕地投资的管理，如玻利维亚、巴西、阿根廷和厄瓜多尔等已经逐步出台政策对本国的海外耕地投资活动进行规范和限制。全球粮食安全委员会高级专家组则针对海外耕地投资活动的被投资国政府、被投资国农户、投资企业、投资企业所在国政府、农业援助国政府、全球粮食安全委员会六大对象提出了 14 条指导方针，具体如表 2.12 所示。

表 2.12　全球粮食安全委员会的海外耕地投资指导方针

针对对象	指导方针
被投资国政府	在广泛论证下制定政策和设置管理机构
	尊重农民土地权利
	强化对投资模式的管理
被投资国农户	重视获取参与海外耕地投资决策的各项权利
投资企业	尊重原土地权利人的权利
	向原土地权利人提供真实可靠的信息
投资企业所在国政府	尊重被投资地区的人权

续表

针对对象	指导方针
农业援助国政府	重视农业基础设施建设
	支持农业科学研究
全球粮食安全委员会	形成对海外耕地投资的年度统计报告
	建立海外耕地投资指导方针
	重视生物能源发展对海外耕地投资的推动
	获取民间组织的支持
	重视海外耕地投资中提高全球粮食产量的方式

随着海外耕地投资活动在全球的发展及其问题的逐步暴露，海外耕地投资各参与方和相关国际组织已意识到以上问题对海外耕地投资发展的重要影响，并开始着力进行纠正。虽然存在一种观点认为，海外耕地投资是一种"土地掠夺"，并明确反对在不发达地区进行海外耕地投资活动，但是，更主流的观点则认为海外耕地投资可以提升全球农业资源利用效率、提高全球粮食产量、有利于提升对不发达地区的农业投资，进而减少不发达地区农民的贫困程度。此外，面对全球不断增长的人口数量、不容乐观的粮食安全形势，以及全球农业资源与人口分布的不均衡性，在经济全球化浪潮的助推下，整合利用全球农业资源已成为增加全球粮食供应、保证人类社会可持续发展的重要方式。因此，在农业资源日益紧缺的现实下，海外耕地投资将会成为全球不可逆转的社会经济发展潮流，加强对海外耕地投资活动中各利益相关者合法权益的保障，妥善处理海外耕地投资过程中的矛盾和纠纷，设计规范的投资程序和建立良好的管理秩序，追求海外耕地投资的长期效益，将会成为未来海外耕地投资活动的重要发展趋势。

3 中国粮食安全形势与海外耕地投资决策

3.1 中国的粮食安全与耕地资源概况

3.1.1 当前中国的粮食供需状况

20 世纪 70 年代末开始的经济改革，特别是家庭联产承包责任制在农村的推行，使得中国在粮食生产上取得了举世瞩目的成就。据国家统计局的统计数字显示，中国的粮食年产量已由 1979 年的 3.3 亿吨增加到 2013 年的 6.0 亿吨，33 年间总量净增长 2.7 亿吨，年增长率约 2%，截至 2013 年年底中国粮食已实现"十连增"。中国在 1979~2013 年粮食产量一直处于上升趋势，其增长过程大致可分为三个阶段。第一阶段，1979~1998 年的增长波动期，该阶段中国粮食总产量由 1979 年的 3.3 亿吨增长到 1998 年的 5.1 亿吨，在整体的上升趋势中有波动。第二阶段，1998~2003 年的跌落徘徊期，该阶段中国粮食总产量由 1998 年的 5.1 亿吨减少到 2003 年的 4.3 亿吨，粮食总产量在徘徊中下降。第三阶段，2003~2013 年的持续增长期，该阶段中国粮食总产量由 2003 年的 4.3 亿吨增长到 2011 年的 6.0 亿吨，粮食总产量又开始新一轮的增长（图 3.1）。中国的人均粮食产量也大致经历了以上三个阶段，但是 35 年间人均粮食产量的增长率仅有 0.7%，大大低于 2%的粮食总产量增长率。从粮食总产量和人均粮食产量在图 3.1 上的曲线相对关系也可以看出，中国在 1999 年之前人均粮食产量线要高于粮食总产量线，1999 年以后人均粮食产量线则明显落后与粮食总产量线，这反映了虽然中国粮食总产量和人均粮食产量均处于上升趋势，但是加入人口变量以后，人均粮食产量的增长优势已被明显削减。

当前中国的粮食供应主要有国内生产和国外进口两种渠道，其中，国内生产为中国粮食供应的主要方面，中国政府也把粮食自给率达到 95%以上作为粮食政策的主要目标。从三大粮食品种——小麦、稻谷和玉米的国内生产情况来看，稻谷产量一直处于较高的水平；但近年来玉米产量增速强劲，有赶超稻谷产量的趋势；小麦则一直较为平稳。从国家统计局发布的 1990~2011 年小麦、稻谷和玉米产量数据也可看出，2003 年以前三大粮食品种产量呈徘徊下降态势，2003 年农业税费改革后三大粮食品种产量增速明显，特别是玉米产量从 2003 年的 1.16 亿吨增长到 2011 年的 1.93 亿吨。总体看来，1990~2011 年中国玉米增产最为显著，总产量约翻了一番，年均增长率高达 4.5%；其次是小麦增产了 19.5%，年均增长率为 0.9%；

稻谷增幅和年均增长率在三大粮食品种中最低，分别为 6.2% 和 0.3%（表 3.1）。

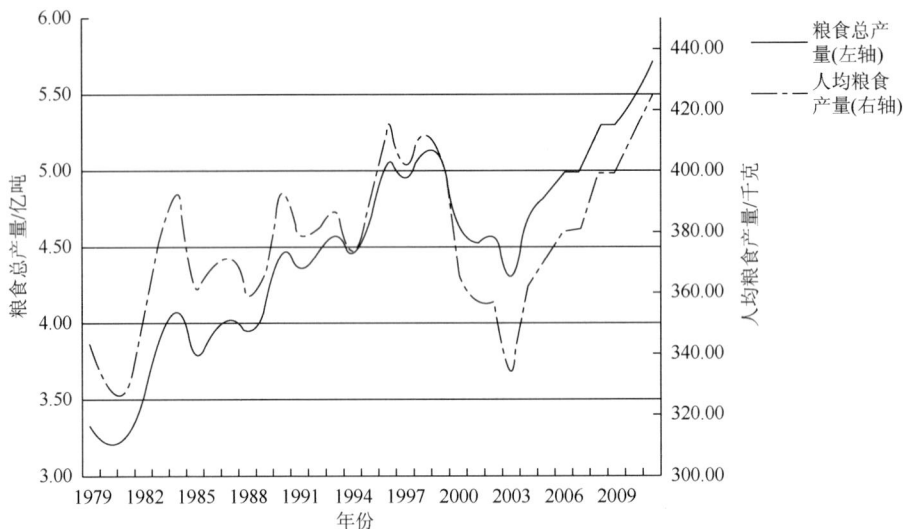

图 3.1　中国改革开放以来的粮食产量变化

表 3.1　中国 1990～2011 年小麦、稻谷和玉米产量　　　　单位：亿吨

年份	小麦	稻谷	玉米	年份	小麦	稻谷	玉米
1990	0.98	1.89	0.97	2001	0.94	1.78	1.14
1991	0.96	1.84	0.99	2002	0.90	1.75	1.21
1992	1.02	1.86	0.95	2003	0.86	1.61	1.16
1993	1.06	1.78	1.03	2004	0.92	1.79	1.30
1994	0.99	1.76	0.99	2005	0.97	1.81	1.39
1995	1.02	1.85	1.12	2006	1.08	1.82	1.52
1996	1.11	1.95	1.27	2007	1.09	1.86	1.52
1997	1.23	2.01	1.04	2008	1.12	1.92	1.66
1998	1.10	1.99	1.33	2009	1.15	1.95	1.64
1999	1.14	1.98	1.28	2010	1.15	1.96	1.77
2000	1.00	1.88	1.06	2011	1.17	2.01	1.93

随着中国经济的快速发展和国内农业资源的变化，特别是中国加入 WTO 以后，国际粮食市场对调节国内粮食供应，以及平抑国内粮价波动的作用日益明显。纵观中国粮食对外贸易的情况可以发现，中国粮食生产主要以供应国内市场为主，出口量相对较少。从联合国粮农组织发布的中国三大粮食品种 1990～2009 年的贸易数据可以看出，1990 年中国出口小麦、稻谷和玉米分别为 23.95 万吨、68.56

万吨和 340.78 万吨，从国际市场进口小麦 1397.01 万吨、稻谷 74.59 万吨、玉米 558.63 万吨；2009 年中国的小麦出口量增加为 67.22 万吨、进口量则减少为 271.16 万吨，稻谷出口量增加为 124.06 万吨、进口量增加为 120.76 万吨，玉米出口量则减少为 54.54 万吨、进口量减少为 475.51 万吨。1990 年以来，中国小麦净进口量呈逐步下降趋势，稻谷和玉米在波动中有小幅提升，特别是玉米净进口量波动明显较大[①]。但是，2001 年加入 WTO 以后，三大粮食品种净进口量的波幅有逐渐趋稳的趋势（图 3.2）。

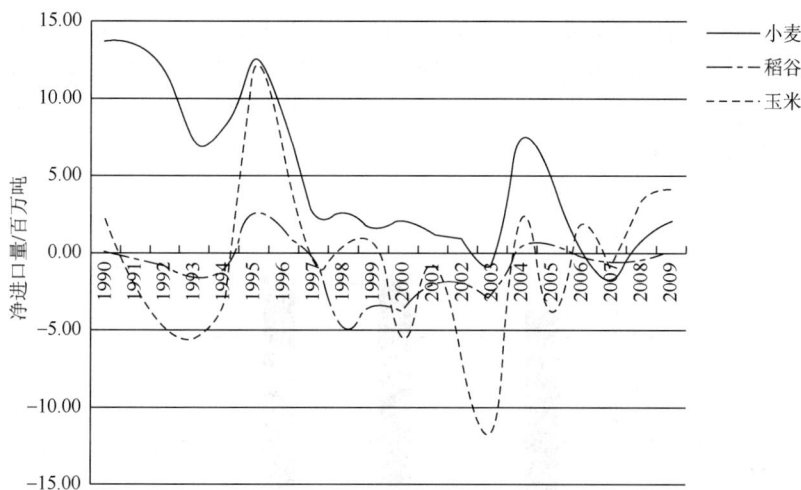

图 3.2　中国 1990～2009 年小麦、稻谷和玉米净进口情况

　　虽然中国人口自然增长率由改革开放初期的 12% 降低到 2011 年的 5%，但是年均 10% 左右的经济增长速度、6% 以上的人均实际收入增长率和庞大的人口基数均使中国粮食需求问题不容乐观。按照国际经验和中国学者的预测，人均可支配收入的增长必然推动食品需求量的大幅提升。中国粮食需求统计数据显示，从 20 世纪 80 年代后期开始，中国人均粮食消费量开始逐渐减缓，到 20 世纪 90 年代中后期，人均粮食消费量甚至呈现下降趋势。钟甫宁（2011a）认为，以上是不符合经济规律和国际发展经验的现象，而是由中国特有的人口结构和就业结构所引起的暂时现象，由于人口老龄化和就业向第二、三产业转移，人均热量摄入量的需求下降，从而引起中国粮食需求量的暂时短缺。目前，中国人口年龄结构和就业结构变化正在逐步趋缓，这将导致中国粮食需求量下降的暂时性因素消失，人口数量增长和收入增长效应对拉高粮食需求量的作用将重新显现，所以，中国粮食

---

① 联合国粮农组织数据库的统计数据只更新到 2009 年。

需求总量将会出现快速提升。

　　在中国粮食需求大致可以分为四个方面。①食用口粮需求，这是中国粮食的第一大需求，虽然近几年部分粮食品种需求量有所降低，但是其整体主导地位仍然非常牢固。②饲料需求，随着中国经济的发展和人民膳食结构的改善，社会对肉、奶、蛋等副食需求的提升导致养殖所需的饲料用粮逐年逐步攀升，特别是玉米、大豆消费量的迅猛增长。③工业处理需求，生物能源的发展使得粮食的工业利用也逐年攀升，特别是黑龙江、吉林、河南等粮食生产大省利用玉米等粮食生产生物乙醇引致了粮食新的增长需求，统计数字显示，中国生物能源项目所引发的玉米需求量已占中国年均玉米产量波动的 1/3 以上。④其他需求，这主要包括种子、科研及粮食浪费等粮食需求。联合国粮农组织统计数据显示，在 2009 年中国三大粮食品种需求中，小麦和稻谷主要用以食用口粮，而玉米的饲料利用则较为明显，如图 3.3 所示。

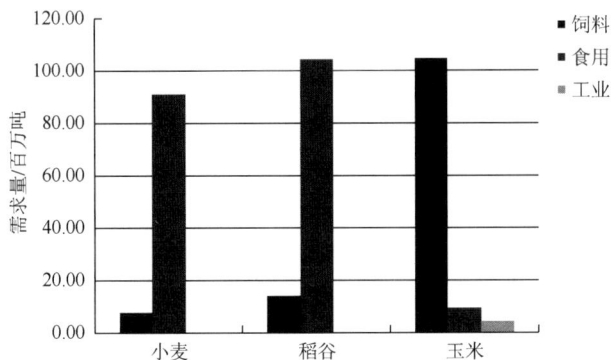

图 3.3　2009 年中国小麦、稻谷和玉米主要需求量

3.1.2　中国的耕地资源利用概况

　　改革开放以来，中国土地利用最显著的特征就是耕地面积的急剧减少和建设用地规模的快速扩张（Han，2010；邹建和龙花楼，2009）。据国家统计局公布的中国耕地面积统计数据，1979～1995 年中国耕地面积净减少 452.81 万公顷，年均减少 28.3 万公顷；1996～2008 年中国耕地面积再次净减少 835.33 万公顷，年均减少 69.6 万公顷[①]。由于中国耕地面积统计数据主要来源于中国统计年鉴数据、20 世纪 80 年代中期的全国土地利用概查和 20 世纪 90 年代中期的全国土地利用

---

　　① 2013 年 12 月 30 日，国土部副部长王世元公布，2012 年年底中国有耕地 20.27 亿亩，但是至今的历年《中国统计年鉴》的耕地面积数据一致采用 2008 年年底的数据，王世元认为中国适宜稳定利用的耕地也就 18 亿亩多。

详查等资料，导致不同时段的统计范围与口径差异较大，数据信度较低。为解决以上问题，描述中国耕地面积变动趋势，吴群等（2006）利用相关统计资料对中国耕地面积变化数据进行了模拟重建，结果显示，自1980年以来，中国耕地面积一直呈现出不断减少的态势，从1980年的13 482万公顷到1992年的13 069万公顷，再到2005年的12 208万公顷，前13年间和后13年间分别净减少耕地面积423万公顷和861万公顷，后12年间的耕地净减少面积是前13年的两倍还多。为了保证耕地面积变化数据的精度，克服统计口径误差和重建模拟误差，本书还搜集了联合国粮农组织统计数据库发布的中国耕地面积数据，并对三者进行了比较，如图3.4所示。联合国粮农组织统计数据显示，1979~1989年这10年间中国耕地面积处于大幅攀升阶段，由1979年的10 042万公顷增长到1989年的13 100万公顷，净增长耕地面积3058万公顷；1990~2003年中国耕地面积处于徘徊下降阶段，由1990年的13 140万公顷下降到2003年的12 850万公顷；2004~2011年中国耕地进入急速下降阶段，由2004年的13 441万公顷减少到2011年的12 631万公顷，七年间净减少810万公顷。

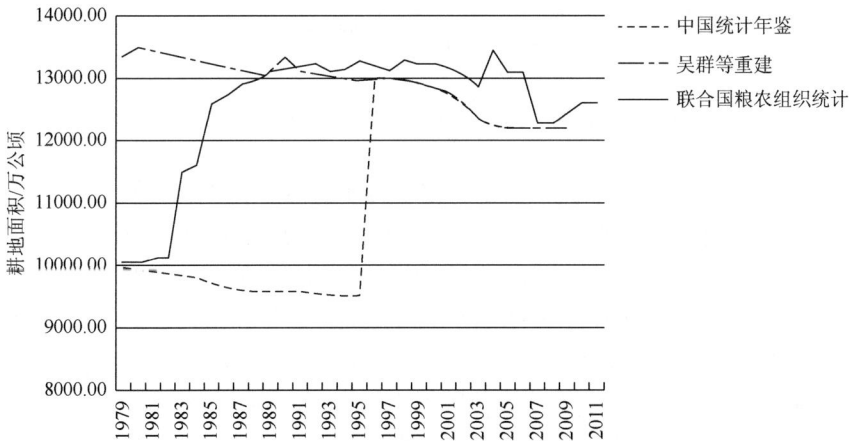

图3.4　1979~2011年中国耕地面积变化情况

人口总量的增加与耕地数量减少的双重作用，导致中国人均耕地面积数量急剧下降（图3.5）。从统计数据可以看出，中国的人均耕地面积变化呈明显的两阶段特征：第一阶段，1979~1985年，这六年间中国人均耕地面积呈上升态势，从0.10公顷增长到了0.12公顷；第二阶段，1986~2011年，这25年间中国人均耕地面积进入急剧下降阶段，从0.12公顷下降到0.09公顷，仅为全球平均人均耕地面积0.23公顷的40%。从全国范围来看，东部沿海地区、长江流域、黄土高原地区，以及沿中国第二阶梯线以东地区耕地面积减少最为明显；而耕地面积的补充和增加主要是在东北地区、黄淮海平原和内蒙古河套地区。从时间跨度来看，在 20 世纪 90 年代以前，耕地面积减少的主要原因是农业结构调整、农村居民点扩张和乡镇企业建设占用；20 世纪 90 年代到 21 世纪初，城镇建设用地扩张和开发区建设成为耕地面积减少的主要原因，特别是在东南沿海地区，耕地面积减少尤为剧烈；21 世纪以来，西部地区生态退耕及农业结构调整占用耕地数量已经有所下降，但是东部沿海地区非农建设仍是耕地面积减少的主要动力。

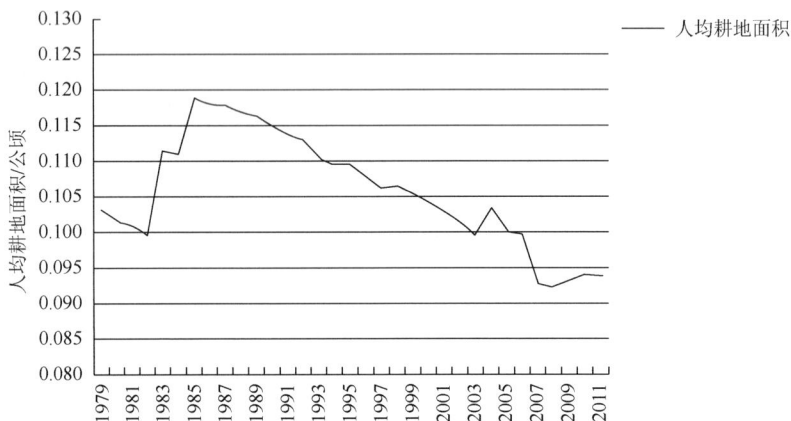

图 3.5　1979～2011 年中国人均耕地面积变化情况

改革开放以来，中国耕地质量的下降同样不容忽视。基于全国 28 个省份（只普查了 28 个省份），901 个县，共计 4467 万公顷的耕地普查资料显示，土壤有机质含量急剧降低，土壤养分失调已成为导致中国耕地生产力下降的重要问题。在调查的耕地中，有 1200 万公顷的耕地有机质含量低于 0.6%，2667 万公顷耕地缺磷，1000 万公顷缺钾，627 公顷磷钾均缺，1160 万公顷耕地耕作层过浅，533 万公顷土壤出现板结。许多水土流失地区每年损失土层的厚度达 0.2～1.0 厘米，严重流失的地区高达 2 厘米，造成有机质和氮、磷、钾养分的大量损失（陆文彬等，2007）。此外，伴随着中国耕地面积的减少，耕地质量的下降还呈现出以下特点：①高质量的耕地，尤其是水田减少迅速，开发补充与减少面积间严重失衡，水田在耕地总面积中的比例下降迅速；②东南部地区优质耕地流失严重，耕地粮食生产能力急速下降；③城市周边、交通沿线附近投资较多、基础设施较为完善、投资积累较多的良田损失严重，而开发复垦的耕地多位置偏远，耕地质量较低。张晋科等（2006）研究发现，全国除新疆以外，单位耕地的生产能力和增产潜力均表现出从东南向西北递减的趋势，其中内蒙古、宁夏、甘肃、青海、西藏五个从东北向西南延伸的省区最低；位于中国广大北部、西南部的省市，受土壤质量、灌溉条件的限制，粮食生产能力的开发程度低，粮食生产虽有一定增产空间，但实施难度较大，并需大量投入。

最近几年，土壤重金属污染成为影响中国耕地质量的紧迫问题。中国环境监测总站的相关资料显示，中国耕地重金属污染最为严重的是镉污染、汞污染、铅污染和砷污染。有媒体报道，中国大约有 2000 万公顷、占全国耕地总量约 1/6 的耕地正遭受重金属污染的威胁，环境保护部对中国 30 万公顷基本农田保护区的土壤有害重金属抽样调查也显示，有 3.6 万公顷的耕地重金属含量超标，超标率达 12.1%；国土资源部的统计数据也显示，全国耕地面积的 10% 已经遭受重金属污染①。重金属对耕地的污染，表现为耕地质量下降，其本质会导致农产品品质和质量的下降，甚至对人类生命健康产生直接威胁。2011 年 4 月，国务院批复下发了中国首个"十二五"专项规划——《重金属污染综合防治"十二五"规划》，该规划力求控制铅、汞、镉、铬和类金属砷等重金属元素，并将内蒙古、江苏、浙江、江南、河南、湖北、湖南、广东、广西、四川、云南、陕西、甘肃、青海 14 个省区列为重点治理省区。此外，水土资源分布极不匹配，北方地区耕地面积占全国的 58%，水资源量仅占全国水资源总量的 19%；而南方地区耕地面积占全国的 42%，水资源量却占全国水资源总量的 81%。北方地多水少，南方地少水多，再加上近几年全球气候的变化，使得中国旱涝灾害频发，粮食生产受到严重影响。

3.1.3 中国耕地利用压力的时间变化

改革开放以来，随着中国经济的发展和城市化的快速推进，中国耕地数量和质量均呈现出明显的下降态势，耕地资源安全形势日益恶化。2013 年 12 月 30 日，国务院新闻办发布的最新耕地面积数据显示，截至 2012 年年底中国拥有耕地面积 20.27 亿亩，人均耕地面积下降为 1.52 亩，还不到全球平均水平的一半。总体看来，中国的耕地面积虽然增加了 2 亿亩，但是有大约 5000 万亩耕地受到中、重度污染，大多不宜耕种；还有一定数量的耕地因地下水超采和开矿塌陷造成地表土层破坏，已影响正常耕种，所以适宜稳定利用的耕地也就 18 亿亩。随着中国人口的增加，人均耕地面积还要下降，所以耕地资源的紧缺是硬约束②。

纵观中国耕地面积变化的动因，其增加的途径主要来源于土地整理、土地复垦、土地开发；其减少的原因为建设占用、生态退耕、农业结构调整和灾害损毁。据国土资源部统计，2001～2008 年中国土地整理增加耕地面积 47.56 万公顷、土地复垦增加耕地面积 34.17 万公顷、土地开发增加耕地面积 140.18 万公顷；建设

---

① 新华网 2013 年 6 月 17 日报道《我国 1/6 耕地重金属污染 欲修复恐花数万亿》。
② 新华网 2012 年 12 月 31 日报道《国土资源部副部长：严防死守 18 亿亩耕地红线》。

占用减少耕地面积 173.26 万公顷、生态退耕建设耕地面积 574.91 万公顷、农业结构调整减少耕地面积 93.19 万公顷、灾害损毁减少耕地面积 33.27 万公顷[①]。从以上数据可看出，生态退耕已成为中国近几年耕地减少的主要原因，八年间因生态退耕所减少的耕地面积占该时期耕地减少总面积的 58%。这一方面反映了生态环境对中国耕地安全的约束，另一方面也反映了中国内部耕地扩张的前景不容乐观。

耕地数量和人均耕地面积的持续下降虽然反映了中国耕地安全形势的恶化及其危机态势，但却难以反映中国耕地的压力状况。为研究改革开放以来中国耕地压力的变化规律，本节将利用耕地压力指数模型对中国耕地压力进行实证分析。耕地压力指数用来反映耕地资源的承载力状况，其计算思想为最小人均耕地需求面积与人均耕地面积之比（朱红波和张录安，2007）。计算公式如下：

$$K = \frac{S_{\min}}{S} \qquad (3.1)$$

其中，K 为耕地利用压力指数；$S_{\min}$ 为最小人均耕地需求面积，即保障个人粮食需求的最小耕地面积；S 为人均耕地面积。

通常情况下，人均耕地面积为已知数据，所以求解耕地压力指数的关键在于最小人均耕地需求面积的求取。一般而言，最小人均耕地需求面积计算公式如下：

$$S_{\min} = \beta \frac{D_p}{P \times q \times k} \qquad (3.2)$$

其中，β 为粮食自给率；D_p 为人均年粮食需求量；P 为单位面积粮食产量；q 为粮食播种面积占农作物播种面积的比例；k 为复种指数。

以上计算公式中，粮食自给率为国内粮食产量与国内粮食产量与粮食净进口量之和的比；人均粮食需求量借鉴朱红波和张安录（2007）的设定方法：1980～1984 年为 350 千克/年；1985～1989 年为 370 千克/年；1990～1995 年为 380 千克/年；1996～1999 年为 390 千克/年；2000～2003 年为 400 千克/年；2004～2007 年为 420 千克/年；2007～2011 年为 440 千克/年。人均耕地面积（单位：公顷）、单位面积粮食产量（单位：千克/公顷）、粮食播种面积占农作物播种面积的比例、复种指数均来源于历年《中国农村统计年鉴》和历年《中国统计年鉴》。利用以上公式和数据计算可得 1980～2011 年间中国耕地压力变化情况，如图 3.6 所示。

纵观中国 1980～2011 年耕地利用压力的变化规律可以发现，改革开放来中国耕地利用压力一直处于较高水平，耕地利用压力指数基本上在 0.9 以上，其最低点出现在 1984 年，为 0.88；最高点出现在 2003 年，为 1.20。大致看来，中国 1980～2011 年的耕地利用压力指数变化可划分为三个阶段。第一阶段为 1980～1999 年，该阶段中国耕地利用压力指数呈现出较强的波动徘徊特征。究其原因主要有两个

---

① 数据来源：国土资源统计年鉴 2011。

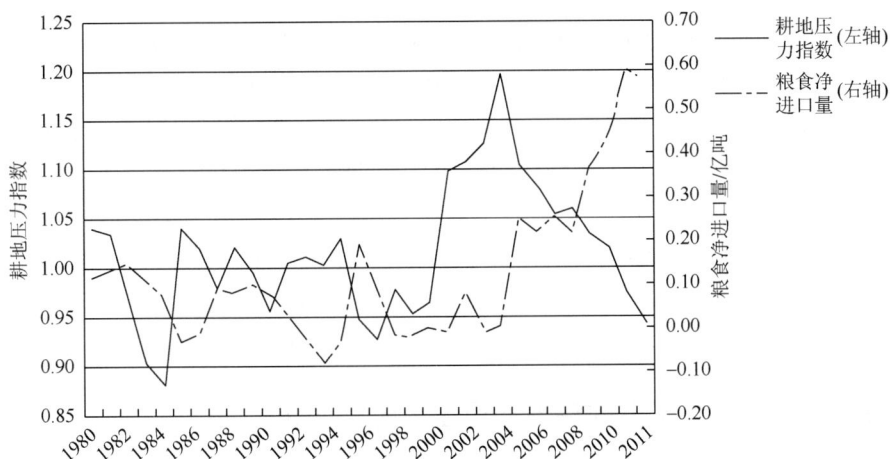

图 3.6 1980～2011 年中国耕地压力指数与粮食净进口量变化情况

方面：一是耕地面积的减少，如 20 世纪 80 年代中后期，农村居民点的扩张、乡镇企业的增加占用了大量耕地资源，20 世纪 90 年代的开发区建设也占用了大量的耕地资源，1993 年下半年国家开始清理整顿不规范的开发区，甚至在 1997～1998 年国家连续两年冻结批准建设用地；二是化肥和种子技术的改善大幅提高了中国耕地的单位面积产量，如 1952 年，中国耕地的单位面积产量仅为 1322 千克/公顷，而到 1999 年中国耕地的单位面积产量已达到 4493 千克/公顷。第二阶段为 2000～2003 年，该阶段中国耕地利用压力指数呈现出强烈的上升态势。该阶段耕地利用压力增大的原因主要来自耕地数量的流失，这三年间中国共减少耕地面积 487 万公顷，其流失途径也有两个方面：一是房地产开发对耕地的占用，1998 年年底国家停止住房实物福利分配，促进了房地产业在全国的发展；二是开发区建设对耕地的占用，2003 年国务院发出了《关于清理整顿各类开发区加强建设用地管理的通知》，遏制全国乱设开发区的"圈地"风，撤并整合各类开发区 2046 个。第三阶段为 2003 年至今，耕地利用压力指数持续下降。该阶段国内耕地利用压力的减小同样得益于两个方面：一是耕地数量的增加，2003～2011 年中国增加耕地面积 387 万公顷；二是粮食自给率的下降，该阶段中国的粮食自给率由 2003 年的 0.99 下降到 2011 年的 0.91，耕地粮食生产压力实现部分转移。

将 1980～2011 年中国的粮食净进口数量和耕地利用压力指数变化情况进行比较后更容易发现，中国耕地利用压力与粮食净进口数量呈现明显的反向变动关系，即利用外部耕地资源保障国内粮食供给可以有效地缓解中国耕地利用压力。可以分两个阶段来观察以上现象。第一阶段为中国加入 WTO 之前的 1980～2001 年，随着中国粮食净进口量的波动，中国耕地利用压力指数呈现出明显的互补波动特征，如 1985 年中国净出口粮食 332 万吨，中国耕地利用压力指数增加为 1.04；

1997 年中国净进口粮食 1967 万吨，中国耕地利用压力指数也随之下降为 0.93。第二阶段为中国加入 WTO 后的 2002～2011 年，中国耕地利用压力指数与粮食净进口量呈现出极强的负相关关系，特别是从 2003 年开始，随着中国粮食净进口量由 53 万吨急剧攀升至 2011 年的 5666 万吨，耕地利用压力指数也迅速从 2003 年的 1.20 下降到 2011 年的 0.94。由此不难看出，加入 WTO 后，利用外部耕地资源保障国内粮食供应，已成为释放中国耕地利用压力的一条有效途径，特别是在中国地力下降、耕地生态环境恶化的背景下，释放耕地承载压力、恢复耕地生产能力对中国保障国家粮食安全和实现可持续发展战略具有重要的战略意义。

3.1.4　粮食生产分区下的耕地利用压力时空变化

　　随着中国经济的发展，城镇化和工业化的深入推进，耕地利用也呈现出明显的区域性差异，并由此引起了全国粮食生产区域特征的变化。多年前，国家发展和改革委员会在综合考虑各省份资源禀赋差异和粮食生产条件的基础上，结合中国粮食生产和消费的地域特征，将中国 31 个省份（不包括港、澳、台地区）划分为粮食主产区、产销平衡区和主销区三类（图 3.7）。据《经济日报》报道，全国 75% 的粮食产量、80% 以上的商品粮、90% 以上的调出量来自 13 个粮食主产省份[①]。

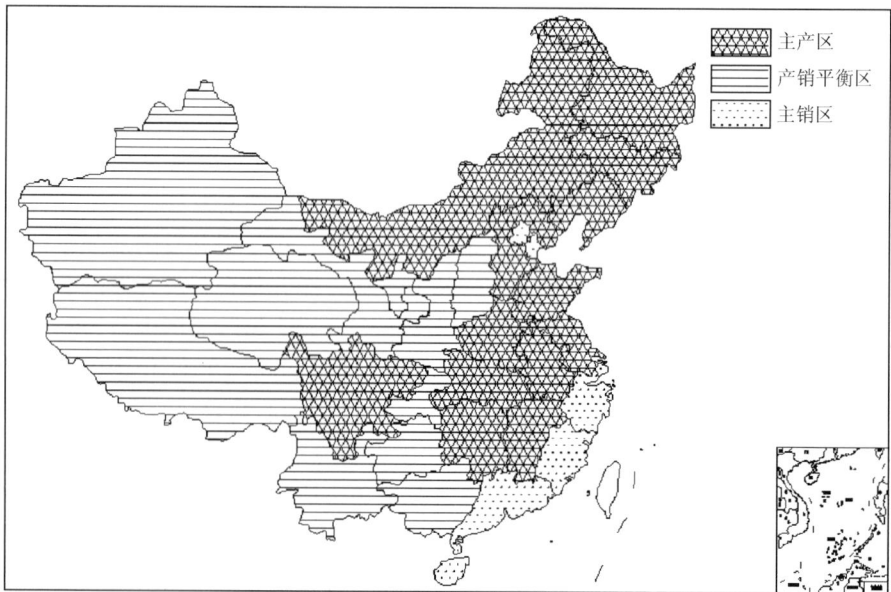

图 3.7　中国粮食生产分区情况

---

① 经济日报 2013 年 1 月 15 日报道《我国粮食生产地域重心北移》。

在中国 29 个粮食产量超过 500 万吨的地市中，有 17 个集中在黑龙江、河南、山东三省，其中，山东占 6 个，黑龙江占 6 个（含黑龙江垦区），河南占 5 个；属于南方主产省的江苏、安徽、湖北各有一个地市产粮超 500 万吨。从地区分布上看，江苏、安徽、江西、湖北、湖南、四川等 6 个南方粮食主产区省份的粮食产量占全国粮食产量的比例在 9 年间下降了 1.8 个百分点；黑龙江、吉林、辽宁、内蒙古、河南、山东、河北等 7 个北方粮食主产省份粮食产量占全国粮食产量的比例则由 2003 年的 39.5%提高到 2012 年的 46.0%，占全国同期粮食增量的 63.4%。同时，主销区和产销平衡区粮食生产占全国粮食产量的比例进一步下滑，特别是东南沿海地区粮食播种面积不断减少，浙江、福建、广东、广西、海南 5 个省份粮食播种面积 9 年间一共减少了 116 万公顷，产量也下降 95 万吨。在中国粮食"十连增"的大背景下，粮食生产的地域中心正在由南向北转移，传统的"南粮北运"已悄然转变为"北粮南调"，全国粮食生产的区域格局差异也日趋明显。

三大粮食分区不但影响着中国的粮食生产、流通和销售格局，而且对处于不同分区的各省耕地利用提出了不同要求。显然，不同粮食分区的耕地利用压力会对中国粮食保障能力产生重要影响。结合中国改革开放以来的粮食生产情况，本节将对不同粮食分区省份在各个阶段的耕地利用压力变化情况进行分析。耕地利用压力指数计算公式如式（3.1），除各省粮食自给率为重新计算外，其余各变量和参数的数据来源、单位均如前所示。各省份的粮食自给率计算公式如下：

$$\beta_i = \frac{D_p \times N_i}{Q_{gi}} \tag{3.3}$$

其中，β_i 为 i 省的粮食自给率；D_p 为人均年粮食需求量；N_i 为 i 省的人口数量；Q_{gi} 为 i 省的粮食总产量。

根据式（3.1）、式（3.2）和式（3.3）计算可得中国粮食主产区各省份耕地利用压力指数随时间变化情况，如表 3.2 所示。改革开放以来，中国 13 个粮食主产区省份中，有 5 个省份的耕地利用压力指数呈单调递增特征，分别是江苏、江西、湖北、湖南和四川；有 3 个省份的耕地利用压力指数呈波动递增特征，分别是河北、安徽、山东；有 5 个省份的耕地利用压力指数呈单调递减特征，分别是黑龙江、吉林、辽宁、内蒙古、河南。从分布地域上来看，除安徽省外，沿长江流域各省份的耕地利用压力指数增加尤其明显。例如，四川从家庭联产承包责任制效应阶段到加入 WTO 后的阶段，耕地利用压力指数增长了 0.72，即使增长最小的省份——江西也增长了 0.3。而耕地利用压力指数减小的地区主要为内蒙古和东北三省，特别是内蒙古从家庭联产承包责任制效应阶段到加入 WTO 后的阶段，耕地利用压力指数减小了 1.32。从耕地利用压力指数现状来看，2011 年粮食主产区的

13 个省份中, 四川、湖北、江苏、河北 4 个省份均超过了 1, 分别为 1.16、1.13、1.10、1.01, 这说明以上 4 个省份的耕地已不能满足其最小人均耕地需求; 此外, 湖南、江西、山东、辽宁 4 个省份的耕地利用压力指数也超过了 0.9, 这说明以上 4 个省份也面临着较高的耕地供给压力; 其余 5 个省份的耕地利用压力均在 0.7 以下, 说明其耕地保障水平尚可。结合当前粮食主产区耕地面积统计数据可以发现, 改革开放以来, 在粮食主产区的 7807.82 万公顷耕地中, 有 4155.46 万公顷耕地的利用压力指数逐年增大, 占总体耕地面积的 53.22%; 有 3652.37 万公顷耕地的利用压力指数逐年减小, 占总体耕地面积的 46.88%。若以耕地利用压力指数 1 作为判断标准还可看出, 在以上区域的耕地面积中, 有 2169.26 万公顷耕地的利用压力指数超过 1, 占总体耕地面积的 27.78%; 有 5638.56 万公顷耕地的利用压力指数小于 1, 占总体耕地面积的 72.22%。

表 3.2　粮食主产区各省份耕地利用压力指数历年变化情况

编号	省份	1979 年	1986 年	1991 年	1996 年	2001 年	2006 年	2011 年
1	黑龙江	0.58	0.50	0.39	0.23	0.33	0.17	0.09
2	四川	0.61	0.50	0.49	0.51	1.24	1.44	1.16
3	江苏	0.67	0.48	0.76	0.64	1.00	1.08	1.10
4	湖南	0.68	0.64	0.76	0.86	0.95	1.01	0.97
5	吉林	0.72	0.38	0.24	0.19	0.30	0.18	0.15
6	江西	0.76	0.83	0.82	0.82	1.10	0.92	0.93
7	湖北	0.77	0.66	0.87	0.84	1.12	1.30	1.13
8	河北	1.01	1.12	1.09	0.82	1.16	1.09	1.01
9	辽宁	1.02	1.29	0.98	0.94	1.45	1.00	0.90
10	山东	1.05	0.78	0.69	0.62	0.94	0.91	0.92
11	安徽	1.09	0.66	1.50	0.75	0.96	0.81	0.70
12	河南	1.39	1.35	1.22	0.87	0.86	0.60	0.56
13	内蒙古	1.62	2.04	0.75	0.34	0.59	0.32	0.21

根据式 (3.1)、式 (3.2) 和式 (3.3) 计算可得中国粮食产销平衡区各省份耕地利用压力指数随时间变化情况, 如表 3.3 所示[①]。可以看出, 改革开放以来, 在中国粮食产销平衡区的 11 个省份中, 有 5 个省份的耕地利用压力指数呈单调递增特征, 分别是山西、广西、重庆、陕西、青海; 有 3 个省份的耕地利用压力指数呈单调递减特征, 分别是云南、甘肃和宁夏; 有 3 个省份的耕地利用压力指数呈波动递减特征, 分别是贵州、西藏和新疆。从耕地利用压力指数增加程度上看,

---

① 重庆在 1996 年被批准成为直辖市, 其数据从 1996 年起算。

自家庭联产承包责任制效应阶段到加入 WTO 后的阶段，排前三位的省份为青海、陕西和广西，分别增加了 3.42、0.78 和 0.65，特别是青海的大幅度增加充分反映该地区耕地承载矛盾突出。从耕地利用压力指数减少的程度上看，从家庭联产承包责任制效应阶段到加入 WTO 后的阶段，排前三位的省份为西藏、贵州和宁夏，分别减少了 0.6、0.54 和 0.47。从以上数据还可以看出，在中国粮食产销平衡区内，耕地利用压力指数增加势头明显强于减小势头。2011 年粮食产销平衡区内各省份的耕地利用压力指数也显示，在 11 个省份中只有 2 个省份的耕地利用压力小于 1，分别是宁夏的 0.61 和新疆的 0.63；其余 9 个省份的均大于 1，特别是青海的耕地利用压力指数高达 5.85，为所有粮食产销平衡区省份中最高的。结合粮食产销平衡区的耕地面积统计数据可以发现，改革开放以来，在粮食产销平衡区的 3591.17 万公顷耕地中，有 1510.23 万公顷耕地的利用压力指数逐年增大，占总体耕地面积的 42.05%；有 2080.94 万公顷耕地的利用压力指数逐年减小，占总体耕地面积的 57.95%。若以耕地利用压力指数 1 作为判断标准还可看出，在以上区域的耕地面积中，有 3068.01 万公顷耕地的利用压力指数超过 1，占总体耕地面积的 85.43%；有 523.26 万公顷耕地的利用压力指数小于 1，占总体耕地面积的 14.57%。不难看出，以耕地利用压力指数 1 作为衡量标准，中国粮食产销平衡区大部分地区耕地利用压力已超过负荷，粮食自给状况已不容乐观。

表 3.3 粮食产销平衡区各省份耕地利用压力指数历年变化情况

编号	省份	1979 年	1986 年	1991 年	1996 年	2001 年	2006 年	2011 年
1	广西	1.07	1.71	1.50	1.41	1.61	1.93	2.04
2	山西	1.14	1.88	2.27	1.27	3.58	1 91	1.76
3	陕西	1.17	1.36	1.49	1.29	2.24	2.22	1.90
4	新疆	1.25	0.87	0.78	0.67	0.93	0.92	0.63
5	宁夏	1.45	1.04	0.83	0.62	0.67	0.62	0.61
6	云南	1.91	2.19	1.73	1.60	1.33	1.67	1.48
7	甘肃	2.06	1.93	1.74	1.37	1.80	1.75	1.24
8	西藏	2.26	2.72	2.11	1.44	1.16	1.68	2.02
9	贵州	2.35	2.77	2.02	1.88	1.91	2.23	3.03
10	青海	2.52	2.51	2.27	2.36	4.11	5.33	5.85
11	重庆	—	—	—	1.01	1.22	2.13	1.30

　　根据式（3.1）、式（3.2）和式（3.3）计算所得中国粮食主销区各省份耕地利用压力指数随时间变化情况，如表 3.4 所示。可以看出，改革开放以来，中国粮食主销区的 7 个省份的耕地利用压力指数均呈现出逐渐增加的态势，其中北京、上海、浙江、福建、广东 5 个省份呈单调递增特征，天津和海南则呈波动递增特

征。从耕地利用压力指数的增加幅度来看，自家庭联产承包责任制效应阶段到加入 WTO 后的阶段，中国粮食主销区各省份可分为三组：第一组为极度增长地区，由北京和上海两个直辖市组成，二者的耕地利用压力指数分别增加了 54.26 和 51.04；第二组为快速增长地区，由广东、天津、浙江三个地区，耕地利用压力指数分别增长了 8.21、6.96、6.76；第三组为缓慢增长地区，由福建和海南组成，二者的耕地利用压力指数分别增加了 3.64 和 1.28。从 2011 年的耕地利用压力指数数据还可看出，各省份的耕地压力相当明显，其耕地利用压力指数均在 1 以上，即使最小的海南也高达 4.12，充分反映了该区域粮食供应严重依赖外部输入。从耕地数量统计数据来看，粮食主销区共有耕地面积 772.59 万公顷，占全国耕地面积总量的 6.35%，其粮食生产能力已不能满足粮食主销区人口的粮食需求，耕地安全状况不容乐观。从地域分布上来看，粮食主销区的各省份基本上属于中国经济较为发达、人口密度较高的地区，并且其光温条件优势较为突出，粮食主销区耕地利用压力指数的高位运行，将会给中国粮食供应带来巨大压力。

表 3.4　粮食主销区各省份耕地利用压力指数历年变化情况

编号	省份	1979 年	1986 年	1991 年	1996 年	2001 年	2006 年	2011 年
1	浙江	0.68	0.88	0.93	1.29	3.11	7.66	9.46
2	广东	1.07	1.53	1.70	2.14	4.77	10.19	11.53
3	福建	1.30	1.93	1.73	1.78	2.84	5.66	5.92
4	海南	2.33	2.63	2.08	2.10	2.65	4.70	4.21
5	上海	2.34	3.70	4.10	5.05	19.42	54.93	71.71
6	北京	3.29	3.09	2.21	4.28	27.82	37.00	53.22
7	天津	3.49	3.66	3.03	3.20	7.85	10.12	13.57

综上分析，1979 年以来，中国粮食主产区的 13 个省份中，有 7 个省份的耕地利用压力指数在逐阶段增大，而这 7 个省份的耕地面积却占了中国粮食主产区耕地总面积的 70.19%；在粮食产销平衡区的 11 个省份中，有 5 个省份的耕地利用压力指数在逐阶段增大，这 5 个省份的耕地面积占到中国粮食产销平衡区耕地总面积的 42.05%；在粮食主销区的 7 个省份中，所有省份的耕地利用压力指数均逐阶段增大，其增幅最高的上海增加了 71.71，即使增幅最小的海南也增加了 4.21。刘彦随等（2009）认为，在中国的粮食生产模式中，化肥、农药等物质投入的报酬递减趋势正日益明显，粮食增产对耕地资源的依赖性却日益增强。但是，中国三大粮食分区各省份的耕地利用压力指数却逐渐增大，特别是粮食主产区多数省份的耕地利用压力指数逐渐增大，使得中国依靠内部存量耕地保障国内粮食供给的做法面临巨大挑战。

3.1.5 中国的粮食安全形势

联合国粮农组织统计数据显示，中国用占世界 9%的耕地资源和占世界 5.8%的水资源生产了约占世界 23%的粮食、27%的肉类、43%禽蛋和 6%的奶类，养活了占世界 20%的人口，而且中国除奶类外其他农村产品人均占有量均超过世界平均值，持续数千年的粮食短缺问题得到了基本解决，对全球粮食安全做出了积极贡献（许世卫和信乃诠，2010）。联合国粮农组织提出，衡量粮食安全应着重考虑四个方面的内容：①可用性（availability），即有充足的粮食可以供人们使用，侧重于对供给的考虑；②可接近性（access），即粮食是需求者可以接触到的，侧重于对时空匹配的考虑；③可利用性（utilization），即粮食需求可以利用其需要的粮食产品，侧重于对需求者粮食获取能力的考虑；④稳定性（stability），即粮食供应和价格要保持稳定，侧重于对需求者粮食购买力的考虑。

国家统计局公布的数字显示，改革开放以来中国人均粮食占有量提升显著，由 1979 年的人均 342.74 千克/年提升到了 2011 年的人均 424.97 千克/年，33 年间提升幅度高达 24%，国内粮食生产取得了显著的成就。国内粮食供给除内部生产外，粮食贸易也是构成粮食供应的主要方面。据农业部发布的《中国农业发展报告》统计数据，中国粮食贸易呈明显的阶段性特征：2003 年之前，中国粮食净进口量呈现在波动中逐渐下降的态势，2003 年中国粮食净进口量仅为 53 万吨；从 2004 年开始，中国粮食净进口规模进入急速膨胀阶段，2004 年粮食净进口量达到 2484 万吨，是 2003 年的近 47 倍，截至 2011 年年底中国粮食的净进口规模已经扩大到近 5700 万吨，占当年国内粮食总产量的 10%。为切实保障粮食安全，中国政府将 95%的粮食自给率设为警戒线。本书利用以上粮食产量和贸易数据，计算了中国 1979～2011 年的粮食自给率数据。粮食自给率计算公式如下：

$$p_i = \frac{S_{di}}{S_{di} + S_{ti}} \tag{3.4}$$

其中，p_i 为粮食自给率；S_{di} 为国内粮食产量；S_{ti} 为国内粮食净进口量；i 为年份。

粮食自给率数据显示，1980～2007 年中国粮食自给率在波动中徘徊，但是仍保持在国家粮食安全警戒线 0.95 以上；从 2008 年开始，随着中国粮食净进口数量的扩大，中国粮食自给率水平开始急速下降，并低于国家粮食安全警戒线，2010 年粮食自给率已跌至 0.90，低于国家粮食安全警戒线 5 个百分点（图 3.8）。粮食自给率的下降表明，最近几年中国粮食供应形势有恶化的风险，国内粮食供应能力和保障能力有所消减。作为一个人口大国，粮食自给率的下降，特别是粮食自给率低于国家粮食安全警戒线也反映了从供应方面来衡量，中国粮食安全形势不容乐观。

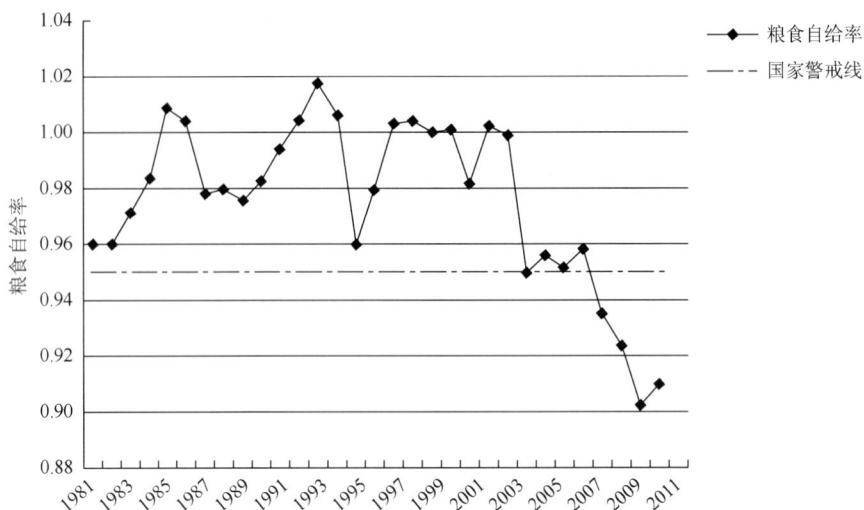

图 3.8　1980～2011 年中国粮食自给率变化情况

　　城乡居民家庭的恩格尔系数统计也显示，改革开放以来中国居民家庭的粮食获取能力已有明显提升。国家统计局统计数字显示，1980 年中国城市居民家庭每年花费在食物上的支出占其家庭总收入的比例为 56.90%，农村居民家庭每年花费在食物上的支出占其家庭总收入的比例为 61.80%；1990 年中国城乡居民家庭的恩格尔系数分别下降为 54.24%和 58.80%；2000 年又下降为 39.44%和 49.10%；2011 年统计数据显示中国城乡居民的恩格尔系数已经下降为 36.30%和 40.36%（表 3.5）。从以上数据可以看出，改革开放以来中国城乡居民的恩格尔系数分别下降了 20.60 和 21.44 个百分点，这表明中国居民所花费在食物中的收入支出比例在显著下降，也反映了中国宏观粮食安全状况的改善和城乡家庭粮食获取能力的提升。

表 3.5　中国城乡居民家庭 1980～2011 年恩格尔系数

年份	城市/%	农村/%	年份	城市/%	农村/%
1980	56.90	61.80	2000	39.44	49.10
1985	53.31	57.80	2005	36.70	45.50
1990	54.24	58.80	2010	35.70	41.09
1995	50.09	58.60	2011	36.30	40.36

　　虽然从收入支出角度看，中国粮食安全状况比较乐观，但是从粮食库存变动情况，即可利用性方面来看，中国粮食安全所面临的宏观环境明显变得复杂。以三大粮食品种小麦、水稻和玉米为例，联合国粮农组织统计数据显示，1979～1990年，中国三大粮食品种库存量变动幅度并不大，单一粮食品种变动数量基本在

1000 万吨以内，如在总体库存量波动幅度最大的 1990 年，小麦、水稻和玉米的库存量与上年度相比分别减少了 737.38 万吨、1209.01 万吨和 1094.58 万吨。1991～2001 年，中国三大粮食品种的库存变动变动幅度开始逐渐增大，单一粮食品种变动数量甚至超过 2000 万吨，如在加入 WTO 前的 2001 年，小麦、水稻和玉米的库存量则在上年度的基础上分别增加了 1696.47 万吨、1900.29 万吨和 981.37 万吨。在中国加入 WTO 后的 2002～2009 年，中国粮食库存变动幅度明显增强，变动情况也由前阶段的增加逐渐向后阶段的减少转变，在其峰值的 2003 年中国三大粮食品种小麦、水稻和玉米库存量比上年度分别增加了 2235.09 万吨、3044.88 万吨和 1459.04 万吨，而到 2009 年年末小麦、玉米的库存比上年度分别下降了 597.16 万吨和 1546.79 万吨，只有水稻库存比上年度增加了仅 2.62 万吨（图 3.9）。《经济参考报》2013 年 6 月从农业部农业贸易促进中心了解的最新数据显示，中国在 2012 年三大粮食品种已经全部转为净进口，2012 年度中国的谷物净进口量已经达到 1316.9 万吨，三大粮食品种小麦、水稻和玉米的净进口量分别为 341.5 万吨、208.8 万吨和 515.3 万吨，中国对国际粮食市场的依存度明显增强[①]。

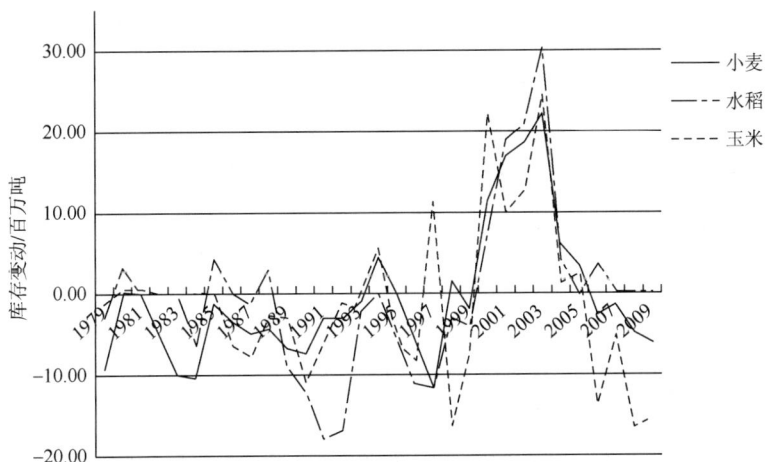

图 3.9　中国 1979～2009 年小麦、水稻和玉米库存变动情况

从价格方面衡量，改革开放以来中国粮价的攀升同样较为明显。国家统计局统计数字显示，1979 年以来，中国粮食零售价格指数一直处于上升态势。若以 1979 年的价格指数为基期 100，可以明显看出，中国粮食零售价格的变动可以划分为明显的三个阶段。第一阶段为 1979～1996 年，中国粮食零售价格指数从 100 攀升到 1996 年的 674.82，17 年间粮食零售价格指数增长了近 7 倍，特别

---

① 经济参考报 2013 年 6 月 27 日报道：《中国三大主要粮食作为全部转为净进口》。

是 1990~1996 年中国粮食零售价格指数几乎呈直线上升状态。第二阶段为 1997~2002 年，在此时期中国粮食零售价格指数呈回落状态，由 1997 年的 621.51 回落到 2002 年的 523.5，全国粮食零售价格有小幅回落。第三阶段为 2003 年至今，该阶段也是中国加入 WTO 后的时期，这一时期中国粮食零售价格指数又恢复到快速攀升状态，由 2003 年的 535.02 攀升到 2011 年的 1061.83，9 年间粮食零售价格指数又翻了一番。若以上一年度为基期 100 来观察中国粮食零售价格指数也可以发现，中国粮食零售价格一直处于上升趋势，其中粮食零售价格涨幅最大的年份出现在 1994 年，1994 年粮食零售价格比 1993 年上涨了 48.7 个百分点。自中国 2002 年加入 WTO 后，粮食零售价格上涨的峰值出现在 2004 年，2004 年粮食零售价格比 2003 年上涨了 26.5 个百分点。不过从总体上看，加入 WTO 之前中国粮食零售价格年度间波动幅度较大，加入 WTO 之后中国粮食零售价格年度间波动幅度则有明显回落，这也反映了利用国际市场对保障中国粮价的稳定发挥了一定作用（图 3.10）。

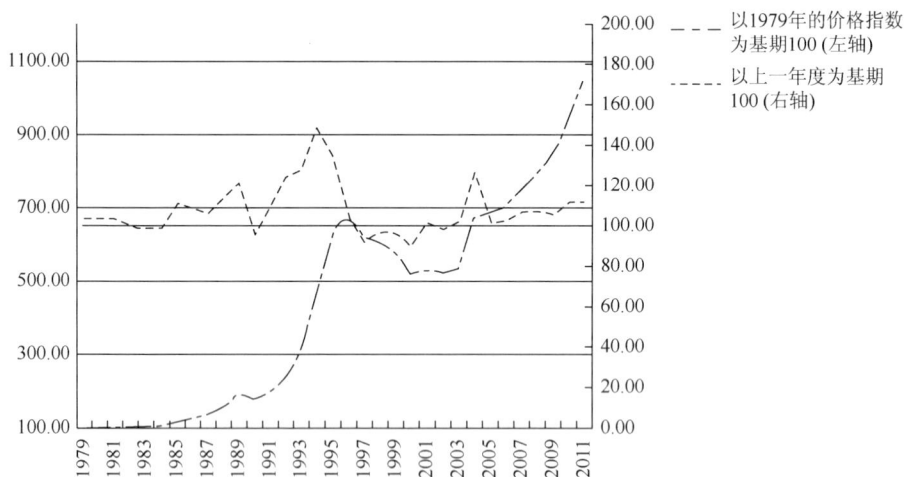

图 3.10　中国 1979~2011 年粮食零售价格指数变动情况

从联合国粮农组织对粮食安全的四个衡量标准来看，中国粮食安全保障的优势在于粮食获取能力的提升，但是粮食获取能力的保持与利用国际粮食市场调节密切相关。2006 年以来，随着国际粮食供需状况的变化和储备率的降低，国际粮价开始在高位徘徊，这也导致一些粮食出口大国纷纷出台粮食禁令，控制粮食出口。以上两个来自粮价高企和出口限制的不利因素，必将对中国粮食获取能力产生不良影响。此外，在供应量、可利用性和粮价三个方面，中国所面临的环境明显逐步恶化。由此不难推断，未来一段时间，随着中国社会经济发展、居民膳食结构的改善，以及农业资源的内部约束，中国粮食安全形势将日趋严峻。

3.2 中国粮食供应保障的内部生产方式

3.2.1 中国粮食供应的内部资源约束

粮食供应安全是保障粮食安全最核心的内容。随着全球粮食安全形势的恶化，世界各大粮食紧缺国和粮食净进口国都把保障粮食供应作为政府的重要任务。日本、韩国、沙特等国积极参与海外耕地投资，建设海外粮食生产基地。印度一方面加大国内耕地开垦力度，另一方面也积极获取国外耕地资源。中国政府目前也主要采取了两种手段保障粮食供应，一是加大对国内农业资源的开发和利用，力求"饭碗端在自己手中"；二是积极参与国际粮食贸易，利用国际市场购买粮食保障国内供应量。但是，随着中国城市化、工业化的快速推进，农业生产环境也发生了很大变化，利用国内资源保障粮食供应面临着以下挑战：①农业水资源日益匮乏；②耕地数量持续下降，质量状况也不容乐观；③农业自然灾害问题突出；④农村青壮年劳动力持续流失；⑤化肥对粮食生产的效用呈持续降低态势。

据 2009 年水利部公布的数据显示，中国淡水资源总量约为 2.8 万亿立方米，其中，地表水 2.7 亿立方米，地下水 0.83 万亿立方米，淡水资源总量居世界第 6 位，但是人均水量仅有 2200 立方米，仅为世界人均水平的 1/4，居世界 121 位，是全球 13 个贫水国之一。目前，中国农业用水约占全国用水总量的 70%，其中 90% 以上用于农田灌溉，但全国平均灌溉水利用率只有 43%；而发达国家灌溉水利用率高达 80% 以上。中国耕地平均水量仅为世界平均水平的 3/4，每年耕地缺水约 300 亿立方米，甚至还有约 8000 万农村人口存在饮水困难。在中国耕地总量不断减少的情况下，中国还面临着水土资源分布不均衡，生产水平低下的挑战。中国长江流域及其以南地区，耕地总量占全国的 38%，水资源却占全国的 80% 以上；淮河流域及以北地区，水资源不足全国的 20%，而耕地总量却占全国的 62%。中国以占全球 6% 的淡水资源、9% 的耕地资源，养活了全球 22% 的人口，在占全国耕地 49% 的可灌溉土地上，生产了全国 75% 的粮食和 90% 以上的经济作物（陈雷，2009）。据国家发展和改革委员会公布的《全国新增 1000 亿斤粮食生产能力规划（2009-2020）》显示，到 2020 年中国新增的千亿吨粮食产量中，北方缺水地区要贡献其中的 65%。按照之前国务院的估计，2030 年中国人口将会达到 16 亿，粮食需求也将达到 6.3 亿吨，而按照现在的农业用水效率，中国尚缺水 800 亿吨，粮食生产与农业可供水量之间的矛盾突出。Brown（2004）、Xiong 等（2009）认为，水资源紧缺将是影响中国未来粮食生产的核心问题，中国的水资源短缺也会影响世界粮食安全。水利部南京水文水资源研究所（1999）的研究表明，2010～

2015 年中国的缺水量在 100 亿～318 亿立方米。据中国工程院重大咨询项目"中国可持续发展水资源战略研究"预测，到 2030 年中国缺水量将达到 130 亿立方米（刘昌明和陈志恺，2001）。于法稳（2008）对中国农业水资源压力指数的研究显示，中国已有 8 个省份处于水资源不可持续利用状态，而利用国际市场进口粮食实际就等于进口水资源，这也是缓解中国区域水资源压力，保证水资源可持续利用的重要途径。

耕地数量的锐减和质量的下降是中国改革开放后在土地利用方面最为引人注目的现象。据国家统计局统计数字显示，中国耕地面积从 1979 年的 13.36 亿公顷减少到了 2009 年的 12.17 亿公顷，净减少 1.19 亿公顷。1995 年以前，中国耕地面积减少的主要原因是耕地被转用为农村居民点、园地或坑塘；1995 年之后则是耕地被转为建设用地，特别是城市建设用地，这对保障中国粮食生产能力形成了巨大挑战。20 世纪 90 年代以来，北京、广州的城市建成区面积分别增长了 30% 和 50%，珠江三角洲建设用地面积扩张规模超过了 70%，京津唐地区的建设用地面积扩张规模超过 80%。从耕地流失特点上看，改革开放以来，中国东中部大量优质耕地被建设占用，而补充的耕地多位于水土条件较差的边远西部省份。从粮食生产角度看，东中部地区不但土地肥沃，水资源条件优越，并且粮食还可以实现一年两熟或一年三熟；而西北省份的粮食生产仅为一年一熟或者一年两熟，粮食生产隐性损失不容乐观。目前，中国耕地约有 2/3 位于山区、丘陵和高原地区，随着中东部优质耕地被城市建设大量占用，中国当前的高产、一般和低产农田的比例分别为 28.7%、30.1% 和 41.2%，中低产田比例已经超过 70%。此外，受生态环境恶化、化肥过度施用、农药污染、工业废水污染等因素的影响，中国耕地生产能力急剧下降，土壤板酸化和有机质含量降低现象严重，耕地粮食生产能力受到重要影响，利用国内耕地资源保障粮食供应的形势十分严峻。

近几年，农业自然灾害对中国粮食生产的侵扰明显突出。中国的农业自然灾害主要可分为旱灾、洪涝灾、风雹灾、霜冻灾、台风灾和农作物病虫灾，对粮食生产具有显著的负面影响。史培军等（1997）指出，中国每年因农业自然灾害所导致的粮食减产比例占全国粮食生产比例的 15.3%，其中北方的减产比例明显高于南方，北方一般在 10%～15%，南方则在 5%～12%。在农业自然灾害中，旱灾和洪涝灾又是中国最为常见的灾害类型。其中，旱灾主要集中分布在北方的黄淮海平原、河套平原，以及南方的江南丘陵、西南云贵高原；洪涝灾则主要集中分布在东部地区的低湿平原及大江大河沿岸地区，其中东南沿海地区是全国受洪涝灾害次数最多、范围最大的地区。据国家统计局公布的统计数据显示，1979～2009 年，中国每年农业受灾面积平均约为 4572.4 万公顷，农业成灾面积约为 2362.8 万公顷，成灾率约为 52%。1979～1989 年农业成灾面积约为 2047.8 万公顷，其中旱灾约为 1169.3 万公顷，洪涝灾约为 537.4 万公顷；1990～1999 年农业成灾面积约为2517.3万公顷,其中旱灾约为1194.5万公顷,洪涝灾约为871.9万公顷;2000～2009年每年农业成灾面积约为2554.8万公顷,其中旱灾约为1446.6万公顷,洪涝灾约为539.1万公顷。旱灾成为威胁中国农业生产的首要灾害,并呈现出成灾面积逐年扩大的趋势,洪涝灾害的成灾面积则呈现出了波动放缓的趋势,这一方面与农业基础设施改善后农田防洪排涝能力的增强有关,另一方面也与中国降水量明显减少有关。总体看来,改革开放以来,中国的农业自然灾害区域特征差异变得更为复杂,"南涝北旱"的整体规律变得越来越不明显,取而代之的是旱涝灾害频发,并且在区域分布上更加分散。

在经济发展过程中,随着城市化的推进,农村人口向城市转移将是不可避免的发展趋势。在中国改革开放以来的30多年间,不断加快的工业化步伐产生了大量的城市就业机会,吸引着农村劳动力向城市转移,也使得大量农村人口向城镇转移成为当前中国经济转型期较为显著的人口流动与社会经济发展现象(卢新海,2004;Ye and Pan,2012)。按照美国城市地理学家Northam(1975)提出的城镇化阶段性规律,20世纪90年代中期,中国开始进入城镇化加速发展阶段。随着城镇化速度的加快,大量农村人口,特别是青壮年人口向城镇迁移的比例急剧提高,直接导致当前农村劳动力老龄化和后备力量的不足。据国家统计局统计的数字显示,中国城镇人口在总人口中的比例由1978年的18.96%上升为2009年的46.59%,城镇化水平年均增长近1%,特别是1995年以后,中国的城镇化水平年增长率更是达到1.25%。Zhang和Song(2003)对中国1978～1999年的城镇化情况进行分析后认为,此阶段中国农村人口向城镇转移解释了城镇人口增长的75%。但是,由于受中国户口体系的管制,这种转移的农村人口成为城市永久居民的比例还相对较低,城市只是他们工作和临时居住的地方,而农村是他们最终的归宿。这也形成了转移人口群体在住房上的双重占地现象,造成了中国农村居住用地和城市建设用地的同步增长,城乡建设重复占用耕地的不合理现象。随着中国新型城镇化战略的推进,未来中国将有超过一半的人口成为城市居民,预计在未来20年,每年将会有300万农民变为城市居民。因此,大量农村青壮年劳动力向城镇转移将是未来中国社会劳动力转移的重要内容,这也对保证粮食生产中充足的劳动力投入提出了新挑战。

改革开放以来,化肥的施用对中国粮食增产效果明显。目前,中国是全球最大的化肥生产、消费和进口国。据联合国粮农组织统计,1960～2002年全球每公顷耕地的化肥施用量从60千克增长到了110千克,而中国的化肥施用量占到了全球化肥施用总量的1/3,特别是20世纪80年代以来,中国的化肥施用增长量约占全球化肥施用增长量的90%。从化肥施用量分布上看,各地区之间也存在明显的差异,如东南省份的化肥施用量约为300千克/公顷,而东北地区约为100千克/公顷。Liu和Chen(2007)认为,从1982年开始,化肥施用对中国粮食生产的贡献已经超过传统生物肥料，改革开放以来化肥的大规模施用，特别是氮肥的施用，对中国粮食的增产效果显著。但是，最近几年，大规模化肥施用造成的土壤板结、农业水污染等问题，使得化肥对中国粮食增产的效果呈现明显的下降态势。张卫峰等（2008）研究发现，1978～1984年化肥对中国粮食增大的贡献达到30.8%，而1999～2003年这一贡献率已经降低为10.4%。张福锁等（2007）认为，中国大部分粮食产区存在着化肥的过度施用，氮肥在水稻、小麦和玉米生产中的吸收率仅为28.3%、28.2%和26.1%，化肥已经不能支持粮食的持续增产。曾希柏和李菊梅（2004）对中国不同地区的化肥施用空间进行了计算后发现，中国化肥施用量过量的县已达425个，占全国县级行政区的17.84%，全国化肥施用的增长空间为926.7万吨，单位面积平均为59.6千克/公顷，平均增长空间为22.3%。宋海燕等（2005）的案例研究也表明，中国近10年的化肥增产效率已经是负值，单位面积化肥投入量的增加并没有引起产量的明显增加，化肥投入对粮食生产的作用已处于规模报酬递减阶段。Miao等（2011）认为，在中国现有的土壤肥力条件下，2030年中国粮食增产到6亿吨将是中国21世纪面临的最严峻的挑战之一。

3.2.2　中国的粮食生产与物质投入

中国自20世纪70年代末开始的经济改革，特别是家庭联产承包责任制在农村的推行，使得中国在粮食生产上取得了举世瞩目的成就，粮食总产量由1979年的3.3亿吨增加到2013年的6.0亿吨，35年间净增长2.7亿吨。2009年联合国粮农组织发布的公告也显示，中国当年所生产的大米、玉米和小麦，分别占全球该粮食品种产量的29.1%、20%和16.9%。中国粮食生产所取得的巨大成就引起了学术界的广泛关注，粮食增产的源泉问题也一直是学术界关注的焦点。当前研究认为，影响中国粮食生产的因素可分为两个方面：一是非物质投入因素，如农业制度的变迁、农业技术的进步、土地肥力的变化和全球气候的变化；二是物质投入因素，如土地、劳动力、电力、化肥、农药等。

罗泽尔·斯科特等（1990）分别对1952～1957年和1979～1985年的粮食生产情况进行了分析，结果发现，自然因素和技术进步并不是中国粮食产量波动的首要原因，计划调节和政策变动往往直接作用于当年的粮食产量，并影响以后的粮食产量。胡小平（2001）和Christiansen（2009）也认为，中国农业制度的变迁，特别是家庭联产承包责任制的实施对中国的粮食生产具有明显的促进作用。黄季焜（2004）认为，农业技术的进步，特别是作物育种技术的发展与推进，有力地提高了中国的粮食产量，特别是大米的产量。Jin等（2002）研究发现，在中国水稻的生产中，技术应用因素对增产的贡献为40%，制度变革因素对增产的贡献为35%。土地肥力下降及土壤质量问题对中国粮食生产的影响也引起了学者们的关注，张凤荣等（1998）、余振国和胡小平（2003）、陈百明和周小萍（2004）、张福锁等（2007）均发现，中国土地质量的下降对中国粮食产量产生了明显的负面影响。Ye 和 Pan（2012）预测，按照现有中国的土地肥力下降趋势，到 2030 年将会导致中国粮食生产减少 9%。此外，气候的变化，特别是全球气温的升高也将对中国粮食生产产生重要影响。Yao 等（2007）、Tao 等（2008）、Xiong 等（2010）的研究均认为，平均气温的上升将会对中国的粮食生产产生负面影响。

在物质投入因素对中国粮食生产的影响方面，学术界也进行了深入的研究。周四军（2003）研究发现，中国粮食的增产依赖于播种面积和化肥施用量，而劳动力和技术对中国粮食生产的影响并不显著。蔡运龙（2000）、刘彦随和吴传钧（2002）均提出，水土资源对中国粮食增产具有根本约束，耕地和水资源短缺及其空间上的不匹配是影响中国粮食生产的重要因素。于法稳（2008）发现，中国粮食的生产与灌溉面积之间存在着绝对脱钩、准相对脱钩和耦合三种关系。其中，在耕地面积贡献率上，准相对脱钩的省份要高于耦合的省份；化肥用量贡献率上，准相对脱钩的省份要低于耦合的省份；农业劳动力投入则与粮食产量之间呈负相关关系。在研究方法上，廖洪乐（2005）、谢杰（2007）、马文杰和冯中朝（2008）分别采用 C-D 生产函数模型、多元回归模型和面板分析模型对中国粮食生产的影响因素进行了分析。在对物质投入因素的分析上，学者们大多采用定量方法对中国粮食生产的时间序列数据进行分析，主要运用粮食产量、粮食播种面积、耕地面积、灌溉面积、成灾面积、化肥施用量、农用机械总动力等变量构建计量模型，分析其对中国粮食生产的影响情况。

从当前研究进展来看，学术界对中国粮食生产问题的研究已经取得了相当的成就，在非物质投入对中国粮食生产的影响上已经取得了一定的共识，但是在物质投入对中国粮食生产影响方面还存在着较大的争议。例如，陈百明和周小萍（2004）、屈雪冰和赵华甫（2011）认为，耕地面积的变化并不影响中国粮食产量；而大多数学者则认为耕地面积对中国粮食生产具有重要作用。究其原因，主要有以下两点：一是模型设置缺少理论支撑；二是国家统计局发布的耕地面积数据的跳跃。对于第一点，其表现主要有两个方面：①定量分析追求长时间跨度，忽视了从理论上分析非物质因素对粮食生产的影响；②模型构建本身忽视理论支撑，从而降低了模型的精度。对于第二点，主要是官方耕地面积数据在 1995～1996 年发生了较大幅度的跳跃，使得数据模型的适应性降低，导致分析误差较大。

尽管家庭承包制比人民公社体制更具效率性，但家庭承包制改革的农业生产激励效应早在 20 世纪 80 年代中期就已释放殆尽，其后农产品提价、经济作物种植等非制度因素在中国农业产值增长中发挥着主导作用（Lin, 1992；Wen, 1993）。种种迹象表明，中国现行农村基本经营制度已相对稳定，小户分包经营体制也日益固化，短中期内发生突破性制度变迁的可能性不大，这决定了当前和今后一个时期，中国农业生产发展状况将在很大程度上取决于相关生产要素投入数量和质量的保障水平（彭克强等，2013）。考虑到物质投入因素对本书研究的重要性，以及中国加入 WTO 后对粮食生产的重要影响，本书将借鉴萨伊的生产要素理论，分三个阶段从物质投入方面对中国粮食生产的关键因素进行分析：①1979～1989 年，家庭联产承包责任制效应阶段；②1990～2001 年，制度平稳阶段；③2002～2011 年，加入 WTO 后阶段。

3.2.3　物质投入因素分析理论与模型

现代西方经济学认为，生产要素包括土地、资本、劳动力和企业家才能四种。本书主要分析物质投入因素对粮食生产的影响，且考虑到中国粮食生产主要以农户为主的现实，因此，在模型构建中剔除了企业家才能这一生产要素，即采用萨伊的生产三要素理论，构建仅包含土地、资本和劳动力三大要素的分析框架，其生产函数如下：

$$Q = f(T, C, L) \tag{3.5}$$

其中，Q 代表粮食产量；T 代表土地要素；C 代表资本要素；L 代表劳动力要素。

根据粮食生产现实，本节所采用的土地要素包括两个方面五个变量：①数量方面，耕地面积（X_1，单位：千公顷）、粮食播种面积（X_2，单位：千公顷）、成灾面积（X_3，单位：千公顷）；②质量方面，化肥施用量（X_4，单位：万吨）、有效灌溉面积（X_5，单位：千公顷）。资本要素包括以下三个变量：农村居民平均生产支出（X_6，单位：元/人）、农村居民平均纯收入（X_7，单位：元/人）、国家财政农业支出额（X_8，单位：亿元）。劳动力要素包括以下四个变量：粮食生产劳动力投入量（X_9，单位：万人）、农村用电量（X_{10}，单位：亿千瓦时）、农用机械总动力（X_{11}，单位：亿瓦）；粮食产量（Y，单位：万吨）为因变量。以上变量中，耕地面积 1979～2005 年的数据来源于吴群（2006）的重建数据，2006～2008 年的数据来源于《中国统计年鉴 2012》，2009～2011 年的数据来源于联合国粮农组织数据库[①]。农村居民平均生产支出为

$$X_6 = \text{RLAI}(1 - r\%) - \text{RLALC} \tag{3.6}$$

其中，RLAI 为农村居民平均纯收入；$r\%$ 为农民平均储蓄率；RLALC 为农村居民平均生活消费支出；以上三组数据由历年中国统计年鉴查得。

粮食生产劳动力投入量为

$$X_9 = \frac{\text{CPA}}{\text{TPA}} \times \text{AL} \tag{3.7}$$

---

① 为克服中国耕地面积统计数据 1995～1996 年“断崖”的统计数据不完整的缺陷，此处采用了多个数据来源。

其中，CPA 为粮食作物播种面积；TPA 为农作物播种面积；AL 为农业从业人口数量；以上三组数据由历年中国统计年鉴查得。

其余各变量数据分别来源于历年《中国统计年鉴》《中国农村统计年鉴》《中国农业统计资料汇编（1949-2004）》《中国农村发展报告》。

本章利用灰色系统理论构建模型分析中国粮食生产的物质投入问题。灰色系统理论是与概率统计、模糊数学并列的分析不确定性系统的研究方法，该方法的最大优势是适用于变量的任意分布，可通过对少量数据的挖掘发现客观存在的现实规律（刘思峰等，2010）。根据以上生产函数理论，各物质投入因素与粮食生产之间存在一种函数关系，但这种函数关系并不确定。因此，我们可以将粮食生产视为一个灰色系统，采用灰色关联分析法分析以上问题。灰色关联分析的基本思想是根据序列曲线几何形状的相似程度来判断其联系是否紧密，曲线越接近，相应序列之间的关联度就越大。

本章利用灰色相对关联度测度模型来分析研究问题。灰色相对关联度的求取思想是，通过对不同数据序列组之间相对于起始点之间的变化速率来表征其相互关系，两组数据序列之间的变化速率越接近，其灰色相对关联度就越大，反之就越小。在本章中，就是构建研究设计的三个阶段粮食产量数据序列与各物质投入因素序列之间的灰色关联度模型，并通过对其灰色相对关联度的比较来分析各物质投入因素对粮食产量的影响情况。由于各变量间时距相同，不用考虑时距变换，故灰色相对关联度分析模型构建步骤如下。

第一步：求初始值像

$$X_i' = \left(\frac{x_0(1)}{x_0(1)}, \frac{x_0(2)}{x_0(1)}, \cdots, \frac{x_0(n)}{x_0(1)}\right) \tag{3.8}$$

其中，$x_0(n)$ 为序列元素，n 为序列元素个数。

第二步：求始点零化像

$$X_i'^0 = (x_i'(1) - x_i'(1), x_i'(1) - x_i'(2), \cdots, x_i'(n) - x_i'(1)) \tag{3.9}$$

其中，$x_i'(n)$ 为初始值像序列元素。

第三步：计算灰色相对关联度

$$|s_0'| = \left|\sum_{k=2}^{n-1} x_0'^0(k) + \frac{1}{2} x_0'^0(n)\right| \tag{3.10}$$

$$|s_i'| = \left|\sum_{k=2}^{n-1} x_i'^0(k) + \frac{1}{2} x_i'^0(n)\right| \tag{3.11}$$

$$|s_i' - s_0'| = \left|\sum_{k=2}^{n-1} (x_i'^0(k) - x_0'^0(k)) + \frac{1}{2}(x_i'^0(n) - x_0'^0(n))\right| \tag{3.12}$$

$$\gamma_{0i} = \frac{1 + |s_0'| + |s_i'|}{1 + |s_0'| + |s_i'| + |s_i' - s_0'|} \tag{3.13}$$

其中，k 为序列第 k 个元素，γ_{0i} 为灰色相对关联度。

3.2.4 粮食生产的物质投入因素分析

根据灰色相对关联度的计算结果可以发现，在改革开放以来的不同阶段，影响中国粮食生产的因素呈现出明显的差异（表 3.6）。在第一阶段，选定的物质投入因素与粮食产量之间灰色相对关联度值超过 0.7 的重要影响因素有五个，分别是财政农业支出额、粮食播种面积、粮食生产劳动力、成灾面积和耕地面积。其中，对粮食生产影响最大的因素是财政农业支出额，其灰色相对关联度超过 0.8，达到 0.8432。1979～1989 年，中国粮食产量由 3.3 亿吨增长到了 4.1 亿吨，国家财政共投入农业资金 1842.64 亿元，年均投入约 167.51 亿元。从灰色关联分析结果可以推断，该阶段的资金投入有力地促进了中国粮食产量的提升。从土地、资本和劳动力要素投入角度来看，该阶段对中国粮食生产产生重要影响的各因素间的差异并不明显。根据当前理论研究成果和本节的灰色关联分析结果还可以推断，除制度变迁因素外，来自以上三个方面的因素所形成的合力促进了中国的粮食产量的提升。

表 3.6 各物质投入因素与粮食产量之间的灰色相对关联度

第一阶段 （1979～1989 年）	γ_{0i}	第二阶段 （1990～2001 年）	γ_{0i}	第三阶段 （2002～2011 年）	γ_{0i}
财政农业支出额**	0.843 2	有效灌溉面积**	0.956 9	粮食播种面积**	0.994 2
粮食播种面积*	0.796 2	耕地面积**	0.854 9	成灾面积**	0.908 3
粮食生产劳动力*	0.775 6	粮食生产劳动力**	0.844 0	粮食生产劳动力**	0.875 4
成灾面积*	0.711 3	粮食播种面积**	0.825 0	化肥施用量**	0.858 7
耕地面积*	0.700 3	农用机械总动力	0.622 3	有效灌溉面积**	0.838 7
有效灌溉面积	0.677 7	化肥施用量	0.617 1	耕地面积*	0.754 4
农用机械总动力	0.658 2	成灾面积	0.592 6	农村居民生产支出	0.629 7
化肥施用量	0.639 5	农村用电量	0.547 8	农村居民纯收入	0.604 4
农村用电量	0.606 6	农村居民纯收入	0.537 2	农村用电量	0.603 3
农村居民纯收入	0.568 3	财政农业支出额	0.534 9	财政农业支出额	0.537 6
农村居民生产支出	0.566 5	农村居民生产支出	0.520 4	农用机械总动力	0.526 8

** 表示该因素对粮食产量的影响水平超过 0.8；* 表示该因素对粮食产量的影响水平超过 0.7

在第二阶段，有四个因素对中国粮食生产产生了重要影响，并且这四个因素对粮食产量的灰色相对关联度均超过 0.8：有效灌溉面积 0.9569、耕地面积 0.8549、粮食生产劳动力 0.8440、粮食播种面积 0.8250。并且，这一阶段的各因素与粮食产量的灰色相对关联度值呈现出了较强的聚集分异，除以上重要影响因素外，其他因素与粮食产量的灰色相对关联度均不超过 0.63，说明本阶段不同物质投入因素对粮食生产的作用效应差异明显。结合 1990~2001 年中国粮食产量和各因素的物质投入数据可以推断，在这一阶段有效灌溉面积、耕地面积、粮食生产劳动力和粮食播种面积的投入，对保障中国粮食生产能力产生了重要影响。以对粮食生产影响最大的有效灌溉面积为例，1990~2001 年中国有效灌溉面积扩大了 684.63 万公顷，可以推断这一农业基础生产条件的改善有力地促进了该阶段粮食产量的增加。该阶段灰色相对关联度超过 0.7 的要素与第一阶段相比也发生了明显的变化：有效灌溉面积的重要性迅速提升，由第一阶段的第六位提升至第二阶段的第一位，灰色相对关联度由 0.6777 提升至 0.9569；耕地面积对粮食生产的影响力也显著提升，由第一阶段的第五位提升至第二阶段的第二位，灰色相对关联度由 0.7003 提升至 0.8549，也反映了在第二阶段耕地面积对粮食生产的重要性；粮食生产劳动力的次序没有发生变化，但其灰色相对关联度由 0.7756 提升至 0.8440；粮食播种面积对粮食产量的影响重要性虽然由第一阶段第二位下降至第二阶段的第四位，但其灰色相对关联度由 0.7962 提升至 0.8250；值得关注的是，财政农业支出额的重要性迅速下跌，灰色相对关联度由 0.8432 跌至 0.5349；成灾面积的次序也发生了下降，灰色相对关联度也由 0.7113 降至 0.5926。从土地、资本和劳动力要素投入角度来看，在第二阶段土地和劳动力要素对粮食生产的影响最为明显，特别是土地要素的重要性明显突出，在灰色相对关联度超过 0.8 的四个因素中，有三个因素可归于土地要素。所以，可以推断：在第二阶段的粮食生产中，土地要素对粮食生产具有重要影响，其次是劳动力要素。这说明在该阶段中国还是依靠土地和劳动力的投入保障粮食生产，处于粗放模式下的粮食生产阶段。

　　在第三阶段，有六个因素对中国粮食生产产生了重要影响，其中有五个因素的灰色相对关联度在 0.8 以上，分别是粮食播种面积 0.9942、成灾面积 0.9083、粮食生产劳动力 0.8754 和化肥使用量 0.8587，还有耕地面积的灰色相对关联度为 0.7544。从 2002 年开始，中国粮食产量进入稳步增产阶段，截至 2011 年年底中国粮食产量已达到 5.7 亿吨，比 2002 年净增加了 1.1 亿吨。结合经济学常理、本阶段中国粮食生产的物质投入数据和上文的灰色关联分析结果可以推断：在此时期粮食播种面积、粮食生产劳动力、化肥施用量和耕地面积对中国粮食产量的提升产生的正效应，如该阶段对粮食产量影响最大的粮食播种面积由 2002 年的 1.04 亿公顷扩张为 2011 年的 1.62 亿公顷，9 年间净增加了 0.58 亿公顷，也反映了播种面积对该阶段粮食增产的重要性；成灾面积则对该阶段中国的粮食生产产生了抑制效应，统计数据显示 2011 年全国的成灾面积为 0.33 亿公顷，比 2002 年的 0.27 亿公顷净增长了 0.06 亿公顷。该阶段灰色相对关联度超过 0.7 的要素与第二阶段相比也发生了明显的变化：粮食播种面积的重要性再次提升，由第二阶段的第四位提升至第三阶段的第一位，并且灰色相对关联度由 0.8250 提升至 0.9942；该阶段成灾面积的影响也有所凸显，由第二阶段的第七位大幅提升至本阶段的第二位，灰色相对关联度也由 0.5926 大幅提升至 0.9083，这也反映了中国农业抗灾害能力的不足；粮食生产劳动力的次序没有发生变化，但其灰色相对关联度再次提升，由第二阶段的 0.8440 提升至第 3 阶段的 0.8754；化肥施用量的重要性也有所凸显，由第二阶段的第六位提升至本阶段的第四位，灰色相对关联度由 0.6171 提升至 0.8587；有效灌溉面积的次序出现下跌，由上阶段的第一位跌至本阶段的第五位，灰色相对关联度也由 0.9569 下跌为 0.8387；耕地面积的重要性也有所下降，由上阶段的第二位跌至本阶段的第六位，灰色相对关联度也由 0.8549 下跌为 0.7544。从土地、资本和劳动力要素投入角度来看，在第三阶段仍旧是土地和劳动力要素对粮食生产的影响最为明显，其中土地要素的重要性进一步凸显，在灰色相对关联度超过 0.7 的六个因素中，有五个因素可归于土地要素。所以，可以推断：在第三阶段的粮食生产中，土地已经成为影响中国粮食生产的最重要因素，其次是劳动力要素。这反映了中国目前的粮食生产严重依赖土地投入，破解当前粮食生产约束的关键要素就是土地要素。

从要素投入角度综合考察各阶段的灰色分析结果可以发现，中国粮食生产所面临的物质投入约束，即中国从供给量方面保障粮食安全所面临的生产要素短板。从支撑土地、资本和劳动力要素的各因素灰色相对关联度均值及其在各阶段的变化规律来看，中国改革开放对粮食生产最重要的生产要素投入首先是土地，其次是劳动力，最后是资本，尤其是土地要素，其支撑因素的灰色相对关联度均值一直保持在 0.7 以上（表 3.7）。

表 3.7　各阶段要素之间的灰色相对关联度情况

第一阶段		第二阶段		第三阶段	
指标名称	灰色相对关联度均值	指标名称	灰色相对关联度均值	指标名称	灰色相对关联度均值
土地	0.705 0	土地	0.769 3	土地	0.870 9
#数量	0.735 9	#数量	0.757 5	#数量	0.885 6
#质量	0.658 6	#质量	0.787 0	#质量	0.848 7
劳动力	0.680 1	劳动力	0.671 4	劳动力	0.668 5
资本	0.659 3	资本	0.530 8	资本	0.590 6

从以上结果还可看出，土地要素在中国粮食生产中的重要作用随时间的推移而逐渐显化，其支撑要素的灰色相对关联度均值由第一阶段的 0.7050 增加到第二阶段的 0.7693，最后提升至第三阶段的 0.8709，这也反映出耕地对中国粮食生产的重要性在日趋增大。此外，土地要素的数量和质量两个维度的灰色相对关联度

均值的变化再次印证了以上观点。在数量方面，反映土地数量因素的灰色相对关联度均值从第一阶段的 0.7359 增加到第二阶段的 0.7575，特别是在第三阶段该值扩大到了 0.8856，这反映了随着中国耕地数量的减少，其对中国粮食生产的约束力也随之收敛。在质量方面，反映土地质量因素的灰色相对关联度均值从第一阶段的 0.6586 增加到第二阶段的 0.7870，直到第三阶段的 0.8487，该值在三个阶段扩大了近 20 个百分点。这一方面反映了中国改革开放以来耕地质量有了明显的提升，并对粮食生产产生了重要影响；另一方面也反映了粮食生产对耕地质量的依赖在趋强。由此也可以推断：从物质投入的角度来看，中国改革开放以来的粮食生产对土地要素的依赖非常大，换而言之，耕地是约束中国粮食生产最为重要的物质要素投入。因此，面对中国日趋严峻的粮食安全形势，保障粮食供应量最有效的手段就是破解耕地对中国粮食生产的约束，尽可能地提高耕地质量和补充耕地数量。

3.3 中国粮食供应保障的外部贸易方式

3.3.1 中国粮食供应的外部贸易途径选择

国家发展和改革委员会一直强调要保证中国的粮食自给率不低于 95%，但是过高的粮食自给率就意味着国内要加大对粮食生产的物质投入，这种高投入、高消耗、高产量也意味着中国日益紧缺的耕地资源、水资源、劳动力资源等生产要素将面临更大的压力。也正是基于中国未来粮食供应的内部资源约束，随着全球化的深入推进和中国加入 WTO，利用国际粮食市场保障中国粮食供应逐渐进入中国学者和政府的视野。

钟甫宁等（2004）认为，中国的经济总量已经确立了中国大国经济的地位，面对国内耕地数量、质量流失，农业生态环境恶化等资源约束，在预期粮食贸易不稳定性和政治风险较低的情况下，利用国际市场保障粮食供应是合乎理性的选择。国家统计局公布的数字也显示，20 世纪 80 年代初期，中国一直是粮食净出口国；20 世纪 80 年代中期到 2001 年中国加入 WTO 之前，中国的粮食是有进有出；从 2003 年至今，中国已经变成了一个纯粮食净进口国，并且粮食净进口数量呈现出较强的逐年增加态势。如果将油料作物和食用植物油的进口计算在内并且按照相应的单位面积产量换算，中国的粮油进口依存度已经接近甚至超过 30%，长期粮食安全形势十分严峻（钟甫宁，2011b）。

利用国际市场从国外进口粮食，就相当于中国进口了国外的土地资源、水资源和劳动力资源。从近 20 年中国对国际粮食市场的利用情况来看，粮食贸易对保障中国粮食供应的作用正逐渐凸显。1992～2011 年中国从国际市场一共进口粮食约 5.2 亿吨，基本与中国 2008 年的全国粮食总产量相当。其中，加入 WTO 以前中国粮食净进口形势并不明显，粮食净进口产量比也没有超过 5%，但是加入 WTO 以后，中国粮食进口规模和净进口规模呈逐年扩大趋势，2010 年的粮食净进口产量比甚至达到了 11.75%（表 3.8）。加入 WTO 后，中国对国际粮食市场的利用程度也在逐步加深，特别是 2003 年以后中国的粮食净进口规模从 171.2 万吨急剧扩张到 2011 年的 6102.5 万吨，9 年间粮食净进口规模增加了近 36 倍。从粮食品种上看，除大量进口大豆外，中国近两年已经成为小麦、稻谷和玉米的净进口国，特别是小麦、大麦和大豆对国际粮食市场依存度尤其高。近 20 年来，中国从国际市场进口小麦共计 4722.8 万吨，年均进口量为 236 万吨，相当于中国 2011 年小麦产量的 2%；进口大麦共计 2694.3 万吨，年均进口量为 135 万吨，相当于中国 2011 年大麦产量的 82%；进口大豆共计 35 578.5 万吨，年均进口量为 1779 万吨，比中国 2011 年大豆总产量还多 330 万吨。

表 3.8　中国 1992～2011 年粮食进出口贸易情况

年份	粮食产量/万吨	粮食进口/万吨	粮食出口/万吨	净进口量/万吨	净进口产量比/%
1992	44 265.8	1 182.1	1 390.8	−208.7	−0.47
1993	45 648.8	16.3	151.5	−135.2	−0.30
1994	44 510.1	925.1	1 306.3	−381.2	−0.86
1995	46 661.8	2 082.5	162.2	1 920.3	4.12
1996	50 453.5	1 105.6	134.9	970.7	1.92
1997	49 417.1	738.4	878.1	−139.7	−0.28
1998	51 229.5	742.0	939.0	−197.0	−0.38
1999	50 838.6	808.8	840.3	−31.5	−0.06
2000	46 217.5	1 390.7	1 452.4	−61.7	−0.13
2001	45 263.7	1 950.4	991.2	959.2	2.12
2002	45 705.8	1 605.1	1 619.6	−14.5	−0.03
2003	43 069.5	2 525.8	2 354.6	171.2	0.40
2004	46 946.9	3 351.5	620.4	2 731.1	5.82
2005	48 402.2	3 647.0	1 182.3	2 464.7	5.09
2006	49 804.2	3 713.8	774.4	2 939.4	5.90
2007	50 160.3	3 731.0	1 169.5	2 561.5	5.11
2008	52 870.9	4 130.6	378.9	3 751.7	7.10
2009	53 082.1	5 223.1	328.3	4 894.8	9.22
2010	54 647.7	6 695.4	275.1	6 420.3	11.75
2011	57 120.9	6 390.0	287.5	6 102.5	10.68

数据来源：历年《中国粮食年鉴》

　　国际粮食市场的价格变动是影响世界各国，尤其是影响主要粮食进口国粮食购买力、供应力的重要因素。随着中国对国际粮食市场依赖程度的提升，国际粮食市场的价格变动对中国粮食供应的影响也逐渐加深。2001 年中国加入 WTO，粮价也逐渐由计划调控逐渐转变为市场调控，粮价由市场供求形成。在 WTO 的规则约束下，中国放开了对粮食贸易的管制，对粮食进出口贸易实施关税配额制，并且允许民营企业参与粮食收购、贸易等活动。中国粮食市场的开放，进一步加强了中国与国际粮食市场的联系，也使得两个市场的价格传递效应更为明显。纵观近 20 年国际粮价指数的变动情况可以发现，1992～2006 年的 15 年全球粮价相对比较平稳，基本呈波动徘徊态势，其波峰点的 1997 年也仅为 110.31；但是 2007年全球粮价开始飙升，2008 年全球粮价指数达到 175.64，从此国际粮价开始在高位徘徊，全球粮价的波动性风险有明显增大的趋势（图 3.11）。从粮食品种上看，三大主要粮食品种稻谷、小麦、玉米的价格均呈现出强烈的上升趋势，分别由 1992年的 151 美元/吨、119 美元/吨和 81 美元/吨增长到 2011 年的 420 美元/吨、266 美元/吨和 244 美元/吨；而中国对国际粮食市场最为依赖的大豆，其价格更是从 1992年的 271 美元/吨增长到 2011 年的 755 美元/吨，在 1996 年的峰值年份甚至到达了1221 美元/吨，并且在 2000 年以后全球大豆价格也进入高位徘徊阶段。国际粮价的攀升，一方面加大了中国利用国际粮食市场调节国内粮食供应的压力，另一方面也使得中国利用国际粮食市场的价格风险不断增大。

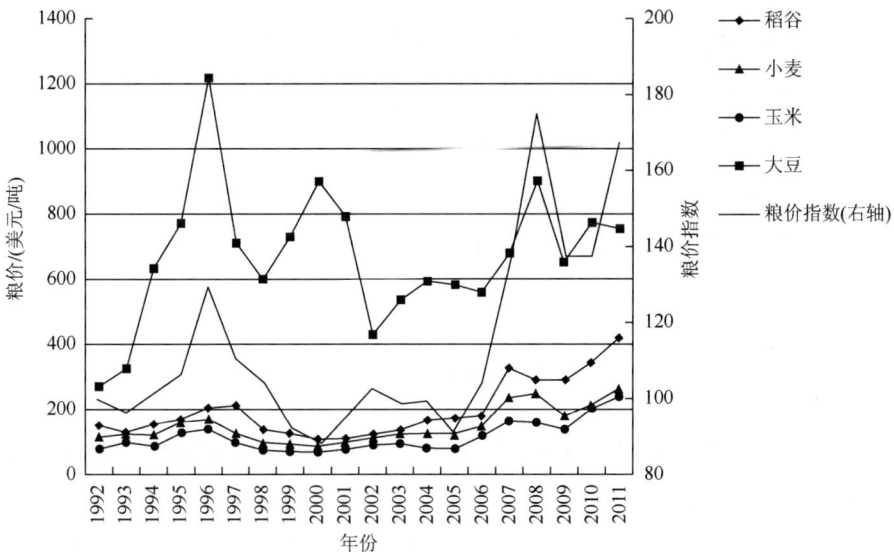

图 3.11　国际上主要粮食品种价格变动情况

利用国际市场保障国内粮食供应，除了需要稳定可靠的粮食进口市场外，充裕的外汇储备资金也是保证粮食获取能力的重要前提条件。雄厚的外汇储备不但要保证正常年份粮食进口时的需要，还要保证在歉收年份粮价大幅上涨时，国家大规模采购粮食的需要。改革开放以来，中国经济的快速发展为中国扩大对外贸易和利用国际粮食市场购买粮食奠定了一定的基础。据《中国农业发展报告》统计数据显示，近 20 年来中国的粮食净进口额呈逐年扩大趋势，稻谷、小麦和玉米的净进口额已由 1992 年的 2.93 亿美元增长到 2011 年的 8.26 亿美元。稻谷、小麦、玉米和大豆近 20 年的净进口额可以分为两组进行观察。第一组是稻谷、小麦、玉米三大主要粮食品种，1992~1996 年的 5 年，中国在该组粮食上进口额明显较高，特别是 1995 年净进口以上三种粮食共花费 30.97 亿美元；1997~2007 年的 11 年，净进口花费则相对稳定；2008 年以后，该组粮食净进口额则进入急剧攀升阶段。第二组为大豆，加入 WTO 之前中国平均每年净进口大豆的花费约 6.52 亿美元，2002 年以后中国大豆净进口额开始急剧攀升，近 10 年年均大豆净进口额达到 119 亿美元，2011 年大豆净进口额更是高达 266 亿美元（图 3.12）。

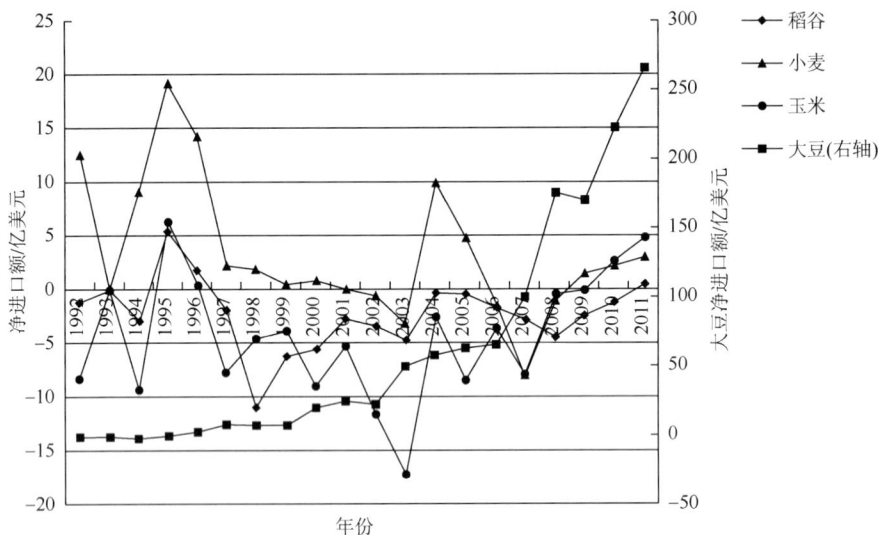

图 3.12　中国 1992~2011 年主要粮食品种净进口额

综上分析可以发现，近 20 年中国的粮食供应的外部条件发生了显著的变化：加入 WTO 前，中国主要依靠国内力量平衡粮食供需；加入 WTO 后，中国在粮食净进口量、净进口额上均呈明显攀升趋势。特别是 2008 年以后，随着全球粮价的攀升，中国在粮食进口上的花费也持续攀高，这一方面增大了中国的粮食购买压力，另一方面也提高了中国利用国际市场获取粮食的风险。目前，中国的粮食进口量已占全球粮食进口量的 1/4 以上，在全球粮食市场动荡多变的高粮价时代，利用国际市场满足国内粮食需求的做法面临着诸多新的挑战。

3.3.2　中国主要粮食品种的贸易状况

美国学者 Brown（1995）在《谁来养活中国》一文中提出了其著名的"布朗论断"，他认为到 2030 年中国的粮食产量将会因耕地面积减少而减产 20%，届时中国将会每年从国际市场进口粮食 2.0 亿～3.69 亿吨，相当于当年全球粮食贸易的总量，并且中国巨大的粮食缺口及其由于经济发展而形成的强大购买能力将会买断全球粮食出口，从而致使其他贫穷国家难以通过国际粮食市场买到足够的粮食，因此，中国最终将会动摇全球的粮食安全状态，世界将难以养活中国。自从 2001 年中国加入 WTO 以来，中国粮食净进口规模呈现出逐年扩大的趋势，对国际粮食市场的利用程度也在逐步加深。《中国粮食年鉴》统计数据显示，从 2003 年开始，中国成为粮食净进口国，粮食净进口量从 2003 年的 171.2 万吨急剧攀升到 2011 年的 6102.5 万吨，粮食净进口量占国内粮食产量的比例也由 0.40%增长到 10.68%。从 2005 年开始，中国政府在加入 WTO 时所谈判争取的农产品贸易减让过渡期已基本结束，中国开始履行对 WTO 的相关承诺，推进农产品贸易自由化进程，这也标志着中国对国际粮食市场的利用进入到新的阶段。

加入 WTO 对中国粮食贸易的最大影响就是各主要粮食品种进口规模的持续扩大。随着经济全球化趋势的推进，利用 WTO 这一平台根据比较优势原理，利用国际资源统筹粮食供需平衡成为中国政府的一项重要选择[①]。以中国加入 WTO 稳定期的 2007～2011 年这五年的大米、小麦、玉米和大豆的进口为例，2007 年中国月平均进口大米 3.9 万吨，2011 年其进口规模扩大到 5.1 万吨；2007 年中国月平均进口小麦 0.8 万吨，2011 年其进口规模扩大到 10.5 万吨；2007 年中国月平均进口玉米 0.3 万吨，2011 年其进口规模扩大到 14.6 万吨；2007 年中国平均月平均进口大豆 256.9 万吨，2011 年其进口规模扩大到 438.6 万吨，这 5 年共通过国际粮食市场分别进口大米 214.2 万吨、小麦 352.6 万吨、玉米 349.7 万吨、大豆 21 825.1 万吨（图 3.13）。

加入 WTO 以前，为支持工业发展的需要，中国的粮价一直受到政府的严格控制和干预，粮价一直偏低。从历史数据来看，中国自 1990 年以来粮价一共经历了三次上升和下降：第一次是 1990～1995 年，粮价持续上涨；第二次是 1996～2002 年，粮价开始缓慢回落；第三次是 2003 年至今，粮价又开始强劲提升。特别是中国加入 WTO 以后，随着中国粮食市场化进程的深入推进和农业开发程度的提高，国内粮价与国际粮价也开始逐步接轨，即使存在政府收购价格的干预，国内粮价也越来越趋于真实反映粮食生产的成本和市场供求关系。2007～2011 年主要粮食

---

① 根据中国人的饮食习惯，这里的主要粮食品种除大米、小麦、玉米外还加上了大豆。

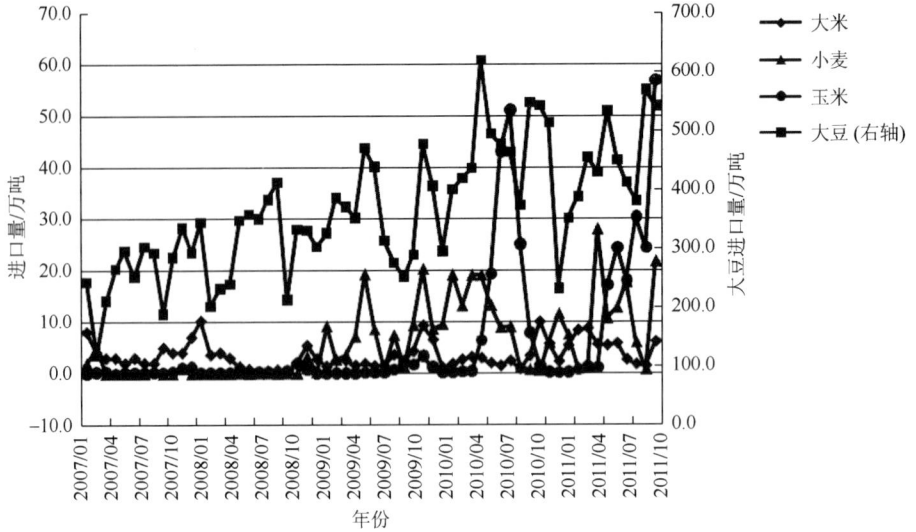

图 3.13　中国 2007～2011 年主要粮食品种月度进口数量

品种的月度价格变化显示，中国大米、小麦、玉米和大豆价格分别由 2007 年 1 月的 210.3 美元/吨、189.0 美元/吨、167.4 美元/吨和 310.9 美元/吨，增加到了 2011 年 12 月的 421.6 美元/吨、329.3 美元/吨、326.5 美元/吨和 638.1 美元/吨，分别增长了 101%、74%、95% 和 105%。同时期，国际粮价也在持续走高，国际大米价格由 223.0 美元/吨上涨到 307.0 美元/吨、小麦价格由 172.0 美元/吨上涨到 214.0 美元/吨、玉米价格由 159.0 美元/吨上涨到 230.0 美元/吨、大豆价格从 264.0 美元/吨上涨到 419.0 美元/吨，分别上涨了 38%、24%、45% 和 59%。从各粮食品种的国内外上涨幅度来看，这五年大米的国内价格每吨上涨了 211.3 美元，国际价格每吨上涨了 84.0 美元；小麦的国内价格每吨上涨了 140.4 美元，国际价格每吨上涨了 42.0 美元；玉米的国内价格每吨上涨了 159.1 美元，国际价格每吨上涨了 71.0 美元；大豆的国内价格每吨上涨了 327.2 美元，国际价格上涨了 155.0 美元（表 3.9）。中国国内主要粮食品种的价格上涨速度明显高于国际相关粮食品种的价格上涨速度。

表 3.9　中国 2007～2011 年主要粮食品种的月度价格变动　　　　单位：美元/吨

时间	大米		小麦		玉米		大豆	
	国内	国际	国内	国际	国内	国际	国内	国际
2007/01	210.3	223.0	189.0	172.0	167.4	159.0	310.9	264.0
2007/06	215.9	233.0	189.2	224.0	186.6	140.0	375.2	297.0
2007/12	235.4	298.0	215.3	325.0	199.8	179.0	570.1	444.0
2008/01	238.9	328.0	217.1	342.0	199.3	197.0	590.2	468.0

续表

时间	大米		小麦		玉米		大豆	
	国内	国际	国内	国际	国内	国际	国内	国际
2008/06	267.0	445.0	230.6	310.0	225.7	285.0	725.7	590.0
2008/12	276.6	339.0	248.7	222.0	193.7	156.0	516.7	348.0
2009/01	276.4	285.0	256.5	214.0	186.6	159.0	509.8	369.0
2009/06	290.3	272.0	264.0	203.0	219.8	143.0	518.3	374.0
2009/12	292.9	321.0	290.9	199.0	227.6	163.0	544.5	382.0
2010/01	298.5	312.0	290.6	174.0	230.3	140.0	551.9	336.0
2010/06	323.3	214.0	288.7	176.0	264.1	147.0	525.8	332.0
2010/12	360.2	315.0	309.7	300.0	270.0	243.0	570.7	509.0
2011/01	363.8	342.0	311.4	308.0	279.6	259.0	583.4	519.0
2011/06	385.9	306.0	319.2	215.0	326.0	248.0	591.6	480.0
2011/12	421.6	307.0	329.3	214.0	326.5	230.0	638.1	419.0

注：国内粮价已根据汇率进行调整

3.3.3　理论分析与模型构建

比较优势理论认为，在完全竞争的国际市场上，贸易双方不存在贸易壁垒，并且彼此作为价格的接受者，可以通过贸易实现资源的优化配置，从而提高彼此的福利水平。纵观当前的国际粮食市场，其贸易状况并不如理论分析中那样理想。当一个国家的粮食进口量或者出口量在国际粮食贸易总量中所占比例较大时，它往往会对国际价格具有举足轻重的影响力，这就是所谓的"大国效应"（李晓钟和张小蒂，2004）。Brown（1994）认为，中国未来的粮食缺口将撼动国际粮食市场，并会造成国际粮价的大幅上涨，从而引发"大国效应"。由此，也引发了国内外学者对中国粮食贸易对世界粮食市场影响的关注。姚今观等（2001）、李炳坤（2002）都认为，中国作为一个粮食进口大国，随着粮食进口规模的扩大，其必然会产生"大国效应"，国际粮价的攀升将会遏制中国的粮食进口，从而对中国利用国际市场保障粮食供应产生不利影响。范建刚（2007）认为，粮食贸易中"大国效应"的发挥将面临一系列约束条件，中国政府要充分认识这一问题的两面性，从而合理地安排中国粮食进口规模，减少中国粮食贸易中的市场风险。国务院发展研究中心副主任韩俊（2011）指出，中国的粮食进口量已占到全球粮食进口总量的1/4以上，粮食供应已进入较高程度依赖市场的阶段。

正式加入WTO后，中国利用国际市场保障粮食供应的外部环境也在发生着深刻变化。在农产品方面的入关承诺上，中国政府同意不对农产品出口进行补贴，并承诺对农民的国内支持总量限制在农业生产总值的8.5%，然而其他发展中国家国内支持总量却可达到农业生产总值的 10%。中国政府在农业方面的承诺还包括关税减让、实施关税配额制度、限制对农产品的国内支持和出口补贴，以及取消相关技术壁垒等措施。农业条款上的让步，一方面使得中国农业生产上的比较劣势更加突出；另一方面也促使中国政府加快了对相关农业政策的调整步伐，如取消农业税、特产税、牧业税，对农民进行直接补贴、良种补贴、农业生产资料综合补贴等。从 2004 年 1 月开始，中国政府践行相关承诺，将农产品平均法定关税率从 22% 下调至 15%，并同意对大米、小麦、玉米等主要农产品实施关税配额制度，并且配额数量也逐年提高。在进口配额之内，大米、小麦、玉米的关税率仅为 1%，超过配额量以外的部分，其关税率则调高到 65%。从 2005 年开始，中国农业关税已降至入关承诺的终点，由加入 WTO 前的 23.20% 下降至 15.35%，远低于世界农产品平均关税 62% 的水平，成为世界农产品关税总水平最低和农产品市场最开放的国家之一。

根据中国政府加入 WTO 的谈判承诺，从 2006 年 12 月 11 日开始，中国加入 WTO 的五年过渡期就全部结束，中国政府也积极兑现相关承诺，将部分行业对外资全面开放，这标志着中国的对外贸易进入一个崭新的阶段。对农业部门来说，完全履行 WTO 的相关规则，不但对中国粮食生产、流通和管理产生了深远影响，而且意味着中国粮食贸易环境的深刻变化。中国农业市场的竞争关系已由国内竞争转向国际和国内双重竞争，国内、国际市场的相互作用和影响也越来越大，中国与世界农业的交流与合作日益扩大，关联度也明显增强（孙东升和吕春生，2001）。加入 WTO 后，相对稳定的内外农业政策也为考察中国粮食贸易对国际粮食市场的影响提供了一个良好的分析环境。

基于以上政策的稳定性分析，本书将利用 2007 年 1 月至 2011 年 12 月这五年的月度大米、小麦、玉米和大豆进口数量、国内外价格数据构建格兰杰因果检验模型，分析在新的贸易环境下大米、小麦、玉米和大豆进口对其相关国际市场的影响情况。格兰杰因果检验模型主要验证以下八种关系：①国际大米价格与国内大米进口量间的因果关系；②国际大米价格与国内大米价格间的因果关系；③国际小麦价格与国内小麦进口量间的因果关系；④国际小麦价格与国内小麦价格间的因果关系；⑤国际玉米价格与国内玉米进口量间的因果关系；⑥国际玉米价格与国内玉米价格间的因果关系；⑦国际大豆价格与国内大豆进口量间的因果关系；⑧国际大豆价格与国内大豆价格间的因果关系。格兰杰因果检验模型如下：

$$\text{INP}_{x,t} = \sum_{i=1}^{n} \alpha_{x,i} \text{IMQ}_{x,t-i} + \sum_{j=1}^{n} \beta_{x,j} \text{INP}_{x,t-j} + \mu_{1t} \tag{3.14}$$

$$\text{IMQ}_{x,t} = \sum_{i=1}^{n} \lambda_{x,i} \text{IMQ}_{x,t-i} + \sum_{j=1}^{n} \delta_{x,j} \text{INP}_{x,t-j} + \mu_{2t} \tag{3.15}$$

$$INP_{x,t} = \sum_{i=1}^{n} \alpha_{x,i} DP_{x,t-i} + \sum_{j=1}^{n} \beta_{x,j} INP_{x,t-j} + \mu_{1t} \qquad (3.16)$$

$$DP_{x,t} = \sum_{i=1}^{n} \lambda_{x,i} DP_{x,t-i} + \sum_{j=1}^{n} \delta_{x,j} INP_{x,t-j} + \mu_{2t} \qquad (3.17)$$

其中，INP 为国际粮价；x 为被分析的粮食品种，R, W, M, B 分别代表大米、小麦、玉米和大豆；$t = 2007/01, 2007/02, \cdots, 2011/12$ 指代研究时期；IMQ 为粮食进口量；DP 为中国国内粮价；$\alpha, \beta, \lambda, \delta$ 为回归系数；μ_{1t} 和 μ_{2t} 为随机干扰项，并假定它们互补相关。

式（3.13）、式（3.14）、式（3.15）和式（3.16）的可根据估计系数分为以下四种情形。①若式（3.13）（或式（3.15））中的滞后 IMQ（或 DP）所估计的系数作为一个群体是统计上异于零的（即 $\sum \alpha_{x,i} \neq 0$），并且对式（3.15）（或式（3.16））中的滞后 INP 所估计的系数集合不是统计上异于零的（即 $\sum \lambda_{x,i} = 0$），则表明有从 IMQ（或 DP）到 INP 的单向因果关系。②反之，如果式（3.13）（或式（3.15））中的滞后 IMQ（或 DP）所估计的系数作为一个群体不是统计上异于零的（即 $\sum \alpha_{x,i} = 0$），并且对式（3.15）（或式（3.16））中的滞后 INP 所估计的系数集合是统计上异于零的（即 $\sum \lambda_{x,i} \neq 0$），则表明有从 INP 到 IMQ（或 DP）的单向因果关系。③若 INP 和 IMQ（或 DP）的系数集在两个回归中都是统计上异于零的，则表示二者有双向因果关系。④若 INP 和 IMQ（或 DP）的系数集在两个回归中都不是统计上异于零的，则表示二者之间各自独立。

3.3.4 中国粮食进口对国际市场的影响分析

本书借助 Eviews 7 计量经济软件分析以上数据。格兰杰因果检验要求被分析的时间序列变量必须满足平稳性假定，如果变量在水平的形式上不平稳，则需要通过微分的方法使其平稳。本书采用单位根检验法对相关数据进行了平稳性检验，并对不平稳的时间序列变量采用一阶微分变换使其平稳，平稳性检验结果如表 3.10 所示。

表 3.10 各变量平稳性检验结果

	大米			小麦	
INP*			INP*		
	t 统计量	Prob.		t 统计量	Prob.
ADF 检验	−8.107 7	0.000 0	ADF 检验	−9.121 8	0.000 0
IMQ			IMQ		
	t 统计量	Prob.		t 统计量	Prob.
ADF 检验	−4.441 9	0.000 7	ADF 检验	−4.050 0	0.002 3

续表

大米			小麦		
DP^*			DP^*		
	t 统计量	Prob.		t 统计量	Prob.
ADF 检验	−12.190 0	0.000 0	ADF 检验	−12.103 0	0.000 0
玉米			大豆		
INP^*			INP^*		
	t 统计量	Prob.		t 统计量	Prob.
ADF 检验	−7.475 2	0.000 0	ADF 检验	−7.719 4	0.000 0
IMQ^*			IMQ^*		
	t 统计量	Prob.		t 统计量	Prob.
ADF 检验	−4.740 3	0.000 3	ADF 检验	−6.647 9	0.000 0
DP^*			DP^*		
	t 统计量	Prob.		t 统计量	Prob.
ADF 检验	−10.980 9	0.000 0	ADF 检验	−10.675 8	0.000 0

* 表示该变量经过一阶微分后实现序列平稳

经过平稳性检验，各变量已经满足了格兰杰检验的要求，因此将各变量纳入式（3.13）、式（3.14）、式（3.15）和式（3.16）进行检验，并根据 AIC 和 SC 准则确定各变量的最优滞后阶，检验结果如表 3.11 所示。

表 3.11　主要粮食品种格兰杰因果检验结果

	零假设	滞后阶	F 统计量	Prob.
大米	国内大米进口量变动不是国际大米价格变动的原因	7	3.139 7	0.010 5
	国际大米价格变动不是国内大米进口量变动的原因		0.175 3	0.988 8
	国内大米价格变动不是国际大米价格变动的原因	13	0.201 6	0.997 5
	国际大米价格变动不是国内大米价格变动的原因		3.356 6	0.008 4
小麦	国内小麦进口量变动不是国际小麦价格变动的原因	19	986.337 0	0.025 1
	国际小麦价格变动不是国内小麦进口量变动的原因		8.877 0	0.259 2
	国内小麦价格变动不是国际小麦价格变动的原因	15	0.564 4	0.855 8
	国际小麦价格变动不是国内小麦价格变动的原因		0.344 7	0.974 2
玉米	国内玉米进口量变动不是国际玉米价格变动的原因	2	2.543 2	0.008 8
	国际玉米价格变动不是国内玉米进口量变动的原因		1.897 2	0.160 2
	国内玉米价格变动不是国际玉米价格变动的原因	18	2.470 6	0.197 3
	国际玉米价格变动不是国内玉米价格变动的原因		10.992 8	0.015 9
大豆	国内大豆进口量变动不是国际大豆价格变动的原因	5	1.304 4	0.280 0
	国际大豆价格变动不是国内大豆进口量变动的原因		0.613 4	0.690 1
	国内大豆价格变动不是国际大豆价格变动的原因	2	1.641 9	0.203 5
	国际大豆价格变动不是国内大豆价格变动的原因		3.791 6	0.029 0

　　从表 3.11 可以看出，在加入 WTO 后的农业贸易环境中，中国国内的大米、小麦、玉米和大豆进口均对国际粮食市场产生了重要影响。

　　对大米贸易的格兰杰因果检验显示，国内大米进口量与国际大米价格之间存在单向因果关系，国内大米进口量的变动造成了国际大米价格的变动，但是国际大米价格的变动并不是国内大米进口数量变动的原因。国内大米价格与国际大米价格之间也存在着单向因果关系，国内大米价格的变动并不是国际大米价格变动的原因，但是国际大米价格的变动却引起了国内大米价格的变动。这种检验结果说明，国内大米进口所产生的需求效应已经可以影响国际大米价格的变动，并且国际大米价格的变动也对国内大米价格的变动具有较强的传递效应。

　　对小麦贸易的格兰杰因果检验显示，国内小麦进口量与国际小麦价格之间也存在着单向因果关系，国内小麦进口量的变动造成了国际小麦价格的变动，但是国际小麦价格的变动并不是国内小麦进口数量变动的原因。国内小麦价格与国际小麦价格之间却不存在格兰杰因果关系，即国内小麦价格的变动既不是国际小麦价格变动的原因，国际小麦价格的变动也不是国内小麦价格变动的原因。这种检验结果说明，国内小麦进口所产生的需求效应对国际小麦价格的变动产生了明显的影响，但是在价格方面二者并没有明显的相互作用效应。作为重要的小麦进口国，国际小麦价格与国内小麦价格之间的相对封闭，也反映了中国政府对国内小麦市场具有较强的调控能力。

　　对玉米贸易的格兰杰因果检验显示，国内玉米进口量与国际玉米价格之间也存在着单向因果关系，国内玉米进口量的变动造成了国际玉米价格的变动，但是国际玉米价格的变动并不是国内玉米进口数量变动的原因。国内玉米价格与国际玉米价格之间也存在着单向因果关系，国内玉米价格的变动并不是国际大米价格变动的原因，但是国际玉米价格的变动却引起了国内玉米价格的变动。这种检验结果说明，国内的玉米进口所产生的需求效应同样对国际玉米价格的变动产生了重要影响，并且国际玉米价格的变动也对国内玉米价格的变动具有较强的传递效应，这也反映了国内外玉米市场具有紧密的联系。

　　对大豆贸易的格兰杰因果检验显示，国内大豆进口量与国际大豆价格之间并不存在因果关系，国内大豆进口量的变动既没有造成国际大豆价格的变动，国际大豆价格的变动也没有造成国内大豆进口数量变动。国内大豆价格与国际大豆价格之间存在着单向因果关系，国内大豆价格的变动并不是国际大豆价格变动的原因，但是国际大豆价格的变动却引起了国内大豆价格的变动。这种检验结果表明，国内的大豆进口并没有对国际大豆市场产生强烈的需求效应，但是国际大豆价格的变动对国内大豆价格的变动具有较强的传递效应。

　　综述分析可以看出，国内的大米、小麦、玉米进口数量的变动均对国际粮食市场的价格变动产生了显著影响，即国内大米、小麦和玉米对国际粮食市场具有较强的需求价格弹性；而国内大豆进口数量的变动并没有对国际大豆价格产生显著影响，即国内大豆进口对国际大豆市场具有较小的需求价格弹性。从国内外价格互动关系上看，大米、玉米、大豆国际价格的变动均对国内大豆价格的变动产生了显著影响，即国内外大米、玉米和大豆市场在价格变动上具有较强的传递效应；而小麦的国际价格变动对国内小麦价格变动并没有显著影响，即国内小麦价格还处于相对封闭的状态，国内外小麦市场在价格上的敏感性则相对弱于大米、玉米和大豆市场。

自从中国加入 WTO 以来，中国粮食贸易量已经从 2002 年的净出口 14.4 万吨增加为 2011 年的净进口 6102.5 万吨，国内粮食供应对国际粮食市场的依赖正逐步增强。从粮食品种上看，大米贸易由 2002 年的净出口 174.6 万吨转变为 2011 年的净进口 8.2 万吨；小麦贸易由 2002 年的净出口 34.5 万吨转变为 2011 年的净进口 93.1 万吨；玉米贸易由 2002 年的净出口 1166.7 万吨转变为 2011 年的净进口 161.8 万吨；大豆贸易由 2002 年的净进口 1103.8 万吨激增到 2011 年的净进口 5242.9 万吨。格兰杰因果检验显示，中国作为主粮的大米、小麦和玉米对国际粮食市场均有较强的需求价格弹性，并且大米、玉米和大豆的国内价格对国际价格具有较高的敏感性，伴随着中国大米、小麦、玉米和大豆净进口规模的扩大，中国利用国际粮食市场保障国内粮食供应所面临的风险也越来越大，中国粮食安全在利用国际市场保障国内粮食供应方面所面临的"Brown 论断"可能性也逐渐突显。

3.4　保障中国粮食供应的海外耕地投资决策

3.4.1　海外耕地投资的发展规模与中国企业的涉入

随着全球粮食安全形势的恶化和人口数量的持续增长，提供充足的粮食数量成为解决人类可持续发展的重要议题。然而，囿于自然、社会及其发展规律的限制，全球耕地数量的分布状况与人口密度和农业技术水平的分布之间并不匹配。一些国家拥有较高的农业劳动力和技术水平，却没有足够的耕地用以生产粮食，如日本、韩国；一些国家拥有充足的耕地数量，却没有足够的劳动力或农业生产技术，从而导致耕地利用率不高，如撒哈拉以南非洲各国、前苏联各国等。从理论上讲，一方拥有先进的农业生产技术、充足的资金，但是缺少足够的耕地和充足的农业劳动力，而另一方具有大量的闲置耕地资源和劳动力，却缺乏农业生产技术和投资，这种极强的资源互补性注定要在全球化浪潮中统一起来。

　　在全球粮食供需偏紧的环境中，伴随着经济全球化的深入推进和全球粮食市场供应风险的提升，一些粮食紧缺国开始寻求一种通过海外耕地投资保障国家粮食供应能力的途径，一些农业落后的耕地充裕国也开始寻求一种以耕地资源吸引外部资金发展农业的路径，双方终于在实践中联合起来。特别是在 2008 年以后，在全球粮价高涨和金融危机的双重影响下，海外耕地投资的项目规模开始进入爆发式增长阶段。在此之前，全球海外耕地投资的面积大约为每年 400 万公顷，但是 2008～2009 年的海外耕地投资面积就急剧增长到了 4500 万公顷；单个项目的投资规模也急剧扩张，2008 年以前单个项目投资面积平均约为 4 万公顷，而 2008～2009 年大约有 1/4 的单个项目面积超过 20 万公顷（World Bank，2010a）。联合国粮农组织的研究显示，全球后备耕地资源分布极不均衡，当前全球 90% 的后备耕地资源分布在拉丁美洲地区和撒哈拉以南非洲地区，所以以上地区也成为全球海外耕地投资的主要发生区域（Food and Agriculture Organization，2013）。据 The Economist（2011）报道，2001～2011 年全球海外耕地投资总面积约有 8000 万公顷，其中 60% 分布在撒哈拉以南非洲地区。全球粮食安全委员会高级专家组也认为，在全球的发展中地区，被国际投资者直接参与的海外耕地投资项目总面积大约在 5000 万～8000 万公顷。由于海外耕地投资活动的敏感性，投资者和被投资国政府均不愿披露相关投资信息，从而导致难以对全球海外耕地投资总面积进行准确的统计。但是，还有部分研究人员和机构利用媒体新闻报道的材料，对海外耕地投资总体规模进行了估计，具体如表 3.12 所示。

表 3.12　全球海外耕地投资面积估计[①]

发生范围	面积/万公顷	时间	来源	方法
埃塞俄比亚、加纳、马达加斯加、马里和苏丹	250	2004～2009 年	Cotula，2009	实地调研法
81 个国家	4660	2004～2009 年	Deininger，2011	据媒体报道计算
哈萨克斯坦、乌克兰和俄罗斯	大于 350	2006～2011 年	Visser，2011	据网络报道统计
不发达国家	1500～2000	2006～2009 年	IFPRI，2009	据媒体报道统计
埃塞俄比亚	360	2008～2011 年	Horne，2011	据政府文件计算
巴西	430	截至 2008 年	Wilkinson，2010	实地调研法
马里、老挝和柬埔寨	大约 150	截至 2009 年	Gorgen，2009	实地调研法
非洲 27 个国家	5100～6300	截至 2010 年 4 月	Friis，2010	据媒体报道统计

---

① 数据是笔者综合粮食安全委员会高级专家组报告 Land Tenure and International Investment in Agricultural 和 GRAIN 网站发布的资料 GRAIN releases data set with over 400 global land grabs 整理所得。资料来源：http://www.fao.org/fileadmin/user_upload/hlpe/hlpe_documents/HLPE-Land-tenure-and-international-investments-in-agriculture-2011.pdf.

续表

发生范围	面积/万公顷	时间	来源	方法
马里	54.5	截至 2010 年	Baxtor，2011	据政府文件计算
全球	1500～2000	2000～2009 年	von Braun，2009	据媒体报道统计
全球	3481	截至 2011 年	Genetic Resources Action International，2012	据媒体报道计算
全球	大于 8000	2000～2011 年	ILC，2011	据媒体报道统计

从目前各国的粮食供应保障手段上看，日本、韩国、沙特、印度等粮食紧缺国主要以三种方式保障国内粮食供应：①加大国内农业投资，提高国内粮食产量；②利用国际粮食市场，保证粮食数量的可得性；③推进本国企业进行海外耕地投资，掌握粮食供应主动权。从粮食获取的事物链上看，第一种方式和第三种方式均是从生产环节保障粮食获取能力，均属于从上游对保障粮食供应的能力进行强化，而第二种方式则强调通过贸易方式获取粮食，属于中游的粮食获取方式，也是一种受控型粮食供应保障方式。中国目前主要采用第一种和第二种方式保障中国的粮食供应能力，而以海外耕地投资方式保障粮食供应能力的做法尚未引起中国政府的重视。作为一个深受农业资源约束的全球第一人口大国，在全球粮食安全风险日益扩大、贸易方式获取粮食可靠性降低风险日益增强和全球海外耕地投资趋势日益加强的背景下，海外耕地投资这一保障国家粮食供应的方式并未进入中国政府的视野。

但是，在全球化的浪潮中，中国部分企业已经自发地加入全球海外耕地投资的潮流中，并且已经在非洲、南美洲、东南亚等地区获取了一定数量的耕地进行农业生产。从历史上看，早在 20 世纪 80 年代末，中国就有企业在澳大利亚投资农业，进行粮食生产和畜牧养殖；1996 年，新疆生产建设兵团下属的新天国际经济技术合作（集团）有限公司在古巴和墨西哥建立种植园，进行农业生产和农产品加工。进入 21 世纪后，随着中共中央将"走出去"战略提升到"关系中国发展全局和前途的重大战略之举"，特别是农业"走出去"战略的提出和加入WTO 后，中国企业也加速了海外耕地投资步伐。2004 年，重庆市政府与老挝签订了"中国重庆（老挝）农业综合园区项目"合作协议，农业园区规划面积 5000公顷，包括种植业、水产业、食品加工业等项目。2006 年，湖北省农垦局下属的湖北省联丰海外农业开发有限公司在莫桑比克投资兴建示范农场，进行水稻、玉米等粮食作物的种植，总投资金额接近 1000 万美元。2007 年，陕西农垦局下属的农垦农工商总公司与喀麦隆政府签署协议，在该国租用土地 1 万公顷进行水稻、木薯的生产和加工，使用期限为 90 年，总投资金额 6000 万美元。2011 年，湖北省万宝粮油公司在莫桑比克租用 333 公顷土地进行粮食种植，使用期限为 50 年，总投资金额超过 1000 万美元，并且该公司计划在 2013 年将租地面积扩大为 6700 公顷。

国际非政府组织 GRAIN 和 ILC 的 landmatrix 数据库的统计数据显示，目前中国企业在全球已实施的海外耕地投资项目一共有 68 个，涉及总面积约 288 万公顷。但是，中国企业的海外耕地投资活动并没有得到中国政府的有力支持，这种投资更多的是一种企业个体行为。发展至今，中国企业的海外耕地投资既没有形成规模也没有形成体系，并且与韩国、日本等国的海外耕地投资规模相距甚远。在政府支持方面，韩国、日本、沙特、德国等国的政府已制定相关政策从国家层面统筹企业的海外耕地投资活动，而中国政府却并没有统一的布局和谋划，甚至官方还多次否认中国《国家粮食安全中长期规划纲要（2008-2020 年）》中提到的农业"走出去"战略有支持中国企业海外耕地投资的内容。

3.4.2　中国海外耕地投资的 SWOT 分析

SWOT 分析法又称为态势分析法，最早由美国旧金山大学商学院的教授韦里克于 20 世纪 80 年代提出，经过多年的发展和完善，目前已成为相关研究对象在战略选择中所广泛采用的定性分析方法。该方法的思想是将与研究对象密切相关的各种内部的优势（strengthes）、劣势（weakenesses），以及外部的机会（opportunities）、威胁（threats）通过调查尽可能地列举出来，并依照矩阵形式进行排列，然后用系统分析的思想，把各种因素相互匹配起来加以分析，从中得出一系列相应的结论，进而实现相应发展战略、计划及对策的制定。SWOT 分析法的优点是有利于对研究对象所处环境进行全面、系统、准确地研究，尤其有利于研究对象进行战略决策，其分析矩阵如图 3.14 所示。

在全球粮价持续高位徘徊、各国纷纷加强粮食出口管制的背景下，一些粮食进口国政府纷纷出台相关措施支持本国企业进行海外耕地投资，甚至将海外耕地投资作为其保障粮食获取能力的一种重要方式。中国作为全球最大的发展中国家，虽然改革开放以来粮食生产成就突出，但是对国际粮食市场的依赖也在增强。面对中国日益严重的农业资源约束现状和粮食安全形势，海外耕地投资能否成为中国保障粮食获取能力的一种方式亟待分析。因此，本节将利用 SWOT 模型对中国进行海外耕地投资的环境进行分析，从而为中国政府制订相关计划提供借鉴。

中国参与海外耕地投资的优势可分为以下六个方面。①外汇储备规模庞大，资金实力雄厚。1994 年，中国实行以市场供求为基础的、单一的、有管理的浮动汇率制以来，中国外汇储备规模开始进入绝对数量快速增长阶段；2002 年中国加入 WTO 后，外汇储备更是进入膨胀式增长阶段，并于 2007 年成为全球第一外汇

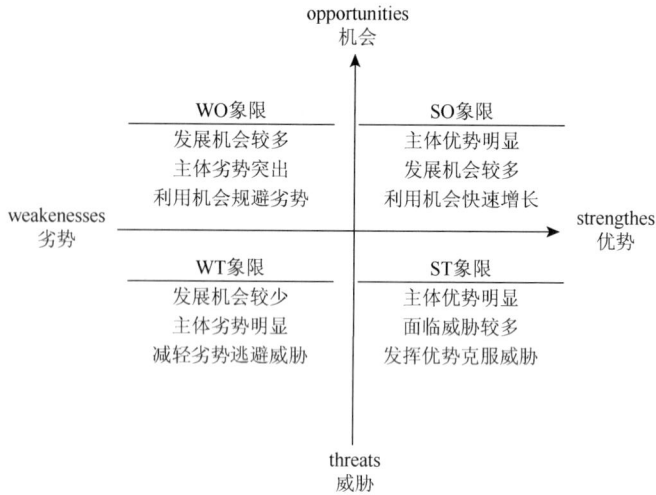

图 3.14　SWOT 模型矩阵分析

储备国。改革开放以来，随着中国经济的飞速发展，外汇储备规模也日趋庞大。《中国统计年鉴》统计数据显示，1990～2011 年中国外汇储备由 110.93 亿美元增加到 31811.48 亿美元，增加了 286 倍，年均增长约 4000 亿美元。②对外农业投资快速发展，投资动力强劲。《2011 年度中国对外直接投资统计公报》统计数据显示，加入 WTO 以来，中国对外农业投资发展迅猛，投资速度明显加快。2003～2011 年中国农林牧渔对外直接投资资金存量由 3.32 亿美元增长到 34.17 亿美元，八年增长了近 10 倍，年均增长率达到 33.8%；同期，对外直接投资资金流量也迅速增长，由 0.18 亿美元增长到 7.98 亿美元，八年增长了近 9 倍，年均增长率达到 33.1%。③农业技术水平快速提升，比较优势明显。改革开放以来，中国农业科技发展飞速，粮食单产由 1979 年的 2784.74 千克/公顷增长到 5165.89 千克/公顷，甚至 2011 年袁隆平院士的杂交水稻的产量达到 13 899 千克/公顷。此外，中国在作物栽培管理、灌溉技术、病虫害防治、农业机械制造等方面均取得了长足进步。④农业试验中心广泛分布，种植情报资料详实。从 20 世纪 50 年代开始，中国开始重视对外农业合作。目前，中国已与全球 140 多个国家和地区建立了农业科技交流和经济合作关系，并同 50 多个国家和地区建立了近 60 个双边农业合作工作组（程国强，2013）。特别是中国在亚非拉地区设置的 200 多个农技试验推广站，为中国研究当地农作物种植特点、生长规律、病虫害等情况，以及收集农作物种植资料提供了详实的情报资料。⑤实施农业"走出去"战略，基础政策平台具备。21 世纪初，中国政府就将"走出去"战略提升为"关系中国发展全局和前途的重大战略之举"，2007 年的中央 1 号文件又特别提出"加快实施农业'走出去'战略"；《国家粮食安全中长期规划纲要（2008-2020 年）》进一步提出要"提高统筹利用国际国内两个市场、两种资源能力";2010年国务院还批准成立了由27个部门组成的部际联席会议制度;中国进出口银行、国家开发银行分别与农业部签署相关协议,支持中国农业"走出去"。⑥政治势力增强,外交基础更加牢固。随着中国经济的发展,中国在全球治理中的影响力逐渐增强,并且中国从历史上就与亚非拉等国具有良好的外交关系,而这些国家也是当前海外耕地投资的重点区域。良好的双边关系一方面可以弥补被投资国制度环境的不足,另一方面还可以对海外耕地投资这一敏感领域起到保驾护航的作用。

中国海外耕地投资的劣势可分为以下五个方面。①企业自发性突出,缺乏宏观政策指引。在中国政府官员不断否认进行海外耕地投资的政策背景下,当前中国企业的海外耕地投资多是一种自发行为,政府既没有建立响应的协调机构,也没有相应的政策支持。企业不但在投资行动中各自为战,而且完成投资以后的相关产品在运回国内的过程中缺乏相应的外交、海关、贸易政策支持。②缺乏专门政策支持,企业发展困难。海外耕地投资作为一种跨国投资行为,企业的发展和壮大离不开母国的政策支持。由于海外耕地投资没有引起中国政府的重视,投资企业难以取得财政方面的专项补贴;金融部门也没有相应的金融工具支持企业融资,企业融资规模受到很大限制;保险政策的缺失还导致企业难以有效规避海外耕地投资中的不确定风险;缺乏对返销产品进口环节的相关税收优惠政策,也降低了企业的投资动力。③没有信息共享平台,企业难以形成合力。中国目前既没有建立针对海外耕地投资的统一协调机构,也没有建立相应的情报搜集、分析和共享机制。企业在海外耕地投资过程中,基本依靠自身的力量去寻找投资机会、分析投资区域、研究投资可行性,与日本、韩国等竞争者相比明显处于不利位置。④国际化复合人才缺失,制约企业发展壮大。海外耕地投资作为一种企业跨国行为,离不开善于企业跨国经营管理的复合型人才的加入。由于中国海外耕地投资企业走上国际时间相对较短,大多企业缺乏通晓外语,以及了解当地文化、法律、土地产权制度的经营管理人才,从而导致企业难以对投资目标区域进行深入的系统分析,在投资行动中面临较高的失败风险。⑤行业自律性较差,协调能力不足。由于缺乏顶层的协调组织,中国企业在海外耕地投资过程中难以发挥行业自律性,在项目谈判、纠纷处置、风险防范中难以形成合力,企业在项目竞争中也缺乏统一协调,特别是对一些热点项目,经常一拥而上,产生恶性竞争。更严重的是,部分企业不了解当地文化习惯,难以真正有效地履行社会责任,经常引发当地居民的争议和不满,从而进一步增加了企业的海外耕地投资阻力。

中国海外耕地投资的机会主要有以下六个方面。①海外耕地投资管理趋于规范,国际认同感加强。随着全球海外耕地投资规模的快速增长,国际组织开始给予这一行为更多的关注,联合国粮农组织的粮食安全委员会还专门成立了高级专家组分析、指导全球各国的海外耕地投资活动。非洲联盟出台的《非洲土地政策框架方针》（*Framework and Guidelines on Land Policy in Africa*），世界银行、粮农组织、联合国贸易和发展会议、全球农业发展基金四家机构发布的《负责任农业投资原则》（*Principles of Responsible Agricultural Investment*），粮食安全委员会通过的《国家粮食安全框架下土地、渔业及森林权属负责任治理自愿准则》（*Voluntary Guidelines on Responsible Governance of Tenure of Land，Fisheries and Forests in the Context of National Food Security*）均为全球海外耕地投资活动创造了较为良好的国际环境，提升了海外耕地投资活动的国际认同感。②获取增量土地资源，释放国内土地承载压力。改革开放以来，中国土地面临着数量和质量双下降的不利形势。对一个深受土地资源约束的人口大国来说，从他国获取耕地资源作为保障中国粮食供应的补充措施，一方面可以将中国耕地承载的压力部分释放出来；另一方面还有利于中国耕地进行休养生息，恢复国内耕地生产能力。③增强粮食获取能力，减缓贸易约束。随着中国粮食进口规模的扩张，中国粮食贸易对国际粮食市场的"大国效应"已开始逐渐显现，通过贸易方式保障国家粮食供应能力的风险也开始逐渐提高。在全球粮价持续走高的背景下，贸易方式下的中国粮食供应保障风险已转变为粮价高涨下的购买力风险。海外耕地投资可以从生产环节加强中国粮食保障能力，实现从贸易链源头对粮食供应进行控制，这有利于减缓高粮价对中国贸易方式的约束。④粮价走高，盈利空间较大。全球粮价近几年的持续上涨，进一步增强了对全球粮价走高的预期，伴随着粮价脆弱性和金融性的增强，在投机因素的作用下，全球粮价大幅上涨的预期也进一步提高。耕地资源特别是生产条件、区位较好的优质耕地资源，已经成为全球粮食生产企业关注的焦点。在这种环境下，中国企业到海外进行耕地投资，一方面可以提升其跨国经营管理水平，另一方面也可以提升其资源配置能力、拓展盈利空间。⑤土地价格低廉，投资潜力较大。当前海外耕地投资多发生于亚非拉等不发达国家，此类国家大多农业基础薄弱，并且政府面临着较大的农业发展任务。因此，利用耕地吸引外部投资者是此类国家政府的重要责任之一，政府也纷纷出台了相应的投资优惠政策，并将耕地以优惠的价格提供给投资者。例如，印度公司 Karuturi 与埃塞俄比亚签订的 84 年耕地投资合同中，每公顷耕地的年租金仅为 1.18 美元；津巴布韦土地的出售价格为每公顷 350～500 美元。⑥优质耕地资源相对充裕，具有先入优势。耕地的利用深受其自然、地理条件、区位、水资源等因素的影响，投资耕地资源必须考虑其位置的固定性和农业生产的便利性。当前全球海外耕地投资还处于起步阶段，虽然部分国家已经在全球布局投资优质耕地资源，但是还有大量的优质耕地资源尚未得到充分开发。中国企业应当积极参与到全球海外耕地投资中去，抢占先入优势，深化并拓展对优质耕地资源的投资、开发和利用。

中国海外耕地投资的威胁主要有以下六个方面。①耕地属性特殊，政治敏感性强。在全球粮价上涨的背景下，耕地对一些粮食自给率低、农业生产方式落后、基础实施薄弱的发展中国家来说，其不但关系着本国的粮食生产，更关系着本国农民的生计。全球也有部分研究人员认为，富裕国家的海外耕地投资会影响当地人的生活，特别是对一些政府治理较差的国家来说，这种行为还有引发农户贫困的风险。因此，将本国耕地出售、租赁给他国投资者耕种也被一些研究人员赋予了更多的政治内涵，耕地的特殊属性也使得海外耕地投资具有较高的政治敏感性。②竞争环境激烈，对手比较强大。从现有海外耕地投资情况来看，东亚和南美洲的新兴国家、海湾的石油输出国、北美和欧洲的发达国家是当前海外耕地投资企业的主要来源国（何昌垂，2013）。以上国家的企业已经抢得海外耕地投资的先机，特别是日本、韩国、沙特等的企业已经在全球布局，有战略、有步骤、有规划地抢占了全球优质耕地资源。与以上国家的企业相比，当前中国企业的海外耕地投资还处于起步阶段，无论在经营管理方面，还是在战略规划、人才储备、拓展能力方面均存在一定的差距。③投资沉淀资金较多，回收周期较长。农业基础设施落后、缺乏相关配套设施一般是海外耕地投资发生国的主要特点之一，这决定了进行海外耕地投资需要庞大的资金投入。此外，还有部分国家投资的耕地需要进行一段时间的改良才适合种植农作物，这也延长了投资的回收周期。同时，受农业生产特点的限制，又进一步延长了海外耕地投资的回收周期。因此，投资沉淀资金规模较大，回收周期过长也是中国企业海外耕地投资面临的主要威胁之一。④投资黏性较大，撤离代价较高。海外耕地投资作为一种农业投资，其投资的基础设施具有固定性的特点，一旦形成便难以移动，这导致相关投资的黏性较大。特别是对于一些政局不稳、政府治理较差的国家来说，在当前粮食供应紧张的背景下，海外耕地投资企业还面临着较大的政治动乱、民众抗议、政府更迭风险，一旦被投资国撕毁协议进行征收，相关投资将难以实现撤离。⑤舆论环境不利，面临道义指责。虽然联合国粮农组织、世界银行、国际农业发展基金等国际组织认为，海外耕地投资有利于不发达国家发展农业、改善农户生计状况，但还有部分舆论认为海外耕地投资是一种"新殖民主义"，这导致当前海外耕地投资处于一种不利的舆论环境中。特别是对中国来说，受当前"中国威胁论""布朗论断"等舆论的影响，中国企业的海外耕地投资面临着比其他国家企业更多的道义指责。⑥规则制定能力不足，易受规则约束。受国家战略设计缺少的影响，中国鲜有发表对海外耕地投资问题的看法，相关人员也没有积极参与到《负责任农业投资原则》《国家粮食安全框架下土地、渔业及森林权属负责任治理自愿准则》等国际公约的制定过程中。由于不是相关海外耕地投资规则的制定者，不但使中国在海外耕地投资中难以利用规则的内容保护本国企业的合法投资权益，而且使中国企业处于与竞争对手不同的规则环境中，这更加容易受到相关规则的约束、权益的侵犯和舆论的指责。

3.4.3　中国的海外耕地投资决策分析

目前，中国已连续三年成为大米、小麦和玉米三大粮食品种净进口国，大豆等油料作物已经多年需要依靠国际市场进口解决，利用国际粮食市场和国外资源保障中国粮食供应能力已成为中国稳定国内粮食市场供应的重要选择。在中国相对贫乏的农业资源条件约束下，随着中国经济的发展和国民膳食结构的改善，我们粮食需求的压力进一步增大，完全依靠国内农业资源保障国内粮食供需平衡已变得越来越不现实。此外，从中国粮食生产水平上看，中国的粮食单产水平在全球处于较高水平；从全球其他地区的耕地利用程度来看，大多数地区的耕地还有较高的利用潜力。因此，适度利用国外耕地资源进行粮食生产，一方面可以释放中国耕地利用压力，恢复耕地生产能力；另一方面也可以利用中国的经济发展动力带动全球粮食产量的提升，增强全球粮食供应量，保障国际市场粮价的稳定。

最近几年，美国、巴西、阿根廷等国已在利用中国加入 WTO 这一契机，积极扩大其粮食产量以满足中国日益增长的粮食需求，这说明如果能够实现不同国家间的战略衔接，就可以实现水土资源互惠互利的跨国配置，即海外耕地投资可以成为中国增强粮食安全保障能力的一种选择（韩俊，2013）。目前，在非洲、拉丁美洲、大洋洲和前苏联地区还有大量的可耕地资源可以用以粮食生产。特别是在一些发达国家，由于采用集约化的农业生产方式，农业技术水平和机械化程度较高，单位土地的粮食生产能力远远高于发展中国家（韩俊，2013）。由于具有较高的生产能力，美国、加拿大、澳大利亚、法国等国还采用休耕、轮作等方式限制耕地的利用程度，保留粮食生产潜力。此外，发达国家一般政治环境稳定、市场化程度较高、基础设施条件较好，如果可以制定出较好的战略指导中国企业进行海外耕地投资，利用他国耕地资源增强中国粮食获取能力，中国的海外耕地投资将会有广阔的发展前景。

然而，长期以来，中国政府一直坚持利用国内农业资源生产粮食以满足国内需求这一战略。究其原因，主要有以下五个方面。①中国人口众多，如果粮食问题受他国控制，无论粮食安全，还是政治安全、经济安全都将面临极大风险。②虽然最近几年中国经济实力逐渐提升，但是受人口多、底子薄的限制，外汇储备也极为有限，随着全球粮价的高位徘徊，在粮食进口方面花费大量外汇，既不可取，也不可能。③在中国粮食生产能力日益不能满足国内粮食需求的背景下，加强对国内农业资源的利用、提高粮食生产能力确实是中国经济社会发展中的重大问题。④加入 WTO 后，中国在国际市场的粮食净进口规模扩大趋势十分明显，并对国际粮食市场产生了较高的需求价格弹性,一旦中国增加粮食数量,必将引起国际粮价的巨大波动。⑤随着全球粮价的高位徘徊,部分粮食出口大国提出了成立粮食石油输出国组织(Organization of Petroleum Exporting Countries,OPEC)的倡议,并在新一轮粮食危机中纷纷采用禁运措施干涉粮食出口,这也大大增加了粮食进口国的粮食不安全风险(韩俊,2013)。

海外耕地投资通过对他国耕地资源的利用,将"耕地开发"和"粮食进口"统一起来,一方面这种开发进口的模式从生产的源头实现了对粮食的控制;另一方面它也大大降低了在粮价高位徘徊下,粮食进口国在国际贸易中粮食获取上所面临的价格及禁运风险。改革开放以来,随着中国经济的发展和对外开放水平的进一步提高,中国所面临的国际环境也发生了重大变化。①中国出口规模逐年扩大,外汇获取能力显著提高,2011年年底中国外汇储备已达到3.18万亿美元,依靠粮食出口换取外汇的时期已经过去。②随着中国政治大国地位的凸显和国际影响力的提升,对中国实施粮食禁运的风险也有所提高,一般国家在正常情况下不大可能采用此种手段。③在全球粮食持续增产和后备耕地资源充裕的背景下,中国国际贸易中粮食获取所面临的主要风险,已经由国际上是否有充足的粮食可购买转化为是否可以以适当的价格购买到足够的粮食。④随着中国粮食购买力和投资能力的提升,一方面中国已具有与国外主要粮食出口国建立稳定贸易关系的能力,另一方面也具备了在构建国际粮食贸易新秩序中有所作为的基础。⑤利用他国耕地资源增强中国从外部获取粮食的能力,对于中国优化农业结构、丰富农产品种类和数量、缓解耕地资源承载压力均具有重要意义(韩俊,2013)。

综上所述,在当前的国内外环境中,中国已经具备了主动利用国外农业资源和粮食市场调剂国内粮食余缺的能力。在国际耕地资源充裕和海外耕地投资快速发展的背景下,适度降低中国的粮食自给水平,有战略地将国内口粮以外的粮食需求外部化,并将海外耕地投资纳入中国农业"走出去"和全球农业战略的顶层设计中,不仅是中国建立持续、稳定、安全的全球粮食获取网络的需要,也是中国参与全球政治力量格局大调整和建立新型全球治理结构的需要。

4 海外耕地投资潜力评价与地域选择

随着全球粮食市场与生物能源市场和金融市场的紧密结合，全球的粮食需求量被注入了一股新的动力，而全球气候变化、水资源短缺和水土资源分布不均衡则为保障全球粮食供给增添了更多的不确定性（Conforti，2011）。联合国粮农组织（2012）认为，在全球人口继续增长的背景下，特别是发展中国家人口的快速增长将会给全球粮食安全带来新的挑战，今后一段时间人类的粮食安全状况不容乐观，而解决该问题的关键是开垦后备耕地资源、扩大全球粮食作物种植面积和提高粮食单位面积产量。在全球有限的后备耕地资源中，大约有50%集中在巴西、民主刚果、安哥拉、苏丹、阿根廷、哥伦比亚、玻利维亚七个国家，90%集中于撒哈拉以南非洲地区和拉丁美洲地区[①]。世界银行农业专家 Deininger（2011）、Arezki 等（2012）对全球可耕种土地面积的估算显示，在全球15亿公顷没有开垦的土地中，有4.45亿公顷适合开垦耕种，其中2亿公顷在撒哈拉以南非洲地区，1.23亿公顷在拉丁美洲地区，0.52亿公顷在东欧地区。

面对全球供求趋紧的粮食市场、高位波动的粮价和数量有限的后备耕地资源，一些有实力的粮食紧缺国，如海湾国家、日本、韩国等已积极走上利用或开发他国耕地资源保障自身粮食安全的道路。中国政府也一直强调要统筹利用"两种资源和两个市场"来保障中国粮食安全，面对逐年扩大的粮食净进口规模，中国已有部分企业自发地参与到海外耕地投资活动中。但是，受发展阶段的限制，中国投资企业对全球的耕地分布状况，以及他国的海外耕地投资潜力并不十分明了。因此，本章将在世界银行对全球耕地资源分布研究的基础上，结合当前海外耕地被投资国的分布特点和海外耕地投资的发生特征，对全球重要的三大耕地充裕地区的海外耕地投资潜力进行评价，从而为中国企业根据自身优势、有的放矢地选择海外耕地投资目标区域提供参考。

中国企业在选择海外耕地投资目标区域时，应以被投资国的海外耕地投资潜力为主要决策参考，但同时也要考虑被投资国的土地法律、制度，如被投资国的法律是否允许外国投资者拥有本国土地权利；政府对外国企业或个人当地进行耕地投资的管制情况，如被投资国的政府是否限制国内的海外耕地投资活动；被投资国是否具有特别适合进行海外耕地投资的特殊优势，如出台吸引外国投资者进行耕地投资的优惠政策；被投资国同中国是否有正式的农业合作关系，如被投资

[①] 数据来源：联合国粮农组织统计年鉴2013。

国同中国签署农业投资、合作协议，建立规范的投资保护机制等。

4.1 海外耕地投资潜力评价的模型构建

4.1.1 研究对象的选择

联合国粮农组织和世界银行的初步研究已经表明，全球的后备耕地资源主要分布在撒哈拉以南非洲、拉丁美洲和东欧地区。另外，全球部分发达国家，如美国、加拿大、澳大利亚、法国等不但人均耕地面积较大，而且有大量的休耕地。因此，本书在对全球其他国家耕地利用水平分析的基础上，结合当前各国海外耕地投资项目的发生情况，从撒哈拉以南非洲地区主要国家、拉丁美洲地区主要国家、前苏联地区诸国和耕地充裕发达国家四个方面对以上地区的海外耕地投资潜力进行评价。

1. 撒哈拉以南非洲地区主要国家

撒哈拉以南非洲地区共有国家 49 个，本章选择进行评价的国家共有 31 个，占该地区国家总数的 63%（表 4.1）。选择以上国家进行评价主要基于两方面的考虑：一是以上国家人均耕地面积较大；二是以上国家均有海外耕地投资项目。本章拟研究的 31 个撒哈拉以南非洲国家共有耕地面积 2.07 亿公顷，占该地区耕地面积总数的 90% 以上，各国人均耕地面积均在 0.1 公顷以上。其中，处于联合国粮农组织统计年鉴人均耕地面积第一等的国家有尼日尔、马里、苏丹等 12 个国家；处于第二等的国家有坦桑尼亚、乌干达、冈比亚等 10 个国家；处于第三等的国家有马达加斯加、埃塞俄比亚、斯威士兰等 8 个国家；处于第四等的国家只有毛里求斯。同时，以上国家也成为当前各国投资企业青睐的海外耕地投资目标国，这31 个国家已有海外耕地投资项目 201 个，涉及耕地面积共计 1087.8 万公顷。此外，选择以上国家也有风险规避方面的考虑。众所周知，撒哈拉以南非洲地区国家众多，经济发展相对落后，并且各国的土地制度、土地市场、国家法律存在较多差异。因此，本章在对该地区研究对象的选择上，尽量选择已经有海外耕地投资项目发生的国家，就是为了避免国家法律、政府管制等宏观风险对评价结果的冲击。

表 4.1 撒哈拉以南非洲地区主要国家的人均耕地面积情况

序号	国家	人均耕地面积/公顷	序号	国家	人均耕地面积/公顷
1	尼日尔	0.93	4	喀麦隆	0.38
2	马里	0.44	5	科特迪瓦	0.36
3	苏丹	0.43	6	纳米比亚	0.35

续表

序号	国家	人均耕地面积/公顷	序号	国家	人均耕地面积/公顷
7	几内亚	0.35	20	莫桑比克	0.23
8	津巴布韦	0.33	21	安哥拉	0.22
9	加蓬	0.32	22	塞拉利昂	0.21
10	贝宁	0.32	23	马达加斯加	0.19
11	塞内加尔	0.31	24	埃塞俄比亚	0.19
12	加纳	0.30	25	斯威士兰	0.16
13	坦桑尼亚	0.29	26	利比里亚	0.15
14	乌干达	0.26	27	肯尼亚	0.15
15	冈比亚	0.26	28	刚果布	0.14
16	赞比亚	0.25	29	毛里塔尼亚	0.13
17	南非	0.25	30	民主刚果	0.11
18	马拉维	0.24	31	毛里求斯	0.06
19	尼日利亚	0.24	—	—	—

2. 拉丁美洲地区主要国家

受拉丁美洲地区小国、岛国众多、人口密度较大等客观条件的限制，本章在该地区 33 个国家中选择了 13 个国家进行评价，这 13 个国家共有耕地面积 1.73 亿公顷，占该地区耕地面积总量的 44%（表 4.2）。选择以上国家主要基于三个方面的考虑：一是以上各国人均耕地面积较大；二是以上各国的耕地总面积也较大；三是尽量选择已有海外耕地投资项目的国家。从人均耕地面积上看，在这 13 个国家中，有近一半的国家处于联合国粮农组织统计年鉴确定的人均耕地面积第一等，阿根廷、巴拉圭、圭亚那、乌拉圭四个国家的人均耕地面积还超过了 0.5 公顷；墨西哥处于联合国粮农组织统计年鉴人均耕地面积第二等；厄瓜多尔、秘鲁、委内瑞拉和智利四个国家处于联合国粮农组织统计年鉴人均耕地面积第三等；哥伦比亚和牙买加处于联合国粮农组织统计年鉴人均耕地面积第四等。从耕地面积总量上看，这 13 个国家的耕地面积总量均在 20 万公顷以上，特别是阿根廷、巴西和墨西哥三个国家的耕地面积总量均超过 2800 万公顷。除委内瑞拉外，其余 12 个国家均有海外耕地投资项目，特别是巴西和阿根廷，它们是该地区重要的海外耕地投资目标国，巴西现有海外耕地投资项目 23 个，阿根廷有 15 个。

表 4.2　拉丁美洲地区主要国家的人均耕地面积情况

序号	国家	人均耕地面积/公顷	序号	国家	人均耕地面积/公顷
1	阿根廷	0.96	3	圭亚那	0.59
2	巴拉圭	0.61	4	乌拉圭	0.55

序号	国家	人均耕地面积/公顷	序号	国家	人均耕地面积/公顷
5	玻利维亚	0.40	10	委内瑞拉	0.11
6	巴西	0.40	11	智利	0.10
7	墨西哥	0.25	12	哥伦比亚	0.09
8	厄瓜多尔	0.17	13	牙买加	0.08
9	秘鲁	0.15	—	—	—

3. 前苏联地区诸国

目前，前苏联地区人口约占全球人口总量的4.1%，但却拥有全球13%的耕地资源，人均耕地面积更是高达0.72公顷，被联合国粮农组织认定为全球后备耕地资源最充裕的地区之一（表4.3）。以联合国粮农组织统计年鉴划分的人均耕地面积分等标准，在该地区13个国家中，有9个国家的人均耕地面积处于第一等，如哈萨克斯坦、俄罗斯、乌克兰等；吉尔吉斯斯坦和阿塞拜疆2个国家的人均耕地面积处于第二等；即使人均耕地面积最少的乌兹别克斯坦、亚美尼亚、塔吉克斯坦和格鲁吉亚4个国家也处于第三等。此外，全世界三大黑土地之一也位于该地区，尤其是位于东欧的乌克兰、白俄罗斯、立陶宛等9个国家，农业生产条件较好、土壤肥沃，非常适宜进行农业种植。

表4.3 前苏联地区诸国的人均耕地面积情况

序号	国家	人均耕地面积/公顷	序号	国家	人均耕地面积/公顷
1	哈萨克斯坦	1.49	9	土库曼斯坦	0.38
2	俄罗斯	0.86	10	吉尔吉斯斯坦	0.25
3	乌克兰	0.74	11	阿塞拜疆	0.23
4	立陶宛	0.67	12	乌兹别克斯坦	0.17
5	摩尔多瓦	0.59	13	亚美尼亚	0.16
6	白俄罗斯	0.59	14	塔吉克斯坦	0.14
7	拉脱维亚	0.52	15	格鲁吉亚	0.12
8	爱沙尼亚	0.48	—	—	—

4. 耕地充裕发达国家

目前，随着全球海外耕地投资的发展和国际上对海外耕地投资管理的日趋规范，一些发达国家也成为耕地投资企业的重要目标国，如澳大利亚的海外耕地投资面积已超过480万公顷。在北美洲、大洋洲和欧洲等地区的部分发达国家，不但拥有较高的人均耕地面积，而且拥有大量的休耕地，如美国每年大约有1500万公顷以上的休耕地面积，加拿大也有超过200万公顷以上的休耕地，这也被联合国粮农组织视为未来全球粮食增产的希望所在。因此，本章梳理了 12 个耕地充裕的发达国家进行评价（表 4.4）。这些国家的共同特点是：①经济发展水平较高，社会管理规范，各国的人类发展指数均在 0.8 以上；②人均耕地面积水平较高，如塞浦路斯、澳大利亚、加拿大 3 个国家的人均耕地面积超过了 1 公顷，其余 9 个国家的人均耕地面积均超过了 0.3 公顷，处于联合国粮农组织统计年鉴确立的人均耕地面积第一等。

表 4.4　耕地充裕发达国家的人均耕地面积情况

序号	国家	人均耕地面积/公顷	序号	国家	人均耕地面积/公顷
1	塞浦路斯	2.90	7	丹麦	0.45
2	澳大利亚	2.13	8	芬兰	0.42
3	加拿大	1.39	9	西班牙	0.37
4	捷克	0.69	10	希腊	0.32
5	美国	0.52	11	法国	0.31
6	匈牙利	0.46	12	波兰	0.30

4.1.2　海外耕地投资潜力评价体系

本章通过构建四层次的指标体系对各国的海外耕地投资潜力进行评价。海外耕地投资潜力（A）为评价的目标，其包含了资源条件（A_1）、生产基础（A_2）、宏观环境（A_3）、投资状况（A_4）四个次目标，每个次目标又包含了若干个子目标，子目标则用若干个指标进行衡量（图 4.1）。资源条件（A_1）由两个子目标构成，分别是耕地数量因素（A_{11}）和耕地质量因素（A_{12}）；生产基础（A_2）由四个子目标构成，分别是灾害条件（A_{21}）、物质投入条件（A_{22}）、粮食单产（A_{23}）、保障条件（A_{24}）；宏观环境（A_3）由三个子目标构成，分别是社会环境（A_{31}）、治理环境（A_{32}）、商业环境（A_{33}）；投资状况（A_4）由三个子目标构成，分别是资本流动（A_{41}）、投资管理（A_{42}）、耕地投资（A_{43}）。以上各个子目标均有若干个指标反映，指标的选取主要秉承以下原则：①数据可得性，由于被评价各国分布广、范围大、语言多样，且统计水平、标准有较大的差异，故要保证相关指标的统计数据是可得到的；②数据权威性，即各指标的数据均由权威机构发布，如联合国粮农组织数据库、世界银行数据库、联合国开发计划署的报告等；③数据广泛性，即选取相对较多的指标纳入评价体系，为利用研究方法筛选出有典型代表性的指标奠定基础；④数据相关性，在一些指标数据难以获取时，尽量选取相关性较大的指标进行替代，如生产基础次目标的保障条件子目标用了互联网普及率，即考虑了电力普及率和信息普及率两方面的情况。

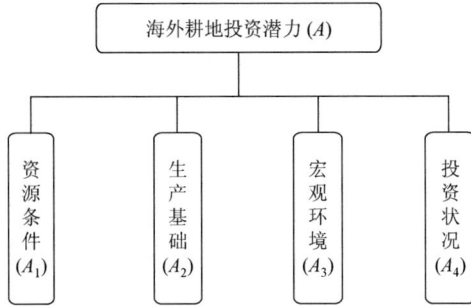

图 4.1 海外耕地投资潜力评价体系

1. 资源条件

资源条件次目标包含耕地数量因素和耕地质量因素两个子目标。其中，耕地数量因素包含了耕地面积（I_1）、耕地比例（I_2）、人均耕地面积（I_3）、耕地可扩充比例（I_4）、永久农田面积（I_5）和永久农田比例（I_6）六个指标；耕地质量因素包含了优质耕地比例（I_7）、人均淡水量（I_8）、可灌溉农地面积（I_9）、可灌溉农地比例（I_{10}）四个指标（图 4.2）。在以上 10 个指标中，四个指标为直接查得：耕地面积（单位：千公顷）、永久农田面积（单位：千公顷）、可灌溉农地面积（单位：千公顷）为联合国粮农组织统计数据库中的数据，人均淡水量（单位：立方米）为世界银行统计数据库中的数据。其余六个指标由笔者根据基础数据计算所得：耕地比例（单位：%）为被评价国耕地面积与陆地面积之比；人均耕地面积（单位：公顷）为被评价国耕地面积总量与人口总量之比；耕地可扩充比例（单位：%）

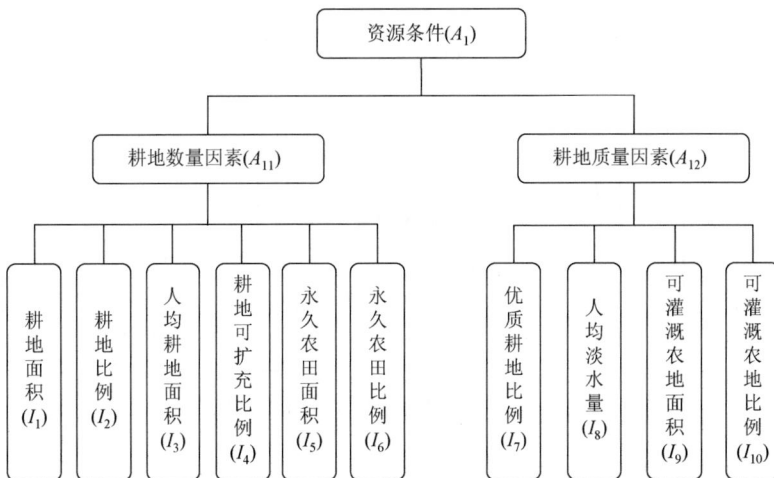

图 4.2 资源条件次目标的评价指标

为被评价国农用地面积与陆地面积之比减去该国耕地比例；永久农田比例（单位：%）为被评价国永久农田面积与耕地面积之比；优质耕地比例（单位：%）为被评价国高有机质耕地面积与耕地面积之比；可灌溉农地比例（单位：%）为被评价国可灌溉农地面积与农用地总面积之比。以上各计算指标的基础数据均来自联合国粮农组织统计数据库和世界银行统计数据库。

2. 生产基础

生产基础次目标包含了灾害条件、物质投入条件、粮食单产和保障条件四个子目标。其中，灾害条件由无自然灾害指数（I_{11}）指标衡量；物质投入条件包含了农村劳动力密度（I_{12}）、农用机械量（I_{13}）、化肥消费量（I_{14}）三个指标；粮食单产由粮食单产（I_{15}）指标衡量；保障条件包含了互联网普及率（I_{16}）和物流绩效指数（I_{17}）两个指标（图 4.3）[①]。在以上七个指标中，农用机械量（单位：个/百平方公里）、化肥消费量（单位：千克/公顷）、粮食单产（单位：千克/公顷）和物流绩效指数由世界银行数据库直接查得，互联网普遍率（单位：%）由联合国开发计划署《人类发展报告 2013》查得。其余两个指标由笔者根据基础数据计算所得：无自然灾害指数为最大值指数化的被评价国百万分之一人口中的自然灾害死亡率；农村劳动力密度（单位：人/平方公里）为被评价国农场人口总量与农用地面积总量之比，以上指标的基础数据均来自于联合国开发计划署的《人类发展报告 2013》和世界银行数据库。

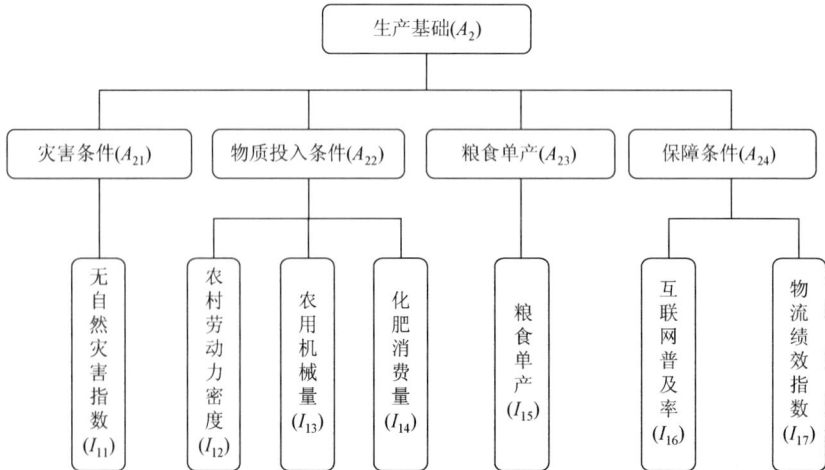

图 4.3　生产基础次目标的评价指标

[①] 本来对指标 I_{16} 计划用电力普及率，但由于电力普及率数据统计数据难以系统获取，在此采用了与其接近的互联网普及率。

3. 宏观环境

宏观环境次目标包含了社会环境、治理环境和商业环境三个子目标。其中，社会环境由人类发展指数（I_{18}）、社会全球化指数（I_{19}）、25 岁以上人口中高等教育比例（I_{20}）、社会满意度比例（I_{21}）、工作满意度比例（I_{22}）五个指标进行衡量；治理环境包含了政治全球化指数（I_{23}）、政府信任比例（I_{24}）和安全感比例（I_{25}）三个指标；商业环境包含了营商便利指数（I_{26}）和劳动力市场参与率（I_{27}）两个指标（图 4.4）。在以上 10 个指标中，人类发展指数、25 岁以上人口中高等教育比例（单位：%）、社会满意度比例（单位：%）、工作满意度比例（单位：%）、政府信任比例（单位：%）、安全感比例（单位：%）、劳动力市场参与率（单位：%）七个指标由联合国开发计划署的《人类发展报告 2013》直接查得；社会全球化指数和政治全球化指数由营商便利指数由瑞士经济分析局发布的《全球化指数 2013》报告中查得；营商便利指数数据由世界银行统计数据库查得，并进行了极大值指数化处理。

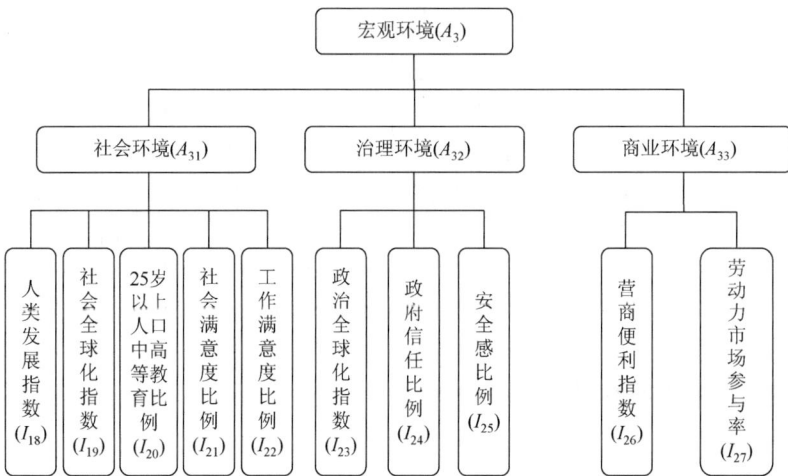

图 4.4 宏观环境次目标的评价指标

4. 投资状况

投资状况次目标由资本流动、投资管理和耕地投资三个子目标构成。其中，资本流动由两个指标衡量，分别是外商直接投资流入占国内生产总值（gross domestic product，GDP）比例（I_{28}）和农产品出口份额（I_{29}）；投资管理由三个指标衡量，分别是企业注册程序便捷指数（I_{30}）、货物出口文件便利指数（I_{31}）、投资纳税项简洁指数（I_{32}）；耕地投资由五个指标衡量，分别是耕地投资者数目（I_{33}）、耕地投资国数目（I_{34}）、耕地投资项目数量（I_{35}）、耕地投资总面积（I_{36}）、耕地投资项目平均面积（I_{37}）（图 4.5）。在以上 10 个指标中，外商直接投资流入占 GDP 比例（单位：%）、农产品出口份额（单位：%）两个指标由联合国开发计划署的《人类发展报告 2013》直接查得；企业注册程序便捷指数、货物出口文件便利指数、投资纳税项简洁指数这三个指标根据最大值指数化的被评价国企业注册程序、出口货物所需文件数、投资纳税项计算所得；耕地投资者数目、耕地投资国数目、耕地投资项目数量、耕地投资总面积、耕地投资项目平均面积由笔者根据 GRAIN 的统计报告、ILC 的 landmatrix 网站统计数据库查得。

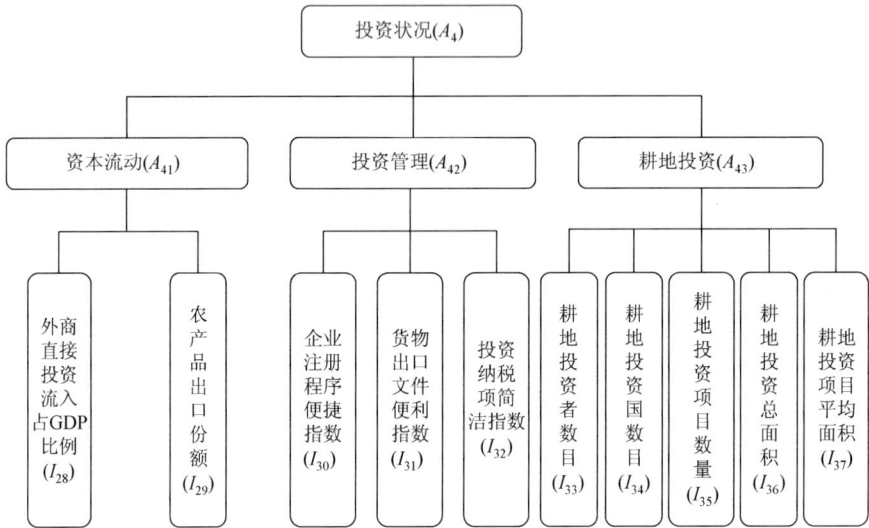

图 4.5　投资状况次目标的评价指标

4.1.3　模型选择与参数设定

1. 模型选择

本章利用灰色系统理论，借鉴基于中心点三角白化权函数构建评估模型分析各国的海外耕地投资潜力。基于中心点三角白化权函数模型作为一种分析不确定性的方法，可以很好地将主观数据与客观数据统一起来。在本章的分析中，评价体系中各指标的客观数据可以被确定在某一灰类中，而指标的重要性则可以通过权重在子目标、次目标和目标之间传递，最终实现客观指标数据与主观权重调整的统一，从而达到较好的评价效果。

首先，将待评估的指标划分为 s 个灰类，并将各灰类的中心点分别确定为 λ_1，$\lambda_2, \cdots, \lambda_s$。

其次，将以上灰类向左右两个方向进行拓延，并确定其临界点分别为 λ_0 和

λ_{s+1}，从而形成新的中心点序列 $\lambda_0, \lambda_1, \lambda_2, \cdots, \lambda_s, \lambda_{s+1}$，求 j 指标关于 k 灰类的三角白化权函数 $f_j^k(\bullet)$（$j=1,2,\cdots,m;k=1,2,\cdots,s$）。对于 j 指标的一个观测值 x，可分别由式（4.1）、式（4.2）、式（4.3）计算出其属于各灰类的隶属度 $f_j^k(x)$。

当 $k=1$ 时，

$$f_j^1(x) = \begin{cases} 0, & x \notin [\lambda_0, \lambda_2] \\ 1, & x \in (\lambda_0, \lambda_1] \\ \dfrac{\lambda_2 - x}{\lambda_2 - \lambda_1}, & x \in (\lambda_1, \lambda_2) \end{cases} \tag{4.1}$$

当 $k=(2,3,\cdots,s-1)$ 时，

$$f_j^k(x) = \begin{cases} 0, & x \notin [\lambda_{k-1}, \lambda_{k+1}] \\ \dfrac{x - \lambda_{k-1}}{\lambda_k - \lambda_{k-1}}, & x \in (\lambda_{k-1}, \lambda_k] \\ \dfrac{\lambda_{k+1} - x}{\lambda_{k+1} - \lambda_k}, & x \in (\lambda_k, \lambda_{k+1}) \end{cases} \tag{4.2}$$

当 $k=s$ 时，

$$f_j^s(x) = \begin{cases} 0, & x \notin [\lambda_{s-1}, \lambda_{s+1}] \\ \dfrac{x - \lambda_{s-1}}{\lambda_s - \lambda_{s-1}}, & x \in (\lambda_{s-1}, \lambda_s] \\ 1, & x \in (\lambda_s, \lambda_{s+1}) \end{cases} \tag{4.3}$$

再次，计算对象 $i(i=1,2,\cdots,n)$ 关于灰类 $k(k=1,2,\cdots,s)$ 的综合聚类系数 σ_i^k，

$$\sigma_i^k = \sum_{j=1}^m f_j^k(x_{ij}) \times \eta_j \tag{4.4}$$

其中，$f_j^k(x_{ij})$ 为 j 指标 k 子类白化权函数，η_j 为指标 j 在综合聚类中的权重。

最后，由 $\max\limits_{1 \leqslant k \leqslant s}\{\sigma_i^k\} = \sigma_i^{k*}$ 判断对象 i 所属的灰类。

2. 灰类参数设定

本章将各指标分为五个灰类，分别是"弱""较弱""一般""较强""强"，各灰类的中心点分别为 $\lambda_1, \lambda_2, \cdots, \lambda_5$，并利用以上方法将各指标的五个灰类分别向左、

右两个方向进行拖延，并将其临界点分别记为 λ_0 和 λ_6，所得各指标的灰类中心点和临界点如表 4.5 所示。

表 4.5　各指标灰类的中心点和临界点

指标	λ_0	λ_1	λ_2	λ_3	λ_4	λ_5	λ_6
I_1	50	500	2000	5000	7500	10000	12000
I_2	0.1	5	10	15	20	25	35
I_3	0.01	0.05	0.1	0.2	0.3	0.4	0.5
I_4	0.1	10	15	20	25	40	60
I_5	1	150	300	500	1000	2500	4500
I_6	0.01	5	10	15	20	30	45
I_7	0	0.1	2	5	7	10	20
I_8	100	1000	3000	10000	20000	50000	100000
I_9	0.1	10	50	1000	1500	3000	4500
I_{10}	0.1	0.5	3	10	15	20	30
I_{11}	60	70	75	80	85	90	95
I_{12}	1	10	20	40	80	100	200
I_{13}	5	20	60	120	200	600	1000
I_{14}	1	10	25	80	130	200	500
I_{15}	500	1000	2000	3500	4000	5500	6500
I_{16}	3	10	20	40	50	60	85
I_{17}	30	40	50	55	60	70	80
I_{18}	30	40	45	55	70	80	90
I_{19}	15	20	35	45	60	70	85
I_{20}	3	20	40	55	70	90	98
I_{21}	40	45	50	65	75	85	95
I_{22}	20	30	60	65	75	80	90
I_{23}	35	50	60	75	80	90	95
I_{24}	10	25	40	55	60	70	85
I_{25}	30	35	40	55	65	75	90
I_{26}	2	10	30	50	65	80	95
I_{27}	40	45	55	65	70	75	85
I_{28}	0	1	2	3	5	15	25
I_{29}	0.1	5	10	20	50	65	85
I_{30}	5	20	45	60	70	80	90
I_{31}	0	15	30	50	60	70	80
I_{32}	1	20	45	60	70	80	95
I_{33}	0	1	3	5	7	9	15

续表

指标	λ_0	λ_1	λ_2	λ_3	λ_4	λ_5	λ_6
I_{34}	0	1	3	5	7	9	15
I_{35}	0	1	3	5	8	12	20
I_{36}	1	30	100	200	350	500	700
I_{37}	1	10	30	50	70	100	200

3. 权重参数设定

评价体系中各次目标、子目标和指标在综合聚类中的权重 η 通过特尔斐法确定。本章通过电子邮件和问卷发放的方式调研了中国农业科学院、北京大学、清华大学、南京大学、南京农业大学、华中科技大学、华中农业大学等全国诸多高校农业经济管理、土地资源管理、国际贸易、发展经济学、经济地理、投资管理等领域具有正高级职称的专家，由他们通过两轮打分最终确定了次目标、子目标和指标的权重。本书第一次发放问卷 108 份，回收问卷 53 份，其中有效问卷 52 份；第二次在收敛性分析的基础上，再次发放问卷 108 份，回收问卷 47 份，有效问卷 47 份。最终根据第二轮有效问卷的均值确定次目标、子目标和指标的权重，具体权重值如表 4.6 所示。

表 4.6　各次目标、子目标和指标的权重

次目标	权重	子目标	权重	指标	权重
A_1	0.37	A_{11}	0.62	I_1	0.25
				I_2	0.11
				I_3	0.27
				I_4	0.14
				I_5	0.13
				I_6	0.10
		A_{12}	0.38	I_7	0.32
				I_8	0.21
				I_9	0.33
				I_{10}	0.14
A_2	0.12	A_{21}	0.24	I_{11}	1.00
		A_{22}	0.28	I_{12}	0.21
				I_{13}	0.41
				I_{14}	0.38
		A_{23}	0.21	I_{15}	1.00
		A_{24}	0.27	I_{16}	0.35
				I_{17}	0.65

次目标	权重	子目标	权重	指标	权重
		A_{31}	0.32	I_{18}	0.19
				I_{19}	0.20
				I_{20}	0.27
				I_{21}	0.18
A_3	0.16			I_{22}	0.16
		A_{32}	0.33	I_{23}	0.30
				I_{24}	0.40
				I_{25}	0.30
		A_{33}	0.35	I_{26}	0.60
				I_{27}	0.40
		A_{41}	0.20	I_{28}	0.48
				I_{29}	0.52
		A_{42}	0.30	I_{30}	0.28
				I_{31}	0.40
A_4	0.35			I_{32}	0.38
		A_{43}	0.50	I_{33}	0.16
				I_{34}	0.25
				I_{35}	0.23
				I_{36}	0.24
				I_{37}	0.12

4.2 撒哈拉以南非洲地区主要国家

4.2.1 资源条件评价

撒哈拉以南非洲地区被联合国粮农组织认为具有充裕的后备耕地资源，也被认为是未来全球粮食增产最有潜力的地区之一。从对耕地数量的评价结果上看，在该地区已经发生海外耕地投资项目的31个国家中，处于"强"灰类的国家有5个、处于"较强"灰类的国家有6个、处于"一般"灰类的国家有8个、处于"较弱"灰类的国家有2个、处于"弱"灰类的国家有10个，分别占该地区被评价国家总数的16%、19%、26%、6%、32%（表4.7）。

表4.7 撒哈拉以南非洲地区主要国家的耕地数量评价结果

序号	国家	灰类	聚类系数	序号	国家	灰类	聚类系数
1	苏丹	强	0.66	3	科特迪瓦	强	0.60
2	尼日利亚	强	0.63	4	尼日尔	强	0.52

续表

序号	国家	灰类	聚类系数	序号	国家	灰类	聚类系数
5	南非	强	0.39	19	马拉维	一般	0.30
6	加纳	较强	0.53	20	民主刚果	较弱	0.34
7	乌干达	较强	0.48	21	贝宁	较弱	0.40
8	喀麦隆	较强	0.46	22	赞比亚	弱	0.34
9	塞内加尔	较强	0.46	23	利比里亚	弱	0.41
10	坦桑尼亚	较强	0.43	24	斯威士兰	弱	0.42
11	津巴布韦	较强	0.27	25	加蓬	弱	0.47
12	马达加斯加	一般	0.62	26	冈比亚	弱	0.48
13	埃塞俄比亚	一般	0.46	27	刚果布	弱	0.48
14	莫桑比克	一般	0.41	28	纳米比亚	弱	0.54
15	安哥拉	一般	0.41	29	毛里塔尼亚	弱	0.59
16	肯尼亚	一般	0.38	30	马里	弱	0.59
17	塞拉利昂	一般	0.33	31	毛里求斯	弱	0.82
18	几内亚	一般	0.31	—	—	—	—

虽然撒哈拉以南非洲地区的 31 个国家的国土面积并不算太大,但是各国无论在耕地面积、人均耕地面积,还是在耕地可扩充比例上各不同灰类间都呈现出了较为明显的分异。例如,在耕地面积上,处于"强"灰类的各国平均耕地面积为 1859.3 万公顷,该灰类中的尼日利亚更是拥有耕地面积近 4000 万公顷;处于"弱"灰类的各国平均耕地面积只有 141.1 万公顷,其中毛里求斯仅有耕地面积 8.2 万公顷。在人均耕地面积上,处于"强"灰类的各国平均人均耕地面积为 0.44 公顷,其中尼日尔的人均耕地面积达到 0.93 公顷;处于"弱"灰类的各国平均人均耕地面积为 0.23 公顷,其中毛里求斯的人均耕地面积仅有 0.06 公顷。在反映后备耕地资源的耕地可扩充比例上,处于"强"灰类的各国平均水平为 44.68%,其中扩充潜力最大的南非为 69.19%;处于"弱"灰类的各国平均水平为 28.69%,其中扩充潜力最小的毛里求斯只有 3.45%。

从对耕地质量的评价结果上看,撒哈拉以南非洲地区整体耕地质量相对较差,被评价的 31 个国家没有一个耕地质量处于"强"和"较强"灰类中,而处于"一般"灰类的国家有 2 个、处于"较弱"灰类的国家有 6 个、处于"弱"灰类的国家有 23 个,分别占该地区被评价国家总数的 6%、19%和 74%(表 4.8)。在人均淡水量上,处于"一般"灰类中的塞拉利昂和马达加斯加人均淡水量分别为 2.7 万立方米和 1.5 万立方米;处于"弱"灰类中的各国平均人均淡水量也达到了 1.2 万立方米。总体看来,该地区耕地质量较差受农业基础设施不完善的影响较大,以可灌溉耕地面积为例,处于"一般"灰类中的岛国马达加斯加可灌溉耕地面积超过 100 万公顷，占其全国耕地面积的 1/4 以上；处于"较弱"灰类中的赞比亚可灌溉面积为 15.6 万公顷；处于"弱"灰类中的几内亚可灌溉面积只有 9.5 万公顷。从各国反映耕地质量的各指标数据来看，该地区各国耕地质量较差的原因并不在于缺乏淡水资源，而在于可灌溉耕地面积和可灌溉耕地比例较低。

表 4.8　撒哈拉以南非洲地区主要国家的耕地质量评价结果

序号	国家	灰类	聚类系数	序号	国家	灰类	聚类系数
1	塞拉利昂	一般	0.44	17	尼日利亚	弱	0.63
2	马达加斯加	一般	0.37	18	喀麦隆	弱	0.63
3	赞比亚	较弱	0.45	19	乌干达	弱	0.64
4	马里	较弱	0.46	20	津巴布韦	弱	0.64
5	莫桑比克	较弱	0.49	21	毛里求斯	弱	0.66
6	坦桑尼亚	较弱	0.50	22	尼日尔	弱	0.67
7	科特迪瓦	较弱	0.53	23	肯尼亚	弱	0.67
8	斯威士兰	较弱	0.57	24	毛里塔尼亚	弱	0.71
9	几内亚	弱	0.46	25	民主刚果	弱	0.71
10	安哥拉	弱	0.46	26	加纳	弱	0.75
11	埃塞俄比亚	弱	0.48	27	利比里亚	弱	0.79
12	塞内加尔	弱	0.49	28	加蓬	弱	0.79
13	纳米比亚	弱	0.54	29	刚果布	弱	0.79
14	南非	弱	0.56	30	冈比亚	弱	0.91
15	苏丹	弱	0.62	31	贝宁	弱	0.98
16	马拉维	弱	0.62	—	—	—	—

从整个资源条件的评价结果上看，在撒哈拉以南非洲被评价的 31 个国家中，资源条件处于"强"灰类的国家有 3 个、处于"较强"灰类的国家有 4 个、处于"一般"灰类的国家也有 4 个、处于"较弱"灰类的国家有 1 个、处于"弱"灰类的国家有 19 个，分别占该地区被评价国家总数的 10%、13%、13%、3%、61%（表 4.9）。可以看出，该地区的 31 个国家在资源条件上的优势并不突出，超过 60%的国家的资源条件都处于"弱"灰类，究其原因主要是各国相对较差的耕地质量劣势削弱了各国的耕地数量优势，进而导致该地区资源条件的整体下滑。

表 4.9　撒哈拉以南非洲地区主要国家的资源条件评价结果

序号	国家	灰类	聚类系数	序号	国家	灰类	聚类系数
1	苏丹	强	0.44	4	加纳	较强	0.33
2	尼日利亚	强	0.39	5	乌干达	较强	0.30
3	科特迪瓦	强	0.37	6	坦桑尼亚	较强	0.26

序号	国家	灰类	聚类系数	序号	国家	灰类	聚类系数
7	几内亚	较强	0.26	20	尼日尔	弱	0.40
8	马达加斯加	一般	0.52	21	斯威士兰	弱	0.42
9	塞拉利昂	一般	0.37	22	民主刚果	弱	0.42
10	埃塞俄比亚	一般	0.32	23	贝宁	弱	0.46
11	安哥拉	一般	0.31	24	马里	弱	0.53
12	肯尼亚	较弱	0.32	25	纳米比亚	弱	0.54
13	南非	弱	0.28	26	利比里亚	弱	0.55
14	喀麦隆	弱	0.33	27	加蓬	弱	0.59
15	塞内加尔	弱	0.33	28	刚果布	弱	0.60
16	莫桑比克	弱	0.33	29	毛里塔尼亚	弱	0.64
17	赞比亚	弱	0.37	30	冈比亚	弱	0.64
18	津巴布韦	弱	0.38	31	毛里求斯	弱	0.76
19	马拉维	弱	0.39	—	—	—	—

4.2.2 生产基础评价

受国家经济发展水平的限制，撒哈拉以南非洲地区的国家对农业的物质投入普遍较低，严重制约了该地区农业生产水平的提升。从对该地区 31 个国家农业生产物质投入的评价结果上看，只有毛里求斯一国处"强"灰类，在其余 30 个国家中，赞比亚和马拉维处于"较弱"灰类，津巴布韦等 28 个国家均处于"弱"灰类，物质投入处于"弱"灰类的国家占了 90% 以上（表 4.10）。不同灰类国家的物质投入指标也反映了以上情况，在农村劳动力密度方面，处于"强"灰类的毛里求斯为 112.36 人/平方公里；处于"较弱"灰类的赞比亚和马拉维平均为 117.67 人/平方公里；处于"弱"灰类的津巴布韦等 28 个国家为 68.56 人/平方公里。在农用机械量方面，处于"强"灰类的毛里求斯为 42.86 个/百平方公里；处于"较弱"灰类的赞比亚和马拉维平均为 21.39 个/百平方公里；处于"弱"灰类的津巴布韦等 28 个国家为 12.12 个/百平方公里。在化肥消费量方面，处于"强"灰类的毛里求斯为 174.2 千克/公顷；处于"较弱"灰类的赞比亚和马拉维平均为 29.9 千克/公顷；处于"弱"灰类的津巴布韦等 28 个国家为 9.2 千克/公顷。

表 4.10 撒哈拉以南非洲地区主要国家的物质投入条件评价结果

序号	国家	灰类	聚类系数	序号	国家	灰类	聚类系数
1	毛里求斯	强	0.45	3	马拉维	较弱	0.51
2	赞比亚	较弱	0.41	4	津巴布韦	弱	0.41

续表

序号	国家	灰类	聚类系数	序号	国家	灰类	聚类系数
5	肯尼亚	弱	0.41	19	尼日尔	弱	0.79
6	埃塞俄比亚	弱	0.47	20	莫桑比克	弱	0.79
7	马里	弱	0.55	21	马达加斯加	弱	0.79
8	科特迪瓦	弱	0.58	22	利比里亚	弱	0.79
9	加纳	弱	0.59	23	几内亚	弱	0.79
10	冈比亚	弱	0.59	24	民主刚果	弱	0.79
11	尼日利亚	弱	0.61	25	喀麦隆	弱	0.79
12	南非	弱	0.62	26	安哥拉	弱	0.79
13	乌干达	弱	0.65	27	苏丹	弱	0.84
14	贝宁	弱	0.77	28	刚果布	弱	0.95
15	坦桑尼亚	弱	0.79	29	纳米比亚	弱	1.00
16	斯威士兰	弱	0.79	30	毛里塔尼亚	弱	1.00
17	塞拉利昂	弱	0.79	31	加蓬	弱	1.00
18	塞内加尔	弱	0.79	—	—	—	—

从对保障条件的评价结果来看，撒哈拉以南非洲地区被评价的 31 个国家中，有 21 个在"一般"水平以下，占被评价国家总数的 68%。各国的具体灰类情况如下，南非处于"强"灰类；毛里求斯等 9 个国家处于"一般"灰类；毛里塔尼亚等 10 个国家处于"较弱"灰类；斯威士兰等 11 个国家处于"弱"灰类，各不同灰类分别占被评价国家总数的 3%、29%、32%、36%（表 4.11）。以最能反映保障条件的物流绩效指数为例，处于"强"灰类的南非物流绩效指数为 73.4；处于"一般"灰类的毛里求斯等国的平均物流绩效指数下降为 55.1；处于"较弱"灰类的毛里塔尼亚等国的平均物流绩效指数下降为 49.5；处于"弱"灰类的斯威士兰等国的平均物流绩效指数下降为 45.1。

表 4.11 撒哈拉以南非洲地区主要国家的保障条件评价结果

序号	国家	灰类	聚类系数	序号	国家	灰类	聚类系数
1	南非	强	0.65	9	纳米比亚	一般	0.39
2	毛里求斯	一般	0.62	10	坦桑尼亚	一般	0.39
3	科特迪瓦	一般	0.60	11	毛里塔尼亚	较弱	0.52
4	马达加斯加	一般	0.57	12	喀麦隆	较弱	0.57
5	马拉维	一般	0.49	13	津巴布韦	较弱	0.57
6	尼日尔	一般	0.49	14	利比里亚	较弱	0.59
7	乌干达	一般	0.47	15	冈比亚	较弱	0.60
8	贝宁	一般	0.39	16	几内亚	较弱	0.62

续表

序号	国家	灰类	聚类系数	序号	国家	灰类	聚类系数
17	加纳	较弱	0.62	25	安哥拉	弱	0.64
18	尼日利亚	较弱	0.79	26	马里	弱	0.65
19	肯尼亚	较弱	0.80	27	埃塞俄比亚	弱	0.69
20	塞内加尔	较弱	0.85	28	民主刚果	弱	0.73
21	斯威士兰	弱	0.35	29	苏丹	弱	0.87
22	加蓬	弱	0.56	30	塞拉利昂	弱	0.90
23	莫桑比克	弱	0.62	31	刚果布	弱	0.90
24	赞比亚	弱	0.63	—	—	—	—

　　从生产基础的评价结果来看，在撒哈拉以南非洲地区被评价的 31 个国家中，生产基础处于"较弱"和"弱"灰类的国家共有 26 个，占被评价国家总数的 84%。从各灰类的具体情况看，处于"强"灰类的国家有南非等 5 个国家；处于"较弱"灰类的有尼日利亚和肯尼亚 2 个国家；处于"弱"灰类的有加纳等 24 个国家，以上灰类分别占被评价国家总数的 16%、6%、78%（表 4.12）。可以看出，撒哈拉以南非洲地区的总体生产基础水平相对较差，处于"弱"灰类的国家总数占了 78%。综合来看，无论是在物质投入条件还是在保障条件上，该地区大多数国家均处于"一般"灰类以下，尤其在物质投入条件上，31 个国家中有 30 个国家处于"一般"灰类以上，占被评价国家总数的 97%。

表 4.12　撒哈拉以南非洲地区主要国家的生产基础评价结果

序号	国家	灰类	聚类系数	序号	国家	灰类	聚类系数
1	南非	强	0.42	17	贝宁	弱	0.33
2	毛里求斯	强	0.37	18	坦桑尼亚	弱	0.34
3	马拉维	强	0.30	19	几内亚	弱	0.34
4	乌干达	强	0.30	20	斯威士兰	弱	0.36
5	津巴布韦	强	0.24	21	苏丹	弱	0.36
6	尼日利亚	较弱	0.28	22	尼日尔	弱	0.36
7	肯尼亚	较弱	0.34	23	利比里亚	弱	0.37
8	加纳	弱	0.27	24	纳米比亚	弱	0.42
9	科特迪瓦	弱	0.27	25	毛里塔尼亚	弱	0.42
10	赞比亚	弱	0.29	26	莫桑比克	弱	0.43
11	塞内加尔	弱	0.29	27	加蓬	弱	0.44
12	马达加斯加	弱	0.32	28	安哥拉	弱	0.44
13	冈比亚	弱	0.32	29	民主刚果	弱	0.46
14	埃塞俄比亚	弱	0.32	30	塞拉利昂	弱	0.47
15	马里	弱	0.33	31	刚果布	弱	0.55
16	喀麦隆	弱	0.33	—	—	—	—

4.2.3　宏观环境评价

从对社会环境的评价结果看，在撒哈拉以南非洲地区被评价的 31 个国家中，社会环境处于"强"灰类的国家只有毛里求斯 1 个国家；处于"较强"灰类的只有南非 1 个国家；处于"一般"灰类的国家有加纳等 3 个国家；处于"较弱"灰类的有纳米比亚等 10 个国家；处于"弱"灰类的有坦桑尼亚等 16 个国家，不同灰类分别占被评价国家总数的 3%、3%、32%、52%（表 4.13）。

表 4.13　撒哈拉以南非洲地区主要国家的社会环境评价结果

序号	国家	灰类	聚类系数	序号	国家	灰类	聚类系数
1	毛里求斯	强	0.46	17	安哥拉	弱	0.44
2	南非	较强	0.40	18	乌干达	弱	0.45
3	加纳	一般	0.67	19	贝宁	弱	0.49
4	斯威士兰	一般	0.65	20	马拉维	弱	0.55
5	津巴布韦	一般	0.39	21	马达加斯加	弱	0.55
6	纳米比亚	较弱	0.29	22	利比里亚	弱	0.55
7	刚果布	较弱	0.42	23	莫桑比克	弱	0.57
8	喀麦隆	较弱	0.42	24	马里	弱	0.64
9	毛里塔尼亚	较弱	0.44	25	几内亚	弱	0.64
10	尼日利亚	较弱	0.49	26	科特迪瓦	弱	0.65
11	冈比亚	较弱	0.51	27	塞拉利昂	弱	0.66
12	加蓬	较弱	0.52	28	尼日尔	弱	0.66
13	肯尼亚	较弱	0.53	29	苏丹	弱	0.67
14	塞内加尔	较弱	0.53	30	民主刚果	弱	0.69
15	赞比亚	较弱	0.61	31	埃塞俄比亚	弱	0.76
16	坦桑尼亚	弱	0.44	—	—	—	—

整体看来，被评价各国的社会环境状况并不乐观，处于"较弱"和"弱"灰类的国家占被评价国家总数的 84%。以社会全球化指数为例，处于"强"灰类的毛里求斯社会全球化指数为 62.47；处于"较强"灰类的南非社会全球化指数为 47.72；处于"一般"灰类的加纳等 3 个国家的平均社会全球化指数为 38.30；处于"较弱"灰类的纳米比亚等 10 个国家的平均社会全球化指数为 33.67；处于"弱"灰类的坦桑尼亚等 16 个国家的平均社会全球化指数为 22.06。

治理环境的评价结果显示，撒哈拉以南非洲地区的各国政府对当地具有较强的政治控制能力。在被评价的 31 个国家中，治理环境处于"强"灰类的国家有 8 个；占被评价国家总数的 26%；处于"较强"灰类的国家有安哥拉 1 个，占被评价国家总数的 3%；处于"一般"灰类的国家有乌干达等 13 个，占被评价国家总数的 42%；处于"较弱"灰类的国家有埃塞俄比亚等 8 个，占被评价国家总数的 26%；处于"弱"灰类的有利比里亚 1 个，占被评价国家总数的 3%（表 4.14）。从国民对政府的支持情况看，处于"强"灰类的加纳等 8 个国家的平均政府信任比例为 74%，处于"较强"灰类的安哥拉政府信任比例为 61%；处于"一般"灰类的乌干达等 13 个国家的平均政府信任比例为 55%；处于"较弱"灰类的埃塞俄比亚等 8 个国家的平均政府信任比例为 43%。总体看来，该地区政府治理水平较为乐观，治理环境处于"较弱"和"弱"灰类的国家有 9 个，占被评价国家总数的 29%，70%以上的国家治理环境在"一般"灰类以上。

表 4.14　撒哈拉以南非洲地区主要国家的治理环境评价结果

序号	国家	灰类	聚类系数	序号	国家	灰类	聚类系数
1	加纳	强	0.75	17	马达加斯加	一般	0.41
2	马里	强	0.70	18	尼日利亚	一般	0.40
3	尼日尔	强	0.70	19	苏丹	一般	0.37
4	斯威士兰	强	0.52	20	肯尼亚	一般	0.36
5	几内亚	强	0.40	21	毛里求斯	一般	0.30
6	马拉维	强	0.40	22	塞内加尔	一般	0.30
7	纳米比亚	强	0.40	23	埃塞俄比亚	较弱	0.31
8	南非	强	0.35	24	毛里塔尼亚	较弱	0.32
9	安哥拉	较强	0.36	25	莫桑比克	较弱	0.45
10	乌干达	一般	0.63	26	刚果布	较弱	0.45
11	加蓬	一般	0.54	27	冈比亚	较弱	0.48
12	喀麦隆	一般	0.52	28	科特迪瓦	较弱	0.51
13	贝宁	一般	0.50	29	津巴布韦	较弱	0.62
14	赞比亚	一般	0.50	30	民主刚果	较弱	0.67
15	塞拉利昂	一般	0.49	31	利比里亚	弱	0.42
16	坦桑尼亚	一般	0.44	—	—	—	—

　　从对商业环境的评价结果来看，在撒哈拉以南非洲地区被评价的 31 个国家中，商业环境处于"强"灰类的国家有 5 个，占被评价国家总数的 16%；处于"较强"灰类的国家有加纳 1 个，占被评价国家总数的 3%；处于"一般"灰类的国家有纳米比亚和赞比亚 2 个，占被评价国家总数的 6%；处于"较弱"灰类的国家有塞拉利昂等 10 个，占被评价国家总数的 32%；处于"弱"灰类的有加蓬等 13 个，占被评价国家总数的 42%（表 4.15）。从不同灰类中各国的营商便利指数看，在"强"灰类中商业环境最好的毛里求斯为 89.42，"较强"灰类中的加纳为

64.55，在"一般"灰类中商业环境最好的纳米比亚为 48.15，在"较弱"灰类中商业环境最好的塞拉利昂为 24.87，在"弱"灰类中商业环境最好的加蓬为 13.76。不难看出，撒哈拉以南非洲地区的整体商业环境优势并不突出，处于"较弱"和"弱"灰类的国家占了被评价国家总数的 74%，只有 6 个国家的商业环境处于"强"和"较强"灰类，国家之间的商业环境分异较为明显。

表 4.15　撒哈拉以南非洲地区主要国家的商业环境评价结果

序号	国家	灰类	聚类系数	序号	国家	灰类	聚类系数
1	毛里求斯	强	0.60	17	尼日利亚	较弱	0.74
2	南非	强	0.57	18	斯威士兰	较弱	0.76
3	冈比亚	强	0.40	19	加蓬	弱	0.49
4	马达加斯加	强	0.40	20	科特迪瓦	弱	0.55
5	坦桑尼亚	强	0.40	21	喀麦隆	弱	0.56
6	加纳	较强	0.93	22	津巴布韦	弱	0.60
7	纳米比亚	一般	0.91	23	塞内加尔	弱	0.60
8	赞比亚	一般	0.41	24	尼日尔	弱	0.60
9	塞拉利昂	较弱	0.44	25	马拉维	弱	0.60
10	埃塞俄比亚	较弱	0.49	26	几内亚	弱	0.60
11	莫桑比克	较弱	0.49	27	民主刚果	弱	0.60
12	肯尼亚	较弱	0.55	28	刚果布	弱	0.60
13	利比里亚	较弱	0.57	29	贝宁	弱	0.60
14	马里	较弱	0.58	30	安哥拉	弱	0.60
15	乌干达	较弱	0.59	31	毛里塔尼亚	弱	0.64
16	苏丹	较弱	0.68	—	—	—	—

整个宏观环境的评价结果显示，在撒哈拉以南非洲地区被评价的 31 个国家中，处于"强"灰类的国家只有毛里求斯；处于"较强"灰类的国家有加纳和南非 2 个；处于"一般"灰类的国家有纳米比亚和赞比亚 2 个；处于"较弱"灰类的国家有刚果布等 12 个；处于"弱"灰类的国家有马达加斯等 14 个，各不同灰类分别占被评价国家总数的 3%、7%、7%、39%、45%（表 4.16）。可以看出，撒哈拉以南非洲地区的宏观环境状况较差，处于"较弱"和"弱"灰类的国家占被评价国家总数的 84%，只有毛里求斯、加纳、南非 3 个国家的宏观环境处于"强"和"较强"灰类。综合社会环境、治理环境和商业环境的评价结果看，该地区社会环境的劣势较为突出，大多数国家的政府对国内具有较强的控制力，各国的社会环境对商业环境具有明显的影响力。

表 4.16 撒哈拉以南非洲地区主要国家的宏观环境评价结果

序号	国家	灰类	聚类系数	序号	国家	灰类	聚类系数
1	毛里求斯	强	0.45	17	肯尼亚	较弱	0.47
2	加纳	较强	0.43	18	马达加斯加	弱	0.27
3	南非	较强	0.39	19	喀麦隆	弱	0.27
4	纳米比亚	一般	0.43	20	马里	弱	0.35
5	赞比亚	一般	0.36	21	苏丹	弱	0.37
6	刚果布	较弱	0.28	22	贝宁	弱	0.37
7	坦桑尼亚	较弱	0.30	23	利比里亚	弱	0.38
8	津巴布韦	较弱	0.32	24	马拉维	弱	0.39
9	塞拉利昂	较弱	0.33	25	科特迪瓦	弱	0.40
10	埃塞俄比亚	较弱	0.34	26	塞内加尔	弱	0.42
11	斯威士兰	较弱	0.37	27	几内亚	弱	0.42
12	莫桑比克	较弱	0.37	28	尼日尔	弱	0.42
13	加蓬	较弱	0.40	29	毛里塔尼亚	弱	0.45
14	尼日利亚	较弱	0.42	30	安哥拉	弱	0.45
15	冈比亚	较弱	0.43	31	民主刚果	弱	0.52
16	乌干达	较弱	0.45	—	—	—	—

4.2.4 投资状况评价

非洲作为拥有发展中国家最多的一个大洲,也被各国投资者认为是全球有待开发的最后一个大市场。从对撒哈拉以南非洲地区 31 个被评价国家的资本流动情况来看,处于"强"灰类的国家有贝宁等 5 个,占被评价国家总数的 16%;处于"较强"灰类的国家有毛里求斯等 3 个,占被评价国家总数的 10%;处于"一般"灰类的国家有斯威士兰等 7 个,占被评价国家总数的 23%;处于"较弱"灰类的国家有坦桑尼亚等 7 个,占被评价国家总数的 22%;处于"弱"灰类的国家有赞比亚等 9 个,占被评价国家总数的 29%(表 4.17)。从反映资本流动的指标上看,农产品出口是该地区大多数国家资本流动的重要途径,在被评价的 31 个国家中农产品出口份额占其总出口份额超过 20% 的国家就有 20 个,占被评价国家总数的 65%,其中贝宁的农产品出口份额更是达到了 84%。农产品出口份额的差异也对各国的资本流动产生了重要影响,如处于"强"灰类的 5 个国家的平均农产品出口份额为 80%,而处于"弱"灰类的 9 个国家的平均农产品出口份额降低到 20%。

表 4.17　撒哈拉以南非洲地区主要国家的资本流动评价结果

序号	国家	灰类	聚类系数	序号	国家	灰类	聚类系数
1	贝宁	强	0.52	17	坦桑尼亚	较弱	0.43
2	埃塞俄比亚	强	0.52	18	利比里亚	较弱	0.48
3	冈比亚	强	0.52	19	马里	较弱	0.59
4	马拉维	强	0.52	20	加蓬	较弱	0.62
5	乌干达	强	0.52	21	南非	较弱	0.66
6	毛里求斯	较强	0.67	22	几内亚	较弱	0.79
7	纳米比亚	较强	0.47	23	赞比亚	弱	0.33
8	马达加斯加	较强	0.42	24	毛里塔尼亚	弱	0.48
9	斯威士兰	一般	0.83	25	肯尼亚	弱	0.48
10	莫桑比克	一般	0.52	26	喀麦隆	弱	0.48
11	尼日尔	一般	0.51	27	安哥拉	弱	0.48
12	苏丹	一般	0.46	28	民主刚果	弱	0.49
13	加纳	一般	0.45	29	塞拉利昂	弱	0.52
14	津巴布韦	一般	0.44	30	尼日利亚	弱	0.52
15	塞内加尔	一般	0.40	31	刚果布	弱	0.52
16	科特迪瓦	较弱	0.38	—	—	—	—

　　投资管理的评价结果反映出，撒哈拉以南非洲地区各国在投资管理上还存在着较大的提升空间。在 31 个被评价的国家中，投资管理处于"强"灰类的国家有毛里求斯和斯威士兰 2 个；处于"较强"灰类的国家有马达加斯加和南非 2 个；处于"一般"灰类的国家有加蓬等 10 个；处于"较弱"灰类的国家有赞比亚等12 个；处于"弱"灰类的国家有利比里亚等 5 个，各灰类分别占被评价国家总数的 6%、6%、32%、39%、16%（表 4.18）。从反映投资管理的投资纳税项简洁指数指标和货物出口文件便利指数指标看，处于"强"灰类的两个国家的平均值分别为 86.12 和 70.83；处于"较强"灰类的两个国家的平均值分别为 78.87 和 58.33；处于"一般"灰类的 10 个国家平均值分别为 46.34 和 44.17；处于"较弱"灰类的 12 个国家平均值分别为 43.19 和 34.72；处于"弱"灰类的 5 个国家平均值分别为 30.98 和 20.01。整体看来，该地区各国的投资管理水平相对较低，在 31 个被评价国家中，处于"强""较强"灰类的国家只有 4 个，而处于"较弱""弱"灰类的国家有 17 个，占被评价国家总数的 55%。

表 4.18　撒哈拉以南非洲地区主要国家的投资管理评价结果

序号	国家	灰类	聚类系数	序号	国家	灰类	聚类系数
1	毛里求斯	强	0.71	3	马达加斯加	较强	0.62
2	斯威士兰	强	0.40	4	南非	较强	0.55

序号	国家	灰类	聚类系数	序号	国家	灰类	聚类系数
5	加蓬	一般	0.90	19	马拉维	较弱	0.56
6	加纳	一般	0.85	20	莫桑比克	较弱	0.66
7	埃塞俄比亚	一般	0.65	21	尼日尔	较弱	0.67
8	冈比亚	一般	0.60	22	民主刚果	较弱	0.67
9	马里	一般	0.54	23	苏丹	较弱	0.76
10	塞拉利昂	一般	0.54	24	毛里塔尼亚	较弱	0.83
11	乌干达	一般	0.52	25	纳米比亚	较弱	0.91
12	安哥拉	一般	0.52	26	肯尼亚	较弱	0.94
13	贝宁	一般	0.40	27	利比里亚	弱	0.35
14	塞内加尔	一般	0.40	28	几内亚	弱	0.38
15	赞比亚	较弱	0.51	29	喀麦隆	弱	0.51
16	津巴布韦	较弱	0.52	30	科特迪瓦	弱	0.51
17	坦桑尼亚	较弱	0.55	31	刚果布	弱	0.68
18	尼日利亚	较弱	0.56	—	—	—	—

目前，撒哈拉以南非洲地区是全球海外耕地投资的热点地区之一。从对该地区 31 个国家的耕地投资评价结果看，处于"强"灰类的国家有埃塞俄比亚等 8 个；处于"较强"灰类的国家有塞内加尔等 4 个；处于"一般"灰类的国家有贝宁等 3 个；处于"较弱"灰类的国家有加蓬等 6 个；处于"弱"灰类的国家有毛里塔尼亚等 10 个，各灰类分别占被评价国家总数的 26%、13%、10%、19%、32%（表 4.19）。从耕地投资国数目指标和耕地投资总面积指标看，处于"强"灰类的 8 个国家平均为 9.5 个和 76.18 万公顷；处于"较强"灰类的 4 个国家平均为 6.0 个和 45.85 万公顷；处于"一般"灰类的 3 个国家平均为 4.1 个和 21.56 万公顷；处于"较弱"灰类的 6 个国家平均为 2.5 个和 28.26 万公顷；处于"弱"灰类的 10 个国家平均为 1.2 个和 6.08 万公顷。

表 4.19 撒哈拉以南非洲地区主要国家的耕地投资评价结果

序号	国家	灰类	聚类系数	序号	国家	灰类	聚类系数
1	埃塞俄比亚	强	0.88	8	利比里亚	强	0.44
2	莫桑比克	强	0.88	9	塞内加尔	较强	0.66
3	塞拉利昂	强	0.88	10	尼日利亚	较强	0.59
4	坦桑尼亚	强	0.88	11	赞比亚	较强	0.48
5	马里	强	0.71	12	乌干达	较强	0.44
6	加纳	强	0.64	13	贝宁	一般	0.74
7	苏丹	强	0.52	14	喀麦隆	一般	0.41

续表

序号	国家	灰类	聚类系数	序号	国家	灰类	聚类系数
15	安哥拉	一般	0.36	24	几内亚	弱	0.64
16	加蓬	较弱	0.32	25	冈比亚	弱	0.64
17	马达加斯加	较弱	0.45	26	斯威士兰	弱	0.68
18	刚果布	较弱	0.45	27	肯尼亚	弱	0.68
19	马拉维	较弱	0.55	28	科特迪瓦	弱	0.82
20	纳米比亚	较弱	0.57	29	毛里求斯	弱	0.89
21	民主刚果	较弱	0.83	30	南非	弱	0.98
22	毛里塔尼亚	弱	0.50	31	津巴布韦	弱	1.00
23	尼日尔	弱	0.64	—	—	—	—

　　从对整个投资状况的评价结果看,在撒哈拉以南非洲被评价的31个国家中,投资状况处于"强"灰类的国家有埃塞俄比亚等6个;处于"较强"灰类的国家有马达加斯加等5个;处于"一般"灰类的有贝宁等4个;处于"较弱"灰类的有苏丹等6个;处于"弱"灰类的有尼日尔等10个,各灰类分别占被评价国家总数的19%、16%、13%、19%、32%(表4.20)。可以发现,虽然该地区经济发展水平落后,但是被评价的31个国家中有11个国家处于"强"和"较强"灰类,也反映出投资者对该地区一些国家具有浓厚的投资兴趣。在投资特点上,该地区国家的重要缺陷是投资管理水平较低,但是可能受得天独厚的耕地资源优势、农业开发潜力和优惠政策引导,该地区各国整体的耕地投资水平明显较高。

表4.20　撒哈拉以南非洲地区主要国家的投资状况评价结果

序号	国家	灰类	聚类系数	序号	国家	灰类	聚类系数
1	埃塞俄比亚	强	0.54	13	加纳	一般	0.46
2	莫桑比克	强	0.47	14	安哥拉	一般	0.41
3	塞拉利昂	强	0.44	15	尼日利亚	一般	0.35
4	坦桑尼亚	强	0.44	16	苏丹	较弱	0.28
5	利比里亚	强	0.38	17	加蓬	较弱	0.28
6	马里	强	0.37	18	刚果布	较弱	0.34
7	马达加斯加	较强	0.39	19	马拉维	较弱	0.46
8	塞内加尔	较强	0.37	20	纳米比亚	较弱	0.56
9	赞比亚	较强	0.35	21	民主刚果	较弱	0.62
10	乌干达	较强	0.30	22	尼日尔	弱	0.33
11	喀麦隆	较强	0.26	23	毛里塔尼亚	弱	0.34
12	贝宁	一般	0.49	24	斯威士兰	弱	0.38

续表

序号	国家	灰类	聚类系数	序号	国家	灰类	聚类系数
25	冈比亚	弱	0.39	29	南非	弱	0.55
26	几内亚	弱	0.43	30	科特迪瓦	弱	0.58
27	毛里求斯	弱	0.44	31	津巴布韦	弱	0.62
28	肯尼亚	弱	0.45	—	—	—	—

4.2.5　投资潜力综合评价

从对海外耕地投资潜力的最终评价结果看，在撒哈拉以南非洲地区被评价的 31 个国家中，处于"强"灰类的国家有埃塞俄比亚等 7 个；处于"较强"灰类的国家有喀麦隆和塞内加尔 2 个；处于"一般"灰类的国家有马达加斯加等 4 个；处于"较弱"灰类的国家有马里等 5 个；处于"弱"灰类的国家有几内亚等 13 个，以上各灰类中的国家数量分别占被评价国家总数的 23%、6%、13%、16%、42%（表 4.21）。从评价的次目标上看，撒哈拉以南非洲地区的国家在资源条件和投资状况上具有明显的优势，但是较差的生产基础和宏观环境制约的大多数国家的海外耕地投资潜力，如处于"强"灰类的 7 个国家的平均耕地总面积为 1559.3 万公顷，而处于"弱"灰类的 13 个国家则降低到 385.2 万公顷；处于"强"灰类的 7 个国家平均被投资耕地面积为 78.5 万公顷，处于"弱"灰类的 13 个国家则降低到 15.6 万公顷。综合看来，在撒哈拉以南非洲发生海外耕地投资的 31 个国家中，投资潜力处于"强"灰类的 7 个国家共拥有耕地面积 1.2 亿公顷，占以上国家耕地总量的 44%。

表 4.21　撒哈拉以南非洲地区主要国家的投资潜力综合评价结果

序号	国家	灰类	聚类系数	序号	国家	灰类	聚类系数
1	埃塞俄比亚	强	0.31	12	贝宁	一般	0.24
2	加纳	强	0.30	13	加蓬	一般	0.17
3	苏丹	强	0.30	14	马里	较弱	0.22
4	坦桑尼亚	强	0.28	15	赞比亚	较弱	0.26
5	莫桑比克	强	0.26	16	马拉维	较弱	0.32
6	乌干达	强	0.25	17	民主刚果	较弱	0.36
7	尼日利亚	强	0.20	18	肯尼亚	较弱	0.39
8	喀麦隆	较强	0.25	19	几内亚	弱	0.32
9	塞内加尔	较强	0.24	20	南非	弱	0.33
10	马达加斯加	一般	0.32	21	安哥拉	弱	0.33
11	塞拉利昂	一般	0.26	22	斯威士兰	弱	0.35

续表

序号	国家	灰类	聚类系数	序号	国家	灰类	聚类系数
23	纳米比亚	弱	0.35	28	刚果布	弱	0.44
24	利比里亚	弱	0.35	29	毛里求斯	弱	0.46
25	科特迪瓦	弱	0.36	30	冈比亚	弱	0.47
26	尼日尔	弱	0.37	31	毛里塔尼亚	弱	0.48
27	津巴布韦	弱	0.44	—	—	—	—

4.3　拉丁美洲地区主要国家

4.3.1　资源条件评价

拉丁美洲地区人均耕地面积为 0.23 公顷，并且具有较好的光温条件，也被联合国粮农组织认为是全球粮食增产的希望所在。从对拉丁美洲地区 13 个主要国家的耕地数量评价结果看，处于"强"灰类的国家有阿根廷等 7 个，占被评价国家总数的 54%；处于"一般"灰类的国家有秘鲁 1 个；处于"较弱"灰类的国家有委内瑞拉、厄瓜多尔、智利 3 个；处于"弱"灰类的国家有牙买加和圭亚那 2 个（表 4.22）。从对耕地面积的评价结果看，处于"强"灰类的阿根廷等 7 个国家的平均拥有耕地面积为 2287.6 万公顷、平均人均耕地面积为 0.46 公顷；处于"一般"灰类的秘鲁拥有耕地面积 450.0 万公顷、平均人均耕地面积为 0.15 公顷；处于"较弱"灰类的委内瑞拉等 3 个国家平均拥有耕地面积为 251.9 万公顷、平均人均耕地面积为 0.13 公顷；处于"弱"灰类的牙买加和圭亚那 2 个国家平均拥有耕地面积为 33.4 万公顷、平均人均耕地面积为 0.34 公顷。从后备耕地资源开发潜力看，处于"强"灰类的各国平均耕地可扩充比例为 40.3%，处于"一般"灰类的秘鲁为 23.3%，处于"较弱"灰类的 3 个国家平均为 19.5%，处于"弱"灰类的各国平均为 13.7%。

表 4.22　拉丁美洲地区主要国家的耕地数量评价结果

序号	国家	灰类	聚类系数	序号	国家	灰类	聚类系数
1	阿根廷	强	0.66	8	秘鲁	一般	0.41
2	巴西	强	0.65	9	委内瑞拉	较弱	0.39
3	墨西哥	强	0.51	10	厄瓜多尔	较弱	0.40
4	巴拉圭	强	0.41	11	智利	较弱	0.53
5	乌拉圭	强	0.41	12	牙买加	弱	0.49
6	玻利维亚	强	0.32	13	圭亚那	弱	0.71
7	哥伦比亚	强	0.28	—	—	—	—

从对耕地质量的评价结果看，在拉丁美洲地区的 13 个主要国家中，处于"强"灰类的国家有巴西和智利 2 个；处于"较强"灰类的国家有阿根廷 1 个；处于"一般"灰类的国家有秘鲁等 4 个；处于"较弱"灰类的国家有乌拉圭等 5 个；处于"弱"灰类的国家有牙买加 1 个，各灰类分别占该地区被评价国家总数的 15%、8%、31%、38%、8%（表 4.23）。在以上 13 个国家中，处于"强"灰类的 2 个国家的平均可灌溉耕地面积和人均淡水量分别为 365.1 万公顷和 39 292.5 立方米，处于"较强"灰类的阿根廷可灌溉耕地面积和人均淡水量分别为 165.0 万公顷和 6777.0 立方米；处于"一般"灰类的 4 个国家的平均可灌溉耕地面积和人均淡水量分别为 108.5 万公顷和 38 062.5 立方米；处于"较弱"灰类的 5 个国家的平均可灌溉耕地面积和人均淡水量分别为 102.2 万公顷和 19 857.0 立方米；处于"弱"灰类的牙买加可灌溉耕地面积和人均淡水量分别为 2.5 万公顷和 3475 立方米。

表 4.23 拉丁美洲地区主要国家的耕地质量评价结果

序号	国家	灰类	聚类系数	序号	国家	灰类	聚类系数
1	巴西	强	0.38	8	乌拉圭	较弱	0.33
2	智利	强	0.30	9	玻利维亚	较弱	0.41
3	阿根廷	较强	0.33	10	圭亚那	较弱	0.46
4	秘鲁	一般	0.48	11	墨西哥	较弱	0.47
5	厄瓜多尔	一般	0.39	12	巴拉圭	较弱	0.52
6	委内瑞拉	一般	0.33	13	牙买加	弱	0.50
7	哥伦比亚	一般	0.27	—	—	—	—

从资源条件来看，在拉丁美洲地区的 13 个主要国家中，处于"强"灰类的国家有巴西等 4 个；处于"一般"灰类的有秘鲁等 3 个；处于"较弱"灰类的有哥伦比亚等 3 个；处于"弱"灰类的有玻利维亚等 3 个，各灰类分别占被评价国家总数的 31%、23%、23%、23%（表 4.24）。分别从耕地数量和耕地质量两方面来看，该地区被评价国家的资源条件特点是耕地数量优势十分突出，耕地数量处于"强"灰类的国家总数占被评价国家总数的 54%，特别是巴西所拥有的耕地面积将近 8000 万公顷，但是各国较低的耕地质量水平导致该地区整体资源条件同耕地数量相比有所下降。各国耕地质量下降的原因并不在于人均淡水量的不足，而在于可灌溉耕地面积较少和可灌溉耕地比例较低，如该地区耕地资源最充裕的巴西和阿根廷的可灌溉耕地比例均不超过 2%。

表 4.24 拉丁美洲地区主要国家的资源条件评价结果

序号	国家	灰类	聚类系数	序号	国家	灰类	聚类系数
1	巴西	强	0.55	3	墨西哥	强	0.44
2	阿根廷	强	0.53	4	乌拉圭	强	0.38

续表

序号	国家	灰类	聚类系数	序号	国家	灰类	聚类系数
5	秘鲁	一般	0.44	10	智利	较弱	0.43
6	厄瓜多尔	一般	0.38	11	玻利维亚	弱	0.30
7	委内瑞拉	一般	0.34	12	牙买加	弱	0.49
8	哥伦比亚	较弱	0.27	13	圭亚那	弱	0.51
9	巴拉圭	较弱	0.31	—	—	—	—

4.3.2　生产基础评价

拉丁美洲地区是 20 世纪 60 年代绿色革命的主要发源地，农业生产物质资料投入的提升曾大大提高过该地区的谷物产量。从对拉丁美洲地区 13 个国家物质投入条件的评价结果来看，处于"强"灰类的国家有智利和哥伦比亚 2 个；处于"较强"灰类的国家有乌拉圭和巴西 2 个；处于"一般"灰类的国家有牙买加等 6 个；处于"较弱"灰类的国家有阿根廷和圭亚那 2 个；处于"弱"灰类的国家有玻利维亚 1 个，各灰类分别占被评价国家总数的 15%、15%、46%、15%、8%（表 4.25）。在农用机械量和化肥消费量的投入上，处于"强"灰类的 2 个国家的平均为 254.4 个/百平方公里和 561.0 千克/千公顷；处于"较强"灰类的 2 个国家的平均为 174.4 个/百平方公里和 158.7 千克/千公顷；处于"一般"灰类的 6 个国家的平均为 88.1 个/百平方公里和 126.4 千克/千公顷；处于"较弱"灰类的 2 个国家的平均为 83.7 个/百平方公里和 39.9 千克/千公顷；处于"弱"灰类的玻利维亚为 20.0 个/百平方公里和 9.0 千克/千公顷。

表 4.25　拉丁美洲地区主要国家的物质投入条件评价结果

序号	国家	灰类	聚类系数	序号	国家	灰类	聚类系数
1	智利	强	0.61	8	巴拉圭	一般	0.38
2	哥伦比亚	强	0.38	9	委内瑞拉	一般	0.37
3	乌拉圭	较强	0.53	10	秘鲁	一般	0.35
4	巴西	较强	0.36	11	阿根廷	较弱	0.50
5	牙买加	一般	0.79	12	圭亚那	较弱	0.55
6	墨西哥	一般	0.51	13	玻利维亚	弱	0.98
7	厄瓜多尔	一般	0.41	—	—	—	—

从对保障条件的评价看，拉丁美洲地区被评价国家的农业保障水平相差不大，各国集中在"较强""一般""较弱"三个灰类中。在该地区被评价的 13 个国家中，处于"较强"灰类的国家有乌拉圭等 6 个；处于"一般"灰类的国家有厄瓜多尔

和哥伦比亚 2 个；处于"较弱"灰类的国家有圭亚那等 5 个，以上各灰类分别占被评价国家总数的 46%、15%、39%（表 4.26）。从各灰类的物流绩效指数看，处于"较强"灰类的 6 个国家平均为 61.1，处于"一般"灰类的 2 个国家平均为 56.3，处于"较弱"灰类的 5 个国家平均为 49.3；从各灰类的互联网普及率看，处于"较强"灰类的 6 个国家平均为 39.2%，处于"一般"灰类的 2 个国家平均为 32.8%，处于"较弱"灰类的 5 个国家平均为 26.4%。

表 4.26 拉丁美洲地区主要国家的保障条件评价结果

序号	国家	灰类	聚类系数	序号	国家	灰类	聚类系数
1	乌拉圭	较强	0.90	8	哥伦比亚	一般	0.63
2	智利	较强	0.60	9	圭亚那	较弱	0.60
3	阿根廷	较强	0.59	10	委内瑞拉	较弱	0.71
4	墨西哥	较强	0.57	11	玻利维亚	较弱	0.71
5	巴西	较强	0.51	12	牙买加	较弱	0.78
6	秘鲁	较强	0.49	13	巴拉圭	较弱	0.97
7	厄瓜多尔	一般	0.78	—	—	—	—

从整个生产基础来看，被评价的拉丁美洲国家整体条件较好。在被评价的 13 个国家中，处于"强"灰类的国家有智利等 8 个；处于"较强"灰类的国家有乌拉圭 1 个；处于"一般"灰类的国家有厄瓜多尔 1 个；处于"较弱"灰类的国家有巴拉圭和圭亚那 2 个；处于"弱"灰类的国家有玻利维亚 1 个。以上各灰类分别占被评价国家总数的 62%、8%、8%、15%、8%（表 4.27）。可以看出，该地区生产基础处于"一般"灰类以上的国家占被评价国家总数的 70%，部分国家明显具有较好的生产基础条件。综合物质投入条件和保障条件还可以看出，该地区处于"较弱"灰类和"弱"灰类的国家很少。在物质投入条件上，只有阿根廷、圭亚那、玻利维亚 3 个国家处于"较弱"和"弱"灰类，而在保障条件中，有圭亚那等 5 个国家处于"较弱"灰类中，没有国家处于"弱"灰类，也正是较好的农业生产物质投入和较为集中的保障条件使得该地区整体具有了较好的生产基础。

表 4.27 拉丁美洲地区主要国家的生产基础评价结果

序号	国家	灰类	聚类系数	序号	国家	灰类	聚类系数
1	智利	强	0.51	5	牙买加	强	0.30
2	哥伦比亚	强	0.35	6	阿根廷	强	0.28
3	巴西	强	0.32	7	墨西哥	强	0.26
4	委内瑞拉	强	0.31	8	秘鲁	强	0.24

序号	国家	灰类	聚类系数	序号	国家	灰类	聚类系数
9	乌拉圭	较强	0.43	12	巴拉圭	较弱	0.36
10	厄瓜多尔	一般	0.37	13	玻利维亚	弱	0.28
11	圭亚那	较弱	0.32	—	—	—	—

4.3.3　宏观环境评价

从对社会环境的评价结果看，在拉丁美洲地区的 13 个主要国家中，处于"强"灰类的国家有阿根廷等 5 个；处于"较强"灰类的国家有牙买加等 3 个；处于"一般"灰类的国家有圭亚那等 4 个；处于"较弱"灰类的国家有玻利维亚 1 个，各灰类分别占被评价国家总数的 39%、23%、31%、8%（表 4.28）。从社会全球化指数看，处于"强"灰类的 5 个国家平均为 46.05；处于"较强"灰类的 3 个国家平均为 45.51；处于"一般"灰类的 4 个国家平均为 43.92；处于"较弱"灰类的玻利维亚为 31.98。联合国开发计划署发布的社会满意度比例和人类发展指数也显示，在以上被评价国家中，处于"强"灰类的 5 个国家平均为 85.4 和 76.3，处于"较强"灰类的 3 个国家平均为 75.3 和 76.3，处于"一般"灰类的 4 个国家平均为 76.5 和 72.2，处于"较弱"灰类的玻利维亚为 74.8 和 67.5。

表 4.28　拉丁美洲地区主要国家的社会环境评价结果

序号	国家	灰类	聚类系数	序号	国家	灰类	聚类系数
1	阿根廷	强	0.53	8	秘鲁	较强	0.43
2	乌拉圭	强	0.43	9	圭亚那	一般	0.50
3	厄瓜多尔	强	0.38	10	墨西哥	一般	0.43
4	巴拉圭	强	0.34	11	委内瑞拉	一般	0.41
5	哥伦比亚	强	0.34	12	巴西	一般	0.29
6	牙买加	较强	0.55	13	玻利维亚	较弱	0.35
7	智利	较强	0.48	—	—	—	—

从对治理环境的评价结果看，在拉丁美洲地区被评价的 13 个主要国家中，处于"强"灰类的国家有乌拉圭 1 个；处于"较强"灰类的国家有厄瓜多尔等 3 个；处于"一般"灰类的国家有哥伦比亚 1 个；处于"较弱"灰类的国家有巴拉圭等 7 个；处于"弱"灰类的国家有秘鲁 1 个，各灰类分别占被评价国家总数的 8%、23%、8%、54%、8%（表 4.29）。从对政府的信任度比例上看，处于"强"灰类的乌拉圭为 73%；处于"较强"灰类的 3 个国家平均为 60%；处于"一般"灰类的哥伦比亚为 55%；处于"较弱"灰类的 7 个国家平均为 44%；处于"弱"灰类

的秘鲁下降为 19%。从对国家环境的安全感比例上看，处于"强"灰类的乌拉圭为 48%；处于"较强"灰类的 3 个国家平均为 43%；处于"一般"灰类的哥伦比亚也为 43%；处于"较弱"灰类的 7 个国家平均为 42%；处于"弱"灰类的秘鲁为 36%。

表 4.29 拉丁美洲地区主要国家的治理环境评价结果

序号	国家	灰类	聚类系数	序号	国家	灰类	聚类系数
1	乌拉圭	强	0.53	8	圭亚那	较弱	0.40
2	厄瓜多尔	较强	0.58	9	巴西	较弱	0.41
3	阿根廷	较强	0.36	10	玻利维亚	较弱	0.57
4	委内瑞拉	较强	0.32	11	牙买加	较弱	0.63
5	哥伦比亚	一般	0.56	12	墨西哥	较弱	0.66
6	巴拉圭	较弱	0.37	13	秘鲁	弱	0.40
7	智利	较弱	0.37	—	—	—	—

从对拉丁美洲地区 13 个主要国家的商业环境评价结果看，处于"强"灰类的国家有秘鲁等 3 个；处于"较强"灰类的国家有巴西和墨西哥 2 个；处于"一般"灰类的国家牙买加等 3 个；处于"较弱"灰类的国家有圭亚那等 3 个；处于"弱"灰类的国家有玻利维亚和委内瑞拉 2 个，各灰类分别占被评价国家总数的 23%、15%、23%、23%、15%（表 4.30）。从反映商业环境的营商便利指数指标看，处于"强"灰类的 3 个国家平均为 79.01；处于"较强"灰类的 2 个国家平均为 55.29；处于"一般"灰类的 3 个国家平均为 48.68；处于"较弱"灰类的 3 个国家平均为 33.69；处于"弱"灰类的 2 个国家平均为 9.26。

表 4.30 拉丁美洲地区主要国家的商业环境评价结果

序号	国家	灰类	聚类系数	序号	国家	灰类	聚类系数
1	秘鲁	强	0.91	8	巴拉圭	一般	0.37
2	智利	强	0.60	9	圭亚那	较弱	0.51
3	哥伦比亚	强	0.49	10	厄瓜多尔	较弱	0.56
4	巴西	较强	0.38	11	阿根廷	较弱	0.65
5	墨西哥	较强	0.32	12	玻利维亚	弱	0.47
6	牙买加	一般	0.94	13	委内瑞拉	弱	0.60
7	乌拉圭	一般	0.78	—	—	—	—

从宏观环境的评价结果来看，在拉丁美洲地区的 13 个主要国家中，宏观环境处于"强"灰类的国家有智利和秘鲁 2 个；处于"较强"灰类的国家有厄瓜多尔

1 个；处于"一般"灰类的国家有牙买加等 7 个；处于"较弱"灰类的国家有巴西等 3 个，各灰类分别占被评价国家总数的 15%、8%、54%、23%（表 4.31）。从构成宏观环境评价的社会环境、治理环境和商业环境看，该地区社会环境较好，政府治理水平稍显薄弱，商业环境一般，整体宏观环境优势不明显的主要原因在于治理环境和商业环境不理想。

表 4.31　拉丁美洲地区主要国家的宏观环境评价结果

序号	国家	灰类	聚类系数	序号	国家	灰类	聚类系数
1	智利	强	0.44	8	阿根廷	一般	0.32
2	秘鲁	强	0.41	9	委内瑞拉	一般	0.32
3	厄瓜多尔	较强	0.34	10	巴拉圭	一般	0.30
4	牙买加	一般	0.53	11	巴西	较弱	0.31
5	圭亚那	一般	0.43	12	墨西哥	较弱	0.33
6	乌拉圭	一般	0.42	13	玻利维亚	较弱	0.34
7	哥伦比亚	一般	0.32	—	—	—	—

4.3.4　投资状况评价

从对资本流动的评价结果看，在拉丁美洲地区这 13 个被评价的主要国家中，资本流动处于"强"灰类的国家有巴拉圭等 3 个；处于"较强"灰类的有圭亚那和阿根廷 2 个；处于"一般"灰类的国家有玻利维亚等 5 个；处于"弱"灰类的国家有厄瓜多尔等 3 个，各灰类分别占被评价国家总数的 23%、15%、39%、23%（表 4.32）。该地区是一个农业占主导的地区，部分国家也是全球重要的农产品输出国。以各国的农产品出口份额在总出口份额中的比例为例，处于"强"灰类的 3 个国家平均为 59.6%；处于"较强"灰类的 2 个国家平均为 49.9%；处于"一般"灰类的 5 个国家平均为 22.5%；处于"弱"灰类的 3 个国家平均为 13.5%。

表 4.32　拉丁美洲地区主要国家的资本流动评价结果

序号	国家	灰类	聚类系数	序号	国家	灰类	聚类系数
1	巴拉圭	强	0.52	8	哥伦比亚	一般	0.53
2	乌拉圭	强	0.52	9	智利	一般	0.48
3	秘鲁	强	0.43	10	牙买加	一般	0.44
4	圭亚那	较强	0.65	11	厄瓜多尔	弱	0.48
5	阿根廷	较强	0.49	12	墨西哥	弱	0.53
6	玻利维亚	一般	0.75	13	委内瑞拉	弱	0.66
7	巴西	一般	0.60	—	—	—	—

投资管理的评价结果显示,拉丁美洲地区这 13 个主要国家的整体投资管理水平较高,所有国家中只有玻利维亚处于"较弱"灰类。在以上国家中,投资管理处于"强"灰类的国家有委内瑞拉等 6 个;处于"一般"灰类的国家有秘鲁等 6 个;处于"较弱"灰类的国家有玻利维亚 1 个,各灰类分别占被评价国家总数的 46%、46%、8%(表 4.33)。从反映投资管理的投资纳税项简洁指数和企业注册程序便捷指数看,处于"强"灰类的 6 个国家平均为 89.7 和 59.3;处于"一般"灰类的 6 个国家平均值下降为 66.0 和 50.9;处于"较弱"灰类的玻利维亚下降为 40.85 和 16.7。

表 4.33 拉丁美洲地区主要国家的投资管理评价结果

序号	国家	灰类	聚类系数	序号	国家	灰类	聚类系数
1	委内瑞拉	强	0.93	8	巴拉圭	一般	0.84
2	哥伦比亚	强	0.65	9	圭亚那	一般	0.74
3	智利	强	0.38	10	牙买加	一般	0.51
4	厄瓜多尔	强	0.38	11	阿根廷	一般	0.40
5	墨西哥	强	0.38	12	巴西	一般	0.40
6	乌拉圭	强	0.38	13	玻利维亚	较弱	0.48
7	秘鲁	一般	0.85	—	—	—	—

拉丁美洲地区也是当前海外耕地投资的主要发生地之一。从对该地区 13 个主要国家的耕地投资状况评价结果看,处于"强"灰类的国家有巴西和阿根廷 2 个;处于"较强"灰类的国家有乌拉圭 1 个;处于"一般"灰类的国家有巴拉圭和哥伦比亚 2 个;处于"较弱"灰类的国家有墨西哥等 4 个;处于"弱"灰类的有厄瓜多尔等 4 个,各灰类分别占被评价国家总数的 15%、8%、15%、31%、31%(表 4.34)。从反映耕地投资状况的耕地投资总面积和耕地投资项目数量看,处于"强"灰类的 2 个国家平均为 194.9 万公顷和 19 个;处于"较强"灰类的乌拉圭为 34.6 万公顷和 8 个,处于"一般"灰类的 2 个国家平均为 38.8 万公顷和 5 个,处于"较弱"灰类的 4 个国家平均为 24.4 万公顷和 2.5 个;处于"弱"灰类的 4 个国家平均为 3.7 万公顷和 1 个。

表 4.34 拉丁美洲地区主要国家的耕地投资评价结果

序号	国家	灰类	聚类系数	序号	国家	灰类	聚类系数
1	巴西	强	1.00	5	哥伦比亚	一般	0.36
2	阿根廷	强	0.88	6	墨西哥	较弱	0.51
3	乌拉圭	较强	0.54	7	圭亚那	较弱	0.55
4	巴拉圭	一般	0.55	8	秘鲁	较弱	0.55

序号	国家	灰类	聚类系数	序号	国家	灰类	聚类系数
9	智利	较弱	0.66	12	牙买加	弱	0.95
10	厄瓜多尔	弱	0.64	13	委内瑞拉	弱	1.00
11	玻利维亚	弱	0.65	—	—	—	—

从整个投资状况看，在拉丁美洲被评价的 13 个国家中，处于"强"灰类的国家有巴西等 3 个；处于"较强"灰类的国家有乌拉圭 1 个；处于"一般"灰类的有巴拉圭和秘鲁 2 个；处于"较弱"灰类的有智利和圭亚那 2 个；处于"弱"灰类的有墨西哥等 5 个，各灰类分别占被评价国家总数的 23%、8%、15%、15%、39%（表 4.35）。从反映整体投资状况的资本流动、投资管理和耕地投资三方面看，该地区大多数国家资本流动水平虽然不高，可是各国对投资的管理相对比较规范，大多数国家已经发生了海外耕地投资。但是，该地区整体的投资状况并不突出，大多数国家的投资状况处于"较弱"和"弱"灰类中，此两类国家占了该地区被评价国家总数的 54%。

表 4.35　拉丁美洲地区主要国家的投资状况评价结果

序号	国家	灰类	聚类系数	序号	国家	灰类	聚类系数
1	巴西	强	0.61	8	圭亚那	较弱	0.37
2	阿根廷	强	0.56	9	墨西哥	弱	0.37
3	哥伦比亚	强	0.37	10	玻利维亚	弱	0.43
4	乌拉圭	较强	0.33	11	厄瓜多尔	弱	0.47
5	巴拉圭	一般	0.54	12	牙买加	弱	0.51
6	秘鲁	一般	0.37	13	委内瑞拉	弱	0.63
7	智利	较弱	0.33	—	—	—	—

4.3.5　投资潜力综合评价

对拉丁美洲地区主要国家海外耕地投资潜力的最终评价结果显示，在该地区的 13 个主要国家中，海外耕地投资潜力处于"强"灰类的国家有巴西等 4 个；处于"一般"灰类的国家有秘鲁 1 个；处于"较弱"灰类的国家有厄瓜多尔等 5 个；处于"弱"灰类的国家有玻利维亚等 3 个，以上各灰类中的国家数量分别占被评价国家总数的 31%、8%、38%、23%（表 4.36）。从评价的次目标看，拉丁美洲地区国家的最大优势在于生产基础较好，其次是资源条件，制约该地区部分国家投资潜力提升的主要因素是宏观环境和投资状况，如处于"强"灰类的 4 个国家平均海外耕地投资面积为 101.4 万公顷，而处于"弱"灰类的 3 个国家平均只有 1.6 万公顷。综合看来，在被评价的拉丁美洲国家中，投资潜力处于"强"灰类的 4 个国家共有耕地面积 1.24 亿公顷，占被评价国家耕地总量的 72%。

表 4.36 拉丁美洲地区主要国家的投资潜力综合评价结果

序号	国家	灰类	聚类系数	序号	国家	灰类	聚类系数
1	巴西	强	0.49	8	圭亚那	较弱	0.29
2	阿根廷	强	0.47	9	智利	较弱	0.31
3	乌拉圭	强	0.32	10	巴拉圭	较弱	0.33
4	哥伦比亚	强	0.30	11	玻利维亚	弱	0.32
5	秘鲁	一般	0.34	12	委内瑞拉	弱	0.35
6	厄瓜多尔	较弱	0.27	13	牙买加	弱	0.38
7	墨西哥	较弱	0.29	—	—	—	—

4.4 前苏联地区诸国

4.4.1 资源条件评价

据联合国粮农组织统计，在全球人均耕地面积排名前 15 的国家中，前苏联地区国家就占 7 个，该地区也被认为是全球耕地资源最充裕的地区之一。从对该地区各国的耕地数量评价结果看，前苏联地区诸国耕地数量处于"强"灰类的国家有俄罗斯等 6 个；处于"一般"灰类的国家有乌兹别克斯坦 1 个；处于"较弱"灰类的国家有阿塞拜疆和摩尔瓦多 2 个；处于"弱"灰类的国家有塔吉克斯坦等 6 个，各灰类分别占被评价国家总数的 40%、7%、13%、40%（表 4.37）。从各国拥有的耕地总面积和人均耕地面积看，处于"强"灰类的 6 个国家平均拥有耕地面积 3178.8 万公顷，平均人均耕地面积 0.79 公顷；处于"一般"灰类的乌兹别克斯坦拥有耕地总面积 466.0 万公顷，人均耕地面积 0.17 公顷；处于"较弱"灰类的 2 个国家平均拥有耕地面积 211.0 万公顷，平均人均耕地面积 0.41 公顷；处于"弱"灰类的 6 个国家平均拥有耕地面积 85.8 万公顷，平均人均耕地面积为 0.28 公顷。

表 4.37 前苏联地区诸国的耕地数量评价结果

序号	国家	灰类	聚类系数	序号	国家	灰类	聚类系数
1	俄罗斯	强	0.69	4	白俄罗斯	强	0.38
2	哈萨克斯坦	强	0.66	5	立陶宛	强	0.38
3	乌克兰	强	0.63	6	土库曼斯坦	强	0.37

续表

序号	国家	灰类	聚类系数	序号	国家	灰类	聚类系数
7	乌兹别克斯坦	一般	0.47	12	吉尔吉斯斯坦	弱	0.39
8	阿塞拜疆	较弱	0.39	13	格鲁吉亚	弱	0.43
9	摩尔多瓦	较弱	0.41	14	拉脱维亚	弱	0.50
10	塔吉克斯坦	弱	0.37	15	爱沙尼亚	弱	0.60
11	亚美尼亚	弱	0.38	—	—	—	—

从对耕地质量的评价结果看,在前苏联地区 15 个国家中,耕地质量处于"强"灰类的国家有俄罗斯 1 个;处于"一般"灰类的国家有吉尔吉斯斯坦和塔吉克斯坦 2 个;处于"较弱"灰类的国家有哈萨克斯坦等 3 个;处于"弱"灰类的国家有阿塞拜疆等 8 个,各灰类分别占被评价国家总数的 7%、13%、20%、60%(表 4.38)。从反映耕地质量的指标看,制约该地区各国耕地质量提升的重要因素是可灌溉耕地面积和人均淡水量的不足,如处于"强"灰类的俄罗斯可灌溉耕地面积 430.0 万公顷,而处于"弱"灰类的白俄罗斯只有 11.5 万公顷可灌溉耕地;俄罗斯人均可利用淡水量为 30 169 立方米,而白俄罗斯则降低到 3927 立方米。

表 4.38　前苏联地区诸国的耕地质量评价结果

序号	国家	灰类	聚类系数	序号	国家	灰类	聚类系数
1	俄罗斯	强	0.40	9	乌克兰	弱	0.39
2	吉尔吉斯斯坦	一般	0.63	10	立陶宛	弱	0.47
3	塔吉克斯坦	一般	0.39	11	拉脱维亚	弱	0.47
4	格鲁吉亚	一般	0.28	12	爱沙尼亚	弱	0.47
5	哈萨克斯坦	较弱	0.33	13	乌兹别克斯坦	弱	0.53
6	亚美尼亚	较弱	0.41	14	土库曼斯坦	弱	0.53
7	摩尔多瓦	较弱	0.44	15	白俄罗斯	弱	0.72
8	阿塞拜疆	弱	0.37	—	—	—	—

从整个资源条件来看,在前苏联地区的 15 个国家中,资源条件处于"强"灰类的国家有俄罗斯等 3 个;处于"一般"灰类的国家有吉尔吉斯斯坦和乌兹别克斯坦 2 个;处于"较弱"灰类的国家阿塞拜疆和摩尔多瓦 2 个;处于"弱"灰类的国家有塔吉克斯坦等 8 个,各灰类分别占该地区国家总数的 20%、13%、13%、54%(表 4.39)。不难看出,前苏联地区 15 国中资源条件处于"较弱"和"弱"灰类的国家占了 67%。其资源条件优势被削弱的主要原因是耕地质量较差,虽然该地区 15 个国家中有 6 个国家在耕地数量上处于"强"灰类,但是耕地质量处于"较弱"和"弱"灰类的国家有 11 个,较低的耕地质量水平直接拉低了大多数国

家的整体资源条件。

表 4.39　前苏联地区诸国的资源条件评价结果

序号	国家	灰类	聚类系数	序号	国家	灰类	聚类系数
1	俄罗斯	强	0.52	9	格鲁吉亚	弱	0.37
2	哈萨克斯坦	强	0.46	10	亚美尼亚	弱	0.38
3	乌克兰	强	0.45	11	立陶宛	弱	0.41
4	吉尔吉斯斯坦	一般	0.32	12	土库曼斯坦	弱	0.42
5	乌兹别克斯坦	一般	0.29	13	白俄罗斯	弱	0.42
6	阿塞拜疆	较弱	0.30	14	拉脱维亚	弱	0.49
7	摩尔多瓦	较弱	0.42	15	爱沙尼亚	弱	0.55
8	塔吉克斯坦	弱	0.35	—	—	—	—

4.4.2　生产基础评价

从对物质投入的评价结果看，在前苏联地区 15 国中，物质投入条件处于“强”灰类的国家有爱沙尼亚等 3 个；处于“较强”灰类的国家有摩尔多瓦和吉尔吉斯斯坦 2 个；处于“一般”灰类的国家有阿塞拜疆等 3 个；处于“较弱”灰类的国家有格鲁吉亚和亚美尼亚 2 个；处于“弱”灰类的国家有乌兹别克斯坦等 5 个，各灰类分别占该地区国家总数的 20%、13%、20%、13%、34%（表 4.40）。从反映物质投入的化肥消费量和农用机械量看，处于“强”灰类的 3 个国家平均为 144.9 千克/公顷和 441.1 个/百平方公里；处于“较强”灰类的 2 个国家平均为 61.9 千克/公顷和 192.9 个/百平方公里；处于“一般”灰类的 3 个国家平均为 47.3 千克/公顷和 119.9个/百平方公里；处于“较弱”灰类的 2 个国家平均为 29.9 千克/公顷和 94.3 个/百平方公里；处于“弱”灰类的 5 个国家平均为 15.2 千克/公顷和 22.5 个/百平方公里。

表 4.40　前苏联地区诸国的物质投入条件评价结果

序号	国家	灰类	聚类系数	序号	国家	灰类	聚类系数
1	爱沙尼亚	强	0.41	9	格鲁吉亚	较弱	0.47
2	立陶宛	强	0.41	10	亚美尼亚	较弱	0.51
3	白俄罗斯	强	0.38	11	乌兹别克斯坦	弱	0.41
4	摩尔多瓦	较强	0.40	12	乌克兰	弱	0.58
5	吉尔吉斯斯坦	较强	0.35	13	土库曼斯坦	弱	0.59
6	阿塞拜疆	一般	0.46	14	俄罗斯	弱	0.78
7	塔吉克斯坦	一般	0.40	15	哈萨克斯坦	弱	0.96
8	拉脱维亚	一般	0.36	—	—	—	—

从保障条件的评价结果来看，前苏联地区诸国普遍较弱。在这 15 个国家中，保障条件处于"较强"灰类的国家有立陶宛 1 个；处于"一般"灰类的国家有哈萨克斯坦等 6 个；处于"较弱"灰类的国家有摩尔多瓦等 7 个；处于"弱"灰类的国家有塔吉克斯坦 1 个，各灰类分别占该地区国家总数的 7%、40%、46%、7%（表 4.41）。从反映保障条件的物流绩效指数和互联网普及率指标看，处于"较强"灰类的立陶宛分别是 59.0 和 69.8%；处于"一般"灰类的哈萨克斯坦等 6 个国家的平均值分别是 55.1 和 48.9%；处于"较弱"灰类的摩尔多瓦等 7 个国家的平均值分别是 49.4 和 29.2%；处于"弱"灰类的塔吉克斯坦分别是 45.6 和 11.5%。不难看出，该地区的重要短板是农业生产的保障条件较差，只有立陶宛的保障条件处于"较强"灰类，15 个国家中有 8 个国家的保障条件处于"较弱"和"弱"灰类。

表 4.41　前苏联地区诸国的保障条件评价结果

序号	国家	灰类	聚类系数	序号	国家	灰类	聚类系数
1	立陶宛	较强	0.52	9	亚美尼亚	较弱	0.49
2	哈萨克斯坦	一般	0.73	10	白俄罗斯	较弱	0.50
3	格鲁吉亚	一般	0.71	11	阿塞拜疆	较弱	0.62
4	乌克兰	一般	0.58	12	土库曼斯坦	较弱	0.64
5	拉脱维亚	一般	0.57	13	吉尔吉斯斯坦	较弱	0.79
6	俄罗斯	一般	0.44	14	乌兹别克斯坦	较弱	0.93
7	爱沙尼亚	一般	0.36	15	塔吉克斯坦	弱	0.58
8	摩尔多瓦	较弱	0.43	—	—	—	—

从生产基础的评价结果来看，在前苏联地区的 15 个国家中，处于"强"灰类的国家有爱沙尼亚等 5 个；处于"较强"灰类的国家有土库曼斯坦等 7 个；处于"较弱"灰类的国家有亚美尼亚和吉尔吉斯斯坦 2 个；处于"弱"灰类的国家有哈萨克斯坦 1 个，各灰类分别占被评价国家总数的 33%、47%、13%、7%（表 4.42）。可以发现，前苏联地区的整体生产基础呈现出较好的状况，处于"强"和"较强"灰类的国家总数达到了 12 个，占到了该地区国家总数的 80%。然而，以上国家无论在物质投入条件上，还是在保障条件上均不足以支持如此好的生产基础，究其原因主要是该地区大多数国家处于非常适宜种植农作物的黑土带上，各国的粮食单产都处于较高水平，15 个国家中有 11 个国家的粮食单产在 2000 千克/公顷以上，立陶宛的粮食产量还达到了 3990 千克/公顷，正是相对较高的粮食单产有力地提升了该地区的生产基础条件。

表 4.42　前苏联地区诸国的生产基础评价结果

序号	国家	灰类	聚类系数	序号	国家	灰类	聚类系数
1	爱沙尼亚	强	0.45	3	拉脱维亚	强	0.42
2	立陶宛	强	0.45	4	乌兹别克斯坦	强	0.36

续表

序号	国家	灰类	聚类系数	序号	国家	灰类	聚类系数
5	白俄罗斯	强	0.35	11	乌克兰	较强	0.24
6	土库曼斯坦	较强	0.29	12	俄罗斯	较强	0.22
7	塔吉克斯坦	较强	0.27	13	亚美尼亚	较弱	0.30
8	阿塞拜疆	较强	0.24	14	吉尔吉斯斯坦	较弱	0.34
9	格鲁吉亚	较强	0.24	15	哈萨克斯坦	弱	0.31
10	摩尔多瓦	较强	0.24	—	—	—	—

4.4.3 宏观环境评价

对社会环境的评价结果显示，前苏联地区的 15 个国家社会环境状况明显较好。在被评价的所有国家中，社会环境处于"强"灰类的国家有爱沙尼亚等 11 个；处于"较强"灰类的国家有摩尔多瓦等 4 个，两个灰类分别占被评价国家总数的 73%和 27%（表 4.43）。从反映宏观社会环境的社会全球化指数指标和人类发展指数指标看，处于"强"灰类的 11 个国家平均值分别为 61.39 和 75.1；处于"较强"灰类的 4 个国家平均值分别为 52.74 和 68.9。从反映微观社会环境的社会满意度比例、工作满意度比例和 25 岁以上人口中高等教育比例指标看，处于"强"灰类的 11 个国家平均为 81.2%、74.1%和 92.3%；处于"较强"灰类的 4 个国家平均为 75.1%、65.1%和 90.2%。

表 4.43 前苏联地区诸国的社会环境评价结果

序号	国家	灰类	聚类系数	序号	国家	灰类	聚类系数
1	爱沙尼亚	强	1.00	9	白俄罗斯	强	0.51
2	拉脱维亚	强	0.99	10	格鲁吉亚	强	0.41
3	立陶宛	强	0.87	11	亚美尼亚	强	0.33
4	塔吉克斯坦	强	0.61	12	摩尔多瓦	较强	0.44
5	俄罗斯	强	0.58	13	乌克兰	较强	0.40
6	土库曼斯坦	强	0.58	14	阿塞拜疆	较强	0.38
7	哈萨克斯坦	强	0.55	15	吉尔吉斯斯坦	较强	0.37
8	乌兹别克斯坦	强	0.55	—	—	—	—

从对治理环境的评价结果看，在前苏联地区的 15 个国家中，处于"强"灰类的国家有塔吉克斯坦等 5 个；处于"较强"灰类的国家有白俄罗斯 1 个；处于"一般"灰类的国家有爱沙尼亚和哈萨克斯坦 2 个；处于"较弱"灰类的国家有吉尔吉斯斯坦和俄罗斯 2 个；处于"弱"灰类的国家有乌克兰等 5 个，以上各灰类分

别占该地区国家总数的33%、7%、13%、13%、33%（表4.44）。从反映政府治理水平的政治信任度比例指标看，处于"强"灰类的5个国家平均为73.4%；处于"较强"灰类的白俄罗斯为59.0%；处于"一般"灰类的2个国家平均为57.1%；处于"较弱"灰类的2个国家平均为46.0%；处于"弱"灰类的5个国家平均为22.2%。从反映国民对治理环境感受的安全感比例看，处于"强"灰类的5个国家平均为82.6%；处于"较强"灰类的白俄罗斯为60.0%；处于"一般"灰类的2个国家平均为56.0%；处于"较弱"灰类的2个国家平均为51.0%，处于"弱"灰类的5个国家平均为52.0%。

表 4.44　前苏联地区诸国的治理环境评价结果

序号	国家	灰类	聚类系数	序号	国家	灰类	聚类系数
1	塔吉克斯坦	强	0.70	9	吉尔吉斯斯坦	较弱	0.48
2	土库曼斯坦	强	0.70	10	俄罗斯	较弱	0.49
3	阿塞拜疆	强	0.67	11	乌克兰	弱	0.40
4	乌兹别克斯坦	强	0.62	12	摩尔多瓦	弱	0.40
5	格鲁吉亚	强	0.54	13	亚美尼亚	弱	0.45
6	白俄罗斯	较强	0.47	14	拉脱维亚	弱	0.46
7	爱沙尼亚	一般	0.60	15	立陶宛	弱	0.46
8	哈萨克斯坦	一般	0.47	—	—	—	—

　　对前苏联地区商业环境的评价结果显示，在该地区的15个国家中，商业环境处于"强"灰类的国家有亚美尼亚等5个；处于"较强"灰类的国家有白俄罗斯等4个；处于"一般"灰类的国家有俄罗斯等3个；处于"较弱"灰类的国家有塔吉克斯坦等3个，以上各灰类中的国家分别占该地区国家总数的33%、27%、20%、20%（表4.45）。以反映商业环境的营商便利指数指标为例，该地区处于"强"灰类的5个国家平均值为88.57；处于"较强"灰类的4个国家平均值为65.48；处于"一般"灰类的3个国家平均值为52.03；处于"较弱"灰类的3个国家平均值为24.34。整体而言，该地区商业环境较好，15个国家中处于"强"和"较强"灰类的国家占了9个，没有国家处于"弱"灰类，处于"较弱"灰类的国家也只有3个。

表 4.45　前苏联地区诸国的商业环境评价结果

序号	国家	灰类	聚类系数	序号	国家	灰类	聚类系数
1	亚美尼亚	强	0.60	4	拉脱维亚	强	0.60
2	爱沙尼亚	强	0.60	5	立陶宛	强	0.60
3	格鲁吉亚	强	0.60	6	白俄罗斯	较强	0.52

续表

序号	国家	灰类	聚类系数	序号	国家	灰类	聚类系数
7	阿塞拜疆	较强	0.52	12	乌克兰	一般	0.51
8	哈萨克斯坦	较强	0.51	13	塔吉克斯坦	较弱	0.43
9	摩尔多瓦	较强	0.35	14	乌兹别克斯坦	较弱	0.54
10	俄罗斯	一般	0.89	15	土库曼斯坦	较弱	0.63
11	吉尔吉斯斯坦	一般	0.80	—	—	—	—

综合看来，前苏联地区具有较好的宏观环境，15 个国家中没有一个国家宏观环境处于"较弱"和"弱"灰类。具体来看，该地区这 15 个国家中，宏观环境处于"强"灰类的国家有爱沙尼亚等 10 个；处于"较强"灰类的国家有白俄罗斯 1 个；处于"一般"灰类的国家有吉尔吉斯斯坦等 4 个，以上各灰类分别占被评价国家总数的 67%、7%、26%（表 4.46）。从支撑宏观环境的社会环境、治理环境和商业环境看，前苏联地区的优势在于社会环境和商业环境较好，但治理环境则相对较弱。在社会环境中，该地区 15 个国家均处于"强"和"较强"灰类，在商业环境中处于"强"和"较强"灰类的国家也占到了该地区国家总数的 60%；而治理环境中处于"强"和"较强"灰类的国家只占 40%。所以，优势突出的社会环境、商业环境和不算太差的治理环境共同提升了该地区的整体宏观环境。

表 4.46　前苏联地区诸国的宏观环境评价结果

序号	国家	灰类	聚类系数	序号	国家	灰类	聚类系数
1	爱沙尼亚	强	0.53	9	乌兹别克斯坦	强	0.38
2	拉脱维亚	强	0.53	10	阿塞拜疆	强	0.33
3	格鲁吉亚	强	0.52	11	白俄罗斯	较强	0.45
4	立陶宛	强	0.49	12	吉尔吉斯斯坦	一般	0.46
5	哈萨克斯坦	强	0.45	13	俄罗斯	一般	0.45
6	塔吉克斯坦	强	0.43	14	摩尔多瓦	一般	0.31
7	土库曼斯坦	强	0.42	15	乌克兰	一般	0.28
8	亚美尼亚	强	0.41	—	—	—	—

4.4.4　投资状况评价

对资本流动的评价结果显示，前苏联地区的 15 个国家中整体资本流动水平并不高，处于"强"和"较强"灰类的国家只有 5 个。在该地区所有国家中，资本流动处于"强"灰类的国家有摩尔多瓦 1 个；处于"较强"灰类的国家有拉脱维亚等 4 个；处于"一般"灰类的国家有立陶宛等 3 个；处于"较弱"灰类的国家有土库曼斯坦等 3 个；处于"弱"灰类的国家有爱沙尼亚等 4 个，以上各灰类中的国家数量分别占该地区国家总数的 7%、27%、20%、20%、26%（表 4.47）。从反映资本流动的农产品出口份额指标和外商直接投资流入占 GDP 比例指标看，处于"强"灰类的摩尔多瓦为 73.0% 和 3.9%；处于"较强"灰类的 4 个国家平均为 29.8% 和 6.5%；处于"一般"灰类的 3 个国家平均为 20.5% 和 4.7%；处于"较弱"灰类的 3 个国家平均为 12.5% 和 3.5%；处于"弱"灰类的 4 个国家平均为 8.0% 和 1.6%。

表 4.47　前苏联地区诸国的资本流动评价结果

序号	国家	灰类	聚类系数	序号	国家	灰类	聚类系数
1	摩尔多瓦	强	0.52	9	土库曼斯坦	较弱	0.39
2	拉脱维亚	较强	0.63	10	哈萨克斯坦	较弱	0.45
3	亚美尼亚	较强	0.41	11	乌兹别克斯坦	较弱	0.76
4	吉尔吉斯斯坦	较强	0.40	12	爱沙尼亚	弱	0.48
5	白俄罗斯	较强	0.37	13	塔吉克斯坦	弱	0.51
6	立陶宛	一般	0.94	14	俄罗斯	弱	0.52
7	乌克兰	一般	0.66	15	阿塞拜疆	弱	0.52
8	格鲁吉亚	一般	0.49	—	—	—	—

从投资管理的评价结果看，在前苏联地区诸国具有较高的投资管理水平，15 个国家中有 9 个国家的投资管理处于"强"和"较强"灰类。在前苏联地区所有国家中，投资管理处于"强"灰类的国家有立陶宛等 8 个；处于"较强"灰类的国家有格鲁吉亚 1 个；处于"一般"灰类的国家有乌克兰和摩尔多瓦 2 个；处于"较弱"灰类的国家有吉尔吉斯斯坦 1 个；处于"弱"灰类的国家有乌兹别克斯坦等 3 个，以上各灰类中的国家数量分别占被该地区国家总数的 53%、7%、13%、7%、20%（表 4.48）。从反映投资管理的投资纳税项简洁指数、企业注册程序便捷指数和货物出口文件便利指数指标看，处于"强"灰类的 8 个国家平均值分别为 85.92、75.01 和 75.73；处于"较强"灰类的格鲁吉亚分别为 87.32、72.22 和 58.33；处于"一般"灰类的 2 个国家平均值分别为 54.93、69.44 和 45.83；处于"较弱"灰类的吉尔吉斯斯坦分别为 28.17、88.89 和 25.00；处于"弱"灰类的 3 个国家平均值分别为 15.02、51.85 和 11.11。

表 4.48　前苏联地区诸国的投资管理评价结果

序号	国家	灰类	聚类系数	序号	国家	灰类	聚类系数
1	立陶宛	强	0.87	3	亚美尼亚	强	0.66
2	爱沙尼亚	强	0.84	4	拉脱维亚	强	0.60

续表

序号	国家	灰类	聚类系数	序号	国家	灰类	聚类系数
5	阿塞拜疆	强	0.59	11	摩尔多瓦	一般	0.61
6	白俄罗斯	强	0.44	12	吉尔吉斯斯坦	较弱	0.39
7	俄罗斯	强	0.38	13	乌兹别克斯坦	弱	0.44
8	土库曼斯坦	强	0.38	14	哈萨克斯坦	弱	0.66
9	格鲁吉亚	较强	0.55	15	塔吉克斯坦	弱	0.78
10	乌克兰	一般	0.62	—	—	—	—

　　对耕地投资的评价结果显示，前苏联地区目前还不是全球海外耕地投资的热点地区，除俄罗斯、乌克兰等国家外，大多数国家尚未引起海外耕地投资企业的关注。在该地区的 15 个国家中，耕地投资处于"强"灰类的国家有俄罗斯和乌克兰 2 个；处于"较强"灰类的国家只有哈萨克斯坦 1 个；处于"较弱"灰类的国家只有立陶宛 1 个；处于"弱"灰类的国家有格鲁吉亚等 11 个，以上各灰类中的国家数量分别占该地区国家总数的 13%、7%、7%、73%（表 4.49）。从反映耕地投资状况的耕地投资项目数量指标看，处于"强"灰类的俄罗斯和乌克兰分别拥有被投资的耕地项目 21 个和 11 个；处于"较强"灰类的哈萨克斯坦有 8 个；处于"较弱"灰类的立陶宛有 3 个；处于"弱"灰类的 11 国共有 9 个。从被投资总面积看，处于"强"灰类的俄罗斯和乌克兰分别被投资了 304.1 万公顷和 99.8 万公顷；处于"较强"灰类的哈萨克斯坦被投资了 35.0 万公顷；处于"较弱"灰类的立陶宛被投资了 0.9 万公顷；处于"弱"灰类的 11 个国家一共被投资了 18.3 万公顷。

表 4.49　前苏联地区诸国的耕地投资评价结果

序号	国家	灰类	聚类系数	序号	国家	灰类	聚类系数
1	俄罗斯	强	1.00	9	土库曼斯坦	弱	1.00
2	乌克兰	强	0.66	10	摩尔多瓦	弱	1.00
3	哈萨克斯坦	较强	0.68	11	拉脱维亚	弱	1.00
4	立陶宛	较弱	0.52	12	吉尔吉斯斯坦	弱	1.00
5	格鲁吉亚	弱	0.36	13	爱沙尼亚	弱	1.00
6	塔吉克斯坦	弱	0.64	14	白俄罗斯	弱	1.00
7	阿塞拜疆	弱	0.81	15	亚美尼亚	弱	1.00
8	乌兹别克斯坦	弱	1.00	—	—	—	—

　　从整体的投资状况看，在前苏联地区的 15 个国家中，投资状况处于"强"灰类的国家有俄罗斯和乌克兰 2 个；处于"较强"灰类的国家有哈萨克斯坦 1 个；处于"一般"灰类的国家有格鲁吉亚 1 个；处于"较弱"灰类的国家有立陶宛 1

个；处于"弱"灰类的国家有土库曼斯坦等 10 个，以上各灰类中的国家数量分别占该地区国家总数的 13%、7%、7%、7%、66%（表 4.50）。综合来看，前苏联地区的投资状况并不具有优势，处于"强"和"较强"灰类的国家只有 3 个，而处于"较弱"和"弱"灰类的国家占了该地区国家总数的 73%。从反映投资状况的资本流动、投资管理和耕地投资三个方面看，前苏联地区大多数国家具有较高的投资管理水平，但是大多数国家的资本流动并不通畅，除个别国家外，大多数国家的海外耕地投资潜力也尚未引起投资企业的重视。

表 4.50　前苏联地区诸国的投资状况评价结果

序号	国家	灰类	聚类系数	序号	国家	灰类	聚类系数
1	俄罗斯	强	0.61	9	亚美尼亚	弱	0.50
2	乌克兰	强	0.35	10	阿塞拜疆	弱	0.55
3	哈萨克斯坦	较强	0.42	11	白俄罗斯	弱	0.58
4	格鲁吉亚	一般	0.28	12	爱沙尼亚	弱	0.60
5	立陶宛	较弱	0.27	13	吉尔吉斯斯坦	弱	0.62
6	土库曼斯坦	弱	0.50	14	乌兹别克斯坦	弱	0.63
7	摩尔多瓦	弱	0.50	15	塔吉克斯坦	弱	0.66
8	拉脱维亚	弱	0.50	—	—	—	—

4.4.5　投资潜力综合评价

从对前苏联地区最终的海外耕地投资潜力评价结果看，在这 15 个国家中，海外耕地投资潜力处于"强"灰类的国家有俄罗斯等 3 个，占该地区国家总数的 20%；处于"弱"灰类的国家则有格鲁吉亚等 14 个，占该地区国家总数的 80%（表 4.51）。从评价的次目标看，前苏联地区的优势在于生产基础和宏观环境较好，除了俄罗斯、乌克兰和哈萨克斯坦 3 个国家外，其他国家的资源条件并不突出。而投资状况也显示，除以上 3 个国家外，该地区的其他国家并不是海外耕地投资的主要发生地。综合看来，在前苏联地区诸国中，海外耕地投资潜力处于"强"灰类的 3 个国家共有耕地面积 1.8 亿公顷，占该地区耕地总量的 88%。

表 4.51　前苏联地区诸国的投资潜力综合评价结果

序号	国家	灰类	聚类系数	序号	国家	灰类	聚类系数
1	俄罗斯	强	0.45	5	格鲁吉亚	弱	0.22
2	乌克兰	强	0.34	6	阿塞拜疆	弱	0.27
3	哈萨克斯坦	强	0.29	7	摩尔多瓦	弱	0.32
4	立陶宛	弱	0.11	8	吉尔吉斯斯坦	弱	0.34

续表

序号	国家	灰类	聚类系数	序号	国家	灰类	聚类系数
9	亚美尼亚	弱	0.35	13	塔吉克斯坦	弱	0.39
10	乌兹别克斯坦	弱	0.36	14	拉脱维亚	弱	0.39
11	白俄罗斯	弱	0.38	15	爱沙尼亚	弱	0.42
12	土库曼斯坦	弱	0.39	—	—	—	—

4.5 主要耕地充裕发达国家

4.5.1 资源条件评价

对耕地数量的评价结果显示，在 12 个耕地充裕发达国家中，耕地数量处于"强"灰类的国家有美国等 8 个；处于"较强"灰类的国家有希腊 1 个；处于"弱"灰类的国家有塞浦路斯等 3 个，以上各灰类中的国家数量分别占被评价的该类别国家总数的 67%、8%、25%（表 4.52）。从国家拥有的耕地总面积和人均耕地面积指标看，处于"强"灰类的 8 个国家平均值分别为 3923.8 万公顷和 0.74 公顷；处于"较强"灰类的希腊分别为 365.2 万公顷和 0.32 公顷；处于"弱"灰类的 3 个国家平均值分别为 187.0 万公顷和 0.28 公顷。从反映耕地开发潜力的耕地可扩充比例指标看，处于"强"灰类的 8 个国家的平均值为 17.23%；处于"较强"灰类的希腊为 34.91%；处于"弱"灰类的 3 个国家的平均值为 4.38%。可以看出，无论在耕地总面积、人均耕地面积上，还是在后备耕地资源开发潜力上，耕地充裕发达国家的优势都十分突出。各国耕地数量的灰类分布也显示，处于"强"和"较强"灰类的国家数量占了耕地充裕发达国家总量的 75%。

表 4.52　耕地充裕发达国家的耕地数量评价结果

序号	国家	灰类	聚类系数	序号	国家	灰类	聚类系数
1	美国	强	0.67	7	西班牙	强	0.37
2	澳大利亚	强	0.66	8	波兰	强	0.36
3	加拿大	强	0.65	9	希腊	较强	0.38
4	法国	强	0.38	10	塞浦路斯	弱	0.52
5	丹麦	强	0.38	11	芬兰	弱	0.43
6	匈牙利	强	0.38	12	捷克	弱	0.29

从耕地质量的评价结果看，在这 12 个耕地充裕发达国家中，耕地质量处于"强"灰类的国家有澳大利亚等 3 个；处于"较强"灰类的国家有希腊等 2 个；处于"一

般"灰类的国家有法国 1 个;处于"较弱"灰类的国家有波兰等 5 个;处于"弱"灰类的国家有捷克 1 个,以上各灰类中的国家数量分别占被评价的该类别国家总数的 25%、17%、8%、42%、8%(表 4.53)。从反映耕地质量的可灌溉耕地面积和人均淡水量指标看,处于"强"灰类的 3 个国家的平均值分别为 1093.3 万公顷和 11163.7 立方米;处于"较强"灰类的 2 个国家的平均值分别为 99.5 万公顷和 3105.0 立方米;处于"一般"灰类的法国分别为 260.0 万公顷和 3059.0 立方米;处于"较弱"灰类的 5 个国家平均值分别为 25.1 万公顷和 2103.9 立方米;处于"弱"灰类的捷克分别为 3.2 万公顷和 1253.0 立方米。总体看来,耕地充裕发达国家的耕地质量优势并不突出,12 个国家中有 6 个国家的耕地质量处于"较弱"和"弱"灰类中。

表 4.53　耕地充裕发达国家的耕地质量评价结果

序号	国家	灰类	聚类系数	序号	国家	灰类	聚类系数
1	澳大利亚	强	0.57	7	波兰	较弱	0.36
2	美国	强	0.33	8	加拿大	较弱	0.38
3	西班牙	强	0.32	9	芬兰	较弱	0.46
4	希腊	较强	0.51	10	塞浦路斯	较弱	0.50
5	丹麦	较强	0.34	11	匈牙利	较弱	0.67
6	法国	一般	0.43	12	捷克	弱	0.46

对资源条件的评价结果显示,在 12 个耕地充裕发达国家中,资源条件处于"强"灰类的国家有澳大利亚等 5 个;处于"较强"灰类的国家有希腊 1 个;处于"较弱"灰类的国家有匈牙利和芬兰 2 个;处于"弱"灰类的国家有波兰等 4 个,以上各灰类中的国家数量分别占被评价的该类别国家总数的 42%、8%、17%、33%(表 4.54)。可以看出,在 12 个耕地充裕发达国家中,整体的资源条件优势还是比较明显的,6 个国家处于"强"和"较强"灰类。结合耕地数量和质量评价结果还可以看出,同耕地质量评价结果相比,此类国家的资源条件优势有所下滑,主要原因在于部分国家的耕地质量状况拉低了其资源条件优势。

表 4.54　耕地充裕发达国家的资源条件评价结果

序号	国家	灰类	聚类系数	序号	国家	灰类	聚类系数
1	澳大利亚	强	0.62	7	匈牙利	较弱	0.29
2	美国	强	0.54	8	芬兰	较弱	0.35
3	加拿大	强	0.48	9	波兰	弱	0.25
4	西班牙	强	0.45	10	丹麦	弱	0.31
5	法国	强	0.33	11	捷克	弱	0.35
6	希腊	较强	0.43	12	塞浦路斯	弱	0.41

4.5.2 生产基础评价

对耕地充裕发达国家的物质投入条件评价结果显示，在这 12 个国家中，物质投入条件处于"强"灰类的国家有塞浦路斯等 5 个；处于"较强"灰类的国家有美国等 4 个；处于"一般"灰类的国家有加拿大和匈牙利 2 个；处于"较弱"灰类的国家有澳大利亚 1 个，以上各灰类中的国家数量分别占被评价国家总数的 42%、33%、17%、8%（表 4.55）。从反映物质投入的农用机械量、化肥消费量和农村劳动力密度指标看，处于"强"灰类的 5 个国家的平均值分别为 1037.8 个/百平方公里、163.4 千克/公顷和 23.61 人/平方公里；处于"较强"灰类的 4 个国家的平均值分别为 451.0 个/百平方公里、113.7 千克/公顷和 7.51 人/平方公里；处于"一般"灰类的 2 个国家的平均值分别为 212.2 个/百平方公里、72.6 千克/公顷，8.1 人/平方公里；处于"较弱"灰类的澳大利亚各指标值分别为 83.16 个/百平方公里、46.3 千克/公顷和 0.21 人/平方公里。可以发现，物质投入条件较好的发达国家在农用机械量和化肥消费量方面均具有较高水平，如塞浦路斯的农用机械量达到 1460.1 个/百平方公里，化肥消费量也达到 203.7 千克/公顷。

表 4.55 耕地充裕发达国家的物质投入条件评价结果

序号	国家	灰类	聚类系数	序号	国家	灰类	聚类系数
1	塞浦路斯	强	0.79	7	捷克	较强	0.47
2	波兰	强	0.68	8	丹麦	较强	0.37
3	希腊	强	0.54	9	芬兰	较强	0.33
4	法国	强	0.52	10	加拿大	一般	0.48
5	西班牙	强	0.41	11	匈牙利	一般	0.37
6	美国	较强	0.64	12	澳大利亚	较弱	0.48

从对保障条件的评价结果看，在 12 个耕地充裕发达国家中均具有较高的保障水平。这 12 个国家中，保障条件处于"强"灰类的国家有美国等 10 个；处于"较强"灰类的国家有塞浦路斯 1 个；处于"一般"灰类的国家有希腊 1 个，以上各灰类中的国家数量分别占被评价国家总数的 83%、8%、8%（表 4.56）。从反映保障条件的指标看，在物流绩效指数上，处于"强"灰类的 10 个国家平均为 73.7，其中有 7 个国家均在 70 以上；处于"较强"灰类的塞浦路斯为 64.8；处于"一般"灰类的希腊为 56.6。在互联网普及率上，处于"强"灰类的 10 个国家平均为 74.7%；处于"较强"灰类的塞浦路斯为 53.0%；处于"一般"灰类的希腊为 44.6%。可见，无论在反映道路状况的物流绩效上，还是在反映电力通达性的互联网使用上，

以上发达国家均处于较高水平，从而整体提升了此类国家保障条件水平。

表 4.56 耕地充裕发达国家的保障条件评价结果

序号	国家	灰类	聚类系数	序号	国家	灰类	聚类系数
1	美国	强	1.00	7	澳大利亚	强	1.00
2	加拿大	强	1.00	8	波兰	强	0.91
3	丹麦	强	1.00	9	匈牙利	强	0.57
4	芬兰	强	1.00	10	捷克	强	0.53
5	法国	强	1.00	11	塞浦路斯	较强	0.58
6	西班牙	强	1.00	12	希腊	一般	0.63

对整个生产基础的评价结果显示，这 12 个耕地充裕发达国家具有非常好的生产基础条件，所有国家的生产基础均处于"强"灰类（表 4.57）。以上发达国家非常好的生产基础条件主要得益于其经济发展水平较高，从而对农业生产的投入也较高。此类国家大多数具有较高的粮食单产水平，如波兰的粮食单产为 3585 千克/公顷，而且这些国家的农业生产具有很强的抗自然灾害侵袭能力，如丹麦的无自然灾害指数为 100，也正是得益于较高的资金、技术和物质资料投入，此类国家的农业生产基础全部处于"强"灰类。

表 4.57 耕地充裕发达国家的生产基础评价结果

序号	国家	灰类	聚类系数	序号	国家	灰类	聚类系数
1	波兰	强	0.67	7	西班牙	强	0.55
2	丹麦	强	0.64	8	澳大利亚	强	0.51
3	法国	强	0.63	9	加拿大	强	0.51
4	芬兰	强	0.62	10	捷克	强	0.43
5	塞浦路斯	强	0.57	11	希腊	强	0.41
6	美国	强	0.57	12	匈牙利	强	0.41

4.5.3 宏观环境评价

对社会环境的评价结果也显示，12 个耕地充裕发达国家的社会环境均处于"强"灰类，即所有国家均具有非常好的社会环境（表 4.58）。从反映社会环境的指标看，以上各国的社会全球化指数均在 75 以上，最高的加拿大为 88.59；各国的社会满意度比例也 70% 以上，最高的澳大利亚为 91.9%；各国的工作满意度同样在 70% 以上，最高丹麦为 94%；各国的 25 岁以上中高等教育人口比例也在 60% 以上，最高的丹麦为 100%。正是各项较好的社会环境指标使得这些发达国家具有了非常好的社会环境。

表 4.58　耕地充裕发达国家的社会环境评价结果

序号	国家	灰类	聚类系数	序号	国家	灰类	聚类系数
1	澳大利亚	强	1.00	7	法国	强	0.84
2	加拿大	强	1.00	8	匈牙利	强	0.82
3	丹麦	强	1.00	9	塞浦路斯	强	0.79
4	芬兰	强	1.00	10	波兰	强	0.77
5	捷克	强	1.00	11	西班牙	强	0.73
6	美国	强	0.98	12	希腊	强	0.39

对治理环境的评价结果显示，在这 12 个耕地充裕发达国家中，治理环境处于"强"灰类的国家有加拿大等 6 个；处于"较强"灰类的国家有塞浦路斯 1 个；处于"一般"灰类的国家有澳大利亚 1 个；处于"较弱"灰类的国家有法国 1 个；处于"弱"灰类的国家有捷克等 3 个，以上各灰类中的国家数量分别占被评价国家总数的 50%、8%、8%、8%、26%（表 4.59）。从反映治理环境的政府信任度比例和安全感比例指标上看，处于"强"灰类的 6 个国家平均值分别为 44%和 73%；处于"较强"灰类的塞浦路斯分别为 40%和 70%；处于"一般"灰类的澳大利亚分别为 53%和 64%；处于"较弱"灰类的法国分别为 38%和 63%；处于"弱"灰类的 3 个国家平均值分别为 22%和 57%。

表 4.59　耕地充裕发达国家的治理环境评价结果

序号	国家	灰类	聚类系数	序号	国家	灰类	聚类系数
1	加拿大	强	0.60	7	塞浦路斯	较强	0.41
2	丹麦	强	0.60	8	澳大利亚	一般	0.38
3	芬兰	强	0.60	9	法国	较弱	0.35
4	美国	强	0.60	12	捷克	弱	0.40
5	西班牙	强	0.39	11	希腊	弱	0.40
6	匈牙利	强	0.30	10	波兰	弱	0.35

从对商业环境的评价结果看，12 个耕地充裕发达国家的均具有较好的商业环境。以上国家的商业环境均处于"强"和"较强"灰类中，其中处于"强"灰类的国家有 9 个；处于"较强"灰类的国家有 3 个，分别占被评价国家总数的 75%和 25%（表 4.60）。从反映商业环境的营商便利指数指标看，处于"强"灰类的 9 个国家的平均值为 86.77；处于"较强"灰类的 3 个国家的平均值为 64.55。从劳动力市场参与率指标看，处于"强"灰类的 9 个国家的平均值为 61.9%；处于"较

强"灰类是 3 个国家的平均值为 55.0%。

表 4.60　耕地充裕发达国家的商业环境评价结果

序号	国家	灰类	聚类系数	序号	国家	灰类	聚类系数
1	澳大利亚	强	0.60	7	塞浦路斯	强	0.58
2	加拿大	强	0.60	8	波兰	强	0.45
3	丹麦	强	0.60	9	西班牙	强	0.30
4	芬兰	强	0.60	10	希腊	较强	0.47
5	美国	强	0.60	11	捷克	较强	0.41
6	法国	强	0.59	12	匈牙利	较强	0.34

从对整个宏观环境的评价结果看，在这 12 个耕地充裕发达国家中，除希腊的宏观环境处于"较强"灰类外，其他 11 个国家均处于"强"灰类（表 4.61）。从支撑宏观环境的社会环境、治理环境和商业环境三方面看，以上国家的社会环境和商业环境优势较为明显，在社会环境方面所有国家均处于"强"灰类，在商业环境方面所有国家均处于"强"和"较强"灰类中，而以上国家在治理环境中明显薄弱，处于"强"和"较强"灰类的国家数量还不到 60%。然而，对于此类国家来说，虽然治理环境优势不明显，但是这也不影响其整体宏观环境处于较高水平。

表 4.61　耕地充裕发达国家的宏观环境评价结果

序号	国家	灰类	聚类系数	序号	国家	灰类	聚类系数
1	加拿大	强	0.73	7	塞浦路斯	强	0.50
2	丹麦	强	0.73	8	波兰	强	0.50
3	芬兰	强	0.73	9	西班牙	强	0.47
4	美国	强	0.72	10	匈牙利	强	0.45
5	澳大利亚	强	0.63	11	捷克	强	0.39
6	法国	强	0.58	12	希腊	较强	0.29

4.5.4　投资状况评价

对资本流动的评价结果显示，在 12 个耕地充裕发达国家中，资本流动处于"强"灰类的国家有澳大利亚等 5 个；处于"较强"灰类的国家有塞浦路斯等 4 个；处于"一般"灰类的国家有芬兰和匈牙利 2 个；处于"较弱"灰类的国家有捷克 1 个，以上各灰类中的国家数量分别占被评价国家总数的 42%、33%、17%、8%（表 4.62）。从反映农业资本流动的农产品出口份额比例指标看，处于"强"

灰类的 5 个国家的平均值为 15.4%，其中最好的丹麦为 21.3%；处于"较强"灰类的 4 个国家的平均值为 14.6%，其中最好的希腊为 17.5%；处于"一般"灰类的 2 个国家的平均值为 8.3%；处于"较弱"灰类的捷克为 5.3%。从整体上看，以上耕地充裕发达国家在资本流动上具有明显的优势，12 个国家中有 9 个国家处于"强"和"较强"灰类中。

表 4.62　耕地充裕发达国家的资本流动评价结果

序号	国家	灰类	聚类系数	序号	国家	灰类	聚类系数
1	澳大利亚	强	0.68	7	法国	较强	0.56
2	丹麦	强	0.65	8	希腊	较强	0.50
3	美国	强	0.64	9	波兰	较强	0.48
4	西班牙	强	0.61	10	芬兰	一般	0.49
5	加拿大	强	0.53	11	匈牙利	一般	0.48
6	塞浦路斯	较强	0.59	12	捷克	较弱	0.64

从对投资管理的评价结果看，这 12 个耕地充裕发达国家的投资管理均处于"强"和"较强"灰类中，其中处于"强"灰类的国家有加拿大等 10 个，占被评价国家总数的 83%；处于"较强"灰类的有波兰和塞浦路斯 2 个，占被评价国家总数的 17%（表 4.63）。从反映投资管理的投资纳税项简洁指数指标看，处于"强"灰类的 10 个国家的平均值为 87.18，其中该灰类最靠前的加拿大为 88.73，末位的匈牙利为 83.10；处于"较强"灰类的 2 个国家的平均值为 66.19。在货物出口文件便利指数指标上，处于"强"灰类的 10 个国家的平均值为 67.50；处于"较强"灰类的 2 个国家的平均值为 58.33。在企业注册程序便捷指数指标上，处于"强"灰类的 10 个国家的平均值为 73.22；处于"较强"灰类的 3 个国家的平均值为 72.22。总体而言，以上发达国家基本上都具有较好的投资管理水平，并且对投资也具有较高的控制力。

表 4.63　耕地充裕发达国家的投资管理评价结果

序号	国家	灰类	聚类系数	序号	国家	灰类	聚类系数
1	加拿大	强	1.00	7	澳大利亚	强	0.66
2	芬兰	强	0.93	8	捷克	强	0.65
3	丹麦	强	0.87	9	西班牙	强	0.65
4	法国	强	0.84	10	匈牙利	强	0.60
5	美国	强	0.78	11	波兰	较强	0.60
6	希腊	强	0.71	12	塞浦路斯	较强	0.52

对耕地投资的评价结果显示，绝大多数耕地充裕发达国家并不是当前海外耕

地投资的发生国，12 个国家中有 11 个国家的耕地投资处于"较弱"和"弱"灰类中（表 4.64）。实际上，在这 12 个国家中个，除了澳大利亚、波兰、美国和匈牙利 4 个国家外，其他国家还没有海外耕地投资项目。例如，处于"强"灰类的澳大利亚，共有来自 13 个国家的投资者在该国投资了 21 个项目，该国被投资的耕地总面积达到了 486.6 万公顷；处于"较弱"灰类的波兰和美国共有 7 个投资项目，两者共计被投资了 10.6 万公顷耕地；处于"弱"灰类的匈牙利也有 1 个 1.1 万公顷的海外耕地投资项目。

表 4.64　耕地充裕发达国家的耕地投资评价结果

序号	国家	灰类	聚类系数	序号	国家	灰类	聚类系数
1	澳大利亚	强	1.00	7	法国	弱	1.00
2	波兰	较弱	0.45	8	芬兰	弱	1.00
3	美国	较弱	0.97	9	丹麦	弱	1.00
4	匈牙利	弱	0.99	10	捷克	弱	1.00
5	西班牙	弱	1.00	11	塞浦路斯	弱	1.00
6	希腊	弱	1.00	12	加拿大	弱	1.00

对整个投资状况的评价结果显示，在这 12 个耕地充裕发发达国家中，投资状况处于"强"灰类的国家只有澳大利亚 1 个；处于"较弱"灰类的国家有波兰和美国 2 个；处于"弱"灰类的国家有丹麦等 9 个，以上各灰类中的国家数量分别占被评价国家总数的 8%、17%、75%（表 4.65）。不难看出，在以上国家中除澳大利亚外，其余国家均处于"较弱"和"弱"灰类中，这也说明在以上国家中其投资状况尚未显示出优势。然而，综合资本流动、投资管理和耕地投资三方面的评价结果看，耕地充裕发达国家在前两项中具有非常明显的优势，投资状况较低的重要原因在于其耕地投资水平整体较低，从而拉低了大多数国家的投资状况水平。

表 4.65　耕地充裕发达国家的投资状况评价结果

序号	国家	灰类	聚类系数	序号	国家	灰类	聚类系数
1	澳大利亚	强	0.70	7	匈牙利	弱	0.54
2	波兰	较弱	0.32	8	法国	弱	0.55
3	美国	较弱	0.61	9	希腊	弱	0.60
4	丹麦	弱	0.50	10	塞浦路斯	弱	0.60
5	加拿大	弱	0.50	11	捷克	弱	0.60
6	西班牙	弱	0.53	12	芬兰	弱	0.63

4.5.5　投资潜力综合评价

　　对耕地充裕发达国家的海外耕地投资潜力评价结果显示，此类国家具有最强的海外耕地投资潜力，处于"强"灰类的国家有澳大利亚等 9 个；处于"较强"灰类的国家有希腊 1 个；处于"弱"灰类的国家有捷克和塞浦路斯 2 个，以上各灰类的国家数量分别占被评价国家总数的 75%、8%、17%（表 4.66）。从评价的次目标看，此类国家的优势在于资源条件、生产基础和宏观环境，但是投资状况制约了多数国家的海外耕地投资潜力，此类国家中除了澳大利亚、波兰、美国和匈牙利 4 个国家外，其他国家目前还没有海外耕地投资项目。综合看来，在12 个耕地充裕发达国家中，海外耕地投资潜力处于"强"灰类的 9 个国家共有耕地 3.16 亿公顷，共占耕地充裕发达国家耕地总量的 98%。

表 4.66　耕地充裕发达国家的投资潜力综合评价结果

序号	国家	灰类	聚类系数	序号	国家	灰类	聚类系数
1	澳大利亚	强	0.64	7	芬兰	强	0.37
2	加拿大	强	0.47	8	匈牙利	强	0.31
3	美国	强	0.47	9	波兰	强	0.29
4	西班牙	强	0.46	10	希腊	较强	0.27
5	丹麦	强	0.38	11	捷克	弱	0.36
6	法国	强	0.38	12	塞浦路斯	弱	0.37

5 海外耕地投资模式与中国的选择策略

5.1 基于部门合作的海外耕地投资模式

5.1.1 海外耕地投资的"公对公"模式

海外耕地投资作为当前部分粮食紧缺国政府保障国内粮食供应的一种手段，政府对该项活动的积极参与促进了海外耕地投资中"公对公"模式的诞生。所谓海外耕地投资的"公对公"模式，主要是指在海外耕地投资项目的实施过程中，作为其交易主体的投资方和被投资方均来自公共部门。也就是说，政府部门及其附属机构是达成整个海外耕地投资活动的主要参与者，这种模式多在两国政府间的农业合作框架下进行。

海外耕地投资的"公对公"模式一般采用以下合作流程：①投资国公共部门或被投资国公共部门具有海外耕地投资项目合作意向；②两国共同或单独将项目合作意向信息反馈到各自使领馆的经济商务参赞机构；③商务参赞机构介入海外耕地投资项目前期的论证与沟通过程；④来自投资国与被投资国的合作主体在经济商务参赞机构的协助下开展项目谈判；⑤项目投资实施主体商定投资计划，并确定项目的相关投资条款；⑥投资与被投资相关公共部门签署投资协议，海外耕地投资项目开始运营（图5.1）。

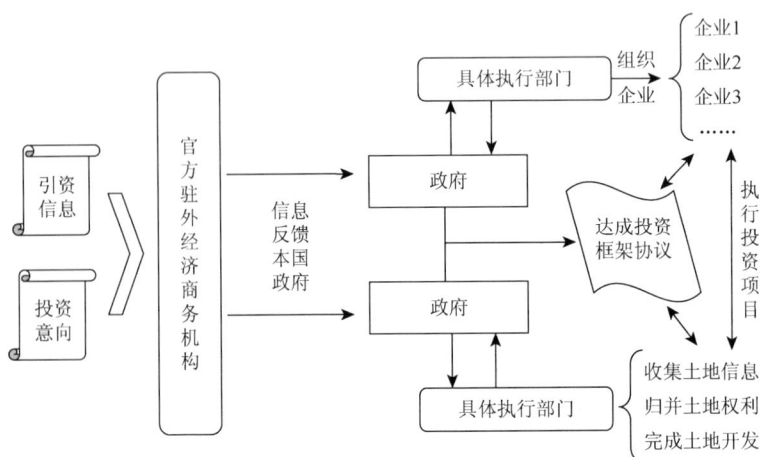

图 5.1 海外耕地投资"公对公"模式流程

从合作层次上看，海外耕地投资的"公对公"模式可分为国家层面的合作与地方政府层面的合作两种。在国家层面的合作中，首先是投资国与被投资国最高层级的政府达成相关合作协议，然后由国家领导人或政府组织部门的负责人落实相关海外耕地投资合作框架，最后由各自来自公共部门的国有企业具体落实相关合作协议条款的实施。例如，中国政府与乌克兰政府之间的中乌农业合作园区就采用了国家层面的"公对公"模式。

2011年4月，中国时任副总理张德江在访问乌克兰期间，代表中国政府与乌克兰政府签署了建立中乌农业合作园区的谅解备忘录，随后，中国农业部和乌克兰农业政策与粮食部开始就落实备忘录的相关条款进行协商，并建立了中乌农业合作园区框架下的合作机制。2012年5月，经过中乌两国国家级农业部门两次会议的协商，在两国农业部门主要领导的直接参与下，中国进出口银行、中国成套工程有限公司与乌克兰财政部、乌克兰国家食品粮食集团共同签署了高达30亿美元的《中乌农业领域合作框架协议》。根据《中乌农业领域合作框架协议》的规定，乌克兰国家财政部将为协议相关内容的落实提供国家主权担保，中国进出口银行负责为项目的实施提供融资贷款，乌克兰国家食品粮食集团和中国成套工程有限公司则负责项目的具体实施和后续商务合同约定的完成。据《中国农业发展报告2012》统计数据显示，目前中国农业部已与91个国家的农业部门签署了189个有关农业合作的文件。

地方政府层面的"公对公"投资模式也可以分为两种形式。一种是在国家层面的投资框架下，双方地方政府或其附属部门参与到海外耕地投资项目中。例如，上述《中乌农业领域合作框架协议》签订后的商务合同履行阶段，辽宁的禾丰牧业集团与乌克兰农业联合体就达成了相关合作意向，并启动了项目技术层面的考察和论证。另一种是在没有中央政府的参与下，地方政府或其附属部门直接参与海外耕地投资项目的实施，中国重庆市政府与老挝万象市政府的中国重庆（老挝）农业综合园区合作就属于此种类型。

2004年3月，重庆市政府与万象市政府在老挝国家总理府签署了中国（重庆）老挝农业综合园区建设协议。根据协议要求，重庆市政府将利用万象市丰富的土地资源，引导市属企业在园区内开展粮食生产、蔬菜种植、水果种植等项目，万象市政府将根据项目实施和进展情况，分阶段提供不少于5000公顷的土地给重庆市政府。整个农业综合园区计划投资498万美元，在园区运营过程中重庆市政府和万象市政府将为入园企业提供税收、资金方面的优惠政策，重庆方面将派遣1万名中国工人赴园区进行农业生产和农产品加工。2008年12月，在重庆市政府的支持下，重庆市恩渝商贸有限公司下属的华力农业开发有限公司与万象市赛塔尼县政府又签订了30年共计2000公顷的土地开发合作协议。此外，重庆市政府下属的重庆粮食集团2010年还投资约60亿元人民币在巴西建立了20万公顷的大豆生产基地；2012 年再次投资约 80 亿元人民币在阿根廷的圣地亚哥省建立了粮食基地，生产大豆、玉米等粮食作物。2013 年 12 月 8 日，重庆市对外贸易经济委员会对外投资处官员再次表示，重庆市已有 14 家海外耕地投资企业，对外投资金额也达到了 7 亿美元，农业已经成为重庆企业投资关注的新领域。

海外耕地投资的"公对公"模式具有以下六点特征。①投资国和被投资国的投资主体均来自公共部门。投资的直接参与者要么是当事双方的中央政府或中央政府组成部门，要么是地方政府或其附属机构。②投资协议的达成有第三方机构的协助，并且这种第三方协作机构往往由国家的经济商务参赞部门扮演。③投资协议的签署主体与执行主体分离。"公对公"模式中，一般政府部门只负责签订耕地投资合作框架协议，而不直接参与到耕地投资项目的运营过程中。④项目具体的执行一般由具有政府背景的企业实施。投资与被投资国政府一般通过签订框架协议设立开发园区，然后各自召集本国国有企业按照框架协议的相关方针来具体落实项目。⑤耕地产权边界清晰。一般被投资国政府直接拥有耕地产权，或已经完成了对被投资耕地的"一级开发"，投资方不需要再与第三方商谈土地权利问题，即投资方在投资过程中不会因分散的土地权利对项目的执行造成障碍。⑥投资方政府拥有可以控制的实施主体。这种实施主体一般由投资国政府拥有的主权财富基金或国有企业充当，投资方政府能够保证在政府层面的框架协议签订后，实施主体一定可以参与到具体项目的实施过程中。

这种"公对公"的海外耕地投资模式也具有其特殊的优点。一是投资合作协议由双方政府部门达成，项目的执行可以得到双方政府部门的支持，项目执行的稳定性较高，抗风险能力较强。二是参与投资的企业一般实力较强，项目一般可以按进度保证执行质量，并且项目的落实过程一般不存在资金问题。三是投资项目一般面积较大，项目实施的影响力也较强，一旦项目运营成功将会形成示范效应和广告效应，有利于促进投资方在被投资地区海外耕地投资业务的拓展。但是，这种投资模式也有其自身的局限性。一是政府直接参与海外耕地投资容易招致非议，特别是投资方来自粮食紧缺国，被投资方是农业生产落后的发展中国家时，这种投资往往会受到国际上第三方观察者的质疑。二是政府参与、面积庞大的投资项目还容易引起当地民众的担忧和不安，增加了项目实施中的道义压力。三是项目运营失败的代价较高，政府参与的项目投资一旦失败不仅会造成投资企业的经济利益受损，还会导致投资双方特别是投资方的声誉受损，进而增大投资方企业在该地区拓展海外耕地投资项目的阻力。

5.1.2　海外耕地投资的"公对私"模式

海外耕地投资的"公对私"模式是指参与海外耕地投资项目的投资方和被投

资方分别由来自公共部门的政府和来自私人部门的企业组成。这种"公对私"的投资模式具体有两种操作形式，一种是投资主导型"公对私"模式，另一种是引资主导型"公对私"模式。在第一种投资模式中，投资方来自公共部门，被投资方来自私人部门。其典型情况是粮食紧缺国政府与某些国家的私人部门的合作项目，如沙特、阿联酋、卡塔尔等海湾阿拉伯国家合作委员会国家在苏丹、埃塞俄比亚的投资项目。在第二种投资模式中，投资方是来自私人部门的企业，被投资方则由项目所在地政府或其附属机构组成。其典型的情况是部分非洲等国为筹集本国农业发展资金或引进农业种植技术，由政府主导并制定相关政策将本国耕地以低廉的价格提供给来自其他国家的投资者，欧美等发达国家在非洲的耕地投资项目多采取此种模式。

海外耕地投资的投资主导型"公对私"模式一般采用以下合作流程：①有进行海外耕地投资意愿的政府督促其下属部门或企业寻找潜在的投资地区或合作者；②投资企业（通常是国有企业）对有价值的投资项目进行论证；③投资企业开始与当地合作者进行接触和谈判；④投资企业在当地成立分支机构或与当地土地所有者组建合作公司；⑤投资企业完成对原土地所有者的补偿或合作公司股权的划分；⑥投资方与被投资方确定各自权利义务，项目进入运营阶段（图 5.2）。

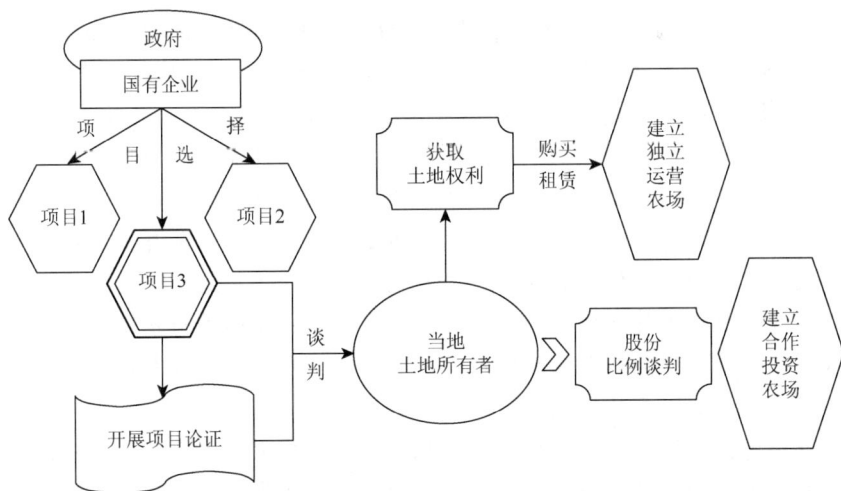

图 5.2 海外耕地投资的投资主导型"公对私"模式流程

投资主导型的"公对私"海外耕地投资模式具有以下优点：①来自投资方的企业具有官方背景，一般实力比较雄厚；②投资稳定性较高，一旦项目运营，其管理也比较规范；③技术溢出效应比较明显，能为被投资国带来外部经济；④投资往往有利于当地农业基础设施水平的快速提升，如道路、水利、电力项目建设等。其缺点是：①当地政府对项目的支持力度较弱，项目风险不易控制；②要与个体土地所有者进行谈判，程序较为复杂；③土地权利获取程序复杂，容易引发当地农民的抵触；④农产品的大量回运容易遭受道义指责。因此，这种投资主导型的"公对私"投资模式一般适合实力雄厚的企业采用，并且比较适合土地市场发育较好，土地权利制度较为规范的国家。

海外耕地投资的投资主导型"公对私"模式主要被海湾国家所采用。目前，进行海外耕地投资，建立海外粮食生产基地保证国内粮食供给的做法深受经济富裕的海湾国家重视，尤其以海湾阿拉伯国家合作委员会成员国沙特、阿联酋、卡塔尔、科威特、巴林和阿曼最为突出。

受水资源短缺和人均土地面积等自然条件的限制，海湾地区大多数国家的粮食严重依赖进口。沙特农业大臣法赫德·巴勒厄尼姆就曾表示，由于国内水土资源紧缺和人口数量快速增长，沙特必须依靠外部的粮食供应来解决本国的粮食问题。沙特王室拥有的 Saudi Star Agricultural Development Plc 公司是沙特海外耕地投资的领军者，2008 年该公司就在埃塞俄比亚的 Gambela 省租赁了 1000 公顷耕地进行水稻种植，目前该公司已经在 Gambela 省投资超过 25 亿美元，租赁耕地面积超过 14 万公顷，并计划在近年将投资面积扩大到 29 万公顷。阿联酋国有的 Africa Atlantic Holdings 公司也在加纳的 Afram Plains 地区租赁了 1000 公顷耕地进行玉米生产，租期暂定为 50 年。卡塔尔主权财富基金下的 Hassad Food 公司是该国海外耕地投资的主要实施者，该公司除了在苏丹租赁了 10 万公顷耕地外，还在澳大利亚投资了约 4 亿美元建立了 13 个大农场用以生产小麦和畜牧养殖。目前，沙特在苏丹、埃塞尔比亚、南苏丹、塞内加尔等国家投资耕地面积共计 171.4 万公顷，其中约有 1/5 的海外耕地在埃塞俄比亚；阿联酋在苏丹、阿尔及利亚、埃及、加纳等国家投资耕地面积共计 188.3 万公顷；卡塔尔在苏丹、加纳、土耳其等国家投资耕地面积共计 64.3 万公顷。从地域分布上看，海湾阿拉伯国家合作委员会的国家主要将海外耕地投资目标国锁定在北非、东非等与本国地理距离较近的地区，一方面方便海外农场的农产品及时运回国内，另一方面也减少了投资的风险和其他不确定因素的影响。

海外耕地投资的引资主导型"公对私"模式一般采用以下合作流程：①有引资意向的耕地供应国政府发布招商信息或出台相关优惠政策；②政府成立相关机构为投资者提供投资信息服务；③投资企业在当地政府的下属投资服务机构协助下寻找适合进行投资的耕地；④投资企业与当地政府的投资服务机构初步达成投资意向；⑤当地政府的投资服务机构在政府的授权下负责对拟进行投资的耕地进行"一级开发"，特别是对土地权利进行整合；⑥投资企业与当地投资服务机构进行项目勘察和可行性论证；⑦在当地政府的主导下，投资企业与其他利益相关者签订投资合同；⑧项目开始运营（图5.3）。

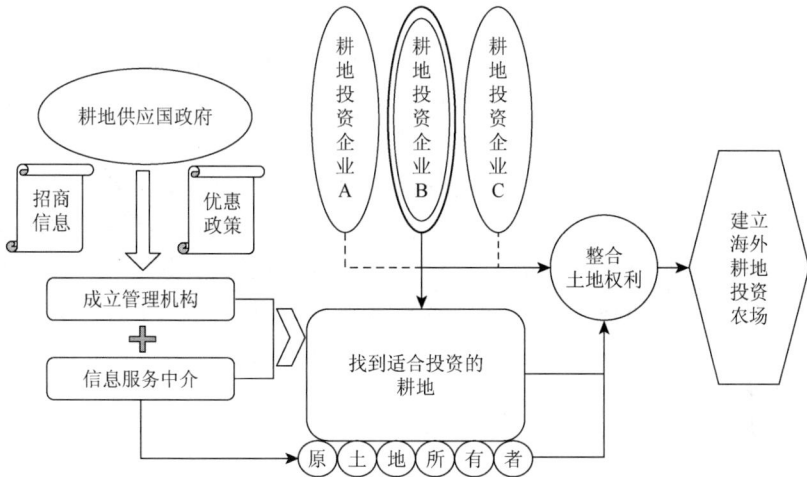

图5.3 海外耕地投资的引资主导型"公对私"模式流程

海外耕地投资的引资主导型"公对私"模式主要被非洲农业发展相对落后的国家所采用。进入21世纪以来，受发达国家对农业部门援助金额降低的影响，部分非洲国家急需农业发展资金，通过公共部门的政策引导，以海外耕地投资的方式将富裕国家的资金引入本国农业部门逐级成为一些非洲国家发展本国农业的重要战略选择。尼日利亚、毛里塔尼亚、马里、几内亚等多个非洲国家的政府纷纷出台了相关政策鼓励投资者到本国进行海外耕地投资。

世界银行的研究报告表明，非洲的几内亚热带草原农业带是全球农业生产水平最低下的地区，该地区土地利用程度普遍较低，农业生产水平低下，具有极大的粮食生产潜力（Binswanger et al.，2011）。被称为尼日利亚"中间地带"的Kwara州就处于该区域，Kwara州人口稀少，土地利用率较低，已经成为尼日利亚吸引海外耕地投资者的重要区域。Kwara州利用耕地吸引外部投资的行为始于2004年，时任州长Bukola Saraki当年在尼日利亚政府的支持下，邀请了一批来自南非和津巴布韦的投资者到该州考察耕地投资项目，并与津巴布韦的五名投资者签署了谅解备忘录。谅解备忘录提出：①州政府将协助投资者获取可以灌溉的土地；②州政府将负责为农场提供可以使用的道路和电力；③协助投资者获得尼日利亚联邦政府的投资授权；④每个投资农场要建立一个8万美元的共享基金给当地农户使用；⑤农场年收入的1%要提供给当地社区；⑥每个月至少要为当地农民提供一次技术培训。在此备忘录框架下，最终州政府从当地农户那里筹集了13 000公顷土地，并将其分为13个1000公顷的农场租赁给了13位来自津巴布韦的农场主，租期为 25 年。随后，Kwara 州又增加了 17 个海外耕地投资农场，涉及耕地面积 61 300 公顷。截至 2012 年年底，Kwara 州提供给投资者的耕地面积已经超过 75 000 公顷，涉及土地权利所有者约 2000 人。

引资主导型的"公对私"海外耕地投资模式具有以下优点：①项目一般由被投资国官方提供信用担保，项目运营面临的风险较小；②政府能够提供较为可靠的信息服务，便于投资者进行项目论证；③被投资国官方机构负责土地权利的整合，投资者面临的投资程序较为简单；④投资国一般农业生产水平比较低下，项目盈利空间较大。其缺点是：①对投资者的要求较高，一般只有实力雄厚的企业才有能力参与；②项目面积通常较大，而且不允许分割；③政府土地权利整合中的不足容易给项目的后续运营埋下风险点；④项目协议通常会有附加条款，往往要求投资者进行农业技术培训、基础设施建设、农民社区改善等。

5.1.3 海外耕地投资的"私对私"模式

海外耕地投资的"私对私"模式是指合作的双方均来自私人部门，大致可分为三种形式。一是较为规范的私营企业与私营企业之间的合作，如 2007 年日本三井物产株式会社与巴西 Multigrain 公司之间的合作，日本三井物产株式会社通过这种"私对私"的投资模式在巴西种植大豆、玉米等农作物供应国内市场。二是私营企业与土地所有者之间的合作，如 2008 年英国公司 Agrica 公司在坦桑尼亚投资的 5818 公顷土地就是从 Rubada 地区的社区和农户手中购买的土地使用权。三是私人农户与农户之间的合作，如中国浙江的农民在苏丹承包的种植农场，以及东北地区的农民在俄罗斯远东地区承包的农场等。海外耕地投资的"私对私"模式要求投资合作的双方必须在当地法律制度的允许下，通过自主协商采取购买、租赁、合营、股份合作等方式经营农场，政府一般不参与其中，只负责提供相关服务。

私营企业参与的"私对私"的海外耕地投资模式通常较为普遍，也是"私对私"投资模式的执行主力，而纯农户参与的"私对私"投资模式往往具有自发性，并且一般规模较小，并非"私对私"投资模式的主流。海外耕地投资的"私对私"模式通常具有以下流程：①投资企业寻找投资信息，这种信息通常是私人部门发布的；②投资双方进行初步协商，协商双方可以是企业、社区、农民协会等独立实体；③投资双方确定合作形式，通常采用购买、租赁、入股、合作经营等方式；④双方达成合作协议；⑤项目合作得到官方批准，项目开始运营（图 5.4）。

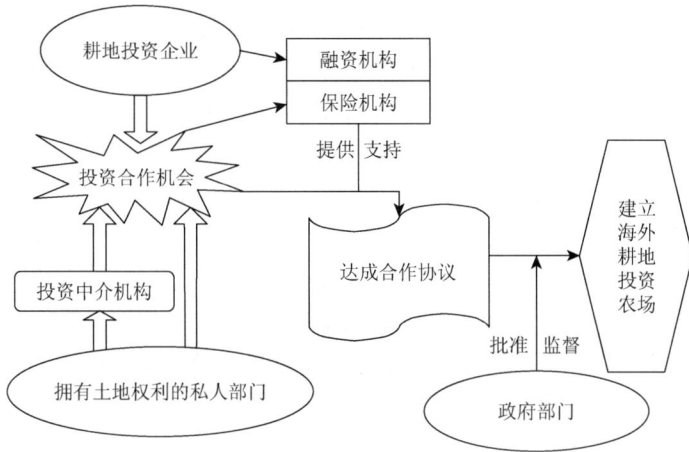

图 5.4 海外耕地投资的 "私对私" 模式流程

　　海外耕地投资的 "私对私" 模式要求参与合作的双方均具有清晰的产权边界，特别是被投资的耕地权利所有者必须是具有排他性的权利个体或组织。在当前全球新自由主义思潮广泛传播的背景下，随着经济全球化和市场化的推进，一些被投资区域土地市场逐渐发育，农民土地权利逐渐清晰，使得海外耕地投资的 "私对私" 模式越来越被投资企业所接受和重视。现代企业制度比较健全和管理水平较高的发达国家投资者往往青睐此种方式，只要符合被投资国的法律制度要求，土地权利边界清晰且可以流转，投资者就可以直接从拥有耕地的企业、个人、社区等来自私人部门的组织中获取耕地权利。

　　从 20 世纪 60 年代开始，日本企业就开始涉入海外耕地投资活动，并且其政府也建立了一套机构支持企业海外耕地投资的政策保障支持体系，如成立日本国际协力银行（Japan Bank for International Cooperation）、日本国际协力机构（Japan International Cooperation Agency）、日本贸易振兴机构（Japan External Trade Organization）等。2007 年，日本 Mitsui 公司在巴西获取了瑞士 Multigrain AG 公司 44% 的股份，介入后者在巴西的大豆、玉米和棉花种植，2011 年 Mitsui 公司将股份增持到 88%，并在巴西 Maranhão 州获取了 100 000 公顷耕地用于粮食种植。同年，Sojitz 也在阿根廷成立了全资子公司 Sojitz Buenas Tierra del Sur 进行海外耕地开发，并顺利拿下阿根廷 11 000 公顷的耕地用于种植大豆、玉米等粮食作物。2009 年 4 月，韩国公司 Jeonnam Feedstock 在菲律宾租赁了 95 000 公顷耕地用于种植玉米，并签订了 25 年的租赁合约。2010 年 8 月，韩国 Korea Rural Community Corporation 与 Rufiji Basin Development Authority 在坦桑尼亚签署备忘录，Korea Rural Community Corporation 投资 5000 万美元在当地建立了一个 100 000 公顷的农场用于种植水稻。2011 年英国 Saxonian Estates 公司用 770 万美元购买了莫桑比克 Matanuska 公司 33.3%的股份，并以提供 400 万美元低息贷款的方式购买了该公司 3000 公顷农场的 12 年产品优先购买权。2010 年年末，美国 Teachers Insurance and Annuity Association-College Retirement Equities Fund 旗下的 Radar 公司斥资 4.4 亿美元在巴西购买了 180 个农场，共计 84 000 公顷，并追加投资 8 亿美元增购面积共计 340 000 公顷的 60 个农场。

海外耕地投资的"私对私"模式必须以产权明确且土地权利可以自由流转为前提，其具有以下优点：①外部干扰较少，企业投资可以独立决策；②投资方式灵活，企业可以根据不同合作者选择合作形式；③企业可以把控耕地投资规模，合理安全生产经营。其缺点是：①对投资地区土地市场发育水平的要求较高；②缺少官方支持，投资风险较高；③投资合作双方参与主体复杂，企业运营容易受到不稳定因素的影响。

5.2　基于土地权利控制的海外耕地投资模式

海外耕地投资活动实际上诞生于全球农业投资的快速发展过程中。随着"土地"要素重要性的逐渐凸显，投资者在海外农业投资过程中对土地权利的获取也日益重视起来，并最终形成了"土地"要素特点突出、形式多样的海外耕地投资模式。本章将根据投资者对土地权利的占有程度，以相对微观的视角，从土地权利完全拥有、土地权利部分拥有和土地权利控制三个层次对企业的海外耕地投资模式进行分析。

5.2.1　土地权利完全拥有型海外耕地投资模式

土地权利完全拥有型海外耕地投资模式，顾名思义，就是投资者完全拥有其投资农场的土地权利，即投资者在符合当地法律规定、土地用途管制等基本条件的情况下，可以完全购买其投资耕地的所有产权，并可以自行安排农场的生产经营活动。这种投资模式的核心是投资者完全拥有耕地产权，并享有占有、使用、收益和处分的权利，其构成要件是被投资国法律允许本国以外的投资者拥有本国土地，并赋予投资者参与土地市场进行交易的权利。由于土地具有极强的政治敏感性，大多数国家的法律都限制本国以外的投资者完全拥有本国的土地产权，在实际操作中，这种土地权利完全拥有型海外耕地投资经常以超长期限的租赁方式出现。例如，印度 Varun 公司和英国 Fuelstock 公司分别在马达加斯加以 50 年租期投资了 23.2 万和 3 万公顷耕地；韩国大宇物流也曾在马达加斯加拿下 99 年租期 130 万公顷的耕地，而当地的人均寿命也不过 60 岁。

Varun 是一家总部位于孟买的综合性跨国企业集团，业务涉及能源、农产品生产、贸易、钢铁等多个领域。Varun International Madagascar 是其在马达加斯加设立的全资子公司，主要从事农产品的生产、贸易及矿石的出口。2008 年 1 月，Varun 集团董事长与马达加斯加总统初步商定了两国的农业合作意向。2008 年 9 月，Varun 公司与马达加斯加农业部正式签署了农业投资备忘录，并确立了耕地投资的具体计划。2008 年 10 月 25 日，Varun 公司正式与 Mahajanga 省 Sofia 地区政府签署海外耕地投资协议，双方约定从 2009 年 1 月 26 日正式启动项目的运作。Varun 公司在 Sofia 地区一共投资了 23.2 万公顷耕地，投资金额高达 11.7 亿美元，其中 6.1 万公顷直接从当地政府手中购买，剩余的 17.1 万公顷则从当地 13 个农民社区中购买，当地农民全部转为农场的工人。在项目操作上，Varun 公司并没有与农民进行一对一的谈判，而是将项目委托给了当地一家叫 Sodhai 的中介机构。Sodhai 一方面帮助 Varun 公司制订其投资实施计划，另一方面帮助当地的 13 个社区成立了农民协会，并最终促成 Varun 公司与 13 个农民协会之间签署了投资合同。Varun 公司计划在 Sofia 地区的投资项目在四年之内可实现年生产稻谷 280 万吨、玉米 40 万吨，并将 20%的稻谷和 50%的玉米运回国内销售。

Fuelstock 是一家总部设在毛里求斯的英国跨国公司，其主要业务是进行生物燃料的生产和销售。该公司的投资项目在马达加斯加西北部 Mahajanga 省的 Boeny 地区，由于该地区有气候适宜、未利用地面积较大和劳动力成本便宜的优点，Fuelstock 的马达加斯加分公司在该地区 3 万公顷的农场从事油料作物种植，并计划在投产的前五年实现每个月 5000 吨生物燃料的生产规模。为了控制整个生产流程，Fuelstock 公司非常重视对投资土地的控制，分别与来自政府、社区和农户的土地所有者签署了 50 年的耕地租赁协议，并且确保公司拥有投资期内 100%的土地利用权利。该项目的投资特点在于，Fuelstock 公司为当地农民提供了大约 19 000个就业岗位，其中 1000 个岗位为固定工作，18 000 个岗位为农忙季节的临时工作，临时工作的工资大约为每天 3 美元。此外，Fuelstock 公司每年还要向当地政府缴纳每年 30 000 美元的财产保有税和 20 000 美元的企业经营税。

在土地权利完全拥有型海外耕地投资模式中，投资企业非常重视对投资耕地的产权控制和投资项目的稳定性，通常投资者都会与被投资者签订较长的投资合同，并将部分原土地使用者或利益相关者转化为农场工人或项目从业人员。由于投资时间跨度较长，这种投资一般都需要当地政府和中介机构的协助，并需要较大的资金规模。在这种投资模式中，一般投资方不直接面对农民，通常由投资公司聘请中介机构代表公司与当地农民进行项目谈判，直到项目合同正式签订。这种投资模式的优点是，投资公司可以借助当地力量有效地控制土地产权，尽可能地保证投资项目生产的稳定性；但其缺陷是投资规模较大，一旦项目投资失败，投资方的损失也较高。例如，韩国大宇物流在马达加斯加投资 130 万公顷的项目时，由于投资规模较大，引发了当地人的不满，并引发了骚乱导致当时执政的拉瓦卢马纳纳政府 2009 年 3 月下台，政权更迭后新执政的拉乔利纳政府一上台便立即取消了以上协议，该投资项目也随之流产。

5.2.2　土地权利部分拥有型海外耕地投资模式

土地权利部分拥有型海外耕地投资模式，就是投资者并不完全拥有其投资耕地的所有产权，而是与其他利益相关者一起共享土地产权。从当前海外耕地投资的发展情况来看，土地权利部分拥有型海外耕地投资模式越来越受到投资企业的重视。究其原因，主要有以下五点：①不索取完整土地产权，投资受被投资地区的法律保护力度较高；②将当地利益相关者纳入投资项目中，有利于化解企业的投资风险和阻力；③投资成本较小，即使投资失败，企业承担的损失也相对较小；④这种对投资项目的试探性介入方式，有利于企业熟悉投资地区的情况，为进一步扩大投资规模奠定基础；⑤这种投资方式符合联合国和世界银行的农业投资导向和反贫困计划要求，容易为企业赢得道义支持。从投资企业的实际操作中看，这种土地权利部分拥有型海外耕地投资模型主要有三种表现形式：①混合支持；②合作开发；③租买雇佣。

所谓混合支持，就是海外耕地投资企业在不违反被投资地区法律要求的前提下，采用购买或者租赁的方式获取其投资耕地的全部土地权利，但是投资企业会为愿意留下的原土地所有者提供固定工作岗位，或优先将这些原土地所有者、使用者雇佣为企业的员工，并无偿为他们提供基本生产资料。投资企业通常的做法是赋予对方一定数量的土地使用和收益权利。混合支持方式的特点是投资企业无偿为当地原土地所有者或使用者提供其投资农场内一定数量的耕地，并放弃对这部分耕地的使用、收益权利，由此企业也不再拥有其投资农场耕地的所有产权，而是变成了和当地利益相关者共享土地产权。混合支持方式的好处是投资企业为当地农户提供了就业岗位，甚至是市场服务和技术支持，便于先进的农业生产技术在当地传播，有利于企业赢得声誉；其不足是市场机制的引入可能会使独立经营土地的农户面临较大的市场风险。

Kagera Sugar 原是一家成立于 1982 年的坦桑尼亚国有制糖公司，2001 年 12 月该公司被南非的 Super Group 公司收购，从而转变为 Super Group 公司旗下一家从事生产、处理、销售一体化的私营企业。Kagera Sugar 公司目前在坦桑尼亚拥有种植糖料作物的耕地共 17 000 公顷，其中一个 7000 公顷的农场就是采用混合支持方式获取的。该公司将农场 7000 公顷耕地全部租赁后，与当地的农民签署了协议，并将 300 公顷耕地提供给当地农民种植。在该项目中，Kagera Sugar 公司还与在其农场中耕作土地的当地农民达成了合作协议：Kagera Sugar 公司为农民提供农业基础设施、农业技术培训服务和市场支持的服务，农民则将其土地纯收益的45%上交给 Kagera Sugar 公司，自己留下剩余的55%。Kagera Sugar 公司正是通过这种合作的方式加强了对当地农民及其农场工人的控制，保证了从业人员的稳定性，也正是这种在自己企业农场添加生产"合约"的混合支持模式，有效地减少了企业在土地获取和农场生产经营方面的风险。

合作开发是一种多个参与者共享土地权利的海外耕地投资模式，也就是说投资企业与当地一个或多个土地所有者达成合作协议，多方共同成立一家从事耕地开发的企业。投资企业通过资金、技术和管理入股；土地所有者则通过土地权利入股，各利益相关者根据自己在公司中的股份享有项目收益。这种投资方式多存在于投资企业与拥有相当规模土地的农场主之间的合作，或者投资企业与公有制的土地所有单位合作。在新成立的企业中，来自国外的投资者与原土地所有者共享土地产权，并依公司成立协议约定行使其对投资耕地的占有、使用、收益和分配的权利。合作开发方式的有利方面是来自国外的投资企业，一方面可以省去与当地土地所有者谈判土地购买和补偿的问题；另一方面又可以在当地土地所有者的协助下加快项目投资进度，有利于及时抓住商业机会。合作开发方式的不利方面是投资企业在项目运营时难以独立决断，容易受到其他股东的干扰。

Ndzou Camp 是一家位于莫桑比克 Manica 省专门从事于农业生态项目的开发与经营的公司，由英国企业 Eco-MICAIA 与当地农民组织 Associação Kubatana Moribane 在 2009 年共同成立。Ndzou Camp 在 Manica 省的 Chimanimani 保护区内投资了一个占地 10 000 公顷，涉及农业研究、度假、旅游的生态观光项目，所有土地均来自一个拥有 1200 人的 Mpunga 社区。Associação Kubatana Moribane 是 Mpunga 社区成立的与 Eco-MICAIA 公司合作开发该项目的当地组织。2008 年下半年，Eco-MICAIA 公司开始就投资 Chimanimani 保护区内的旅游观光项目与当地农民社区进行接触，并帮助当地 Mpunga 社区成立了 Associação Kubatana Moribane 展开双方的合作。2009 年 6 月，双方共同成立了 Ndzou Camp 公司，并与 2009 年 12 月签订了项目启动合同；2010 年 5 月，双方的农业生态旅游项目正式开始运营。合作的双方约定项目经营周期为 10 年，在合作期内 Associação Kubatana Moribane 拥有该投资项目 60%的股份，而 Eco-MICAIA 拥有其余的 40%。Associação Kubatana Moribane 由莫桑比克国家旅游部向世界银行申请了 20.5 万美元的低息贷款为其 60%的股份提供担保，Eco-MICAIA 则通过物质投入和服务为其 40%的股份提供担保，即 Eco-MICAIA 负责 Ndzou Camp 项目的日常运营、业务拓展、人员培训，以及与当地政府部门的接洽。

租买雇佣是指投资企业与土地所有者或使用者在签订土地租赁合同的同时，还将土地上的附着物一并购买，然后雇佣原土地所有者或使用者对土地上的附着物进行日常管护。在租买雇佣的投资模式中，投资者通常要与当地农民签订三份合同，一是耕地的租赁合同，二是耕地上农作物的购买合同，三是与当地农民的雇佣合同。正是依靠这种三位一体的合同组合，投资企业实现了对投资项目耕地的"租赁"、耕地上农作物的"购买"，以及农业工人的"雇佣"。通常情况下，耕地租赁合同是长期稳定的，而农作物购买和工人租赁合同是滚动调整的，这样有利于降低农产品的市场风险和劳工管理风险。租买雇佣的投资方式一般被投资耕地面积较大、土地上农作物为多年生、企业生产连续性较好的企业所用，如水果生产企业、造纸企业等。这种投资方式的好处是，投资企业将侧重放在对土地权利的获取上，而对土地上附着物和农场工人的控制则较为灵活，并实现了与当地农民共同分担土地上附着物的风险；但其缺点是企业滚动合同的调整容易受当地舆论的影响，并且企业所得到的政府政策支持也相对较弱。

Mondi 是德国的一家全球著名大型跨国造纸企业，公司业务遍布全球 30 多个国家，企业员工总数超过 4 万人。Mondi 公司目前在南非拥有两家造纸工厂，并租赁了 35 万公顷的林地从事造纸原料的生产，以上土地来源于 60 多个不同的农民社区。租买雇佣方式最早运用于 2008 年 Mondi 南非公司与当地 Kranskop 社区的 4000 公顷耕地的租赁协议中，并在随后得以推广。在土地产权上，当地农民社区拥有土地所有权，Mondi 与农民社区签订了不超过 20 年的土地租赁合同，并购买了土地上的附着物。Mondi 雇佣当地农民对其租赁土地上的农林作物进行管护，除正常支付工资外，Mondi 还将当地社区的发展纳入投资协议中。Mondi 公司承诺每年拿出农场纯利润的 7% 帮助当地农场社区修建基础设施，如道路、水利设施、住房等。

5.2.3　土地权利控制型海外耕地投资模式

土地权利控制型海外耕地投资模式，就是投资企业在海外耕地投资过程中不直接介入其投资项目的土地产权归属问题中，而是采取一些手段强化企业对项目土地所有者或使用者的影响和控制，从而保证企业投资目标的实现。土地权利控制型海外耕地投资模式实际是投资企业从农业投资向耕地投资转变的一个过渡性投资模式，较多地被投资企业应用于土地制度不健全、土地市场不完善的国家。土地权利控制型海外耕地投贸与农业投资的重要区别就是投资企业不仅仅满足于实物投资利润的获取，而是逐渐介入生产上游土地使用者土地利用的安排方面，并且有意识地通过对土地使用者的控制来实现对投资项目土地利用方式的控制。土地权利控制型海外耕地投资模式的优势是，投资企业可以将业务范围扩展至土地市场不完善的地区，特别是一些土地相对肥沃而生产力比较低下的地区，可以显著提高企业的投资利润空间。土地权利控制型海外耕地投资模式的缺陷是其稳定性较差，项目的运营也容易受到土地使用者的干扰，项目面临的社会风险较高。

从企业的实际操作上看，土地权利控制型海外耕地投资模式主要有三种表现形式：①订单农业；②合约农场；③合作经营。

订单农业，有时候也称契约农业和期货农业，即投资企业与土地使用者达成相关投资协议，由企业提前与土地使用者确定农产品收购合同，并在合同中确定要收购的农产品种类、数量、质量及最低收购价格等，企业和土地使用者分别享有相应的权利和承担各自的义务，并且参与者不能单方面毁约。在操作上，通常是海外耕地投资企业与土地使用者组成的相关组织签订农业订单，海外耕地投资企业利用合同保证了其稳定的农产品来源，而土地使用者则免去了对农产品销售不畅和价格波动风险的顾虑。有时候投资企业在投资过程中还会借助于当地农业中介组织提高投资效率，熟悉当地农业状况的中介机构一方面可以协助投资者找到适宜投资的耕地；另一方面还可以帮助原土地使用者成立相关合作组织，从而减少投资企业的谈判障碍。采用订单农业方式进行海外耕地投资的企业，既可以有效规避被投资地区对国外投资者拥有土地产权的相关限制，又可以克服土地市场不发达对海外耕地投资的限制。订单农业的投资方式还特别适合刚进入海外耕地投资市场的企业使用，其优点是企业可以以较少的投资资本保证企业对农产品的获取，并迅速熟悉被投资地区的农业生产情况。但其缺点是订单签订周期较短，通常只有一年，并且企业与有组织的当地土地使用者谈判过程中容易处于弱势，当地农民组织也可能联合起来不合作，干扰投资企业的生产经营计划。

Divine Chocolate 是英国的一家主要从事可可制品生产和销售的投资企业，其与加纳一个名为 Kuapa Kokoo 的农民协会就采取了订单农业的方式进行了海外耕地投资项目合作。Kuapa Kokoo 农民协会是当地农民在英国农业中介机构 Twin 的帮助下成立的，目前已拥有会员 6800 余人。Kuapa Kokoo 的会员主要由当地的土地所有者、土地耕种者和农场工人组成。其中，土地所有者是耕地的实际拥有者；土地耕种者是租赁土地所有者土地的人，当地人称为 abunu，他们一般可以获取可可成熟收益的 50%；农场工人是在农场进行生产的人员，当地人称 abusa，他们一般可以从土地耕种者那里获取除去土地所有者外，可可成熟收益的 30%。Divine Chocolate 公司以 45% 的利润分成与 Kuapa Kokoo 达成协议，Divine Chocolate 公司享有 Kuapa Kokoo 可可的优先购买权，并提供保证价格；Kuapa Kokoo 则负责向 Divine Chocolate 公司提供高质量的可可果。Kuapa Kokoo 共包含 1300 多个村庄，这些村庄共组成了 52 个农民社区，每个农民社区均成立了七人领导小组（包含一名主席、一名副主席、一名秘书长、一名财务、一名会计和两名独立参与者）负责与 Kuapa Kokoo 总部进行联系，并协调农民的可可生产、收购、质量检查等事宜。最终，可可果以每袋 64 公斤的标准打包，由 Kuapa Kokoo 负责运输到 Divine Chocolate 公司的指定港口等待装船出口。

合约农场也是在投资企业不干涉被投资者土地权利的前提下，与被投资者签订农产品购买合同，确保投资企业成为被投资者唯一的农产品购买者，投资企业则为被投资者的农作物种植提供生产工具支持。合约农场的最大特点就是投资企业是被投资者排他性的农产品购买者，并且通过提供农业生产工具介入农业生产过程中。在实际操作中，合约农场协议的签订双方分别是海外耕地投资企业和农民合作组织。海外耕地投资企业给予农民合作组织稳定的农产品销售渠道、价格和市场环境，并提供生产工具支持；而农民合作组织则在土地权利不变的情况下，稳定地为海外耕地投资企业供应其需要的农产品。采用合约农场的海外耕地投资方式，使投资企业在不介入土地市场的情况下，有力地控制了被投资者的土地利用，其控制手段主要通过两种方式。一是通过购买合约保证投资企业从被投资者那里获取满足质量、数量要求的农产品；二是通过提供特殊农业生产工具，提高被投资者生产投资企业所需要农产品的生产效率，从而保证被投资者生产相关农产品的联系性。对投资企业来说，与订单农业相比，合约农场的投资方式提高了投资企业应对农户不合作风险的能力，但是作为农业生产工具的提供和唯一的农产品购买方，一方面增加了企业的投资成本，另一方面降低了企业产品市场的抗风险能力。对被投资者来说，合约农场使其在不丧失土地产权的情况下融入投资企业的生产流程中，一方面可以保证其农场的农产品有稳定的销售渠道和价格保障，另一方面投资企业农业生产工具的支持也降低了其生产成本和土地利用效率。

Kinyara Sugar 是位于乌干达 Masindi 地区的一家私有制糖企业，具有年均 50 万吨的甘蔗处理加工能力，该公司与 Masindi 地区的甘蔗种植者协会 Kinyara Sugarcane Growers Association 就采取了合约农场的海外耕地投资模式。在 Kinyara Sugarcane Growers Association 的执行委员会与 Kinyara Sugar 公司签订的合约中，Kinyara Sugar 公司承诺对甘蔗种植者协会会员的甘蔗种植提供生产工具支持，包含拖拉机和运输工具; Kinyara Sugarcane Growers Association 则承诺将其农场农产品只销售给 Kinyara Sugar 公司，耕地的产权均为 Kinyara Sugarcane Growers Association 的会员所拥有。Masindi 地区的农户平均拥有土地约 4 公顷，其中大约有 80%用于种植甘蔗，15%种植粮食作物，其余 5%种植其他农作物。Kinyara Sugar 公司除了从 Kinyara Sugarcane Growers Association 那里购买甘蔗外，还自己经营了一个 723 公顷的农场进行甘蔗品种的研究和种植。在甘蔗种植初期，Kinyara Sugar 公司会根据糖的市场价格向 Kinyara Sugarcane Growers Association 提出甘蔗的收购价格和数量，Kinyara Sugarcane Growers Association 的会员则根据 Kinyara Sugar 公司的报价决定其是否加入合约，以及加入合约的数量。当地每年大约有 6000 多名农户会与 Kinyara Sugar 公司签订合约，Kinyara Sugar 公司在合约签订后会利用自己的生产工具为加入合约的农户平整土地、提供甘蔗种植信息等，为农户的甘蔗种植提供便利。

在合作经营中，企业对被投资者土地的控制比合约农场更进一步。利用合作经营进行海外耕地投资的企业则是将农户纳入其生产计划中，虽然企业不介入农户的土地产权，但是会通过发展地方农业服务组织的方式，参与到农户的种子选择、种植、生产、收购、加工、销售流程，实现对农户农业生产行为和土地利用方式的控制。合作经营的最大特点是投资企业在不介入农户土地产权的情况下，将农户纳入企业生产流程，并与其建立起紧密合作关系，赋予农户以"半企业员工"的身份，使农户的农业生产依附于企业的生产计划。对于投资企业来说，合作经营的方式使得企业加强了对合作农户的控制，提高了其稳定获取农产品的能力，但是其缺陷是企业要花费大量资金去建立和管理与农户协调的机构。在实际操作中，投资企业往往通过发展当地代理商的方式实现与农户的合作。代理商通常由当地公司或组织充当，投资企业负责为代理商提供资金、技术方面的支持，并通过代理商为农户提供种子、农业、化肥、农业生产机械等物质生产资料支持和农业种植技术等培训服务。投资企业通过一定数量的代理商将农户组织起来，并通过代理商介入农户农产品种植、收获、销售过程中，保证了企业连续获取农产品的能力。合作经营方式有利于提高农户的土地利用效率和生产水平，便于农业生产技术的传播，并有效地规避了农产品的生产风险和销售风险；但其缺陷是对代理商的要求较高，并需要企业投入大量的人力、物力去对代理商进行培训。

Nandan Biomatrix 是一家从事生物燃油研发和生产的公司，其产品遍销东南亚各国，在印度的 Karnataka 邦、Rajasthan 邦和 Gujarat 邦均有农作物生产基地，并采用合作经营的方式保障企业原材料的供应。目前，Nandan Biomatrix 公司在印度拥有耕地面积超过 4000 公顷，并建立了 218 个代理商协助企业完成对农户的合作。在 Nandan Biomatrix 公司的合作经营模式中，该公司主要从当地村庄、非政府组织或农民社区中选择 1~2 人作为公司在该地区的代理商。代理商的主要任务就是开发企业的农户数量，并鼓励农户种植生物燃油所需的相关农作物，如玉米、油菜、麻类作物等。代理商还负责将公司的相关服务及时传达给合作农户，如种子、农药、种植技术、病虫害防治知识及自然灾害预防等，而农户并不需要对这些服务支付资金，只需要将其一定比例的农产品提供给 Nandan Biomatrix 公司即可。在 Nandan Biomatrix 公司的合作经营模式中，农户被认为是一个重要的利益相关者，公司会通过代理商为农户的农业生产提供最大限度的支持，而农户还保持着独立的地位，只是有代理商将他们组织起来为公司的生物燃油生产提供可持续的原材料。在利益分配中，代理商依其开发的农户土地面积额度获得公司的奖励，农户则依其提供的农作物数量获得收益，每吨生物燃油中农户可获取 130 美元左右。综合看来，代理商是 Nandan Biomatrix 公司合作经营模式实施的关键，也正是通过代理商，Nandan Biomatrix 公司直接控制了农户对土地的利用和农作物种植结构的选择。

5.3　中国海外耕地投资模式的选择策略

从当前海外耕地投资项目在全球的分布情况看，广大发展中地区是海外耕地投资的主要发生区域，但是也有一部分投资者将海外耕地投资项目拓展到了澳大利亚、新西兰、波兰等发达国家。据德国德意志银行（Deutsche Bank）2012年年底发布的研究报告显示，进入 21 世纪以来，全球发展中地区的海外耕地投资面积大约有 8300 万公顷，大约占全球农用地总面积的 1.7%，海外耕地投资项目的 2/3 位于非洲，特别是撒哈拉以南非洲地区（Deutsche Bank，2012）。GRAIN 的统计也显示，全球有 60%以上的海外耕地投资项目位于发展中地区。从中国企业的海外耕地投资项目分布情况看，非洲、拉丁美洲、中亚地区是投资的主要区域，也有部分企业已经在澳大利亚、法国、新西兰等发达国家进行海外耕地投资（Genetic Resources Action International，2012）。因此，本节将在对当前海外耕地投资模式分析的基础上，从发展中国家和发达国家两个方面提出中国企业的海外耕地投资模式选择策略，从而为中国企业顺利实施海外耕地投资提供决策参考。

5.3.1　企业投资模式的选择策略：发展中国家

海外耕地投资作为从全球农业援助和农业投资中"诞生"出来的一项经济活动，广大发展中国家一直是海外耕地投资项目发生的主要区域，全球排名前 10 的海外耕地投资目标国也均为发展中国家。世界银行和德意志银行的研究报告也显示，撒哈拉以南非洲地区拥有全球数量最多的可开垦耕地资源，大约为 2.02 亿公顷；其次是拉丁美洲地区，大约有 1.23 亿公顷；东欧和中亚地区约有 0.52 亿公顷；东亚和南亚地区约有 0.14 亿公顷。

从海外耕地投资企业的角度看，投资发展中国家具有以下五个有利条件。第一，大多数发展中国家耕地面积比较充裕，人均耕地面积普遍较高，并且具有数量庞大的后备耕地资源，投资企业一方面可以获取面积较大的投资项目，另一方面扩大投资规模的压力较小。第二，发展中国家的耕地利用率和农业生产率普遍较低，投资企业对耕地的集约化利用和种子、农药、化肥等物质生产资料的投入可以使农作物产量大幅提升，从而扩大企业的盈利空间。第三，受经济发展水平的限制，发展中国家的耕地价格相对低廉，投资企业可以用较少的投资成本获取较大的耕地面积。第四，发展中国家劳动力成本较低，对一些劳动力密集型的投资项目来说，投资发展中国家可以降低其农业生产成本。第五，大多数发展中国家为发展本国农业和加大对农业的投资，均出台了较为有利的优惠政策为投资企业提供支持，有利于为投资企业营造一个安定的投资环境。所以，在当前的海外耕地投资中，大多数投资企业均将耕地数量充裕的发展中国家作为其投资的首要选择。但是，投资发展中国家也存在一些不利因素，主要有以下四个方面：第一，大多数发展中国家尚未建立土地市场或者土地市场发育不完善，使得其耕地没有形成科学的价格机制，大规模的投资容易引发当地人的不安；第二，发展中国家土地管理制度和法律相对落后，特别是国内法与国际法直接衔接不畅，使得投资企业在利用法律武器维护其投资权益方面存在不确定性风险；第三，发展中国家农业基础设施普遍落后，使得投资企业需要花费巨额资金改善其投资项目的农业基础设施，并且这种基础设施一旦投入使用就难以移动；第四，发展中国家政府治理一般较差，特别是投资过程中的腐败问题，一方面容易引发当地农户的不满，另一方面也有可能为投资企业项目的运营埋下隐患。因此，中国企业将广大发展中国家作为海外耕地投资重点选择的同时，要注意根据企业的自身特点和当地的基本情况，合理选择适当的投资模式，确保投资项目的成功和运营的顺利。

中国企业当前的海外耕地投资项目中，国有企业和私营企业是海外耕地投资的主体，农户私人的跨国土地承包并不构成中国海外耕地投资的主流，并且其规模也相对弱小得多。目前，中国已经与部分发展中国家签订了一定数量的农业合作备忘录，而作为政府背景浓厚的国有企业，其应当成为利用国外资源保障国内粮食供应的先行者。随着中国经济的发展和农业"走出去"战略的实施，已经有大批优秀的涉农国有企业走向国际舞台，并展现出了较强的投资实力和竞争能力。首先，这批国有企业实力相对雄厚，并且在农业"走出去"战略中积累了一定的对外农业投资经验，如中粮集团、重庆粮食集团、北大荒集团等；其次，国有企业人力资源质量较高、人员配备较为齐全，并且容易招聘到海外耕地投资所需要的复合型人才，其实施海外耕地投资的人力资源障碍较低；最后，国有企业的投资意向比较容易上升到政府间的合作协议中，并且国有企业也容易得到中国和被投资国政府相关政策的支持。因此，国有企业对发展中国家的海外耕地投资模式选择应重点从以下四个模式中进行布局：①"公对公"模式；②投资主导型"公对私"模式；③土地权利完全拥有模式；④土地权利部分拥有模式。

（1）"公对公"模式。中国国有企业自身的特性、海外耕地投资的动力和被投资发展中国家的国情决定"公对公"模式应当成为中国国有企业进行海外耕地投资的首要选择。这种投资模式的最大好处就是可以为投资企业营造一个稳定性较高的投资环境，并且这种投资环境由两国的政府信用提供保证。所以，国有企业在投资政府治理较差的发展中国家时尤应注意选择此种投资模式。中国国有企业政府背景浓厚，并且一般实力较强，中国政府也容易引导国有企业以粮食安全为目标进行海外耕地投资。对中国企业来说，进行海外耕地投资的最大风险就是宏观环境的不稳定性，通过政府部门间的"公对公"模式，可以在政府治理的最高层面签署相关投资合作协议，减少非经济因素对企业海外耕地投资的影响，为企业创造良好的投资环境。此外，中国与大多数亚、非、拉发展中国家具有良好的外交关系，并且中国的农业生产对这些发展中国家的比较优势也较为明显。因此，中国国有企业在选择"公对公"投资模式时，应当注意将相关投资诉求反映给国家农业、商务部门，中国政府部门也应对企业的海外耕地投资提供相关支持，在高层交往中注意申明经济利益。

（2）投资主导型"公对私"模式。目前，随着经济全球化的发展，世界银行已经指导和帮助很多发展中国家建立了初步的财产制度和土地市场，这为面向私人土地所有者进行海外耕地投资创造了较大的便利条件。中国国有企业也应重视在中国政府与一些发展中国家政府合作中，利用投资主导型"公对私"模式进行海外耕地投资。从投资模式的适用性上看，这种投资主导型"公对私"模式比较适用于经济发展水平较高、政府治理较好一些的发展中国家，如南非、巴西、乌克兰等。一般情况下，此类国家土地制度相对稳定，土地市场也有了一定的发展，私人部门的土地所有者或使用者一般具有参与交易的主体地位。但是，中国国有企业在选择此种模式进行投资时还要注意以下三个问题：一是对土地所有者、使用者的补偿要科学合理，以减少国际舆论风险和利益相关者的不稳定风险；二是要注意履行社会责任，为项目的运营营造一个良好的社会环境；三是在面对投资纠纷时要善于运用国有企业的特性，向中国政府部门寻求帮助。

（3）土地权利完全拥有模式。土地权利完全拥有模式的特点要求采用该模式进行海外耕地投资的企业必须有较强的投资实力，而其财产权利相对完善和投资周期较长的优点则要求投资项目应当通过得到国家的信用担保来化解不稳定风险，所以中国国有企业在利用该模式对发展中国家进行投资时具有先天优势。中国国有企业在选择土地权利完全拥有模式时，应当将其与"公对公"模式结合起来使用，通过中国政府与被投资国政府之间的合作来为投资项目产权的稳定性、长期性提供支持，并利用政府部门的高层交往为投资项目提供信用保证。企业在选择土地权利完全拥有模式进行海外耕地投资时，应注意以下两个问题：一是尽可能地为投资项目提供较高的信用担保，以减少不稳定风险对项目的冲击；二是要重视投资项目对被投资地区的负面影响，以免引发当地人的不安，增加投资项目成功达成的障碍。

（4）土地权利部分拥有模式。土地权利部分拥有模式是投资企业进行海外耕地投资时化解投资风险的一种重要选择，已形成了混合支持、合作开发、租买雇佣三种较为成熟的操作方式。从土地产权的完整程度上看，混合支持优于合作开发，合作开发优于租买雇佣。也正是受发展中国家国情的限制，目前大多数投资企业比较倾向于选择土地权利部分拥有模式进行海外耕地投资。所以，中国国有企业在进行海外耕地投资时，也应当注意对该种投资模式的运用和改造，力求通过市场化的操作模式提高企业投资效率。这种投资模式的好处是可以减小企业投资风险、适用性较强；但其缺陷是具有一定数量的利益相关者。对中国国有企业来说，利用土地权利部分拥有模式投资发展中国家时，一方面要注意充分发挥其竞争实力和项目运营实力，补充当地政府治理、土地制度及基础设施方面的缺陷；另一方面也要注意保护项目合作者的合法权益，保证投资项目的稳定性和可持续性。

在全球粮价持续走高、生物能源行业不断发展，以及土地价格上涨预期日益明显的驱动下，中国已经有一批实力较强的私营企业积极参与到非洲、拉丁美洲、东南亚等地海外耕地投资的潮流中，如湖北万宝粮油公司在莫桑比克的投资、上海鹏欣集团在玻利维亚、巴西的投资。与国有企业相比，中国进行实施海外耕地投资的私营企业总体实力相对较弱，受国家对海外耕地投资重视程度不足的影响，私营企业缺乏整体布局、各自为战的特性表现也更为突出。但是，私营企业的优点是灵活性较高、市场敏锐性较强，在投资中往往能够及时抓住机遇。因此，中国私营企业在投资发展中国家时应重点考虑以下四种投资模式：①引资主导型"公对私"模式；②"私对私"模式；③土地权利部分拥有模式；④土地权利控制模式。

（1）引资主导型"公对私"模式。引资主导型"公对私"模式的优点是投资企业的投资可以得到被投资国政府部门的政策照顾，投资项目的稳定性相对较高；其缺点是被投资国政府部门对投资企业的筛选较为严格，投资门槛相对较高，一般要求参与的投资企业具有较强的实力。目前，海外耕地投资的最大风险来自被投资国宏观环境不稳定所产生的非经济风险，并且这种风险在发展中国家尤为突出，而在引资主导型"公对私"模式中，被投资国政府的主动参与则可有效降低此类风险发生的概率。因此，对中国有实力的私营企业来说，在海外耕地投资中应首选引资主导型"公对私"模式，一方面，被投资国政府提供的优惠政策会增加企业的利润空间；另一方面，当地政府与企业的合作也会为投资项目营造良好的环境，为企业投资项目的顺利实施和运营提供更多保障。

（2）"私对私"模式。发展中国家不断推行的产权制度建设和不断发育的土地市场，以及经济全球化的不断发展为来自私人部门的投资企业与来自私人部门的土地权利人之间的合作提供了良好的条件。目前，来自北美洲、欧洲等发达地区的投资企业较多地采用"私对私"模式实施海外耕地投资，如美国 Adecoagro 公司在巴西的投资、葡萄牙 Quifel Natural Resources 公司在莫桑比克的投资、法国 Sucres & Denrée 公司在俄罗斯的投资。"私对私"模式的好处是符合当前的市场经济规则，也被世界银行、联合国粮农组织等国际组织所提倡；但其缺陷是投资发展中国家时企业面对的宏观风险较高，投资企业需要有较强的风险驾驭能力。从当前市场环境来看，政府部门对企业经营过多的支持和干预总会招致非议，并受到相关国际规则的制约，预计随着经济全球化的持续推进和发展中国家海外耕地投资市场的日益规范，"私对私"模式将会成为企业投资的主要选择。因此，中国私营企业应当重视对该投资模式的应用，特别是要注意总结发达国家企业运用该模式进行投资的经验与教训，从而提升企业参与海外耕地投资竞争的能力。

（3）土地权利部分拥有模式。土地权利部分拥有模式的特点就是适用性强，投资企业和土地权利人可以通过该模式发挥各自的资源互补优势实现合作。另外，对大多数发展中国家来说，土地具有极强的政治敏感性，并且还有一部分国家对来自国外的投资者拥有其土地产权设定了种种或明或暗的障碍，而土地权利部分拥有模式则在海外耕地投资时可以将国外的投资企业和国内的土地产权所有者统一起来，在遵守被投资国法律的基础上实现投资企业的海外耕地投资目的。中国实力一般的私营企业应将该投资模式作为实施海外耕地投资的首要选择，并将其与"私对私"模式结合起来运用，一方面借助全球经济一体化和发展中国家产权制度建设的潮流，保证投资项目的稳定性和规范性；另一方面通过合作协议将被投资国利益相关者与企业的投资利益统一起来，保证项目的顺利运营和可持续性。

（4）土地权利控制模式。土地权利控制模式的最突出特点就是企业进行海外耕地投资时不介入被项目的土地产权归属问题，而是通过对合作者的激励实现投资企业对土地用途的控制。同其他投资模式相比，该投资模式所需要的资金规模相对较小。同时，由于会与被投资者产生土地产权纠纷，该投资模式还具有适用于投资宏观环境较差地区的优良特性。所以，对中国实力较弱的私营企业来说，在运用有当地政府部门参与的引资主导型"公对私"模式条件不成熟，且被投资地区宏观环境风险偏高时，可以优先考虑使用土地权利控制模式。事实上，在实际操作中土地权利控制模式较多地被投资企业运用于初次进入一些政府治理较差的发展中国家，其主要作用是通过相对较小的项目投资实现对被投资地区相关投资情报的掌握。因此，中国私营企业在初步涉入海外耕地投资市场，或者拟投资宏观环境风险相对较高的发展中国家时，应着重考虑运用土地权利控制模式。一方面，这种投资模式可以有效降低企业投资失败的风险；另一方面，这种投资模式还有利于企业获取当地投资情报，为进一步扩大投资规模奠定基础。

5.3.2 企业投资模式的选择策略：发达国家

随着海外耕地投资规模在全球的快速扩大和国际上对海外耕地投资活动管理的规范，全球海外耕地投资的发生区域也在不断演变。虽然相对于发展中国家来说，发达国家的海外耕地投资项目数量较少、投资规模也相对较小，但是一些耕地充裕的发达国家已成为新一轮海外耕地投资发生的重要区域。目前，澳大利亚、新西兰、波兰和匈牙利等国家已成为海外耕地投资企业投资发达国家的重要选择，仅澳大利亚就有海外耕地投资项目超过 20 个，被投资面积超过 480 万公顷。中国也有企业参与了对发达国家的海外耕地投资，如上海鹏欣集团在新西兰投资耕地8615 多公顷，南山乳业在澳大利亚投资耕地 3 万公顷。

同发展中国家相比，发达国家一般宏观环境稳定、基础设施较好、市场秩序相对规范、农业生产率也较高，这一方面意味着企业的投资过程将更具市场化特征，另一方面也意味着这种投资的成果将更多地反映在企业实力的较量上。无论是国有企业还是私营企业，在参与发达国家海外耕地投资项目竞争时，首要条件就是需要企业以一个平等的市场参与者身份与其他竞争者进行竞争。一般情况下，发达国家的海外耕地投资更多地反映为一种纯商业活动，政府通常会较少地介入到相关投资过程中。在投资发达国家时，公共部门对海外耕地投资项目的影响力会降低，市场的力量会成为决定投资企业成功与否的关键。同时，无论是国有企业还是私营企业，必须以市场参与者的身份参与项目竞争，在市场化的项目运作中二者也将演化为平等的竞争实体，国有企业的公共部门属性将失去其发挥效用的土壤。因此，作为有同等市场主体地位的国有企业和私营企业，在其投资发达国家时应着重考虑以下三种模式：①"私对私"模式；②土地权利完全拥有模式；③土地权利部分拥有模式。

（1）"私对私"模式。在"私对私"模式中，海外耕地投资项目是投资企业与被投资地区土地权利人之间的合作。从理论上讲，如果投资企业具有资金实力、生产效率、管理水平上的比较优势，并且符合被投资国的法律要求，那么"私对私"的投资模式最适合运用于发达国家。首先，发达国家具有较为完善的产权制度，这为投资企业合法拥有其投资项目的土地产权奠定了基础；其次，发达国家通常具有较为良好的政府治理环境，这可以减少非经济风险对企业投资项目的冲击；最后，发达国家通常土地市场发育较好，便于投资企业与利益相关者达成合理的收益分配协议，有利于化解项目运营阶段的纠纷。对中国的国有企业来说，发达国家的市场环境一方面会使其难以获取有效的政府部门支持，另一方面其政府背景可能会成为部分被投资国限制其参与项目竞争的借口。在这种情况下，具有政府背景的国有企业将处于与私营企业同等的位置参与海外耕地投资项目的竞争，并且发达国家特有的高强度竞争环境也将有力促使二者不断提升企业自身竞争力。因此，无论是国有企业还是私营企业，若企业自身具有较强的竞争实力，均可利用"私对私"的海外耕地投资模式投资发达国家。

（2）土地权利完全拥有模式。目前，大多数发达国家均承认土地私有制，并具有发达的土地产权管理制度，这为投资企业采取土地权利完全拥有模式奠定了产权基础。发达国家的土地产权特点也决定了中国企业在该区域进行海外耕地投资时，应当将土地权利完全拥有模式与"私对私"模式结合起来使用。一方面，发达国家土地产权权能相对明确，并且具有可长期拥有土地产权的法律、制度环境；另一方面，发达国家土地产权私有的现实决定了耕地往往属于农场主所有，投资企业需要从农场主手中获取耕地产权，如云南柏联集团在法国就从农场主手中购买了 53 个葡萄种植园的完整产权。因此，无论是国有企业还是私营企业，在符合被投资国法律要求的前提下，发达国家所特有的法律制度环境、良好的政府治理水平、完善的市场机制将会为企业营造一个宏观环境风险最小的商业环境，并且也将有力地增强投资企业利用土地权利完全拥有模式进行海外耕地投资的可操作性和稳定性。

（3）土地权利部分拥有模式。在当前全球经济低迷的宏观背景下，土地权利部分拥有模式可以作为实力一般的中国企业投资发达国家的首选模式。从投资企业的角度看，土地权利部分拥有模式可以使投资企业以较少的成本投资找到一个合作者，并可以迅速地将企业与当地利益相关者的诉求统一起来，从而有利于投资企业与合作者各自发挥资源互补优势形成合力。从被投资者来看，土地权利部分拥有模式可以使其在较少丧失土地权利的同时，享有投资企业所带来的资金、市场等方面的好处。此外，当前发达国家相对低迷的经济环境也降低了中国企业的投资门槛，因实力限制不足以运用土地权利完全拥有模式投资发达国家的国有企业或私营企业，应当抓住这一难得的历史机遇，通过与被投资国土地所有者合作的土地权利部分拥有模式以较少的资金投入在发达国家进行投资布局。因此，在当前的全球经济环境中，只要被投资国法律允许，中国企业投资发达国家的耕地资源并非可望而不可即，中国企业也应当重视利用土地权利部分拥有模式在发达国家获取耕地资源。

6 中国海外耕地投资地域与模式的实证分析

目前，中国政府还没有出台明确的海外耕地投资政策，但已经有部分中国企业参与到全球海外耕地投资活动中，并引起了相关国际组织的关注。为进一步分析中国海外耕地投资项目的特点，本章将对中国的海外耕地投资进行实证研究。第 5 章采用案例分析法对海外耕地投资模式进行了总结和归纳，所以，本章将在中国企业海外耕地投资项目发展现状的基础上对中国海外耕地投资企业的地域选择问题进行实证分析。

6.1 中国海外耕地投资的发展历程

6.1.1 纯农业援助阶段

新中国对外的纯农业援助阶段大约是从 1950 年开始到 1979 年结束，该阶段的农业援助是在国家整个对外援助工作的布局下展开的，所以较多地体现出对外援助的整体特征。1949 年新中国成立以后，面临着巩固新生的人民政权、巩固和发展国民经济、粉碎帝国主义军事威胁和经济封锁的重要任务。为了配合国家"一边倒"外交方针的需要，新中国首先对同属社会主义阵营的越南和朝鲜进行了军事、经济援助，其中经济援助中就有粮食援助、帮助两国建设农场和农田水利工程等方面的内容，这也是新中国建立后对外进行农业援助的起点。

1955 年万隆会议以后，新中国的外交局面逐渐展开，中国的对外农业援助范围也开始扩大，逐渐从周边社会主义国家向其他地区的社会主义国家扩展。1960年，中国政府就与古巴政府签订协议，承诺 1961～1965 年中国将通过给予古巴6000 万美元无息贷款的方式进行经济援助，以缓解古巴经济困难的状况[1]。1963年 10 月，中国还向古巴提供了 5000 吨的粮食援助[2]。实际上，亚非民族主义国家一直是中国对外农业援助的重点。1957 年 3 月 5 日，周恩来总理就曾指出："目前，中国在力所能及的范围内，正在向一些亚非国家提供一些农业援助。这些援助就起数量来说是极其微小的，然而是不附带任何条件的，这表示了我们帮助这

---

[1] 谢益显。《中国当代外交史 1949-1995》，中国青年出版社，1997 年版，第 227 页。

[2] 王泰平。《中华人民共和国外交史 1957-1969》，世界知识出版社，1998 年版，第 394 页。

些国家独立发展的真诚愿望。"[①]1959 年，中国向刚获取独立的几内亚提供粮食援助，成为中国对非洲农业援助的起点。到 20 世纪 70 年代末期，中国先后帮助几内亚、马里、坦桑尼亚等 11 个国家实施了上百个农业项目，包括农业技术试验站、农业技术推广站和 15 个规模较大的农场，共计种植面积 4 万多公顷（唐正平，2002）。此外，中国在非洲还积极承建水利工程项目，并已使当地超过 7 万公顷的耕地受益。也正是利用这种对外农业援助，中国把一部分农业技术，如水稻、茶叶、甘蔗的生产种植技术输出到了被援助国家，如 20 世纪 60 年代非洲国家马里的制糖业就是在中国的援助下展开的。

随着中国对外援助规模和成效的持续扩大，中国政府还在机构设置上对援外工作的管理进行了改进。从 1952 年的中央人民政府对外贸易部，一直到 1970 年设立的对外经济联络部，成立了三个直属局分别负责对社会主义国家、亚洲地区和非洲地区的援助事宜。这一时期的农业对外援助也是在以上机构的统一部署下，组织各省的农业部门、农垦系统等实施的。这一时期，中国对外农业援助的内容也逐渐丰富起来，从最初的建设农场、农业技术示范中心、农业技术试验站、推广站等，逐渐向农机具提供、种子提供、农业技术人员提供，以及受援国农业人员培训等方面扩展。

中国对外纯农业援助阶段的最显著特征就是相关农业援助是在国家整体经济援助的框架下进行的，这种援助过程只有被援助国单方面受益，中国的所有援助都是无偿的。从现实利益看，在新中国成立到改革开放前这段时期，中国一直处在一个相对紧张的国际大环境中，安全利益也就成为国家的最核心利益，包括农业援助在内的整个援外工作实际上是配合外交工作的需要，为国家安全利益服务的。中国政府实际上也是通过对外援助来获取国际上的广泛认同和支持的，其追求的是国际地位和政治利益，而经济利益和文化利益并不是该阶段对外援助的考量内容。这种指导思想也导致中国的纯农业援助产生了以下缺陷：对外农业援助项目过分重视项目的建设速度，而忽视了对项目经营管理人员的培训，从而导致大多数项目在移交之后经济效果严重下滑，进而影响了农业援助项目的可复制性和持续性。

6.1.2　农业合作开发阶段

中国对外的农业合作开发阶段大约是 1979～2000 年，该阶段的农业合作开发是在国家对外援助政策大调整的背景下展开的。20 世纪 70 年代末期，随着中国国内经济政策的调整、改革开放的实施和国际形势的缓和，中国政府的工作重点

---

① 谢益显。《中国当代外交史 1949-1995》，中国青年出版社，1997 年版，第 173 页。

也开始逐渐转移，经济利益在国家发展中的重要性不断凸显，特别是改革开放政策的实施，促使中国政府的对外援助政策和援助管理体制发生了重大调整。1983年2月，国务院时任总理赵紫阳在第五届全国人民代表大会常务委员会第二十六次会议上所做的出访非洲11个国家的总结报告中提出："非洲各国都致力于发展民族经济，建设是很有前途的，在总结过去经验的基础上，今后我国与非洲国家的经济技术合作，应以平等互利、形式多样、讲求实效、共同发展为原则，把重点转到以互利为基础的经济技术合作上来。"同年4月，赵紫阳又在中国社会科学院和第三世界基金会联合举办的北京南南合作会议开幕式中指出，中国同非洲国家开展经济技术合作的四项原则，同样适用于中国同亚洲、拉丁美洲和其他地区发展中国家的合作。

正是在以上思想的指导下，中国将以往单纯的农业援助模式逐渐转变为农业合作模式，并且根据国家以经济建设为中心的目标对援助项目的规模、布局、结构和领域进行了调整，进一步加强了对不发达国家的援助。从效果上看，这一阶段的对外农业合作与纯农业援助相比，更加注重项目的经济利益和长期效果，并且由原来单一的纯援助演化出多种合作形式。从1986年开始，中国又开始加入国际多边援助计划，为一些发展中国家提供水稻种植、淡水养殖、农业机械等方面的技术培训。这一阶段中国农业合作的新变化主要表现在以下四个方面：①在项目选择上，注重经济效益和具有示范效果的技术合作项目，不再搞不切实际的大项目，避免了资金的无效使用；②在项目实施上，采取了包干制和承包制，实现了责、权、利的统一，调动实施单位的积极性；③在项目管理上，改变了建成项目移交受援国管理的方法，及时提出继续合作，使建成项目具有一定程度的持续性；④积极开拓新的合作领域，如中国在摩洛哥实施的农村能源建设项目就颇受该国欢迎（唐正平，2002）。

1995年10月，全国援外改革工作会议在北京举行，时任对外贸易经济合作部部长吴仪在会上指出，为适应国内外形势的变化，中国援外工作改革将主要推行两种新的方式：一是国际通行的政府贴息优惠贷款方式；二是积极推动援外项目合资合作方式。随后，中国进一步强化了对外援助中的互利合作属性，并提出了推行政府优惠贴息贷款援助；援助资金与贸易、合作资金结合使用；有实力的企业参与实施援助；将援助资金用于当地有资源和市场的生产性项目四个援外方针。20世纪90年代末期，中国农业部在几内亚建立了非洲农业开发中心，并与几内亚农业部成立了中几农业合作开发公司，双方分别控股80%和20%，实现了对一个2000公顷水稻种植项目的合作开发；1990年在原对外经济贸易部的支持下，中国农垦集团以30万美元的价格获取了中赞友谊农场667公顷土地99年的使用期限；1994年中国农垦集团又投资80万美元在赞比亚购买了3300公顷的耕地，创办了赞比亚中垦农场。

中国对外农业合作开发阶段的显著特征就是强调农业项目的经济效益，并由原来政府直管、项目费用实报实销的对外农业援助转变为投资包干制的农业合作，将竞争机制引入农业项目中，强化了对农业项目的经济技术责任。对外农业合作开发一方面要求重视对项目的管理，注重项目的经济效益，确保项目的成功率；另一方面还谋求与国际对外援助体制的接轨，寻找一种国际农业合作范式，探索一种利益相关者共同受益的农业合作形式。

6.1.3 农业"走出去"与海外耕地投资阶段

2000 年农业"走出去"战略的提出，也使得中国的农业合作开发进入到农业企业"走出去"阶段。进入 21 世纪以来，随着中国经济的快速发展、综合国力的不断增强，中国政府适时提出了"走出去"战略，并积极为企业"走回去"搭建平台。中国政府除了利用中非合作论坛外，还通过成立上海合作组织，建立中国—东盟领导人会议、中国—太平洋岛国经济发展合作论坛、中国—葡语国家经贸合作论坛、中国—加勒比经贸合作论坛等方式为中国企业"走出去"提供方便。2007 年1 月，中央一号文件特别提出的"加快实施农业'走出去'战略"进一步促使原有的中国农业合作开发进入以企业为主体的农业企业"走出去"阶段。

实际上，中国实施农业"走出去"战略，引导农业企业走向国际市场，不仅是企业自身发展的需要，也是实现中国农业可持续发展的需要。首先，中国在农业生产技术、农业管理和涉农资本方面具有一定的优势，但是土地资源相对缺乏，而一些亚非拉发展中国家土地利用程度较低、后备耕地资源充裕、农业生产的自然条件较好，这种差异性和互补性为中国农业企业走向国际进行投资创造了空间。其次，经过改革开放以来的农业大发展，中国基本解决了温饱问题，农业可持续发展问题逐渐凸显，要解决以上问题必须统筹利用国内外两种资源、拓展国内外两个市场。最后，鼓励中国农业企业"走出去"还有利于参与全球治理，支持和帮助被投资地区充分利用土地资源优势发展经济、改善人民生活。陈前恒等（2009）对中国农业"走出去"企业的统计显示，中国在境外投资、合作上市的农业产业化龙头企业有 40 多家，投资金额已达到 153 亿元，投资地区也遍布亚洲、非洲、北美洲、欧洲、大洋洲等 30 多个国家和地区。据不完全统计，广西已经有 20 多家农业企业到国外进行农业投资，投资规模已超过 5 亿元人民币；湖北省的湖北种子集团 2000 年就成立了国际贸易部，专门从事海外农业开发；重庆市也批准了六家企业从事境外农业投资。据农业部发布的《中国对外投资合作发展报告》也认为，中国的农业援助和对外农业合作已经成为中国对外农业交流与合作的重要途径，也为中国农业企业进一步加深农业投资营造了良好的外部环境。

农业企业"走出去"阶段的最显著特征就是农业投资被进一步强化，并且在国际大趋势下呈现出较强的海外耕地投资属性。2003 年,广西农垦集团海思达经济技术合作有限公司在委内瑞拉投资了一个 80 公顷的农场;2004 年,黑龙江农垦开始在俄罗斯远东地区租赁土地进行粮食种植,并在 2007 年将种植面积扩大到42 300 公顷;2004 年,重庆市政府通过建立"中国重庆(老挝)农业综合园区项目"在老挝获取了 5000 公顷耕地;2007 年,湖北农垦局下属的湖北省联丰海外农业开发有限公司在莫桑比克投资了一个 7000 公顷的农场;2011 年,湖北省万宝粮油公司在莫桑比克租用 333 公顷土地进行粮食种植,并签订了 50 年的土地租赁合同。2012 年的《中国对外直接投资统计公报》统计数据也显示,农业"走出去"战略实施以来,中国农业企业的境外投资存量已从 2004 年的 8.34 亿美元增长到 2012 年的 49.64 亿美元,中国农业企业"走出去"的规模和速度均在加快。

总之,在中国农业企业"走出去"阶段,中国农业企业面临着重要的发展机遇。首先,中国多年的农业援外工作使中国与亚非拉诸多发展中国家建立了良好的合作关系,为中国农业企业"走出去"建立了合作基础和政治优势;其次,中国农业"走出去"战略的提出和实施也为农业企业提供了政策保障;再次,国际上一些发展中国家所具有的农业资源、土地资源优势也为中国农业企业的投资创造了条件;最后,中国农业企业所具有的技术优势、资金优势也使得中国农业企业"走出去"更具可行性。

6.2 影响中国海外耕地投资项目地域选择的国际政治环境因素

海外耕地投资作为对外农业投资的一种,企业在选择投资地域时除了要面临对外投资的一般性影响因素外,还由于其投资标的物——耕地的特殊性、中国的社会主义国家性质、发展中国家地位、后来加入的投资者等特点,使中国的海外耕地投资企业面临诸多特殊因素。特别是在当前国际背景下,粮食问题已成为国际政治博弈的重点领域,耕地投资也成为国际组织和多个国家在全球农业投资中所关注的焦点。因此,结合当前国际政治经济的现实和中国的发展特点,从历史和全球视角对中国海外耕地投资的特殊影响因素进行理论分析也显得尤为重要。

6.2.1 "中国威胁论"

"中国威胁论"的历史渊源最早可以追溯到 1873 年俄国无政府主义创始人巴枯宁出版的《国家制度和无政府状态》一书,巴枯宁根据其逃亡期间在中国的所见所闻，提出"中国是来自东方的巨大危险"，并上书沙皇建议"着手征服东方"。19 世纪末，欧美帝国主义者为了给其侵略中国的行为创造舆论环境，炮制了所谓的"黄祸论"，这也成为"中国威胁论"的历史由来。1895 年，德国皇帝威廉二世甚至亲自构思了一幅《黄祸图》画成油画送给俄国沙皇，随后西方还出版了一批关于"黄祸论"的著作。"黄祸论"的鼓吹者认为，"一旦千百万中国人意识到自己的力量时，将给西方文明带来灾难和毁灭"。

20 世纪 40 年代末期，随着新中国的成立，美国再次炒作出了新的"中国威胁论"，即共产党领导的中国革命的胜利将有可能在东南亚引起"多米诺骨牌效应"，从而与美国形成对抗，并制造"红色威胁"。特别是在 1950 年朝鲜战争爆发后，美国在联合国大肆宣传"中国对邻国的威胁"，麦克阿瑟甚至公开宣称中国是"共产主义黄祸"，美国政府还提出要通过遏制中国来遏制共产主义在亚洲蔓延。随后，在中苏关系紧张的 20 世纪 60 年代，苏联也提出过"中国威胁论"。这一时期的"中国威胁论"以鲜明的意识形态为主导。

当前的"中国威胁论"则主要成型于 20 世纪 90 年代。随着苏联在 20 世纪90 年代初的解体和中国在经济、军事上的强大，美国于 1992～1993 年再次抛出了"中国威胁论"，从意识形态、社会制度、宗教信仰和文明的角度展开了"中国威胁论"的具体论证。在学术上，日本学者村井友秀贞 1990 年发表的《论中国这个潜在的威胁》一文正式吹响了当代"中国威胁论"的号角；1992 年，美国外交政策研究所亚洲项目主任 Munro 在《外交政策》发表的《正在觉醒的巨龙：亚洲真正的威胁来自中国》一文拉开了美国学术界"中国威胁论"的帷幕；1997 年，Bernstein 出版的《即将到来的美中冲突》一书成为对"中国威胁论"的全面和代表性阐述；1998 年，美国世界观察研究所所长 Brown 则更具体地提出中国未来的粮食需求将威胁全球粮食的安全（白远，2012）。进入 21 世纪后，西方国家鼓吹"中国威胁论"逐渐成为常态，威胁论的内容也日益扩大，目前已涉及经济、军事、粮食安全、能源、环境、可持续发展等多个方面，也成为中国海外耕地投资企业在对外投资中面临的一股强大舆论阻力。

6.2.2 "新殖民主义论"

第二次世界大战结束以后，全球兴起了一股蓬勃发展的民族解放运动，在全球推行了数百年的殖民统治体系迅速土崩瓦解，原来殖民统治体系中依靠暴力和强权进行统治的方式逐渐为国际社会所诟病，殖民主义国家与殖民地之间演变出了一种新的关系。在这种新的国家关系中，殖民主义国家仍旧将已经取得政治独立的殖民地国家置于他们的控制之下，殖民地独立的新兴国家继续充当原殖民主义国家的原料产地和商品销售市场，二者之间的不平等关系仍在很大程度上存在。

直到 20 世纪 60～70 年代，这种不平等的国家关系才被学术界所重视，并提出了"新殖民主义"这一概念。

1961 年在埃及开罗召开的第三届全非人民大会专门通过了一项关于"新殖民主义"的决议，该决议认为"新殖民主义是非洲新近获得独立的国家或者接近这种地位的国家的最大威胁；新殖民主义是殖民制度的复活，它不顾新兴国家已经取得独立的政治现实，使这些国家成为在政治、经济、社会、军事或者技术方面进行间接而狡猾的统治的受害者"（张顺洪等，1998）。加纳政治家恩克鲁玛在其《新殖民主义：帝国主义的最后阶段》中指出，"新殖民主义"已经替代殖民主义成为帝国主义的主要工具，其实质是给予被控制国家理论上的独立，并具有国际主权的一切外表，但其经济制度、政治政策均是受外力支配的（张顺洪等，1998）。刘颂尧（1984）认为，"新殖民主义"活动通过两种机制推行，一是通过资本输出带动商品输出；二是进行新的国际分工，将低端产业转移到新兴国家。

21 世纪以来，随着中国对外投资步伐的加快和投资规模的急剧增长，特别是中国对非洲投资额的迅猛增加，使得部分西方国家政客和媒体纷纷将"新殖民主义"与中国捆绑在了一起。2006 年 2 月，时任英国外交大臣斯特劳在尼日利亚进行访问时，在演讲中公然声称中国目前在非洲的所作所为，与英国 150 年前在非洲所做的非常相似，并恶意宣扬中国正在非洲搞"新殖民主义"。随后，《金融时报》也发表有关中国与尼日利亚军火交易的文章，声称中国与非洲最大的产油国进行赤裸裸的交易，热炒"中国新殖民主义"这一论调。还有一些媒体断言，中国正是通过推行新的"经济帝国主义"从非洲带回石油、铁矿石和其他商品，以满足其发展的贪婪胃口（孙勇胜和孙敬鑫，2010；白远，2012）。2011 年，美国时任国务卿希拉里在访问赞比亚期间接受了当地电视台的采访，其不断强调，在中国不断加强与非洲联系的同时，非洲国家要警惕那些"只与精英打交道的朋友"，当心中国的"新殖民主义"。

6.2.3 社会责任缺失论

2001 年中国正式加入 WTO 后，随着中国企业在全球对外投资规模的增长和大量分支机构的设立，国际上又掀起了一股中国投资者"社会责任缺失论"。这一论点主要指责中国政府或中国企业在对外经济合作或投资过程中，忽视了其应该承担的大国责任，并将中国走向世界与部分国家的腐败、独裁、贫困、地区冲突和违反人权联系起来，鼓吹中国缺乏社会责任，给中国企业走向世界制造道义压力。

世界银行行长保罗·沃尔福威茨批评中国向非洲提供贷款时不遵守国际公认的"社会和环境管理原则"，并提醒"中国不应在非洲犯法国和美国犯过的错误"；德国经济发展与合作部部长维乔雷克·措伊尔也批评中国在与非洲国家打交道时"单纯只是从自己的经济和政治利益角度出发，很少考虑非洲国家的反腐败进程和民主进程"（孙勇胜和孙敬鑫，2010）。法国国际关系研究所亚洲中心主任瓦雷莉·尼凯（Valérie Niquet）女士也在《外交政策》上撰文，将中国对非洲的政策概况为"中国在非洲的行为掠夺属性非常明显，并且其企业行为也逐渐引起非洲国家和人民的疑问，并且也引起了国际社会对中国真实意图的疑问……"[①]。该观点认为，中国对其投资的发展中国家，特别是对非洲国家，主要是掠夺性的，中国需要发展中地区的资源、能源，中国用廉价的商品贸易摧毁了当地的制造业，中国的这种对外投资方式不但损害了当地的民主事业，而且助长了政府的腐败，恶化了当地的政治环境。

政治人物和学术界的观点也得到了部分媒体的呼应。一些西方媒体纷纷批评中国对非洲的"一揽子"援助模式，宣称中国的"贷款换石油"政策是协助中国企业抢占国际能源市场，最终会使非洲国家不断陷入"资源诅咒"的发展困局，逐渐失去多元发展经济的内在动力。还有一些媒体指责中国为获取能源与苏丹、安哥拉、津巴布韦等"问题国家"进行合作，为西方国家在非洲推进当地民主化进程制造了重大障碍（李友田等，2013）。总之，社会责任缺失论者认为，中国在发展中地区的资源合作忽视了当地的生态环境和对民众基本权益的保护；商品贸易扼杀了当地制造业的发展和损害了当地经济主权的独立；不附加任何条件的对外援助助长了当地政府的专制和腐败，而且还冲击了西方国家一直致力于在发展中地区推进的民主化进程和人权事业。这些来自政界、研究人员及媒体的中国社会责任缺失论，不但营造了中国企业走向国际市场的不良舆论环境，而且成为中国企业进行海外耕地投资要面临的潜在影响因素。

6.2.4　企业管理能力不足论

企业管理能力不足论主要由中国学者提出，这种观点认为，由于中国企业在国际上投资数量的快速增长，一些企业在分支机构的设置中缺乏复合型国际化管理人员的配备，从而使企业管理方面的缺陷在跨国经营环境中进一步暴露，进而增加了中国企业涉外活动的风险和阻力。企业的跨国经营必然面临着多元文化的冲击，企业管理人员缺乏驾驭多元文化的管理能力，必然会成为企业正常运营的最大障碍（范明和潘明华，2008）。针对中国跨国公司风险管理的统计数据也显示，有 50% 的企业风险来自企业的各级管理层，有 30% 的企业风险来源于企业员工，只有 20% 的企业风险来源于企业外部（张宇，2009）。因此，提升中国跨国企业管理层的国际化视野和管理水平，已经成为中国企业能否顺利实现国际化的关键。

---

① 国际在线 2006 年 11 月 6 日报道《谁在编制"新殖民主义"帽子》。

企业决策机制和管理机制的特殊性也是制约中国企业发展的主要问题之一。在中国进行跨国经营的企业中，国有企业占主导地位，尤其是大型的国有集体公司或者控股公司。由于中国国有企业与世界上一般的跨国公司在企业制度、决策机制和管理机制上存在较大差异，特别是中国跨国企业经营中出现负面消息时，企业的行为往往与中国政府、"中国威胁论""新殖民主义"等论调联系起来，进而放大了中国企业的跨国经营风险。

在全球粮食安全状况不佳的预期下，耕地资源具有极强的特殊性和政治敏感性，管理水平和公关能力的不足必然会放大中国企业的海外耕地投资风险。例如，2013 年路透社报道中国的新疆生产建设兵团计划在乌克兰购买 300 万公顷农田，并声称这一耕地数量占乌克兰全国可耕地面积的 8.7%，并超过了整个广东省的耕地面积。这一爆炸性新闻立即在国际上掀起了轩然大波，特别是中国官方对海外耕地投资的一直否认态度和新疆生产建设兵团的特殊性质给投资企业带来了极大的舆论压力，并严重干扰了企业的正常投资流程。

中国部分农业企业虽然已经参与到全球化海外耕地投资的浪潮中，但是跨国经营与管理对大多数企业来说还是一种有待提高的技能。在海外耕地投资过程中，企业对投资地域的选择不仅受外部投资政治环境的影响，还面临着来自企业内部的投资决策、财务管理、人员调配、产品营销、舆论公关等多方面因素的影响。

6.3　中国海外耕地投资项目的地域分布

6.3.1　中国海外耕地投资项目的地域分布概况

随着中国经济的发展和对外开放程度的提升，特别是中国农业"走出去"战略的实施，实际上已经有一批中国企业参与到土地属性更明显的全球海外耕地投资的潮流中，并取得了一定的成绩。据国际非政府组织 GRAIN 和 ILC 的 landmatrix 数据库统计数据显示，目前中国企业在全球已实施的海外耕地投资项目一共有 68 个，其中在非洲实施的项目有 32 个、在亚洲实施的项目有 20 个、在拉丁美洲实施的项目有 7 个、在大洋洲实施的项目各有 5 个、在欧洲实施的项目有 4 个。从本书第 5 章确立的撒哈拉以南非洲地区主要国家、拉丁美洲地区主要国家、前苏联地区诸国和耕地充裕发达国家的划分标准看，中国目前的 68 个海外耕地投资项目中，有 47 个在本书所评价的国家中，占中国海外耕地投资项目总数的 70%。在其余的 21 个项目中，有 18 个位于东南亚地区国家，有 1 个是大洋洲的新西兰，有 1 个是欧洲的保加利亚，还有 1 个是拉丁美洲的古巴，以上国家均不属于上文关注的评价对象。换而言之，抛开亚洲（除前苏联成员国）这一特殊的地区不谈，中国其余的 50 个海外耕地投资项目中，有 47 个在本书评价的国家中，即被评价国家包含了中国在亚洲（除前苏联成员国）以外 94%的海外耕地投资项目。另外，从面积上看，中国在亚洲（除前苏联成员国）以外的 50 个海外耕地投资项目共计256.3 万公顷，也占了中国企业在全球海外耕地投资总面积 288.1 万公顷的近 90%。因此，本章将对亚洲（除前苏联成员国）以外的 50 个中国海外耕地投资项目的地域选择特征进行实证分析。

　　从项目数量分布看，在中国的 50 个海外耕地投资项目中，位于撒哈拉以南非洲地区主要国家中的有 32 个，位于拉丁美洲地区主要国家中的有 6 个，位于前苏联地区诸国中的有 5 个，位于耕地充裕发达国家中的有 4 个，位于其他国家的有3 个。从图 6.1 中不难看出，撒哈拉以南非洲地区主要国家是目前中国企业进行海外耕地投资的重要区域，中国有 64%的海外耕地投资项目分布在该区域，其次是拉丁美洲地区主要国家的 12%，前苏联地区诸国的 10%，耕地充裕发达国家的 8%，以及其他国家的 6%。

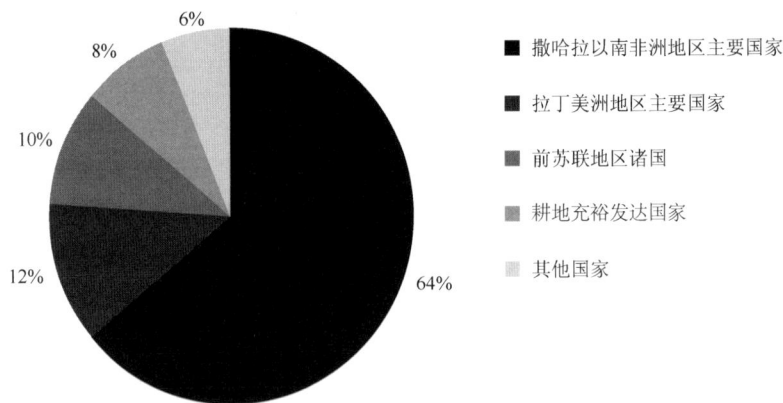

图 6.1　中国海外耕地投资项目的数量分布

　　从投资面积数据看，中国的 50 个海外耕地投资项目共计 256.3 万公顷，其中在拉丁美洲地区主要国家中投资了 115.1 万公顷，在前苏联地区诸国中投资了 73.03 万公顷，在撒哈拉以南非洲地区主要国家中投资了 62.71 万公顷，在耕地充裕发达国家中投资了 3.95 万公顷，在其他国家中投资了 1.56 万公顷（图 6.2）。不难发现，中国企业的海外耕地投资面积呈现出明显向亚非拉地区集中的特点。从地域集中比例看，中国企业在拉丁美洲地区主要国家中的投资面积占所有投资面积的 45%；在前苏联地区诸国中的投资面积占所有投资面积的 28%；在撒哈拉以南非洲地区主要国家中的投资面积占所有投资面积的 24%；在耕地充裕发达国家中的投资面积还占不到所有投资面积的 2%；在其他国家中的投资面积甚至占不到所有投资面积的 1%。

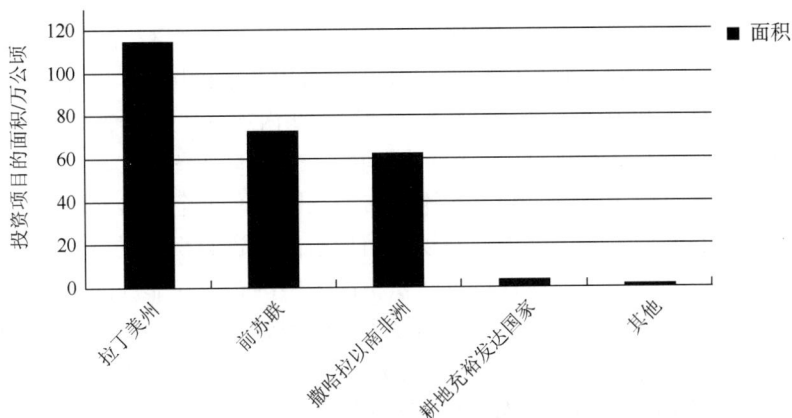

图 6.2　中国海外耕地投资项目的面积分布

6.3.2　中国海外耕地投资项目的地域分布特点

中国企业在拉丁美洲地区主要国家中一共投资了 6 个项目，分别分布于玻利维亚、牙买加、阿根廷、巴西和哥伦比亚 5 个国家，其中除巴西有 2 个项目外，其他国家均只有 1 个项目（图 6.3）。中国企业在拉丁美洲地区主要国家的 6 个项目共计 115.05 万公顷，其中哥伦比亚 40 万公顷，占该地区投资总面积的 34.8%；巴西 40 万公顷，也占该地区投资总面积的 34.8%；阿根廷 32 万公顷，占该地区投资总面积的 27.7%；牙买加 1.8 万公顷，占该地区投资总面积的 1.6%；玻利维亚 1.25 万公顷，占该地区投资总面积的 1.1%；古巴 0.5 万公顷，占该地区投资总面积的 0.4%。可以看出，中国在拉丁美洲地区主要国家的投资面积呈现出较强的集中性。从更小的地域范围看，中国在该地区的投资绝大多数集中在南美洲国家，特别是在哥伦比亚、巴西和阿根廷三国，一共集中了中国在拉丁美洲地区主要国家中近 97% 的投资面积。

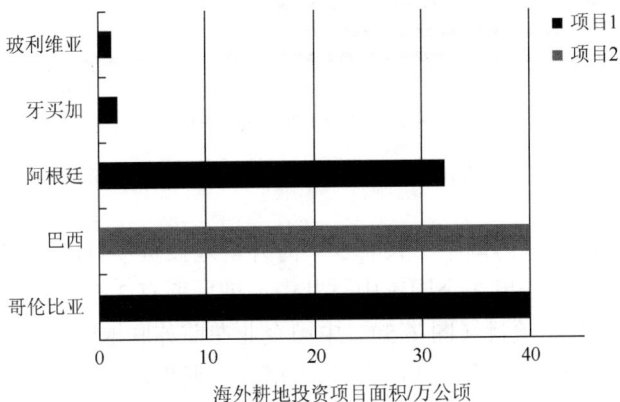

图 6.3　中国在拉丁美洲地区主要国家的海外耕地投资项目

中国企业在撒哈拉以南非洲地区主要国家中一共投资了 32 个项目,主要分布于塞内加尔、民主刚果、津巴布韦等 19 个撒哈拉以南非洲国家。其中,塞拉利昂和莫桑比克各有 4 个项目;乌干达有 3 个项目;塞内加尔、民主刚果、纳米比亚、贝宁和坦桑尼亚各有 2 个项目;其余各国均有 1 个项目(图 6.4)。从单个项目面积看,中国在塞内加尔、民主刚果和津巴布韦三国各有 1 个 10 公顷的投资项目,这也是中国在非洲最大的单个投资面积,而最小的投资面积在尼日尔,只有 300 公顷。同在拉丁美洲的单个项目投资面积相比,中国企业在非洲的单个项目投资面积呈现出了明显的缩小。从国家间的投资总面积看,中国在塞内加尔、民主刚果和津巴布韦三国的项目面积均超过了 10 万公顷。其中,在塞内加尔的 2 个投资项目总面积达到 16 万公顷,另外在纳米比亚、塞拉利昂、埃塞俄比亚、莫桑比克和马里 5 国的投资项目也超过了 2 万公顷。从投资面积的集中程度看,中国在以上位于投资总面积前 8 位的国家共投资了 54.82 万公顷,这些国家也集中了中国在撒哈拉以南非洲地区主要国家中 87.42%的投资总面积。

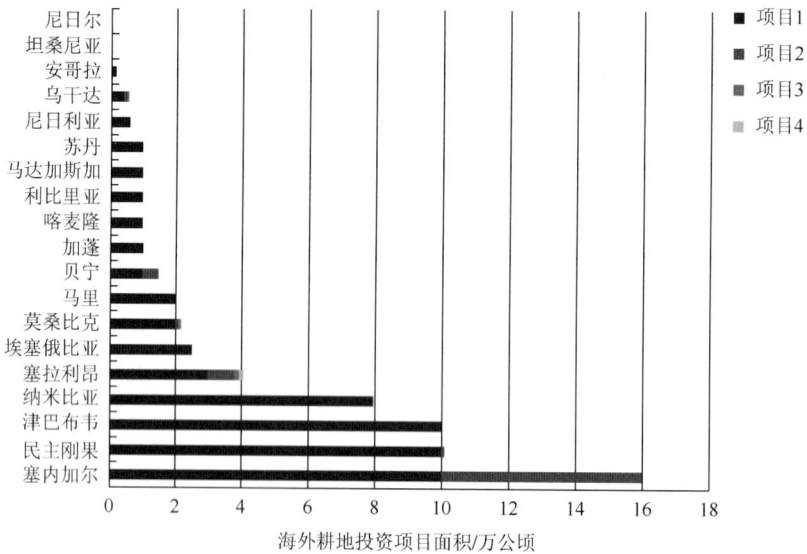

图 6.4 中国在撒哈拉以南非洲地区主要国家中的海外耕地投资项目

中国在前苏联地区诸国中一共有 5 个海外耕地投资项目,分别分布在俄罗斯、塔吉克斯坦和哈萨克斯坦 3 个国家中。其中,俄罗斯有 3 个项目,塔吉克斯坦和哈萨克斯坦各有 1 个项目(图 6.5)。中国企业在前苏联地区诸国中投资的 73.03 万公顷土地中,俄罗斯占了 61.33 万公顷,塔吉克斯坦占了 1.1 万公顷,哈萨克斯坦占了 0.7 万公顷。从单个项目面积看,在俄罗斯投资的 3 个项目面积分别是 42.67

万公顷、14.67 万公顷和 4 万公顷，不难看出俄罗斯是中国在前苏联地区诸国中最重要的海外耕地投资目标国。

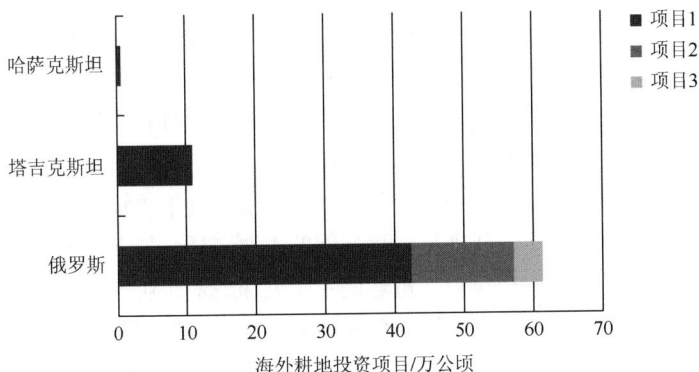

图 6.5 中国在前苏联地区诸国中的海外耕地投资项目

中国企业在耕地充裕发达国家中一共投资了 4 个项目，均位于澳大利亚，其项目面积分别为 3 万公顷、0.5 万公顷、0.28 万公顷和 0.17 万公顷。另外，中国在其他国家还有 3 个海外耕地投资项目，分别是新西兰的 0.86 万公顷、古巴的 0.5 万公顷和保加利亚的 0.2 万公顷。

综合来看不难发现，中国海外耕地投资的面积重心在拉丁美洲主要国家中，中国在该地区一共投资了 115.05 万公顷耕地，占中国当前海外耕地投资面积总量的 45%。而中国海外耕地投资的项目重心和国家重心均在撒哈拉以南的非洲，中国企业当前在撒哈拉以南非洲地区的 19 个国家一共投资了 32 个项目，分别占中国企业投资国家总数的 61% 和项目总数的 64%。

6.4 中国海外耕地投资项目地域选择特征分析

在第 5 章中通过构建评价模型对全球 71 个国家的海外耕地投资潜力进行了评价，并将这些国家的海外耕地投资潜力划分为"强""较强""一般""较弱""弱"五个灰类。因此，在本节将结合中国在以上国家中的 47 个海外耕地投资项目特点与其所在国海外耕地投资潜力灰类情况，对中国企业的海外耕地投资项目地域选择特征进行分析。

6.4.1 中国海外耕地投资项目的地域选择特征

从中国企业在撒哈拉以南非洲地区主要国家的海外耕地投资项目及其所属国家的

灰类情况看，中国企业在海外耕地投资潜力处于"强"灰类的埃塞俄比亚等 6 个国家投资了 12 个项目，总面积共计 6.9 万公顷；中国企业在海外耕地投资潜力处于"较强"灰类的喀麦隆和塞内加尔投资了 3 个项目，总面积共计 17 万公顷；中国企业在海外耕地投资潜力处于"一般"灰类的马达加斯加等 4 个国家投资了 8 个项目，总面积共计 7.57 万公顷；中国企业在海外耕地投资潜力处于"较弱"灰类的马里和民主刚果投资了 3 个项目，总面积共计 12.1 万公顷；中国企业在海外耕地投资潜力处于"弱"灰类的安哥拉等 5 个国家投资了 6 个项目，总面积共计 19.1 万公顷（表 6.1）。不难看出，在撒哈拉以南非洲地区主要国家中，海外耕地投资潜力处于"较弱"和"弱"灰类的国家并不是中国企业进行海外耕地投资目标国的主要选择，处于以上两个灰类的国家基本上只有 1 个海外耕地投资项目。虽然民主刚果和纳米比亚各有 2 个项目，但是项目面积之间具有很大差异，如刚果的一个项目为 10 万公顷，另一个只有 0.0865 万公顷；纳米比亚的一个项目为 7.93 万公顷，另一个只有 0.04 万公顷。

表 6.1　　中国在撒哈拉以南非洲地区主要国家的海外耕地投资状况

国家	灰类	项目数/个	投资面积/万公顷	国家	灰类	项目数/个	投资面积/万公顷
埃塞俄比亚	强	1	2.00	民主刚果	较弱	2	10.09
加纳	强	—	—	肯尼亚	较弱		
苏丹	强	1	1.00	几内亚	弱		
坦桑尼亚	强	2	0.06	南非	弱		
莫桑比克	强	4	2.18	安哥拉	弱	1	0.15
乌干达	强	3	0.55	斯威士兰	弱		
尼日利亚	强	1	0.60	纳米比亚	弱	2	7.97
喀麦隆	较强	1	1.00	利比里亚	弱	1	1.00
塞内加尔	较强	2	16.00	科特迪瓦	弱		
马达加斯加	一般	1	1.00	尼日尔	弱	1	0.03
塞拉利昂	一般	4	4.08	津巴布韦	弱	1	10.00
贝宁	一般	2	1.48	刚果布	弱		
加蓬	一般	1	1.01	毛里求斯	弱		
马里	较弱	1	2.00	冈比亚	弱		
赞比亚	较弱	—	—	毛里塔尼亚	弱		
马拉维	较弱	—	—				

　　从中国企业在拉丁美洲地区主要国家的海外耕地投资项目及其所属国家的灰类情况看，中国企业在海外耕地投资潜力处于"强"灰类的巴西、阿根廷和哥伦

比亚 3 个国家共投资了 4 个项目，总面积为 112.00 万公顷；中国企业在海外耕地投资潜力处于"弱"灰类的玻利维亚和牙买加共投资了 2 个项目，总面积为 3.05 万公顷（表 6.2）。据 GRAIN 的统计，中国在巴西的两个海外耕地投资项目分别由重庆粮食集团和鹏欣集团投资，这两家公司各投资了 2 万公顷；在阿根廷的 32 万公顷的项目是北大荒集团投资的；在玻利维亚的 1.25 万公顷项目也由鹏欣集团投资；在牙买加的 1.8 万公顷项目则由中国成套设备进出口（集团）总公司投资。

表 6.2　中国在拉丁美洲地区主要国家的海外耕地投资状况

国家	灰类	项目数/个	投资面积/万公顷	国家	灰类	项目数/个	投资面积/万公顷
巴西	强	2	40.00	圭亚那	较弱	—	—
阿根廷	强	1	32.00	智利	较弱	—	—
乌拉圭	强	—	—	巴拉圭	较弱	—	—
哥伦比亚	强	1	40.00	玻利维亚	弱	1	1.25
秘鲁	一般	—	—	委内瑞拉	弱	—	—
厄瓜多尔	较弱	—	—	牙买加	弱	1	1.80
墨西哥	较弱	—	—				

从中国企业在前苏联地区诸国的海外耕地投资项目及其所属国家的灰类情况看，中国企业在海外耕地投资潜力处于"强"灰类的俄罗斯和哈萨克斯坦一共投资了 4 个项目，总面积共计 62.03 万公顷。其中，俄罗斯 61.33 万公顷；哈萨克斯坦 0.70 万公顷。在海外耕地投资潜力处于"弱"灰类的塔吉克斯坦投资了 1 个项目，总面积为 11.00 万公顷（表 6.3）。不难看出，中国企业在以上国家的投资呈现出较为明显的集中性，俄罗斯是中国企业首选的海外耕地投资目标国，其国内的 3 个项目别是黑龙江农垦投资 42.6 万公顷、牡丹江市投资的 14.7 万公顷和东宁华信公司投资的 4 万公顷。

表 6.3　中国在前苏联地区诸国的海外耕地投资状况

国家	灰类	项目数/个	投资面积/万公顷	国家	灰类	项目数/个	投资面积/万公顷
俄罗斯	强	3	61.33	亚美尼亚	弱	—	—
乌克兰	强	—	—	乌兹别克斯坦	弱	—	—
哈萨克斯坦	强	1	0.70	白俄罗斯	弱	—	—
立陶宛	弱	—	—	土库曼斯坦	弱	—	—
格鲁吉亚	弱	—	—	塔吉克斯坦	弱	1	11.00
阿塞拜疆	弱	—	—	拉脱维亚	弱	—	—
摩尔多瓦	弱	—	—	爱沙尼亚	弱	—	—
吉尔吉斯斯坦	弱	—	—				

从中国企业在耕地充裕发达国家的海外耕地投资项目及其所属国家的灰类
情况看，中国在以上国家中的海外耕地投资情况较为单一，只在海外耕地投资
潜力处于"强"灰类的澳大利亚投资了 4 个项目，总面积为 3.95 万公顷（表 6.4）。
不难看出，在 12 个耕地充裕发达国家中，中国企业只选择了澳大利亚作为海外
耕地投资目标国，分别是南山集团、陕西金牛集团等 4 家公司投资的 3 万公顷、
0.5 万公顷、0.17 万公顷和 0.28 万公顷。

表 6.4   中国在耕地充裕发达国家的海外耕地投资状况

国家	灰类	项目数/个	投资面积/万公顷	国家	灰类	项目数/个	投资面积/万公顷
澳大利亚	强	4	3.95	芬兰	强	—	—
加拿大	强	—	—	匈牙利	强	—	—
美国	强	—	—	波兰	强	—	—
西班牙	强	—	—	希腊	较强	—	—
丹麦	强	—	—	捷克	弱	—	—
法国	强	—	—	塞浦路斯	弱	—	—

从整个项目数量的角度看，中国企业在海外耕地投资潜力处于"强"灰类的
国家一共被投资了 23 个项目，占所有投资项目总数的 51%；在处于"较强"灰类
的国家一共被投资了 3 个项目，占所有投资项目总数的 6%；在处于"一般"灰类
的国家一共被投资了 8 个项目，占所有投资项目总数的 18%；在处于"较弱"灰
类的国家一共被投资了 3 个项目，占所有投资项目总数的 6%；处于"弱"灰类的
国家一共被投资了 8 个项目，占所有投资项目总数的 18%（图 6.6）。

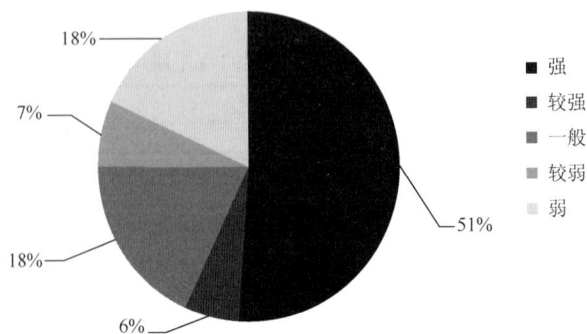

图 6.6   中国在各灰类国家中的海外耕地投资项目数量比例

从国家数量和项目面积的角度看，中国企业在海外耕地投资潜力处于"强"

灰类的 11 个国家中一共投资了 184.2 万公顷，占投资总面积的 76%；在"较强"灰类的 2 个国家中一共投资了 17 万公顷，占投资总面积的 7%；在"一般"灰类的 4 个国家中一共投资了 7.6 万公顷，占投资总面积的 3%；在"较弱"灰类的 2 个国家中一共投资了 12.1 万公顷，占投资总面积的 5%；在"弱"灰类的 7 个国家中一共投资了 22.2 万公顷，占投资总面积的 9%（图 6.7）。

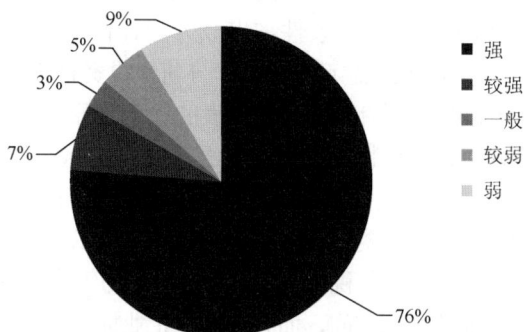

图 6.7　中国在各灰类国家中的海外耕地投资面积比例

6.4.2　影响中国海外耕地投资项目地域选择的因素分析

从中国海外耕地投资项目的地域选择特征可以看出，在中国的 47 个海外耕地投资项目中处于海外耕地投资潜力"强""较强""一般"灰类的国家中一共有 35 个项目，占了项目总数的 75%，但是还有 12 个项目处于海外耕地投资潜力"较弱"和"弱"灰类的国家中。从地域选择特点看，在 12 个处于海外耕地投资潜力"较弱""弱"灰类的项目中，有 9 个在撒哈拉以南非洲的马里、民主刚果、安哥拉、纳米比亚、利比里亚、尼日尔、津巴布韦 7 个国家，有 2 个位于拉丁美洲的玻利维亚和牙买加，还有 1 个位于前苏联地区的塔吉克斯坦。中国企业向海外耕地投资潜力处于"强""较强""一般"灰类的国家进行海外耕地投资没有什么争议，但是还有两种异常投资地域选择值得关注：一是有中国企业在海外耕地投资潜力处于"较弱"和"弱"灰类的国家进行了面积较小的投资；二是在一些海外耕地投资潜力处于"强"灰类的国家中国企业并没有进行投资。

中国企业选择海外耕地投资潜力处于"较弱"和"弱"灰类国家进行投资主要有以下三个方面的原因。

1. 被投资国管理政策有利于进行海外耕地投资

在海外耕地投资潜力处于"较弱"和"弱"灰类的国家中，有些国家的土地法律、制度允许外国企业或个人在当地获取土地权利。例如，塔吉克斯坦《土地法》规定，外国投资者和投资企业依法可以在一定期限内使用（包括）租赁土地，最长使用期限为 50 年；玻利维亚的第 3545 号法律也允许外国企业或个人从合法的土地私有者手中购买土地使用权；利比里亚法律也允许外国企业或个人在该国租赁土地，租期最长可达到 65 年；尼日尔的《土地使用法》中并没有对外国企业或个人在当地拥有土地提出限制，即任何人都可以在当地购买土地，并且没有使用年限的限制。这种国内法律、制度对海外耕地投资的允许，不但为中国企业到当地进行海外耕地投资创造了制度条件，也成为一种特殊的吸引力。

另外，一些国家制定的投资优惠政策也对海外耕地投资企业产生了强大的吸引力。马里、纳米比亚等国家均出台了针对外国投资者的优惠政策来吸引外部投资，这也成为促使中国企业到当地进行海外耕地投资的因素之一。例如，马里政府划定出"免税区"，为企业提供 30 年的全免税优惠待遇，并鼓励企业投资农、林、渔业基础设施项目；纳米比亚部分地区为吸引投资者，对土地的使用权可以无偿或者廉价提供；尼日尔也为外商投资的农业项目提供免税优惠。国家、地方政府层面的招商引资优惠政策，扩大了海外耕地投资企业的盈利空间，而且能够为企业提供一种相对较好的政府管理环境，这成为一些海外耕地投资潜力较差的国家吸引海外耕地投资项目的特殊手段。

2. 被投资国与中国有特殊的合作关系

新中国成立以来，持续多年的对外农业援助与合作也为中国企业建立海外耕地投资项目打下了良好的基础。中国与安哥拉就签署了《中华人民共和国政府和安哥拉共和国政府关于中国援助安哥拉农业技术示范中心合作议定书》，中国对民主刚果的农业援助项目也受到该国农业与畜牧业部长里戈贝尔·马本杜的高度评价，中国 2010 年曾对津巴布韦提供了 5800 万美元的农业援助。中国的对外农业援助与合作为双方农业领域的相互交流提供了条件，通常情况下中国企业也会在农业合作项目成功经验的正面效应引领下参与当地的海外耕地投资活动。

为支持中国企业"走出去"，中国政府还与多国签署了国家间的投资协议，这也为中国企业到海外进行耕地投资创造了良好条件。例如，中国与纳米比亚签署了双边投资保护协定，并且每两年举行一次"双边经济贸易混合委员会"会议对贸易问题进行磋商；中国与马里、津巴布韦、玻利维亚等国家的政府均签署了双边投资保护协定；中国与塔吉克斯坦除了签署了双边投资保护协定外，还签署了避免双重征税协定。投资保护协定、双重征税协定等合作协议的签订为中国企业到当地进行海外耕地投资提供了更多的投资保护，这也成为一些企业在海外耕地投资地域选择过程中的重要考量。

3. 被投资国具有适合海外耕地投资的特殊优点

在中国企业投资的海外耕地投资潜力处于"较弱"和"弱"灰类的国家中，

就有部分被投资国具有耕地数量指标突出的特点。单从人均耕地面积这一指标来衡量，尼日尔的人均耕地面积高达 0.9 公顷，是中国的 9 倍；玻利维亚和马里的人均耕地面积均超过了 0.4 公顷，是中国的 4 倍以上；纳米比亚和津巴布韦的人均耕地面积超过了 0.3 公顷，是中国的 3 倍还多。在前文的海外耕地投资潜力评价中，其他指标较低的水平可能会拉低耕地数量指标的突出优势，进而使此类国家的海外耕地投资潜力并不突出。但是，在此类国家中，数量优势明显的人均耕地面积，使得企业投资以上国家时在获取土地资源上具有天然的便利性，这也成为中国企业选择此类投资潜力评价不高的国家进行投资的重要原因。

中国企业投资的海外耕地投资潜力处于"较弱"和"弱"灰类的大部分国家均位于撒哈拉以南非洲地区，中国与这一地区的国家相比具有明显的农业生产技术优势。一方面，新中国成立以来与非洲国家的农业合作为中国储备了适合当地农业生产的经验；另一方面，中国的示范农场、友谊农场所积累的农业生产经验也便于移植。农业生产技术的比较优势，再加上当地相对低廉的劳动力价格，进一步扩大了中国投资企业的盈利空间，这也成为中国企业在选择海外耕地投资目标国时的考虑因素。

此外，还可以发现，在一些海外耕地投资潜力处于"强"灰类的国家中，中国企业还没有进行投资，如撒哈拉以南非洲地区的加纳、拉丁美洲地区的乌拉圭、前苏联地区的乌克兰，以及除澳大利亚以外的多数耕地充裕发达国家，究其原因，主要有以下几点。首先，加纳被称为非洲经济结构调整的"样板"，该国经济条件较好，所以土地价格与其他国家相比也较高，另外该国土地所有权又分为国有土地、酋长土地和家族土地三种，并且界线不明显，经常出现一地多主的争议，从而抑制了企业的投资动力。其次，乌拉圭对外国企业和个人到该国进行耕地投资有严格的政府管制措施，该国在 2010 年就开始由总统穆希卡主导制定限制土地外国化趋势的法律提案，特别提出本国耕地只能出售给乌拉圭的法人或自然人，这些内部管理措施抑制了中国企业到当地进行耕地投资。再次，乌克兰已经成为中国企业进行海外耕地投资的重要选择之一，2003 年 9 月就有报道称中国的新疆农垦将要在乌克兰购买 300 万公顷的耕地进行粮食种植。最后，澳大利亚整体投资条件较好，并且农业生产水平相对较低，从而使得中国企业具有投资的农业技术比较优势，而相对其他发达国家来说，中国企业在这方面的优势并不突出。

7 中国的海外耕地投资风险管理

7.1 中国海外耕地投资风险的界定

风险，一般是指某一特定的危险情况，如遭受损失、伤害、不利或者毁灭发生的可能性。从广义上将，某一事件发生后有造成两种或两种以上结果的可能，就认为该事件存在着风险，即风险代表着事物的不确定性；从狭义上讲，风险是指在特定的时间和环境中，某一事件的发展产生了与人们预期不一致的差异，它可能是积极的，也可能是消极的。

国外学术界对风险的界定最早出现在美国学者 Willett（1901）的论文《风险与保险的经济理论》中，他认为"风险是指不愿意发生的事件发生的不确定性的客观体现"。1921 年，美国学者奈特（2010）在其《风险、不确定性和利润》一书中提出，"风险是可以测度的不确定性，而不可测定的确定性才是真正意义上的不确定性"，从而将风险和不确定性进行了重要区分，也表明了风险是可以通过一定方法进行估算的。Williams 和 Heins（1964）将人的主观因素引入到风险的概念中，提出"风险是客观的，无论对任何人都是同样程度地存在，而不确定性则是基于认识者的主观判断，不同的主体对同一风险也会有不同的判断"，从而揭示了风险的相对性特征。日本学者武井勋将风险定义为"在特定环境中和特定时期内自然存在的导致经济损失的变化"，这一概念着重强调风险的不利方面[①]。March 和 Shapira（1987）提出"风险是某一事件结果的不确定性，可以通过该事件收益分布的方差来测度"。Bodie 和 Merton（2000）进一步扩展了风险的含义，提出"当一个人不能确定将来会发生什么时，就存在着一种不确定性，这种不确定性就是风险，它之所以重要是因为其关乎人们的福利，所以不确定性是风险的必要条件而不是充分条件，任何一种存在风险的情况都是不确定的，但没有风险的情况下也会存在不确定性"。

国内学者赵曙明（1998）在其《国际企业：风险管理》中提出，"风险是在一定环境和期限内客观存在的，导致费用、损失与损害产生的，可以认识与控制的不确定性"。童华磊和钟兴文（2000）提出，界定风险必须考虑风险的系统性，并提出"风险是特定主体，在特定的期间内，由于系统内部因素与外部因素的变动

---

① 转引自： 李飞，《中央企业境外投资风险管理研究》，经济科学出版社，2012 年。

性，使得特定主体可能面临着发生利益损失的变动"。李凤鸣（2003）认为，风险主要关注三个方面"一是事故发生的可能性；二是事故本身所造成的不利后果；三是事故发生的条件"，所以风险的存在对人的活动具有约束作用。白远（2012）认为，"风险是指人类在社会活动中，由于各种无法预料因素的影响，其期望目标与实际状况之间发生差异，从而给人们的利益造成损失的可能性"。

综上可以看出，风险具有以下八个方面的特征：①普遍性，即风险普遍存在事件的发生过程中，是广泛存在的；②客观性，即在事件运行过程中，风险是客观存在的，而且这种存在不以人的意志为转移；③不确定性，即风险的发生是难以确定的；④可预测性，即虽然风险的发生难以确定，但是风险是可以根据有关规律进行预测的；⑤可测度性，即风险是可以通过一些数理统计方法进行测度；⑥相对性，即对于不同的主体来说，其对风险的认知是不同的；⑦可干预性，即可以通过相关管理方法和手段对风险进行一定的干预，使其朝着预期的目标发展；⑧并存性，即风险往往和收益并存，并且两者之间还往往是正相关关系。

海外耕地投资风险作为风险存在的具体形式，不但具有一般风险的八个特征，而且随着海外耕地投资活动的发生与发展变化而演化出具体的个性化特征。从广义上看，海外耕地投资风险是指投资者在整个海外耕地投资活动中，某些不确定性导致企业相关海外耕地投资目标不能如期实现的可能性。从狭义上看，海外耕地投资风险是指投资者在海外耕地投资的计划、决策、组织、控制过程中所面临的一切损失与损害的不确定性，即海外耕地投资活动实际效果与预期目标不一致所发生的概率。海外耕地投资风险既有可能是经济方面的，也有可能是政治、文化、法律和商业方面的；既有可能是微观的针对企业的，也有可能是宏观的针对投资来源国的。同时，海外耕地投资风险还会随着投资者的差异、投资形式的差异、投资区域的差异，以及投资行业的差异而呈现出多变的差异性和表现形式。

7.2　中国企业海外耕地投资风险评价方法

7.2.1　风险评价方法选择

国际标准化组织发布的ISO31000《2009风险管理——原则与指南》中提出，风险的评估主要包含风险识别、风险分析和风险评定三方面的内容。中国国务院国有资产监督管理委员会在其发布的《中央企业全面风险管理指引》中，将风险评估定义为对企业所处的内外部环境和各种风险高低进行全面评价的过程，并提出了风险评估包含风险辨识、风险分析、风险评价三个步骤。美国的国家虚假财务报告委员会(the Committee of Sponsoring Organizations of the National Commission of Fraudulent Financial Reporting）在其颁布的《企业内部控制——整体框架》中指出，风险评估是在企业经营活动中，对与企业实现内部控制目标相关的风险进行及时识别和系统分析的过程，不但是企业合理确定应对策略的基础，也是企业内部控制的五个有效要素之一。

风险评价的方法主要有定性方法和定量方法两种。定性方法主要有调查法、专家打分法、风险评价指数法、总风险暴露指数法、主观判断差异法、风险坐标图法等。调查法通常与专家打分法结合使用，主要通过调查表获取风险分值，然后由专家确定风险的权重，最终以总得分高低来判断风险大小。风险评价指数法则是根据风险的严重性和风险发生的可能性，将对应的风险划分为相应的等级，进而形成风险评价矩阵，并通过对不同风险项赋予一定的加权值来定性地衡量风险大小。总风险暴露指数法是风险评价指数法的改进，主要是在评价矩阵中用"暴露"尺度代替"概率"尺度，并将风险的危害程度划分为若干个等级，最终以损失货币量的大小来衡定风险。主观判断差异法是通过逻辑知识和主观判断对风险进行辨识和评价的一种方法。风险坐标图法则是把风险发生可能性的高低、风险发生后对目标的影响程度，作为两个维度绘制在同一个平面直角坐标系中，以风险发生可能性的高低和危害程度大小来实现对风险的认识。

风险评价的定量方法主要有模糊数学评价法、蒙特卡罗模拟法、网络模型法、层次分析法等。模糊数学评价法主要通过构建模糊子集和模糊函数形成模糊评判因素集，进而求解评判矩阵，然后结合风险权重和被评价指标的隶属度来确定风险状态。蒙特卡罗模拟法是一种随机模拟的数学方法，其分析风险通常建立在对风险历史数据分析的基础上，通过获取量化的风险变量和能描述风险变量在未来变化的概率模型，从而求解风险变量的未来状况，该方法对模型的依赖非常严重，不同的模型可能得到大相径庭的结果。网络模型法是在对风险传递的关键线路进行刻画的基础上，利用计划评审技术和图形评审技术对随机风险与系统中各部分的逻辑关系、传递特征及资源耗用情况进行评定来实现对风险变量的评价。层次分析法则是把风险评价的目标、评价准则和行动方案共同构造成一个层次机构模型，进而对风险因素进行两两比较，形成两两判断矩阵，最后结合判断矩阵的权重对风险变量的大小进行排序。

中国企业实施海外耕地投资具有很强的自发性特征，并且受战略缺失、商业机密、回避意识等客观因素的限制，中国企业海外耕地投资风险管理的相关历史连续数据极其难获取，这也使得本书难以使用纯定量方法分析中国企业的海外耕地投资风险。因此，本章在相关风险理论分析的基础上，并借鉴层次分析法中的相关理念构建有层次的中国企业海外耕地投资风险调查体系，然后结合风险坐标图法形成层次型风险坐标图法来对中国企业的海外耕地投资风险进行评价。具体方法如下。

第一，明确风险发生函数，其数学公式为

$$Y = f(r, p, d) \qquad (7.1)$$

其中，Y 为海外耕地投资某一风险的对象函数；r 为风险事件；p 为风险事件发生的概率；d 为风险发生对目标造成的损失程度。

第二，构建有层次的风险调查体系，其表达形式如图 7.1 所示。

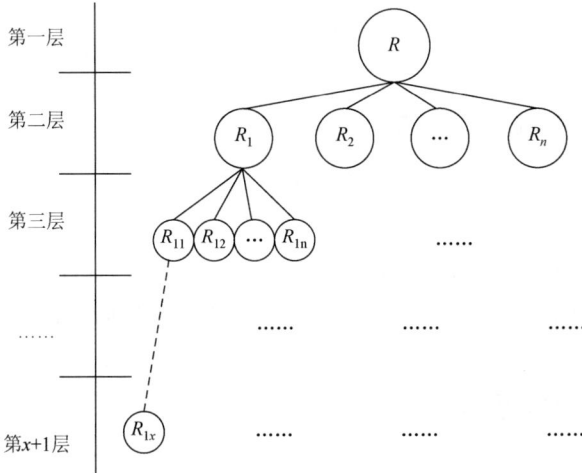

图 7.1　风险调查层次体系

图 7.1 中，R 为风险变量集，R_1 行为第二层风险，R_{11} 行为第三层风险，R_{1x} 为 $x+1$ 层风险，n 为每一层子风险的个数。

第三，求取风险发生的概率 p 和风险发生对目标造成的损失程度 d。

第四，根据风险发生的概率 p 和风险发生对目标造成的损失程度 d 刻画风险评价坐标图，如图 7.2 所示。

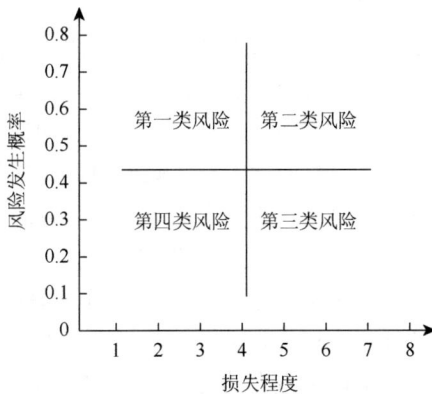

图 7.2　风险评价坐标

在图 7.2 中，若风险变量落入第一类风险象限内，说明该风险发生的概率较大，但造成的损失程度较低；若风险变量落入第二类风险象限内，说明该风险发生的概率较大，造成的损失程度也较大；若风险变量落入第三类风险象限内，说明该风险发生的概率较低，造成的损失程度较大；若风险变量落入第四类风险象限内，说明该风险发生的概率较低，造成的损失程度也较低。

第五，计算风险期望值，计算公式为

$$E = p \times d \tag{7.2}$$

其中，E 为风险期望值。

第六，计算风险距离，计算公式为

$$D = \sqrt{p^2 + d^2} \tag{7.3}$$

其中，D 为风险距离。

第七，企业根据风险期望值和风险距离判断其所面临的风险大小。一般情况下，企业在风险期望值相等的情况下，优先考虑防范风险距离较远的风险。

7.2.2　风险评价指标体系

海外耕地投资作为一种跨国经济活动，其风险是客观存在的，并且这种风险可能产生不利于企业经营目标实现的价值损失。虽然风险的发生存在不确定性，但是仍旧可以根据相关知识对风险进行发现和甄别。2006 年，国务院国有资产监督管理委员会印发的《中央企业全面风险管理指引》中，按照企业的经营目标和风险特点，将企业风险划分为战略风险、财务风险、市场风险、运营风险和法律风险。2010年，商务部印发的《对外投资合作境外安全风险预警和信息通报制度》中，将企业对外投资中的安全风险划分为政治风险、经济风险、政策风险、自然风险和其他风险。梁媛（2010）从相对宏观、立足治理的角度将境外投资风险分为国家不可控风险和国家可控风险，国家不可控风险包含战略冲突风险、文化冲突风险、不可抗力风险；国家可控风险包含外部治理风险和内部治理风险。李友田等（2013）则将企业的涉外风险分为非经济风险和经济风险两种，非经济风险涉及企业的项目成本、收益等经济因素；经济风险则包括政府干涉、政府更迭、战争或内乱、政策法律变动、蚕食性征收、媒体舆论、地缘政治和文化差异八个方面。对企业涉外风险分析最为成熟的当属 Miller（1996）构建的企业国际投资风险感知模型（Preceived Environmental Uncertainty，PEU），该模型将企业的国际投资环境风险划分为宏观环境、行业环境和企业条件三个层面，从而构成了企业对外投资风险因素集合。

本章借用 Miller 的理论模型划分方法，并结合企业海外耕地投资的特点，构建了三个层面的海外耕地投资风险评价指标体系，分别为宏观投资环境风险、中观企业资源风险和微观运营管理风险，并且每一层面的风险均有三级指标支撑（图7.3）。宏观投资环境风险指企业在投资东道国所面临的普遍性风险，其二级指标主要包含五个方面：①政治风险，指政治因素变动及政治性措施变动的可能性；②政策风险，指相关管理政策变动发生的可能性；③经济风险，指宏观经济指标变动的可能性；④文化风险，指文化差异诱发损失的可能性；⑤自然风险，指自然环境变化的可能性。中观企业资源风险指企业调用相关资源保障目标达成的可能性，其二级指标主要包含四个方面：①基础设施风险，指投资项目所在地的基本生产设施变化的可能性；②企业竞争风险，指企业面临的内外竞争及其干预的可能性；③技术风险，指企业保证技术优势所面临的不确定性；④支持保障风险，指企业获取相关保障的可能性。微观运营管理风险指企业自身在运营管理过程中所面临的一系列不确定性，其二级指标主要包含四个方面：①业务风险，指投资企业在业务方面所面临的不确定性；②组织管理风险，指投资企业内部组织设置不适应的可能性；③财务风险，指企业财务状况恶化的可能性；④人员管理风险，指企业人员控制能力不足的可能性。

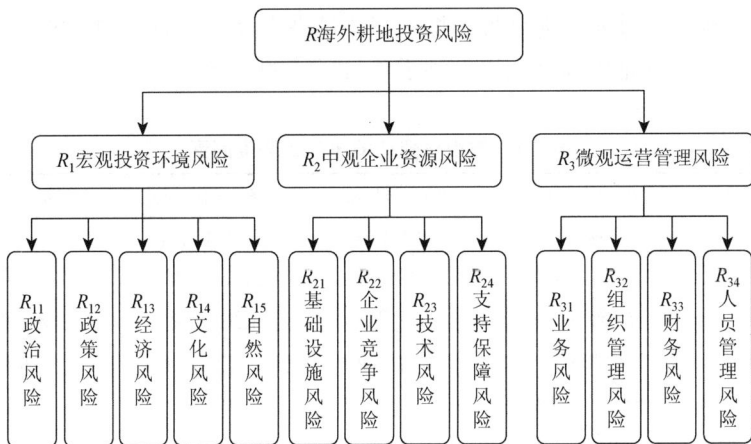

图 7.3　海外耕地投资风险评价指标体系

　　宏观投资环境风险的二级指标、三级因素如表 7.1 所示。其中，二级指标政治风险由七个三级因素测度：①战争，即项目运行期间所在国发生战争的可能性；②内乱，即项目运行期间所在地出现内乱的可能性；③恐怖袭击，即项目遭受恐怖袭击的可能性；④政府征收，即耕地投资项目遭受东道国征收的可能性；⑤政府征用，即东道国征用耕地投资项目及其相关资产的可能性；⑥政府干预生产，即东道国政府干预项目生产的可能性；⑦政府违约，即东道国不履行投资合同内容的可能性。政策风险由七个三级因素测度：①土地政策，即项目所在地土地政策变动的可能性，如巴西、阿根廷等国家就修改土地管理政策，限制他国投资者购买、租赁本国土地；②产业政策，项目所在地与项目生产相关的产业政策变动的可能性，如粮食加工、生物燃料政策的变动；③优惠经营政策，即东道国承诺的优惠引资政策变动的可能性；④税收政策，即东道国改变相关税收政策的可能性；⑤外汇管理政策，即东道国外汇管理政策变动的可能性；⑥贸易政策，即东道国政府改变与项目有关的贸易政策的可能性，如改变农产品配额政策等；⑦政府管理政策，即东道国对海外耕地投资管理方法改变的可能性，如出台限制出口的政策等。经济风险由四个三级因素测度：①通货膨胀，即项目所在地发生通货膨胀的可能性；②汇率变动，即项目所在国货币与人民币汇率变动的可能性；③汇兑限制，即项目所在国政府限制当地货币与外币兑换的可能性；④需求变动，即项目产品需求出现大幅变动的可能性。文化风险由三个三级因素测度：①价值观差异，即中国投资方与当地员工、民众价值观冲突的可能性；②意识形态差异，即意识形态差异造成项目损失的可能性；③宗教信仰差异，即宗教信仰差异干扰项目正常进行的可能性。自然风险由四个三级因素测度：①气候条件，即投资项目所在地气候不适宜项目正常生产的可能性；②自然灾害，即项目所在地爆发自然灾害的可能性；③水资源状况，即项目不能获取充足水资源的可能性；④地理特征，即项目所在地的地理因素不利于项目运营的可能性。

表 7.1　宏观投资环境风险的测度因素

R_{11} 政治风险	R_{12} 政策风险	R_{13} 经济风险	R_{14} 文化风险	R_{15} 自然风险
战争	土地政策	通货膨胀	价值观差异	气候条件
内乱	产业政策	汇率变动	意识形态差异	自然灾害
恐怖袭击	优惠经营政策	汇兑限制	宗教信仰差异	水资源状况
政府征收	税收政策	需求变动	—	地理特征
政府征用	外汇管理政策	—	—	—
政府干预生产	贸易政策	—	—	—
政府违约	政府管理政策	—	—	—

中观企业资源风险的二级指标、三级因素如表 7.2 所示。其中，二级指标基础设施风险由四个三级因素测度：①生产设施，即投资项目的相关生产设施遭受破坏的可能性；②物流运输设施，即投资项目生产的农产品顺利运输出去的可能性；③市场条件，即投资项目生产的产品利用当地市场销售的可能性；④港口条件，即投资项目产品实现长距离运输的可能性。企业竞争风险由四个三级因素测度：①国外企业竞争，即国外企业竞争造成投资项目损失的可能性；②国内同业竞争，即国内行业中的企业竞争造成投资项目损失的可能性；③行业进入壁垒，

即投资所在地行业壁垒造成投资损失的可能性；④游说政治干预，即当地相关组织通过政治游说造成投资损失的可能性，如农民协会、非政府组织等。技术风险由四个三级因素测度：①项目论证能力，即投资企业项目论证能力不足造成投资损失的可能性；②技术水平，即投资企业相关组织生产的技术低于投资所在地水平的可能性；③生产效率，即投资企业生产效率低于项目所在地水平的可能性；④信息获取能力，即企业获取投资、经营、销售等信息能力不足造成损失的可能性。支持保障风险由五个三级因素测度：①投资保护，即投资项目得不相关投资保护的可能性；②人员保护，即投资项目参与人员人身安全受到威胁的可能性；③信息服务，即投资企业难以获得有效信息支持的可能性；④融资支持，即投资企业难以有效获取资金支持的可能性；⑤保险支持，即投资企业相关生产经营项目难以获取保险支持的可能性。

表7.2　中观企业资源风险的测度因素

R_{21} 基础设施风险	R_{22} 企业竞争风险	R_{23} 技术风险	R_{24} 支持保障风险
生产设施	国外企业竞争	项目论证能力	投资保护
物流运输设施	国内同业竞争	技术水平	人员保护
市场条件	行业进入壁垒	生产效率	信息服务
港口条件	游说政治干预	信息获取能力	融资支持
—	—	—	保险支持

微观运营管理风险的二级指标、三级因素如表 7.3 所示。其中，二级指标业务风险由五个三级因素测度：①正常生产，即投资项目不能保证正常生产的可能性；②适时销售，即投资项目所生产的产品难以适时销售的可能性；③风险控制，即企业管理层不能有效控制生产经营风险的可能性；④盈利能力，即投资项目不能保证盈利能力的可能性；⑤舆论应对，即投资项目管理层不能有效化解项目所在地舆论压力的可能性。组织管理风险由四个三级因素测度：①机构设置，即投资企业机构不能完备设置的可能性；②沟通效率，即母公司与投资项目管理机构不能实现有效沟通的可能性；③决策水平，即投资项目管理组织不能做出科学决策的可能性；④高管任期，即高管任期设置不合适引起项目损失的可能性。财务风险由四个三级因素测度：①资金筹措，即项目投资方难以筹措到足够资金的可能性；②成本控制，即项目投资过程中成本超出计划投资额度的可能性；③财务管理，即投资项目不能实现有效财务管理的可能性；④利润回归，即投资项目的盈利不能及时回归的母公司的可能性。人员管理风险由五个三级因素测度：①员工配备，即投资项目不能配备足够员工数量的可能性；②人员质量，即投资项目不能配备到支撑项目数量实施的高质量员工的可能性；③人才流失，即投资项目

人才流失的可能性;④劳动保护,即投资企业劳动保护不到位引发骚动的可能性;
⑤人员监督,即投资企业不能实现有效监督员工行为的可能性。

表 7.3 微观运营管理风险的测度因素

R_{31} 业务风险	R_{32} 组织管理风险	R_{33} 财务风险	R_{34} 人员管理风险
正常生产	机构设置	资金筹措	员工配备
适时销售	沟通效率	成本控制	人员质量
风险控制	决策水平	财务管理	人才流失
盈利能力	高管任期	利润回归	劳动保护
舆论应对	—	—	人员监督

7.2.3 调查对象与数据来源

本章利用问卷调查法获取中国企业海外耕地投资风险调查体系中的相关数据,调查对象为中国企业中直接从事海外耕地投资的企业员工。问卷调查的主要技术要点如下:①通过阅读海外耕地投资文献和研究小组讨论,对中国企业的海外耕地投资风险变量进行探索性分析;②在探索性分析的基础上,提取影响中国企业海外耕地投资的高频风险因子,并形成《企业海外耕地投资风险调查问卷》;③选择研究对象,发放问卷;④问卷回收与处理。

本章的问卷发放对象主要来自两个省级农垦局的下属企业及其合作企业:其中一个农垦局系统目前已联合省内 16 家国有农场和农业龙头企业,在乌克兰、几内亚、塞拉利昂、尼日利亚、马拉维、安哥拉、津巴布韦、坦桑尼亚、莫桑比克、澳大利亚 10 个国家承建实施了 9 个对外土地合作开发项目和 5 个国家农业援外项目,拥有海外投资农场 40 万亩,总投资规模已超过 8 亿元人民币;另一个农垦局则主要在东南亚地区和拉丁美洲从事海外耕地投资。以上两家单位及其下属企业拥有直接从事海外耕地投资的本国员工 2000 人左右,此外两家单位还共有外聘当地农场工人约 4000 人。

本章的《海外耕地投资企业风险调查问卷》主要调查相关风险变量发生的概率 p,其调查对象主要是被调研海外耕地投资企业的从业员工,基本为海外农场的工作人员;《海外耕地投资企业风险评分问卷》主要调查的是风险变量发生对企业造成的损失程度 d,其调查对象主要是被调研海外耕地投资企业的管理人员,p和 d 的最终值均通过均值法获取。《海外耕地投资企业风险调查问卷》采用当面发放和电子邮件发放的方式发放问卷 412 份,其中收回问卷 237 份,有效问卷 234份,总有效回收率为 56.8%;《海外耕地投资企业风险评分问卷》也采用当面发放和电子邮件发放的方式发放问卷 107 份，其中回收问卷 69 份，有效问卷 69 份，总有效回收率 64.5%。电子邮件问卷主要通过以上两个单位的 OA 系统和 QQ 群进行发放，被调查样本涵盖了以上两个单位在东南亚、非洲、拉丁美洲、乌克兰和澳大利亚的海外耕地投资从业员工，具有统计学意义，样本效度值得信赖。

7.3 中国企业的海外耕地投资风险评价

7.3.1 宏观投资环境风险

海外耕地投资中的宏观投资环境风险对企业来说是一种客观风险，通常随着被投资国情况的变化而变化，投资企业很难左右该种风险的发生和发展。海外耕地投资作为一种跨国投资活动，投资企业时刻面临着陌生又复杂的宏观投资环境风险。对大多数投资企业来说，宏观投资环境风险不但是企业进行投资考虑的首要风险，而且是企业最难把控的一种风险。一般情况下，宏观投资环境风险一旦爆发，将会对企业的投资活动和生产经营活动产生重要影响，如利比亚战争爆发所形成和衍生出来的宏观投资环境风险就对中国各类投资企业造成了巨大损失。

从对中国海外耕地投资企业宏观投资环境风险的风险评价坐标图上可以发现，中国海外耕地投资企业面临的宏观投资环境风险分布特点如下：政治风险主要集中于第二类风险和第三类风险象限内；政策风险多分布于第一类风险、第二类风险和第四类风险象限内；经济风险主要集中于第四类风险象限内；文化风险也集中于第四类风险象限内；自然风险全部集中于第四类风险象限内（图 7.4）。实际上，在调查中国海外耕地投资企业宏观投资环境风险的 25 个因素中，有 11 个因素落在了第四类风险象限内，有 6 个因素落在了第二类风险象限内，分别有 4 个因素落在了第一类风险象限内和第三类风险象限内。不难看出，中国海外耕地投资企业的宏观投资环境风险多属于第四类风险和第二类风险，即企业面临的宏观投资环境风险呈现出较强的极端性，一方面一些风险发生概率较低、损失程度较轻；另一方面一些风险发生概率较高、损失程度较为严重。

对中国海外耕地投资企业政治风险的评价结果显示，内乱是投资企业面临的首要政治风险，接下来依次是政府违约、政府征用、政府征收、恐怖袭击、政府干预生产，最小的政治风险为战争（表 7.4）。一般情况下，风险期望值超过 30 的风险就属于需要引起企业关注的风险，超过 40 就需要企业制订防范方案，超过 50 就需要企业在日常管理上予以重点干预。在政治风险中，中国海外耕地投资企业面临的内乱和政府违约风险期望值均超过了 40，另外，政府征用和政府征收风险的风险期望值也超过了 30，并且以上四个风险的风险距离比均超过了 60%，所以

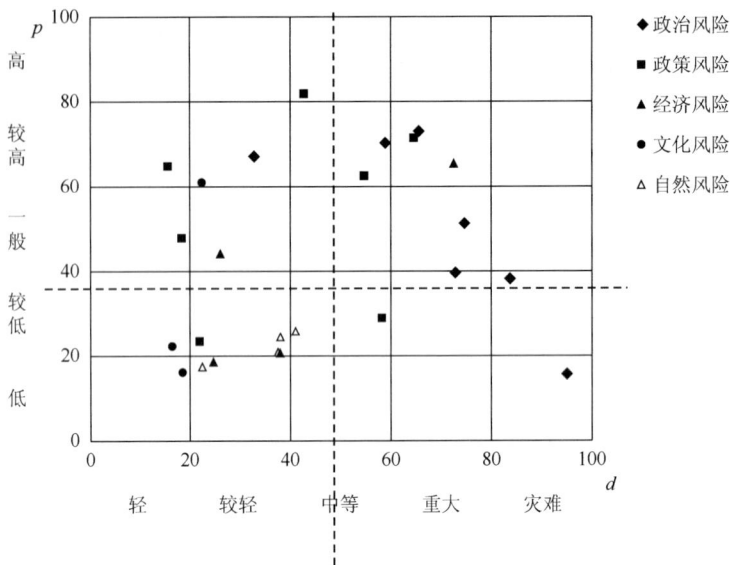

图 7.4　宏观投资环境风险评价坐标

中国企业应加强对以上风险的防范。不难发现，中国海外耕地投资企业所面临的政治风险状况并不乐观，这主要是因为当前中国企业的海外耕地投资项目多分布在亚非拉等发展中国家，通常情况下此类国家政府治理水平较低，政治环境较差，这也成为引发政治风险的重要诱因。另外，中国投资企业所面临的恐怖袭击、政府干预生产和战争风险相对较低，特别是作为宏观环境风险中灾难性最强的战争风险期望值在政治风险中最低，反映出中国企业在海外耕地投资过程中还是有一定谨慎态度的。

表 7.4　政治风险评价

风险编号	风险因素	概率水平	损失程度	风险期望值	风险距离	风险类别
R_{112}	内乱	72.85	65.58	47.78	98.02	二
R_{117}	政府违约	70.38	58.78	41.37	96.11	二
R_{115}	政府征用	51.33	74.67	38.33	91.90	二
R_{114}	政府征收	38.28	83.55	31.98	91.70	三
R_{113}	恐怖袭击	39.41	72.80	28.69	90.61	三
R_{116}	政府干预生产	67.08	32.92	22.08	82.78	一
R_{111}	战争	15.63	94.83	14.83	74.72	三

对中国海外耕地投资企业政策风险的评价结果显示，政府管理政策是投资企业面临的首要政策风险，接下来依次是税收政策、贸易政策、外汇管理政策、优

惠经营政策、产业政策，最后是土地政策（表 7.5）。从风险期望值上看，政府管理政策的风险期望值超过了 40，风险距离比也超过了 60%，说明该风险需要企业制订防范方案；税收政策和贸易政策的风险期望值也超过了 30，说明以上两种风险需要企业予以关注。另外，外汇管理政策、优惠经营政策、产业政策和土地政策的风险期望值均呈现出了较低的水平，说明以上风险并不是中国海外耕地投资企业所要面临的主要风险，特别是土地政策的风险概率水平和损失程度均比较低，反映出了中国海外耕地投资项目所在地土地制度与政策具有稳定性。

表 7.5　政策风险评价

风险编号	风险因素	概率水平	损失程度	风险期望值	风险距离	风险类别
R_{127}	政府管理政策	71.58	64.49	46.16	96.34	二
R_{124}	税收政策	81.78	42.65	34.87	92.23	一
R_{126}	贸易政策	62.58	54.71	34.24	83.13	二
R_{125}	外汇管理政策	28.99	58.17	16.86	65.00	三
R_{123}	优惠经营政策	64.98	15.55	10.10	66.81	一
R_{122}	产业政策	47.92	18.44	8.84	51.35	四
R_{121}	土地政策	23.49	21.90	5.14	32.12	四

对中国海外耕地投资企业经济风险的评价结果显示，汇率变动是投资企业面临的首要经济风险，依次下来是通货膨胀、汇兑限制和需求变动（表 7.6）。整体看来，在中国海外耕地投资企业所面临的经济风险中，汇率变动风险呈现出一枝独秀的特点，其风险期望值超过了 40，风险距离比也超过了 60%，而通货膨胀、汇兑限制和需求变动明显不是投资企业需要应对的主要风险。汇率变动风险的凸显可能与最近几年人民币的升值有关，这反映出人民币汇率的变动对海外耕地投资企业具有重要影响。

表 7.6　经济风险评价

风险编号	风险因素	概率水平	损失程度	风险期望值	风险距离	风险类别
R_{132}	汇率变动	65.60	72.51	47.57	97.78	二
R_{131}	通货膨胀	44.38	26.03	11.55	51.45	四
R_{133}	汇兑限制	20.91	38.02	7.95	43.39	四
R_{134}	需求变动	18.63	24.77	4.61	30.99	四

对中国海外耕地投资企业文化风险的评价结果显示，价值观差异、宗教信仰差异和意识形态差异均不是投资企业所面临的主要风险，以上三种风险的风险期

望值甚至没有超过 15，其风险距离比也没有超过 60%（表 7.7）。从概率水平看，中国海外耕地投资企业的从业人员对被投资地区人民价值观差异的感受最为明显。从损失程度看，中国投资企业的管理人员并不认为文化差异能给企业造成太大的损失。此外，较低的文化风险期望值也反映出中国投资企业在海外耕地投资过程中基本上没有面临较强的文化阻力。

表 7.7　文化风险评价表

风险编号	风险因素	概率水平	损失程度	风险期望值	风险距离	风险类别
R_{141}	价值观差异	61.00	22.49	13.72	65.01	一
R_{143}	宗教信仰差异	22.38	16.25	3.64	27.66	四
R_{142}	意识形态差异	16.21	18.50	3.00	24.60	四

对中国海外耕地投资企业自然风险的评价结果显示，地理特征、气候条件、水资源状况和自然灾害均不是投资企业所面临的主要风险，在以上三种风险中，即使最高的地理特征的风险期望值也没超过 11，各风险的风险距离比也没有超过 60%（表 7.8）。从概率水平看，中国海外耕地投资企业的从业人员对自然风险中的地理特征、气候条件风险有所感受。从损失程度看，企业的管理人员也认为地理特征、气候条和水资源状况会对企业的生产经营造成一定程度的损失。然而，整体较低的自然风险一方面反映出中国海外耕地投资项目所处位置自然条件比较优越，另一方面也反映出中国投资企业具有一定的克服自然风险能力。

表 7.8　自然风险评价

风险编号	风险因素	概率水平	损失程度	风险期望值	风险距离	风险类别
R_{154}	地理特征	25.78	40.95	10.56	48.39	四
R_{151}	气候条件	24.58	38.07	9.36	45.31	四
R_{153}	水资源状况	20.80	37.69	7.84	43.05	四
R_{152}	自然灾害	17.63	22.61	3.99	28.67	四

综合来看，中国海外耕地投资企业所面临的宏观投资环境风险主要集中于政治风险、政策风险和经济风险中，文化风险和自然风险并不是投资企业需要应对的主要风险。从风险因素看，需要企业提出制订防范预案的风险是内乱、汇率变动、政府管理政策、政府违约，需要引起企业关注的风险是政府征用、税收政策、贸易政策、政府征收。从各风险的内涵不难看出，以上风险均与被投资国政府密切相关，这一方面反映了中国海外耕地投资企业的宏观投资环境风险主要受被投资国政府和政治环境的影响，另一方面也反映出化解中国投资企业的宏观环境风

险需要从较高的层面进行谋划。中国投资企业面临的宏观投资环境风险的特点说明政府间的交流与合作是破解投资企业宏观投资环境风险的重要抓手，中国政府应当积极承担起为企业化解此类风险的重要责任。

7.3.2   中观企业资源风险

海外耕地投资中的中观企业资源风险对企业来说是一种兼具主观和客观特征的风险。对企业来说，中观企业资源风险中有些风险是外生的，有些风险是内生的，但是值得注意的是以上所有风险企业都可以凭借自身力量对其进行干预，也就是说如果企业具有足够的能力，就可以有效地化解中观企业资源风险对其产生的不利影响。

从对中国海外耕地投资企业的中观企业资源风险的风险评价坐标上可以发现，中国海外耕地投资企业面临的中观企业资源风险分布特点如下：基础设施风险主要是第一类风险和第二类风险；企业竞争风险主要是第二类和第四类风险；技术风险主要是第二类风险；支持保障风险均为第二类风险（图 7.5）。实际上，在调查中国海外耕地投资企业中观企业资源风险的 17 个风险因素中，有 12 个因素落入第二类风险象限内，分别有 2 个因素落入第一类和第四类风险象限内，还有 1 个因素落入第三类风险象限内。整体上看，中国海外耕地投资企业的中观企业资源风险呈现出非常强的向第二类风险集中的特征，即中国投资企业所面临的此类风险多属于发生概率较高，且损失程度较为严重的风险，这也反映出中国海外耕地投资企业在应对中观企业资源风险方面面临着极为严峻的挑战。

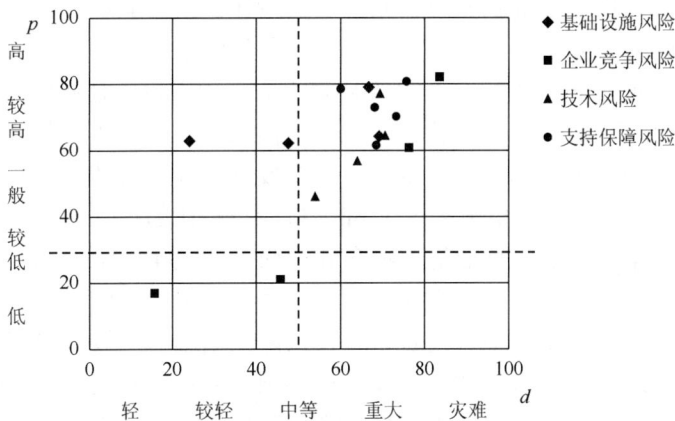

图 7.5   中观企业资源风险评价坐标

对中国海外耕地投资企业基础设施风险的评价结果显示，物流运输设施是投资企业面临的首要基础设施风险，接下来依次是港口条件、生产设施，最后是市场条件（表 7.9）。从风险期望值上看，投资企业所面临的物流运输设施风险的风险期望值已经超过了 50，风险距离比超过了 70%，该风险已成为需要企业在日常管理上进行重点干预的风险；港口条件风险的风险期望值超过了 40，其风险距离比超过了 60%，投资企业需要对该风险制订防控方案。此外，生产设施风险的风险期望值也接近 30，但风险距离比尚未达到 60%，但是该风险也应引起中国投资企业的关注。市场条件风险较低的风险期望值反映出市场条件对企业的影响有限，该风险并不是投资企业所面对的主要基础设施风险。从概率水平看，中国企业的员工认为所有基础设施风险发生的概率都在"较高"以上，特别是物流运输设施风险已接近于"高"，反映出基础设施对中国的海外耕地投资项目具有重要影响。从损失程度看，投资企业管理层认为港口条件和物流运输设施是造成企业损失的"重大"风险，生产设施和市场条件分别属于"中等"和"较轻"风险，反映出中国企业在港口条件和物流运输设施的利用上存在一定困难。

表 7.9　基础设施风险评价

风险编号	风险因素	概率水平	损失程度	风险期望值	风险距离	风险类别
R_{212}	物流运输设施	79.05	66.78	52.80	103.49	二
R_{214}	港口条件	64.24	69.39	44.58	94.56	二
R_{211}	生产设施	62.34	47.46	29.59	78.35	一
R_{213}	市场条件	62.88	24.16	15.19	67.36	一

对中国海外耕地投资企业的企业竞争风险评价结果显示，国外企业竞争是投资企业面临的首要企业竞争风险，其次是游说政治干预，接下来是行业进入壁垒和国内同业竞争（表 7.10）。从期望值上看，中国投资企业所面临的国外企业竞争风险的风险期望值超过了 65，风险距离比超过了 80%，该风险已经成为中国企业所面临的重大风险点，企业必须在投资过程中对其进行重点防控；游说政治干预风险的风险期望值超过了 40，风险距离比超过了 60%，属于需要企业制订防控方案的风险；行业进入壁垒和国内同业竞争风险的风险期望值相对较低，说明中国投资企业在这方面面临的威胁并不突出。较高的国外企业竞争风险的风险期望值反映出中国投资企业在国际上面临着严峻的投资竞争环境，而较高的游说政治干预风险期望值反映出中国企业可能缺乏影响被投资国政府的能力，或者中国企业面临着不公平的竞争环境。从概率水平看，中国企业的员工认为投资所面临的国外企业竞争概率已处于"高"水平，游说政治干预概

率也处于"较高"水平，而行业进入壁垒和国内同业竞争爆发的概率则相对较低。从损失程度看，中国投资企业管理层认为国外企业竞争给中国企业造成了"灾难"性威胁，游说政治干预也是企业面临的"重大"威胁。值得注意的是，国内同业竞争在概率水平和损失程度上均比较低，这可能与被调研企业均属于实力较强的国有企业有关，也从侧面反映出国有企业在海外耕地投资竞争中可能要优于私营企业。

表 7.10　企业竞争风险评价

风险编号	风险因素	概率水平	损失程度	风险期望值	风险距离	风险类别
R_{221}	国外企业竞争	82.18	83.64	68.73	117.25	二
R_{224}	游说政治干预	60.91	76.33	46.49	97.65	二
R_{223}	行业进入壁垒	21.05	45.69	9.62	50.31	四
R_{222}	国内同业竞争	17.26	15.68	2.71	23.32	四

对中国海外耕地投资企业技术风险的评价结果显示，信息获取能力是投资企业面临的首要技术风险，其次是项目论证能力，接下来是技术水平和生产效率（表 7.11）。从期望值上看，信息获取能力风险的风险期望值已超过 50，风险距离比也超过 60%，该风险已成为需要企业在日常管理上予以重点干预的风险；项目论证能力风险的风险期望值超过了 40，风险距离比超过了 60%，该风险需要企业制订防控方案；技术水平风险的风险期望值超过了 30，风险距离比超过了 60%，该风险也应引起企业的关注；生产效率风险的风险期望值较低，说明这一风险不是企业面临的主要威胁。较高的信息获取能力风险的风险期望值反映出中国投资企业在获取海外耕地投资信息方面存在重要制约；较高的项目论证能力风险的风险期望值反映出中国企业可能在情报分析上和项目可行性研究中存在能力缺陷；较高的技术水平风险的风险期望值反映出中国企业参与海外耕地投资的技术优势并不突出。整体看来，中国投资企业的技术风险多属于第二类风险，这类风险一方面爆发的概率较大，另一方面造成的损失程度也较高，这种技术风险分布特点也反映出中国企业在这方面面临的形势较为严峻，企业应当对此予以重视。

表 7.11　技术风险评价

风险编号	风险因素	概率水平	损失程度	风险期望值	风险距离	风险类别
R_{234}	信息获取能力	77.28	69.45	53.68	103.91	二
R_{231}	项目论证能力	64.79	70.53	45.70	95.77	二
R_{232}	技术水平	57.32	63.98	36.68	85.90	二
R_{233}	生产效率	46.49	54.26	25.23	71.45	三

　　对中国海外耕地投资企业支撑保障风险的评价结果显示，融资支持是投资企业面临的首要支持保障风险，接下来依次是保险支持、投资保护、人员保护，最后是信息服务（表7.12）。从风险期望值上可以看出，中国企业面临的支持保障风险形势非常严峻，所有风险因素的风险期望值均超过了40，风险距离比均超过了60%。其中，融资支持风险的风险期望值超过了60，说明即使是中国的国有企业，在融资方面也面临着重要制约；保险支持风险的风险期望值超过了50，已属于需要企业在日常管理上予以重点干预的风险，反映出中国企业在获取有效保险支持中存在相当的障碍；投资保护、人员保护和信息服务三个风险因素的风险期望值均超过了40，需要企业制订有针对性的防控方案。尤其值得注意的是，中国海外耕地投资企业所面临的支持保障风险均属于发生概率较高、造成危害较大的第二类风险，并且风险期望值较高，反映出中国投资企业在获取有效支持保障上存在着重大不足，这一现象应当引起企业和相关部门的高度重视。

表7.12　支持保障风险评价

风险编号	风险因素	概率水平	损失程度	风险期望值	风险距离	风险类别
R_{244}	融资支持	81.15	75.59	61.34	110.90	二
R_{245}	保险支持	70.58	73.03	51.55	101.57	二
R_{241}	投资保护	73.37	68.05	49.92	100.06	二
R_{242}	人员保护	78.71	60.08	47.29	99.03	二
R_{243}	信息服务	62.10	68.55	42.57	92.50	二

　　从整体上看，中国海外耕地投资企业面临着严峻的中观企业资源风险形势，在测度中观企业资源风险的17个风险因素中，风险期望值超过30的就有12个，占所有风险因素的71%。从风险因素层面看，需要引起企业高度重视并着力进行干预的风险是国外企业竞争风险和融资支持风险；需要企业在日常管理上予以重点干预的风险是信息获取能力风险、物流运输设施风险和保险支持风险，需要企业制订防控方案的风险是投资保护风险、人员保护风险、游说政治干预风险、项目论证能力风险、港口条件风险和信息服务风险；需要引起企业关注的风险有技术水平风险和生产设施风险。在以上风险中，有的需要企业与被投资国合作应对，如物流运输设施风险、港口条件风险，有的需要企业单独应对，如项目论证能力风险、技术水平风险，有的则需要本国对企业进行有效支持，如人员保护风险、保险支持风险。然而，整体偏高的风险期望值，绝大多数落入第二类风险象限的风险因素现实反映出中国投资企业所面临的中观企业资源风险状况非常不容乐观，此类风险很有可能已成为制约中国企业顺利进行海外耕地投资的重要障碍。

7.3.3　微观运营管理风险

海外耕地投资中的微观运营管理风险对投资企业来说，更多的是一种主观风险，即属于企业凭借自身力量就有可能化解的风险。从本质上看，海外耕地投资企业的微观运营管理风险较多地体现为一种企业管理风险，但是与常规企业相比，海外耕地投资企业由于其投资物品属性、投资方式和投资目标的特殊性，又使得此类企业面临着与常规企业不同的微观运营管理风险。

从对中国海外耕地投资企业微观运营管理风险的风险评价坐标上可以发现，中国投资企业所面临的微观运营管理风险分布具有如下特点：业务风险主要集中于第四类风险象限内；组织管理风险主要集中与第四类风险象限内；财务风险主要集中于第三类风险象限内；人员管理风险也主要集中在第三类风险象限内（图 7.6）。从风险因素层面看，在反映企业微观运营管理风险的 18 个风险因素中，有 7 个因素落入第三类风险象限内，有 6 个因素落入第四类风险象限内，有 5 个因素落入第二类风险象限内。不难看出，中国海外耕地投资企业微观运营管理风险在以上三个风险分类中的差异并不明显，但是从风险因素分布、风险概率和危害程度上看，企业应当首先考虑防范第三类风险，其次是第二类风险，最后是第四类风险。

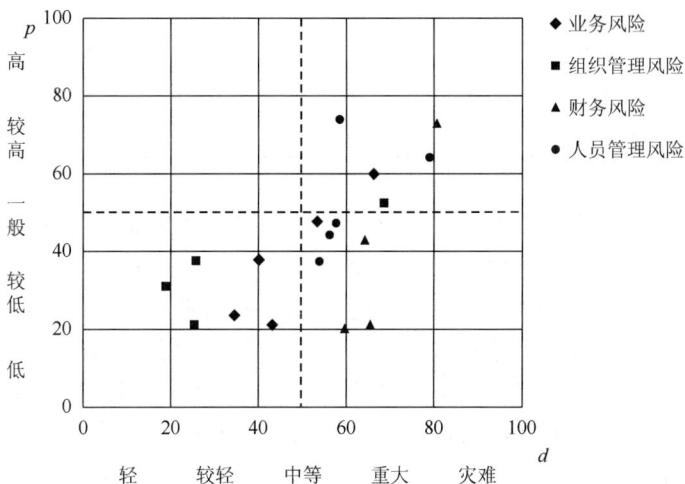

图 7.6　微观运营管理风险评价坐标

对中国海外耕地投资企业业务风险的评价结果显示，舆论应对是投资企业所面临的首要业务风险，接下来依次是风险控制、盈利能力和正常生产，最后是适时销售（表 7.13）。从风险期望值上看，舆论应对的风险期望值极其接近 40，并且其风险距离比超过了 60%，该风险已属于需要企业制订防范方案的风险，这也反映出中国投资企业在进行海外耕地投资时面临着一定的舆论压力，并且这种舆论压力已经对企业的投资活动产生了不良影响。风险控制和盈利能力的风险期望值在 10~30，并且风险距离不超过 60%，反映出中国海外耕地投资企业已具备一定的风险控制能力和盈利能力，这可能与被调研企业的一般风险管理相对规范、效益较好、实力较强的特点有关。正常生产和适时销售的风险期望值均低于 10，并且风险距离比不超过 60%，反映出中国投资企业在保证企业正常生产和寻找农产品销售出路上压力较小。值得注意的是，所有测定业务风险的风险因素中，中国企业面临的舆论应对风险较为突出，一方面是因为国际上有"中国威胁论"，以及对海外耕地投资的"新殖民主义"论调；另一方面也受国内舆论对海外耕地投资炒作的影响，如新疆生产建设兵团在乌克兰投资的 300 万公顷项目就被媒体广为炒作，给企业的正常投资制造了巨大舆论压力。舆论应对风险的凸显还可能受中国官方对海外耕地投资行为态度不明确的影响，这点应当引起中国政府的重视。

表 7.13　业务风险评价

风险编号	风险因素	概率水平	损失程度	风险期望值	风险距离	风险类别
R_{315}	舆论应对	59.99	66.51	39.90	89.57	二
R_{313}	风险控制	47.71	53.55	25.55	71.72	二
R_{314}	盈利能力	37.87	40.49	15.33	55.44	四
R_{311}	正常生产	21.32	43.35	9.24	48.31	四
R_{312}	适时销售	23.61	34.79	8.22	42.05	四

对中国海外耕地投资企业组织管理风险的评价结果显示，决策水平是投资企业所面临的首要组织管理风险，接下来依次是机构设置、沟通效率和高管任期（表 7.14）。从风险因素的风险期望值上看，只有决策水平的风险期望值超过了 30，并且风险距离比超过 60%，说明该风险已属于需要引起企业关注的风险；而机构设置、沟通效率和高管任期的风险期望值均没有超过 10，反映出中国投资企业在以上三个方面并没有面临太大的威胁。较高的决策水平风险期望值反映出中国投资企业可能在投资决策能力上存在一定欠缺，实际上被调研企业中就存在决策失误的案例，某企业在投资澳大利亚的项目中就由于决策层对当地规划管制不清楚，导致投资项目的土地不能按照企业的预期利用，并产生了一系列后续问题。总体而言，无论在员工层面的概率水平上，还是在管理层面的损失程度上，各项组织管理风险的因素均没有达到"较高"和"重大"水平以

上，这反映出组织管理风险不是影响中国海外耕地投资企业的主要方面。

表 7.14 组织管理风险评价

风险编号	风险因素	概率水平	损失程度	风险期望值	风险距离	风险类别
R_{323}	决策水平	52.75	68.57	36.17	86.51	二
R_{321}	机构设置	37.75	26.08	9.85	45.88	四
R_{322}	沟通效率	31.09	19.21	5.97	36.55	四
R_{324}	高管任期	21.38	25.60	5.47	33.35	四

对中国海外耕地投资企业财务风险的评价结果显示，资金筹措是中国投资企业所面临的首要财务风险，接下来依次是财务管理、成本控制，最后是利润回归（表 7.15）。从财务风险各风险因素的风险期望值和风险距离比上看，资金筹措的风险期望值超过 50、接近 60，并且其风险距离比超过 60%，该风险已属于需要企业在日常管理中进行积极防控和重点干预的风险；财务管理、成本控制和利润回归的风险期望值和风险距离比均没有超过 60%。较高的资金筹措风险期望值反映出中国投资企业在资金筹措上存在一定难度，实际上有相当部分的被调研企业也反映资金问题已成为制约企业扩大投资规模的重要瓶颈，甚至还有一些企业考虑采用的非正常的方式进行融资；较低的财务管理、成本控制和利润回归风险期望值则反映出中国投资企业具有较强的财务管理能力，这说明解决中国企业财务风险的关键在于完善企业的融资渠道。

表 7.15 财务风险评价

风险编号	风险因素	概率水平	损失程度	风险期望值	风险距离	风险类别
R_{331}	资金筹措	73.02	80.58	58.84	108.74	二
R_{333}	财务管理	43.01	64.40	27.70	77.44	三
R_{332}	成本控制	21.47	65.57	14.08	69.00	三
R_{334}	利润回归	20.27	59.92	12.14	63.25	三

对中国海外耕地投资企业人员管理风险的评价结果显示，员工配备是中国投资企业面临的首要人员管理风险，其次是劳动保护，接下来依次是人员质量、人才流失和人员监督（表 7.16）。从反映人员管理风险的各风险因素的风险期望值上看，员工配备的风险期望值超过了 50，风险距离比超过了 60%，该风险已成为中国投资企业需要再日常管理上予以重点干预的风险；劳动保护的风险期望值超过了 30，风险距离比超过了 60%，该风险属于需要企业制订防控方案的风险；而人员质量、人才流失和人员监督三个风险因素的风险期望值均在 30 以

上，风险距离比也没有超过 60%，说明这三个风险不是影响企业人员管理的主要方面。较高的员工配备风险期望值一方面反映出投资企业在人员配备上存在困难，另一方面也反映出市场上可能缺乏海外耕地投资活动所需要的复合型人才；较高的劳动保护风险期望值反映出企业在劳动保护中存在不足，实际上也有企业反映员工保险缺失已成为制约国内人员赴海外农场工作的重要障碍。另外，人员配备风险和员工配备风险均属于爆发概率较高、损失程度较大的第二类风险，这也反映出破解中国投资企业人员管理风险的核心在于培养大量适合海外耕地投资的复合型人才和强化对企业的保险政策支持。

表 7.16　人员管理风险评价

风险编号	风险因素	概率水平	损失程度	风险期望值	风险距离	风险类别
R_{341}	员工配备	64.24	79.03	50.77	101.85	二
R_{344}	劳动保护	74.05	58.66	43.44	94.47	二
R_{342}	人员质量	47.21	57.89	27.33	74.70	三
R_{343}	人才流失	44.29	56.39	24.98	71.71	三
R_{345}	人员监督	37.53	54.07	20.29	65.82	三

综合而言，中国海外耕地投资企业所面临的微观运营管理风险主要集中于财务风险和人员管理风险中，业务风险和组织管理风险并不是中国投资企业需要面临的主要风险。在衡量微观运营管理风险的 18 个风险因素中，风险期望值超过 30 的有 5 个，还占不到所有风险因素的 30%。在企业面临的微观运营管理风险因素中，需要企业着力解决和进行重点干预的是资金筹措风险和人员配备风险，需要企业提出防控方案的是劳动保护风险，需要引起企业关注的是舆论应对风险和决策水平风险。从内涵上看，资金筹措风险、劳动保护风险、舆论应对风险需要中国政府和企业共同应对，如为企业提供专项资金支持、加大金融机构对企业的融资支持力度、完善国家的境外投资保险体系、提出有效的舆论应对政策等；员工配备风险和决策水平风险则需要企业独自应对，如加大对海外耕地投资综合性人才的培养，提高企业管理层的决策素养等。

7.4　中国企业海外耕地投资风险防范与应对

风险管理是企业在海外耕地投资战略选择、实施、控制、评价的过程中对不确定条件下的风险行为做出的反应，包括风险识别、评估、控制及管理效果评价阶段。风险防范与应对要以风险的损失评估和时间估计为基础制定风险的应对策略。中国企业海外耕地投资企业应该建立起控制性风险管理措施、融资性风险管理措施、补救性风险管理措施三位一体的风险规避体系。

7.4.1　控制性风险管理措施

控制性风险管理措施主要是通过降低风险损失频率（损失幅度），事先对风险进行改变，包括风险规避、风险减弱策略。①风险规避：企业有意识地放弃（拒绝）承担风险作为控制方法来回避损失的可能性，属最消极的风险应对策略。海外耕地投资风险及其不确定性难以根本消除，单纯以消除风险为目标意味着放弃盈利机会，风险规避并非任何情况下都适用。风险规避适用情况为：损失频率的损失幅度都较大的特定风险；频率虽弱但是后果严重无法补偿；风险管理措施成本超过投资预期收益。②风险减弱：通过减少风险发生的机会或削弱损失的严重性以控制风险损失。损失预防的主要方法：改变风险因素、改变风险因素所处的环境、改变风险因素与及所处的环境的相互作用；通过抢救、灾难计划与紧急事件计划以减少损失的潜在严重程度，做好事后措施。

海外耕地投资企业可采取的生产经营本地化战略、投资多元化战略在一定程度上控制风险。

（1）本地化战略。中国企业规避海外耕地投资战略风险的首要策略应该是生产经营本地化战略，实施本地化战略可降低进入东道国市场的门槛和政治风险、吸纳当地资源优势、利用当地人力资本、提高企业的长期适应能力与竞争能力。

中国企业在海外耕地投资中应该重视互补性战略资源，合理配置生产要素比例，加强与东道国的合作，采用投资决策本地化、人员本地化、产品开发本地化、物料本地化、营销本地化、利润本地化和企业文化本地化等策略，加强与东道国政府及社团的沟通，依法经营，积极承担社会责任。①遵守东道国有关税法、反商业贿赂法、环保法、劳工保障法、工会法、公司法、物权法、合同法等法律，与东道国当地社区分享收益。②做好企业发展规划与耕地资源开发计划，避免对耕地资源的"掠夺式"开发，消除东道国居民敌意，追求利益最大化时注重履行企业社会责任，树立良好企业形象。③通过股权或并购方式利用东道国政府、银行、企业资本，开展农产品高效生产与加工、农业技术模仿和技术改进，融入当地产业集群。④更多地雇佣东道国当地人，发展包括消费者、供应商、当地雇员、银行及合资各方的战略伙伴关系，形成既得利益集团。⑤借助东道国的中介机构，解决企业生产经营中的可行性研究、尽职调查、风险评估、资产评估、法律确认等问题。

（2）投资多元化战略。投资多元化战略具有非常鲜明的拓展企业经营边界、谋求广阔发展空间、规避企业经营风险的优越性，能够在一定程度上分散企业的经营风险,并通过协同效应实现范围经济和管理效率的提高。企业实施投资多元化战略必须满足产业吸引力检验、互利性检验、进入成本检验三个前提条件。企业选择进入的产业结构必须具有吸引力;企业能够为新业务单元带来重要的竞争优势,或者新业务单元能给企业提供潜在优势;企业应当考虑进入新产业成本,新业务单元不能耗尽企业未来所有的利润。

中国企业海外耕地投资多元化战略包括以下几方面。①投资结构多元化。中国企业应该整体布局,尽量选择政局稳定、宗教民族矛盾比较缓和的国度投资,通过跨行业、跨地经营,实现总体战略风险在各个单元间转移。除对外直接耕地投资之外,投资东道国的基础设施、农产品交易所、物流基础设施,通过增加整体经济实力弥补和抵御局部风险。②投资进入方式多元化。充分发挥企业相对优势,独资与合资相结合、股权与债权相结合,获得良好的市场进入,缓解东道国民族主义对中国企业的敌视,减少政府干预的可能性。③投资品种多样化。通过搭配农产品种或分期播种,发展农产品综合加工、储藏、保鲜等业务。④生产模式多样化。企业除大规模自己种植外,可将大片土地分租给当地人种植、发展合同农业,通过扩大规模降低成本、提高农产品附加值。合同农业不但比现货市场能更好地控制产品的具体规格、质量和供给,而且比土地租赁或产权的资本密集度低,风险小且更灵活。⑤产品销售方式多样化。建立一种风险共担、利益共享的合作组织方式,利用期货订单来转移订单风险。海外生产的农产品既可以向中国(其他国)出口,也可以在东道国当地市场销售。

投资多元化战略对企业资源、竞争能力、组织结构、运营流程等方面的要求极高。中国企业在严格遵循产业吸引力检验、互利性检验、进入成本检验基础上,实施海外耕地投资多元化战略,注重提高企业核心竞争力,利用相关性的战略扩张策略,发挥原有人才、技术、营销网络的优势所造成的协同效应,形成良性循环扩张模式,避免"多元化陷阱"。

7.4.2　融资性风险管理措施

融资性风险管理措施着眼于事后的补偿,主要通过事故发生前所做的财务安排,使其有充足的资金弥补损失,包括风险自留与战略风险转移。①风险自留:当企业有足够的资源承受风险损失时,可以采取将损失摊入营业成本、设立专项基金、自保公司、信用额度、特别贷款与发行证券等进行风险自担和风险自保,自行消化风险损失。②风险转移:企业以付出一定的经济成本(如保险费、赢利机会、担保费和利息等),借助于正当、合法的合同与协议将损失的法律责任转移给其他人或组织(非保险人)承担,常用方法有出售、分包、签订免责条款、保险、套期保值。

（1）海外耕地投资战略联盟（strategic alliance）。中国海外投资方式主要有绿地投资、跨国并购、研究开发、战略联盟四种类型，绿地投资方式虽能最大限度地控制企业运作，但组建过程复杂且成本很高，当东道国国家风险高时，企业应通过战略联盟方式进入。

战略联盟借助合作伙伴的资源与产能，让企业对其自身资源进行调整，并形成新竞争优势的基础。战略联盟给海外耕地投资企业带来的主要利益有以下几方面：①有助于企业以最低的成本和最快的速度进入东道国土地市场，实现战略目标；②增强与农业价值链上互补伙伴之间的关系，实现联盟伙伴优势互补、利益均沾；③克服政府对投资的限制，越过贸易壁垒，合理避税；④借助各方能力开辟新的市场与经营领域，实行多元化经营；⑤借助合作伙伴的资源与产能、发挥资源协同效应，实现农产品生产、流通、销售环节的全控制，延长农产品的国外增值链，提升企业运作柔性和竞争优势。

中国投资企业可通过供应商或客户的长期合约、志愿性竞争限制条款、联盟或合资、特许经营、技术使用协定、参与行业公会等方式投资、收购农产品价值链上、下游企业形成纵、横向一体化整合。企业应该从所有权控制、人员控制、信息控制、财务控制与评价方面对联盟企业进行控制，在享受战略联盟优势的同时，避免合作风险。

（2）海外耕地投资风险保险。投资风险保险具有损失补偿、融资便利、市场开拓、信用提升和风险管理五大主要功能，海外耕地投资企业可通过办理投资保险与担保，将一部分风险转移给其他机构。①主动向中国出口信用保险公司投保，以期获得赔偿，减低和转移风险损失。②了解中国和东道国对海外投资企业保护的法律法规，加深对双边、多边投资保护机制的认识，熟悉整个保险程序、投保要求和保险措施，利用国际公约的有关条款及承保机制减少和规避投资风险，提升海外耕地投资活动的安全系数。③向多边投资担保机构和境外投资保险机构投保外汇冻结险、资产征用险、合同中止险、武装冲突和市民暴动险。④在政局不稳定的国家进行投资需要采取第三国提供担保措施。

7.4.3　补救性风险管理措施

跨国耕地投资中的时间成本、运输成本、贸易壁垒、国家风险、市场差异等因素都加大了战略风险的控制难度，由于资金、技术、人才、经验等方面能力的限制，境外投资企业需要建立风险补救措施，当海外投资风险最终发生时，企业要积极采取缓解策略来尽可能地降低和弥补损失。

（1）申请国际组织资助。世界粮食计划署（World Food Program，WFP）、IFAD、国际复兴开发银行（International Bank for Reconstruction and Development，IBRD）、

国际开发协会（International Development Association，IDA）、国际农业发展基金会是联合国系统专门向发展中成员国提供粮食和农业发展贷款的金融机构。IFAD在增加粮食生产方面，有短期项目、长期项目和政策支持项目。短期项目主要是通过改良土地、改进排灌、改良品种、改进农作制度和管理水平来提高作物产量；长期项目主要是通过兴修水利、垦荒和移民等手段改善和提高农民的生产和生活条件；政策支持项目主要是协助政府解决在土地、物价、信贷、市场、补贴等农业政策投资方面的资金需求。

中国企业对外耕地投资企业可向国际组织申请用于农业技术援助的赠款，以及用于耕地开发、农产品储存、加工和销售、科研推广培训等方面的高度优惠、中度优惠及普通贷款。

（2）依靠本国政府支持。由于农业领域涉及土地、粮食等与主权有关的事宜，东道国政府关注较多，引发政治风险的可能性大。中国投资企业应该做到以下几方面。①加强与国家有关主管部门的沟通和合作，在国家有关部门的支持和指导下开展工作，利用政策导向和业务推介保障企业投资利益。②借助中国政府境外投资信息服务平台、海外商会、投资促进咨询等中介机构，了解投资国的法律法规、税收政策、市场环境与社会文化等。③在海外竞标项目时，主动寻求中国驻外使馆及当地中资机构的帮助，降低可控风险的发生。④通过政府部门的经济外交规避风险，主动寻求合作，认同和尊重通行国际的价值体系观，在对抗中求生存，在合作中求进步，从而构建多元、多层次的耕地投资战略，确保经济及主权安全。⑤依据《中国领事保护与协助指南》向中国政府驻境外办事机构寻求领事保护。

（3）完善风险内控制度。内部风险管理是由目标、要素和组织三个维度组成的有机整体。组织维度包括子公司、经营单位、分部和整个企业；要素维度包括目标确定、事件辨别、控制环境、风险评估、风险应对、控制活动、信息和沟通、监控八个要素；目标维度包括战略、经营、报告和合法合规性四项。

内部风险控制是从降低整个战略损失方差的角度来管理风险的，包括内部环境、风险目标设定、风险事项识别、风险评估、风险反应、控制活动、信息与沟通和监控八大要素。中国企业应加强对耕地投资战略未来可能发生的各种风险的识别，重点、分层次地做好内部风险控制对策。

中国海外耕地投资企业可从不相容职务分离控制、授权审批控制、会计系统控制、财产保护控制、预算控制、运营分析控制、绩效考评控制、重大风险预警机制和突发事件应急处理机制等方面采取内部风险控制措施。具体表现为以下几方面。①加强对跨国耕地投资战略风险的识别和判断。做好投资前风险识别、判断和预控工作，通过详尽的可行性分析和项目评估等手段，选择好投资地区和方式。②科学论证、完善决策机制。落实企业境外投资自主权、审慎决策、保证企业在复杂多维的环境中准确定位、快速反应。③强化企业风险化解机制，依据战略风险的性质和管理目标，通过综合比较各个方案的成本收益及可执行性情况，完善项目评价制度。企业必须重视对现金流量的监控和审核，加强对管理者的道德风险控制，加强重大投资决策的相关制度建设，建立起一套有效的内控制度，严格控制财务风险。④建立重大风险预警机制和突发事件应急处理机制。加强跨国经营的风险保障，收集信息、甄别信息、加强战略损失频度与幅度的估计，明确风险预警标准，对可能发生的重大风险或突发事件，制订应急预案、明确责任人员、规范处置程序、健全资金、进度、技术后备应急措施。⑤加强公共关系，提高跨文化交流和整合资源的能力。通过跨文化培训、正式的和非正式的跨文化传播和沟通，提高企业的全球学习能力，创新完善企业经营理念和企业文化。

8 海外耕地投资的保障体系

海外耕地投资作为农业投资的较高形式，既是耕地资源日益紧缺背景下经济全球化带来的必然现象，又是中国实施农业"走出去"战略、运用"两种资源、两个市场"保证国内农业可持续发展的必然要求。在当前国内外的粮食供求环境中，海外耕地投资对国家粮食安全具有重要影响，这也使得企业的海外耕地投资行为兼具维护公共利益和追求商业利益的共同属性。对中国这样耕地资源贫乏、粮食安全形势严峻的大国来说，利用海外耕地资源必须提升到国家战略高度，为中国海外耕地投资企业建立从政府到市场的全方位保障体系，使企业在海外耕地投资活动中自觉将维护国家公共利益和追求商业利益有机结合起来。

8.1 战略支撑体系

8.1.1 明确国家粮食安全保障的海外耕地投资战略

粮食安全作为关乎国计民生的重大问题，其一直受到各国政府的高度重视。中国政府也一直将粮食安全视为关系国民经济发展、社会稳定和国家自立的全局性重大战略问题。《国家粮食安全中长期规划纲要（2008-2020 年）》认为，中国人口众多，对粮食的需求量大，粮食安全的基础比较脆弱，今后耕地减少、水资源短缺、气候变化等对粮食生产的约束将会日益突出，中国粮食的供需也将长期处于紧平衡状态，保障粮食安全面临着严峻的挑战。正是基于以上考虑，中国政府主要从以下六个方面构建了保障粮食安全的战略。①提高国内粮食生产能力，加强对水资源、土地资源的保护，加大对农业的科技投入，挖掘国内农业资源的粮食生产潜力。②鼓励利用非粮食物资源，大力发展非粮畜牧业、水产养殖业和远洋渔业，并且扩大油料作物的来源，减少对粮食作物的需求量。③加强国际间的粮油合作，完善粮食进出口贸易体系，与国际粮食生产大国保持长期、稳定的合作关系，保障国内粮油进口的稳定性。④完善粮食流通体系，强化粮食的市场属性，通过建立粮食集疏网络解决粮食生产与人口分布不平衡问题，保证国内的粮食可得性。⑤完善粮食储备体系，建立中央与地方、战略与调节、政府与企业相结合的粮食储备体系，并通过着力优化粮食储备布局和品种结构，加强对储备粮食的管理以增强政府宏观调控粮食的能力。⑥完善粮食加工体系，发展粮油食品加工和饲料加工，控制粮食深加工业，特别是控制生物燃料产业对粮食的需要。

在粮食供应方面，目前中国的粮食安全保障战略主要有两大抓手：一是强化对国内农业资源的综合利用，保证国内的粮食生产能力；二是通过与其他粮食出口大国的合作，保证贸易手段保证粮食供给的有效性。然而，以上两个抓手均面临着严峻的挑战。从国内粮食供应能力来看，中国的粮食自给水平正持续降低。首先，随着中国城镇化、工业化的持续推进，耕地面积持续减少，特别是东南沿海地区适宜农业种植的优质耕地资源持续丧失，并且全国约有 333 万公顷耕地已经中重度污染，不适于农业种植，粮食生产的基本物质保障条件不容乐观。其次，随着中国经济的发展和人口的持续增长，特别是人民生活水平的提高，促使中国居民的膳食结构不断升级，致使粮食需求量处于刚性增长趋势，进而倒逼中国水土资源短缺矛盾更加凸显。最后，受农业生产比较效益低下的影响，农民缺乏粮食生产动力，粮食生产的资源要素持续向效益较高的非农业部门转移。相关统计数据也显示，中国政府承诺的 95%以上粮食自给率已被突破，依靠国内农业资源保障粮食供应已经变得既不可能，也不现实。2012 年 8 月，中共中央农村工作领导小组副组长、办公室主任陈锡文表示，如果中国不进口农产品，中国需要至少 30 亿亩的农作物播种面积，而中国目前的农作物播种面积只有 24 亿亩，实际农作物播种面积缺口已经达到 20%。

从外部粮食供应保障来看，利用粮食贸易保证粮食供应能力的隐忧也日益明显。2007~2010 年全球粮食危机期间，一些粮食出口大国纷纷出台措施减少国内粮食出口，如俄罗斯、乌克兰、泰国、越南等国家纷纷出台粮食禁令，控制粮食出口，俄罗斯粮食协会甚至建议政府实行粮食票证制度，制止粮食大量出口。俄罗斯农业部长甚至建议成立由俄罗斯、乌克兰、哈萨克斯坦、澳大利亚和美国组成的粮食欧佩克，而以上五国占当前全球粮食出口份额的 62%。除粮食出口大国的动作外，全球能源价格和粮价的高位波动也强烈地干扰着粮食贸易的稳定性。在全球石油价格持续大幅攀升的背景下，欧盟、美国、巴西、阿根廷等粮食出口大国纷纷发展生物能源产业，这对全球粮食供求格局产生了强烈影响，全球大约 5%的粮食已经被用于生产生物能源。这种额外的粮食需求已经严重影响了全球粮食贸易市场的供求平衡，使得粮食进口国在国际粮食市场面临极大的价格压力。粮食作为保障国家发展的重要战略资源，粮食出口大国的限制举措与全球生物能源产业发展对粮食贸易的竞用性竞争，使得全球粮食进口国面临严峻的国际粮食贸易环境，通过贸易手段保障国家粮食供给的可靠性正逐渐降低。

粮食贸易手段可靠性的降低对一些粮食进口大国的影响尤其明显，也促使一些经济条件较好的国家纷纷走上利用海外耕地投资保障国家粮食供应的道路。虽然海外耕地投资存在项目透明性较差、统计数据不完整、准确数据难获取等缺陷，但是仍可确信全球十大粮食净进口国均有企业参与了海外耕地投资。据 GRAIN

和 ILC 对外公开的海外耕地投资项目的统计，截至 2013 年年底，全球十大粮食净进口国共有海外耕地投资项目 106 个，涉及耕地面积 415.51 万公顷（表 8.1）。ILC 的统计数据还显示，获取农产品是投资者进行海外耕地投资的主要目的，在全球 1217 个海外耕地投资项目中，以农产品获取为目标的项目占了 75%，完全以种植粮食作物为目标的项目占了 42%。在海外耕地投资的农业生产项目中，农产品的出口导向性也十分明显。据德意志银行 2012 年的统计，在全球农业种植型海外耕地投资项目中，大约有 67% 的项目是完全出口型的，24% 的项目是出口和被投资国混合销售型的，只有 9% 的项目所生产的农产品完全在被投资国销售。从出口的目的地来看，在出口型的海外耕地投资项目中，大约有 43% 的出口目标国为海外耕地投资企业本国（Deutsche Bank，2012）。在国家规划层面，海外耕地投资对保障国家粮食获取能力的重要性已经引起部分国家的高度重视，除沙特、阿联酋、日本、韩国等国家明确提出了要通过海外耕地投资保障国家粮食供应外，德国的联邦经济合作与发展部也于 2009 年和 2012 年两次出台政策文件支持德国企业进行海外耕地投资。

表 8.1　全球十大粮食净进口国的海外耕地投资状况

序号	国家	项目数量/个	投资面积/万公顷
1	日本	19	29.66
2	埃及	4	24.38
3	墨西哥	5	3.13
4	韩国	21	111.76
5	西班牙	10	3.87
6	沙特	22	157.32
7	荷兰	3	1.20
8	意大利	20	53.19
9	阿尔及利亚	1	30.00
10	伊朗	1	1.00

　　然而，通过海外耕地投资保障国家粮食安全这一手段尚未引起中国政府的足够重视，国家发展和改革委员会的官员一直否认中国有海外耕地投资计划。虽然在农业"走出去"战略的指引下，已有一批中国企业自发地参与到全球海外耕地投资活动中，但是受国家粮食安全保障战略顶层设计缺失的限制，中国企业在与日本、韩国等国家的企业进行竞争时面临诸多困难。此外，当前全球海外耕地投资方兴未艾，大多数国家具有良好的耕地资源和耕地开发潜力，作为粮食进口和外汇储备大国的中国面临着难得的历史机遇。在国家层面，虽然中国政府制定了"走出去"战略，并有诸多农业企业已经走上国际市场，但是海外耕地投资还没有

纳入国家粮食安全战略考量的范围内，与一些粮食进口国相比还存在战略缺失，这反映出中国政府对统筹利用两种资源、两个市场的认识有待进一步深化。因此，海外耕地投资对保障国家粮食安全的重要作用应当引起中国政府的重视，在粮食安全保障中应当从生产环节加强对粮食获取能力的控制，将海外耕地投资作为保障国家粮食安全的补充手段，并将其上升为国家粮食安全战略的组成部分进行顶层设计和战略规划。

8.1.2　制订海外耕地投资战略规划

中国的全球海外耕地投资战略规划必须以保障国家的粮食供应能力为基础。目前，中国粮食供应的保障手段主要有两种：一是作为主要手段的国内粮食生产；二是作为调节手段的国外农业资源利用，包含粮食贸易和农业投资两种形式。自 20 世纪 90 年代末以来，随着改革开放的逐步深入和"走出去"战略的提出，中国的农业投资得到了较快的发展。但总体而言，粮食贸易仍是中国利用国外农业资源调节国内粮食供应的主要方式，农业投资一方面处于起步阶段，发展规模相对较小；另一方面大多数企业没有重视对耕地资源的获取。反观其他一些粮食进口大国，在全球粮价高位徘徊的背景下，面对全球逐渐凸显的粮食市场风险，已纷纷将海外耕地投资作为保障粮食供应的补充手段，如韩国政府就明确号召企业建立国外粮食生产基地，并将海外耕地投资作为比贸易还重要的粮食供应保障手段。与海外耕地投资项目相比，农业投资存在两个重要缺陷：一是投资企业没有涉入粮食生产上游，难以从生产环节保障粮食获取能力；二是投资企业处于粮食运输、加工环节，盈利能力相对较弱，难以发展壮大。实际上，自 2007 年的粮食危机以来，一些传统的农业投资企业已经逐渐转变为海外耕地投资企业，这促使全球海外耕地投资规模在 2008 年后呈现爆发式增长。此外，国际上对海外耕地投资管理的规范，也使得海外耕地投资成为一些粮食进口大国保障粮食供应的重要手段。对中国来说，面对贸易方式不断凸显的风险和隐忧，应当重视海外耕地投资对保障国家粮食供应能力的重要性，在战略规划中将海外耕地投资提升到与贸易方式同等重要的位置，甚至将其作为优先于贸易的方式纳入国家保障粮食供应的调节手段中。

中国作为一个粮食供需紧平衡的人口大国，政府鼓励企业进行海外耕地投资的主要动力应当是保障国家的粮食安全。这也要求在进行海外耕地投资战略规划时要坚持"有保有放"的原则，处理好海外耕地投资与口粮、饲料用粮、工业用粮之间的关系。作为全球第一人口大国，中国人的口粮必须主要依靠国内农业资源来解决，中国人的"米袋子"一定要掌握在自己手中，这不仅是保证国家独立自主的应有之意，也是谋求政治大国地位的客观要求。除了口粮外，中国粮食还有两大利用途径：一是发展养殖业的饲料用粮需求；二是发展可再生能源产业的生物能源用粮需求。现实的发展情况是，随着中国经济的发展和工业化的深入，国民对肉、奶、蛋等食物的需求量和对能源的消费量均不断提升，这意味着未来用于这两方面的粮食需求量会不断攀升。鉴于口粮、饲料用粮、工业用粮在国家粮食安全体系中具有不同的重要性，海外耕地投资战略规划在制订过程中应重点考虑将饲料用粮、工业用粮的生产转移到境外，一方面确保国内口粮安全，保证国民对粮食的基本需求；另一方面释放国内耕地承载压力，休养生息国内耕地地力。

在海外耕地投资战略规划中，必须将保障国内粮食市场的供应作为战略规划设计的核心问题。实际上，对大多数粮食获取型海外耕地投资国来说，政府往往是本国企业海外耕地投资或明或暗的推动者，即政府扮演着海外耕地投资的隐性主体，企业则作为海外耕地投资的显性主体存在。政府虽然可以将海外耕地投资作为保障国家粮食安全的补充手段，但是在实际操作中必须依靠企业去完成，而企业的经营是以追逐利润为目标的，其耕地的获取、粮食的种植及销售均要以利润最大化为基础。所以，中国在海外耕地投资战略规划中，必须将国家保障粮食供应的目标与企业追逐利润的目标统一起来。从当前海外耕地投资农场的粮食流向来看，其主要有两种途径：一是投资企业直接将粮食拉回国内，供应本国粮食市场，如沙特、阿联酋、韩国、日本的企业；二是将粮食在被投资国或者国际粮食市场进行销售，投资企业获取销售利润，如瑞典、英国、法国等发达国家的企业。在全球粮食市场相对平稳的时期，中国海外耕地投资企业应考虑将粮食投放到国际粮食市场，增加国际粮食市场的粮食供应总量，赚取投资利润，并促使全球粮价平稳运行，进而通过国内外粮食市场的联动效应间接服务于中国在国际粮食市场的购买力。在全球粮食供应紧张时期，中国海外耕地投资企业则应考虑将粮食拉回国内，保证国内粮食市场的供应量。这也要求在海外耕地投资战略规划中，要从"两种资源、两个市场"的高度进行统筹，确保企业利用国外耕地资源补充国内耕地资源和利用国际粮食市场补充国内粮食市场的动力与国家粮食获取能力有机地结合。

在经济全球化的时代背景下，海外耕地投资战略规划的制订要突出市场力量在企业海外耕地投资过程中的主导作用，根据中国的国情、企业投资水平及被投资国的客观情况，做好企业的海外耕地投资目标区域选择规划和海外耕地投资模式规划。目前，全球的后备耕地资源主要分布在撒哈拉以南非洲地区、拉丁美洲地区、前苏联地区等发展中国家和欧洲、北美洲、澳大利亚等部分发达国家。从耕地利用特点上看，撒哈拉以南非洲地区、拉丁美洲地区、前苏联地区等发展中国家的人均耕地数量较高，农业生产的基础设施也较为薄弱，农业科技装备水平相对较低，粮食生产水平不高，但具有较大的耕地资源开发利用潜力；欧洲、北美洲、澳大利亚等发达国家的土地利用粗放，耕地资源相对充裕，社会制度环境较高，农业生产技术装备水平较高，并且形成了较为完善的投资管理机制，但是也存在较高的投资进入壁垒。因此，在海外耕地投资战略规划中必须综合考虑中国的外交特点、地缘政治关系、企业投资水平，并结合国家的粮食安全目标，重点从耕地资源较为充裕、生产水平相对落后的发展中地区寻找突破口，为企业管理水平的提升和日后扩大投资渠道奠定基础。在海外耕地投资战略规划的制订过程中，还要针对不同投资区域的特点灵活规划海外耕地投资模式。从现有的发展情况看，国际上大致形成了部门合作型和土地权利控制型两种基本的海外耕地投资模式。部门合作型海外耕地投资模式强调部门之间的合作，重点突出政府部门的作用；土地权利控制型海外耕地投资模式则强调投资企业对土地的控制，并演化出多种合作形式。海外耕地投资战略规划应引导不同企业在不同区域制定差异化的投资战略，在发达地区市场条件较好的国家鼓励企业采用市场化的投资模式，国家重点从投资信息服务、融资政策、贸易政策方面对企业予以支持；在发展中地区土地资源条件突出的国家鼓励企业采取多种方式保护投资权益，国家重点从农业国际合作、财政支持、税收政策等方面对企业予以支持。

　　海外耕地投资作为一种由企业实施的对外资源投资活动，在当前全球的政治经济环境中，受耕地资源特殊性、投资设施的固定性和项目位置不可移动性等特点的限制，海外耕地投资企业这种粮食安全导向性较为明显的经济活动，需要国家规划相应的外交保护战略对投资企业的经济利益和非经济利益予以维护。虽然在第二次世界大战以后，国际上成立的世界贸易组织、世界银行、国际货币基金组织等机构大大改善了跨国企业的投资和治理环境，但是威胁跨国经济活动的因素仍旧十分突出，如被投资国战争、内乱、对投资项目的国有化等。海外耕地投资活动除了要面临传统的市场风险、制度风险、管理风险、文化风险外，政治风险、法律风险和社会风险对海外耕地投资项目实施和运营的影响更为突出。这些在韩国大宇集团投资马达加斯加项目引发的政治危机及项目的失败，巴西、阿根廷、厄瓜多尔等国家突然改变国内海外耕地投资管理政策，澳大利亚政府严格审查海外投资者对本国耕地的所有权等海外耕地投资实务中已有所体现。中国因为庞大的人口基数和对国际粮食市场的重要影响力，其尚未明确有海外耕地投资的计划已经在国际上引起了诸多关注，如2008年英国《卫报》认为，中国要进行海外耕地投资，2013年路透社报道中国在乌克兰购买了300万公顷耕地等均给中国投资企业制造了巨大的压力。这也意味着中国未来的海外耕地投资规划一旦推出，必然会引起国际社会的广泛关注。因此，中国需要在外交领域早做布局，全方位保护海外耕地投资企业的正当权益，并为其营造良好的宏观外部环境。

　　此外，还要将政府的综合政策支持纳入海外耕地投资战略规划中。在海外耕地投资过程中，要明确企业是项目投资的主体，政府主要起支持和辅助作用。对中国大多数农业企业来说，海外耕地投资经验还十分欠缺，这就需要国家形成系统的政策体系以支持和引导企业为国家的粮食供应贡献力量。政府可以制定财政政策，对企业的海外耕地投资项目和粮食产品回运进行补贴和奖励；还可以动用外汇储备，支持有实力的国有企业率先进行海外耕地投资；出台税收优惠和贸易管理政策，为企业运回粮食提供便利；鼓励金融机构对中小企业加大信贷支持力度，为其开拓海外耕地投资市场提供帮助。总之，耕地作为一种特殊的资源，在当前全球粮食安全环境中，企业海外耕地投资活动的顺利实施离不开国家政策的支持，中国的海外耕地投资战略规划必须要将政府的综合政策支持纳入其中。

8.1.3　构建海外耕地投资对外政策宣示策略

在当前的国家舆论环境下，海外耕地投资还属于一个相对比较敏感的话题，这也是中国官方一直否认进行海外耕地投资的重要原因之一。在国际上，针对海外耕地投资的"土地掠夺""新殖民主义"时有喧嚣，而特别针对中国的"中国威胁论""中国企业社会责任缺失论""中国企业管理水平不足论"等，不仅为中国企业进行能源矿产投资制造了诸多阻力，也为中国企业进行海外耕地投资制造了大量的麻烦和障碍。在当前世界和中国的粮食安全环境中，耕地资源的战略重要性并不低于能源和矿产资源，构建科学的海外耕地投资对外政策宣示策略，有理、有利、有节地对中国海外耕地投资政策进行宣示，不但可以降低乃至消除国际社会的猜测和疑虑，而且可以为中国企业的海外耕地投资行为创造良好的舆论环境，进而保障中国企业海外耕地投资项目的顺利实施。

在海外耕地投资对外政策宣示中，要突出中国企业的海外耕地投资行为对全球粮食增产的贡献。从中国当前的粮食生产能力上看，只要全球粮价不出现较大幅度的上涨，中国政府就可以采用贸易的方式加强对国内粮食市场的调控，保障国内粮价平稳运行，即国际市场粮价的稳定对中国的粮食安全具有重要帮助。中国企业在全球进行海外耕地投资，特别是在一些粮食生产水平相对落后、耕地利用率不高的发展中国家进行粮食生产，无疑可以有效地提高当地甚至全球的粮食供给量，这不但有利于中国利用国内外市场的联动效应熨平国内粮价的波动，而且有利于减缓全球的粮食不安全状况。此外，联合国粮农组织和世界银行也一直倡导加大对不发达国家的农业投资力度，消除全球人类面临的饥饿威胁。从这一点上讲，海外耕地投资一方面提高了全球耕地资源的利用水平，另一方面也增加了全球的粮食供应量，是一种有利于人类可持续发展的经济活动。中国的海外耕地投资政策宣示应紧跟联合国粮农组织和世界银行等国际组织的倡导，站在为全人类可持续发展谋福利的高度，用统计数据证明中国海外耕地投资企业为全球粮食供应增产所做的贡献，强调中国企业海外耕地投资的正义性，以及为解决全球粮食安全问题所做的贡献。

海外耕地投资的对外政策宣示应将新中国成立以来，对外农业援助、对外农业合作、对外农业投资的历史沿革统一起来，凸显中国对发展中国家农业种植技术进步和农业生产水平提升的积极作用。从历史上看，中国的境外农业合作自新中国成立后不久就展开，并形成了农业援助、农业合作和农业投资三个特征明显的阶段。农业援助阶段大约从 20 世纪 50 年代末到 20 世纪 70 年代末，主要是在中央政府的部署下，由农业部督促各省（直辖市、自治区）农业部具体实施，完全以非营利的援助方式进行，由被援助国单方收益，主要通过建立农业技术试验站、推广站、示范农场等方式对被援助国的农业发展提供帮助。农业合作阶段大约从 20 世纪 70 年代末到 20 世纪 90 年代末，其主要特点是随着国际形势的变化和中国改革开放政策的实施，中央政府对原有的农业援助方式进行了调整，特别是对原有援外项目的管理体制进行了调整，采用了项目包干制，促使援助单位提升项目的经济效益，将单向援助变成中国与被援助国的双方合作，谋求互利共赢。农业投资阶段大约从 20世纪 90 年代末至今，在中国"走出去"战略的指引下和部分发展中国家农业优惠政策的吸引下，中国农业企业积极参与全球农业市场的竞争，主要采用市场化的竞争方式，如收购、合资、建立农产品加工企业等方式在全球进行农业投资，主要以获取投资利润为目标。从农业无偿援助到响应部分国家农业政策进行农业投资，中国的涉外农业企业已经积累了一定的成果，并得到国际上一些观察家的积极评价（李安山，2010）。中国在海外耕地投资的政策宣示中，应当对中国企业成功的对外农业合作案例进行总结，用历史视角来阐述中国企业在涉外农业合作中的积极作用，为中国海外耕地投资企业营造良好的投资舆论环境。

海外耕地投资的对外政策宣示还应具有策略性，针对不同的利益相关者突出不同的宣传内容。在国际层面，重点强调中国企业的海外耕地投资对全球粮食增产、农业技术传播、土地市场建设、反贫困等事业的贡献，并用相关案例、统计数据予以佐证，着力破除所谓中国影响全球粮食安全的不利舆论环境。在国家层面，重点强调中国海外耕地投资项目对被投资国粮食产量提升、农业基础设施改善、农业发展的贡献，并尽可能建立与被投资国政府协同的投资成果展示机制，定期宣传中国海外耕地投资项目对被投资国农业、农村发展的促进作用，对"中国新殖民主义"的论调予以有力回应。在农民社区层面，要强化中国企业的社会责任意识，在项目实施和运作过程中注意保护当地的生态环境、农场工人的合法权益，并利用当地媒体对投资项目进行宣传，着力消除被投资地区居民对中国企业"社会责任缺失"的不安与猜疑。

海外耕地投资对外政策宣示还应扩充宣示形式和途径，形成多位一体的宣传体系。在对外宣示形式上，要学会利用多种媒介进行宣传，特别是强调运用英语及时有效地向外界传递中国的海外耕地投资政策，降低国际舆论的误读概率。在宣传途径上，政府部门主要承担综合布局的任务，具体的宣传实务则交由企业进行具体操作。企业应根据项目实际情况，提升对海外耕地投资问题的认识，加强对海外耕地投资问题的研究，构建多元化的宣传途径，形成针对国际组织、被投资国政府的官方宣传，针对非政府组织的半官方宣传，针对项目当地员工和社区的民间宣传。总之，在海外耕地投资对外政策宣示中，要注意动用国家、企业、员工等一切资源强化对海外耕地投资的舆论引导力，打造有利的舆论环境，利用多种场合塑造中国投资企业的公共形象，并与国际上相关的独立研究机构合作，用投资案例、统计数据说话，全面扩大中国进行海外耕地投资的软实力和影响力。

8.2 政府支持体系

8.2.1 布局海外耕地投资国际规则的制定

当前国际形势正在发生深刻变革，特别是国际政治、经济的格局正在发生深刻变化，新型全球治理机制正在形成。粮食安全问题作为全球各国广泛关注的重要政治议题和强化全球治理的重点领域，一方面离不开各国的战略、政策支持，另一方面也离不开国际公约、准则的约束。海外耕地投资作为影响全球粮食安全的行动举措，其发展状况已经受到联合国粮农组织、世界银行、联合国贸易和发展会议、全球农业发展基金、国际食物政策研究所等机构的重点关注，并相继出台了《土地改革与农村发展国际会议宣言》《负责任农业投资原则》《海外耕地投资行为准则》《国家粮食安全框架下土地、渔业及森林权属负责任治理自愿准则》等国际规范，以约束和指导全球海外耕地投资行为。海外耕地投资国际规则的形成，不但直接关系到投资国和被投资国的权益，而且更多地反映出参与各国政治、经济的博弈过程及其平衡结果。

中国作为一个深受农业资源约束、粮食安全问题不容乐观的发展中大国，如何将自己的海外耕地投资意图融入相关国际规则的制定过程中，并在规则的谈判中掌握主动权、趋利避害，不但关系着中国投资企业合法权益的保障，而且是事关国家政治安全、经济安全和发展战略的重大议题。从当前相关国际规则及标准的制定过程来看，从战略谋划到相关议题的设定，从磋商机制的建立到国际公约的审议通过，少则数月，多则数十年。这不但是各国政治、经济势力的较量，也是各国谈判能力的反映，更是各国综合实力的反映。

在国际规则制定过程中抢占"规则高地"，已成为各国在国际社会推行国家利益的重要手段。国际规则制定的本质就是在谈判过程中强化本国利益，并迫使对方进行让步。历史经验也证明，无论是联合国的设立，还是 WTO 的形成，主导并参与相关规则制定的国家均获取了先行优势，它们不但可以利用规则为本国谋求更多的国家利益，而且可以掌控相关规则的制定权和解释权，为本国争取更加有利的国际环境。在海外耕地投资国际规则制定方兴未艾的今天，中国政府既没有参与到早期的《负责任农业投资原则》制定中，也没用参与到近期的《国家粮食安全框架下土地、渔业及森林权属负责任治理自愿准则》制定中，已经暴露出主导海外耕地投资国际规则能力不足的缺点。为强化国家粮食安全的责任，加大对中国海外耕地投资企业的支持力度，中国政府必须积极参与海外耕地投资国际规则的制定，并通过影响相关条款使其为中国的国家利益服务。

从当今国际上对海外耕地投资的管理来看，联合国粮农组织下属的粮食安全委员会对全球海外耕地投资国际规则的制定具有很大的发言权。自从 2009 年粮食安全委员会改革以来，其已经从原来隶属于粮农组织的委员会之一，逐渐演变为"罗马三机构"的联合子机构，特别是被赋予每年向联合国粮农组织大会和向联合国大会提交报告的权力后，粮食安全委员会在全球农业问题上的话语权更具权威性。改革后的粮食安全委员会最突出的成就就是以创纪录的速度制定了《国家粮食安全框架下土地、渔业及森林权属负责任治理自愿准则》，并成立了海外耕地投资工作组，特别针对国际规则与国内政策衔接问题展开谈判。遗憾的是，由于战略眼光的短浅，大多数发展中国家并没有积极参与，更不用说利用规则保障自身利益的最大化了。由于中国不是《国家粮食安全框架下土地、渔业及森林权属负责任治理自愿准则》制定的倡导者，其出台增加了中国企业进行海外耕地投资的成本和风险，提高了中国企业参与全球海外耕地投资的门槛。

目前，在《国家粮食安全框架下土地、渔业及森林权属负责任治理自愿准则》中获利最多的是海外耕地投资大国——日本，日本也是该规则的重要倡导者。2009 年 7 月 8 日，"八国峰会"发表对外宣言，对全球日益增长的耕地租赁、购买表示极大关注，并提出将与相关国家和国际组织一道，发表关于有关该方面内容的国际规则和联合提案。2009 年 9 月，日本政府发起了"促进负责任的农业投资圆桌会议"，《负责任农业投资原则》随之提上制定日程，并最终促使粮食安全委员会在 2012 年 5 月的 38 届大会上批准通过了《国家粮食安全框架下土地、渔业及森林权属负责任治理自愿准则》。实际上，日本策动该议题的原因有以下三点。①日本是全球第一大粮食净进口国，国内粮食自给率低于 60%。日本长期在全球进行海外耕地投资，有较多的利益需要国际规则保护，强化海外耕地投资责任也是为了谋求营造有利于日本国内企业进行海外耕地投资的国际规则环境。②将被投资国土地权属问题与海外耕地投资问题挂钩，从表面上看是为了推进土地权属改革、帮助被投资国建立土地市场，实际是为其扩大海外耕地投资规模谋求国际舆论环境。③2008 年以来，中国、印度等国家在全球海外耕地投资市场高歌猛进，引起以日本、韩国为首的海外耕地投资大国的深深忧虑，其积极推动以上准则的制定就是希望利用规则保障本国企业在全球耕地资源再分配竞争中处于有利地位。

2012 年 8 月，《国家粮食安全框架下土地、渔业及森林权属负责任治理自愿准则》框架下的开放工作组磋商机制已经正式开始，并计划在细化负责任农业投资的概念、土地权属的国内治理、国际规则与国内法律的衔接等方面展开谈判，这也为中国积极参与海外耕地投资国际规则的制定提供了新契机。作为粮食安全问题突出的发展中大国，中国不仅要谋求海外耕地投资国际规则制定中的话语权，更要致力于掌握海外耕地投资国际规则制定的主导权。加入 WTO 的历史经验已经告诉我们，不利的国际规则环境不但会限制一国的发展，还会导致一国的发展成果轻易付之东流。因此，中国政府应抓住历史契机，从以下四个方面积极布局海外耕地投资规则的制定。①积极参与粮食安全委员会有关海外耕地投资的议题，摸清海外耕地投资国际规则制定倡导国的战略意图与动向，打有准备之仗。②寻找利益共同体，挑选时机和场合发出自己的声音，以海外耕地投资中既符合中国利益又有利于解决全球粮食安全的议题为突破口，占领海外耕地投资推行的道德制高点。③加强国内部委、部门之间的协调，针对海外耕地投资的跨部门、跨学科问题科学组建涵盖技术、法律、国际贸易、政策、经济等领域专家的谈判队伍，深入分析海外耕地投资谈判中将会遇到的相关问题，并形成系统性、连续性的应对措施。④提升舆论引导能力，在道义上赢得中国进行海外耕地投资的主动权，如加强与相关非政府组织、独立学术机构、独立学者之间的联系引导国际舆论，借助 WTO、联合国贸易会议等国际组织扩大中国在海外耕地投资国际规则制定中的影响力。

8.2.2 构建海外耕地投资国际合作机制

海外耕地投资国际合作机制是指政府间通过一定程序形成，旨在规范政府部门海外耕地投资合作行为，协调不同利益相关者诉求，谋求投资方与被投资方共同利益，促进企业海外耕地投资活动顺利进行的一系列有机联系的正式制度安排。海外耕地投资合作机制应当包括合作制度、合作机构、合作主体、合作方式、参与渠道、合作项目和保障措施等要素，可根据参与合作机构的不同分为多边合作机制和双边合作机制；可根据合作的主体分为中央政府合作与地方政府合作。目前，由于国家层面对海外耕地投资顶层设计的缺失，直接导致中国企业的海外耕地投资活动极其缺乏政府层面的相关支持。但是，随着国际社会对海外耕地投资管理问题的重视，特别是《负责任农业投资原则》《国家粮食安全框架下土地、渔业及森林权属负责任治理自愿准则》等国际管理公约的不断推出，为中国构建政府主导的海外耕地投资合作机制提供了新契机。因此，中国应当抓住历史机遇，构建具有中国特色的、符合中国企业投资特点的海外耕地投资国际合作机制，为中国企业顺利进行海外耕地投资做好前期准备。

纵观当前各海外耕地投资大国，相对完善的海外耕地投资国际合作机制为日本企业实施全球海外耕地投资提供了强有力的支持，并取得投资超过国内耕地面积三倍的不菲成就。日本作为全球第一粮食进口国，其政府非常重视与粮食出口大国建立稳定、持久的合作关系。从20世纪50年代开始就通过政府开发援助项目对非洲、拉丁美洲、前苏联地区的国家提供农业专项援助，并建立了涵盖政府、投资企业、农民社区、农民四维一体的农业合作关系，为日本三菱、丸红、三井、伊藤忠等企业进行全球海外耕地投资奠定了重要基础。日本海外耕地投资合作机制的主要特色是在农林水产省、外务省的主导，以及经济产业省、财务省的协助下，先由官方出面与被投资国政府及其相关部门建立稳定的投资合作关系，投资企业在官方合作的框架下与被投资国的合作者签订海外耕地投资协议，日本国内的金融机构、保险机构则跟踪为投资企业提供相关支持，多方共同努力协助企业顺利实施海外耕地投资项目。中国可借鉴日本的成功经验，建立国家主导、企业配合的海外耕地投资国际合作机制。

将农业国际合作机制作为建立海外耕地投资国际合作机制的突破口。据《中国农业发展报告2012》统计数据显示，截至2012年年底，中国已与全球91个国家和地区建立了稳定的双边农业合作关系，签订了189个各种类型的农业国际合作双边协议，并组建了64个农业联委会和工作组。据商务部境外投资企业（机构）名录统计，随着中国农业"走出去"战略的深入实施，中国已有超过600家农业企业在亚洲、非洲、欧洲、大洋洲、北美洲、南美洲的93个国家和地区设立了596个境外农业投资分支机构。这些政府和企业层面的对外农业活动，不但为中国构建海外耕地投资的国际事务合作奠定了基础，也为中国进行海外耕地投资实务合作提供了条件。从中国的政府机构设置来看，海外耕地投资的国际合作机制应当由农业部主导，商务部、财政部、海关总署、国家质量监督检验检疫总局等部门提供合作支持。中国的海外耕地投资国际合作机制完全可以建立在中国农业国际合作的基础上，由后者引领前者，快速协助中国投资企业在全球进行海外耕地投资区域及合作对象的布局。

海外耕地投资国际合作机制要始终秉承互利共赢原则，推动投资企业海外耕地投资活动的可持续性。在当前的国际舆论环境中，有关海外耕地投资的负面报道时有出现，特别是在中国"掠夺石油、掠夺矿产"等观点的推波助澜下，中国企业的海外耕地投资活动面临着异常不利的国际环境。海外耕地投资企业归根到底是一个利润追逐的个体，这也决定了其在项目决策、运行过程中会存在短视的缺陷，可能会产生一些不利于被投资国、影响海外耕地投资可持续性的行为。这就要求在海外耕地投资国际合作机制的设计中，中国政府及其相关海外耕地投资合作参与部门要坚持合作、互利、共赢、发展的原则，通过安排高层访问、推进双方农业和商务部门合作、建立高级别合作专家组等方式落实海外耕地投资项目，并为投资企业提供多方支持，积极推动中国与被投资国海外耕地投资合作的长期进行，谋求中国企业的海外耕地投资活动随着国家的农业"走出去"战略可持续发展。

海外耕地投资的国际合作机制要重视不同层次之间的有机联系，在政府主导下全方位打造以投资企业为核心，由国际组织、政府部门、中介机构提供支持的良性合作互动关系。在应对全球粮食安全问题中，联合国粮农组织、世界银行、国际货币基金组织、植物新品种保护国际联盟、联合国环境署等国际组织早已积极行动，并取得了一定成就，如制定规范全球海外耕地投资活动的相关国际准则。目前，联合国粮农组织和世界银行已经成为推动全球海外耕地投资的重要组织，并且在全球海外耕地投资领域具有较强的话语权。因此，中国海外耕地投资的国际合作机制中要加强与相关国际组织的联系，并借用其力量推进中国的海外耕地投资战略。政府部门则通过建立相应的磋商机制，定期指派一定级别的代表进行会晤，并签署具备法律效力的备忘录、合作协议，为中国投资企业扫清体制障碍。作为一项跨国投资活动，海外耕地投资的国际合作机制还要求政府重视对国内中介组织的培养，通过为中介组织提供相应的政策支持，如在对外经济合作专项资金中加大对中介组织的支持力度，促使国内中介组织加强与国际相关组织的互动，以更好地为中国企业提供服务。

8.2.3　强化对海外耕地投资企业的政策扶持

企业的海外耕地投资行为，从表面上看来是一种跨国经济活动，其实质已演变为对全球耕地资源的再分配，成为关系全球粮食安全和可持续发展的重大问题。也正是由于该项活动对全球粮食安全格局变化具有巨大的潜在影响力，无论是国际组织还是主权国家，无不对该问题投入极大的关注。联合国粮农组织、国际农业发展基金、世界银行、世界粮食计划署等国际机构不断地出台国际规则以约束全球海外耕地投资活动，并持续推进相关问题的磋商，日本、韩国、德国、沙特等国家纷纷出台国家政策，加强对本国企业海外耕地投资活动的引导和支持。

实际上，在以粮食安全为目标的海外耕地投资活动中，通常有两大投资主体：一是投资企业以显性主体的身份具体操作海外耕地投资项目；二是政府以隐性主体的身份为本国投资企业提供相关支持。在当前市场规则下，政府一般不具有作为投资实施主体的身份和条件，故这一角色必须也只有企业才能充当。另外，在海外耕地投资活动中，企业的主要目标是获取利润，政府的目标则是保障国家粮食安全。相对而言，政府保障粮食安全的目标显然要比企业获取利润的目标重要得多，这就要求政府尽可能将企业的盈利目标统一到国家粮食安全目标上来。对粮食安全问题不乐观的中国来说更是如此，无论是国有企业还是私营企业，政府必须要将二者的海外耕地投资活动统一到维护国家粮食安全这一战略目标上来。国家粮食安全的目标在实际操作中必然会与企业生产经营的盈利目标发生冲突，企业的逐利天性会使其在海外耕地投资实践中有偏离政府的粮食安全目标的天然冲动，这就需要政府采取一定手段对企业的相关决策进行引导。此外，随着全球海外耕地投资市场竞争日趋激烈，全球主要海外耕地投资国政府也加大了对本国企业的扶持力度，这种客观环境的变化也要求中国政府在推行海外耕地投资战略时要强化对本国企业的支持。综合海外耕地投资的性质、中国企业的特点与国家的目标，中国政府应重点从财政政策、税收政策、贸易政策、外汇政策四个方面构建中国的海外耕地投资综合政策支持体系。

公共财政政策作为中国调控宏观经济的重要手段，对微观企业主体的生产经营具有重要的调控作用，中国政府在国内企业走向国际从事海外耕地投资活动时，在财政政策上予以一定的支持是必要的，这也符合当前国际的一般惯例。在中国当前的财政政策支持体系中，海外耕地投资企业可以享受的政策只有财政部和商务部联合下发的对外投资合作专项基金和中小企业国际市场开拓资金。对外投资合作专项基金是根据《对外经济技术合作专项基金管理办法》对从事境外投资的企业以直接补助和贴息贷款的方式予以支持的。其中，直接补助主要对企业的投资合同签订之前的前期费用、资源回运运保费用、人员意外伤害保险等进行补贴；贴息贷款则是对从境内银行取得贷款且经营项目超过一年以上的企业，以贷款贴息的方式对企业予以支持。中小企业国际市场开拓资金则是根据《中小企业国际市场开拓资金管理办法》支持中小企业开拓新兴国际市场，包括境外展览会、企业管理体系认证、各类产品认证、境外专利申请、国际市场宣传推介、境外收购技术和品牌等所需的费用。从以上两项资金的管理上看，在申请企业性质和资格上，海外耕地投资企业均可参与申请。但是，在实际操作中，由于以上财政资助是面向所有对外投资项目，势力相对弱小的海外耕地投资企业并不能获得多少支持，如作为中国海外耕地投资企业代表的北大荒集团至今获得的支持还没超过 20 万元，重庆粮食集团更是从来没有获得过支持。在农业比较效益相对低下的时代背景下，国家财政政策支持力度的不足已经成为影响中国企业在全球市场参与海外耕地投资竞争的主要障碍。

按照中国目前的征税制度，海外耕地投资企业所面临的主要是企业所得税和关税，政府可以利用税收杠杆从以上两个方面鼓励中国企业的海外耕地投资行为和调控企业的粮食运回决策。从作用途径上看，税收政策主要通过两种方式影响企业决策：一是直接激励，主要是税务部门通过降低税率、税收抵免、税收饶让等手段提高企业的预期收益，实现对企业经营行为的把握；二是间接激励，主要是通过延期纳税、加速折旧、盈亏互补、亏损准备金等措施降低企业的投资成本，进而实现对企业经营行为的调控。在保障国家粮食安全的目标下，中国政府可以从以下四个方面强化税收政策对海外耕地投资企业的调控。①与主要海外耕地被投资国政府签订税收协定，以避免对海外耕地投资企业的同一笔收入双重征税。②对海外耕地投资企业予以税收优惠，使其税收负担在国内同行业税收负担以下，甚至可以考虑为其提供一定年限的递延纳税政策。③设定针对海外耕地投资企业的税收抵免制度，采取投资抵免和国外税收抵免的方式减轻其纳税负担，给予此类企业重点的税收优惠政策支持。④强化对海外耕地投资企业的税收管理与服务，帮助企业应对税收不平等待遇和税务纠纷，切实维护海外耕地投资企业的合法权益。

引导海外耕地投资企业为国家粮食安全目标服务同样离不开贸易政策的支持。作为 WTO 的成员国，中国企业以粮食安全为目标的海外耕地投资活动必然会涉及粮食进口问题，中国政府除了可以利用绿箱政策、黄箱政策和蓝箱政策增强企业竞争优势外，还可以考虑利用以下贸易政策加大对中国海外耕地投资企业的扶持力度。①根据中国企业的投资现实梳理出中国海外耕地投资主要目标国，并有意识地将减少海外耕地投资目标国的粮食贸易关税壁垒纳入商务部与投资目标国的贸易谈判中，提前为企业粮食回运扫清障碍。②对企业的粮食贸易权利进行改革，赋予海外耕地投资企业单方向的粮食进口的权利，为企业将海外农场的粮食运回国内提供便利。③调整针对海外耕地投资企业的农资贸易管理政策，为企业向海外农场投入农业机械、化肥、农药等物资生产资料提供政策优惠。④建设粮食贸易信息发布平台，及时向外界发布粮价、贸易品种、数量等信息，为投资企业科学决策粮食利用方式提供信息支持。

海外耕地投资作为一种跨国经济活动，还需要政府在外汇政策上对投资企业予以照顾。目前，中国已成为全球第一大外汇储备国，截至 2013 年年底，拥有外汇储备规模已高达 3.82 万亿美元，比整个德国的国民经济总量还多。在中国资源、能源企业"走出去"的过程中，国家已用外汇储备为此类企业提供了有力的支持，海外耕地投资作为保障国家粮食安全目标的组成部分，国家也应该考虑利用外汇储备对此类企业提供支持。在外汇利用上，可以为海外耕地投资企业设置专门的项目启动基金、亏损准备金、风险准备金、折旧准备金等，为企业抵抗投资风险提供帮助；在外汇管理上，可以适当提高投资企业的外汇兑换限额，甚至可以考虑为有实力的企业提供直接外汇贷款、担保和贴息，助力企业扩大海外耕地投资规模。

8.3 市场化服务体系

8.3.1 强化对海外耕地投资企业融资的商业支持

海外耕地投资作为一种基于资源获取和控制的跨国投资形式，无论是在发达地区还是在发展中地区，对投资企业均具有很高的资金运作能力要求。对投资发达地区的企业来说，其可能会在农场基础设施建设上节省一笔投资，但是发达国家相对较高的土地价格、复杂的商业谈判程、较高的农场工人工资和严格的劳动保护制度等，一方面要求参与竞争的企业具有雄厚的资金实力，另一方面要求企业在项目运营阶段具有较高的资金调配能力。对投资发展中地区的企业来说，由于该地区一般具有农业引资优惠政策，投资企业可能会在土地购买和租赁、农场工人的雇佣等项目运营方面耗费较少的资金，但是落后的农业基础设施状况和规模相对较大的项目面积需要企业在参与项目竞争时就要有充足的资金准备。为在资金上给本国海外耕地投资企业提供支持，沙特、阿联酋等国家纷纷动用主权财富基金；日本企业除了可以获得农林水产省、经济产业省和财务省的专项财政资金外，还可以从日本国际协力银行获取专项贷款；美国、瑞典等发达国家的企业则主要运用成熟的金融市场为企业筹集资金。

目前，同其他海外耕地投资大国相比，中国海外耕地投资企业的资金渠道极为有限，并且劣势十分突出。以日本为例，其海外耕地投资企业可以从隶属政府部门的日本输出入银行、隶属行业协会的海外贸易开发协会和隶属金融机构的国际协力银行获取全方位的资金支持。对大多数海外耕地投资企业来说，资金缺乏是制约其进行海外耕地投资或扩大海外耕地投资规模的重要瓶颈。中国的海外耕地投资企业可以从以下七个方面获得资金支持：①商务部、财政部每年下拨的对外经济技术合作专项基金；②商务部、财政部每年下拨的中小企业国际市场开拓资金；③商务部的对外援助资金；④农业部的农垦农业国际交流与合作专项资金；⑤外交部的区域合作专项资金；⑥国际援助资金，如亚洲开发银行的技术援助资金、日本的国际援助资金等。⑦商业银行贷款，主要是中国的商业银行对企业提供的金融信贷支持。不难看出，中国海外耕地投资企业的资金渠道可分为三个方面：一是政府政策资金；二是外部资金；三是商业银行资金。

在政府政策资金方面，海外耕地投资企业获取资金主要限制有三方面。①政府资金支持政策不明确，资金的面向对象性较差。受国家政策对海外耕地投资这一事件关注不足的影响，在政府的各种资金管理中几乎没有将海外耕地投资列为一个专门项目，如对外经济技术合作专项基金是对企业从事境外投资、对外承包工程和对外劳务合作进行打包支持。②资金支持源分散，降低了企业的申请积极性。商务部、财政部、农业部、外交部等部门均可为海外耕地投资企业提供资金支持，并且需要企业独立申请，"八龙治水"，从而影响了企业的申请积极性。③资金支持规模设置不科学，申请企业难以获得有效的支持。受访的海外耕地投资企业均认为，国家各部门的资金由"撒胡椒面"的嫌疑，普遍规模较小，不能有效解决企业问题。例如，企业最有希望获得的外经济技术合作专项基金，一般企业只能申请每年10万元的支持，对海外耕地投资企业的项目来说，这些资金只是杯水车薪。外交部的区域合作资金规模虽大，但是门槛较高，企业一般难以申请到，如中非合作资金，要求申请企业必须是投资 5000 万美元以上的项目，大多数企业难以达到这个标准。政府政策资金支持的最大问题是，国家并没有明确的针对海外耕地投资企业的资金支持计划，并且资金支持来源分散、规模设置不科学，一方面企业难以有效利用资金，另一方面企业受 WTO 相关规则的限制，在争取政府资金方面也存在疑虑。

海外耕地投资作为一种具有战略目的的商业活动，外部资金显然不能成为企业获取资金的主要考虑。通常情况下，国际合作资金申请程序复杂，并且资金的使用具有极强的针对性，资金的支持领域主要在农业科研领域，海外耕地投资通常不属于此类资金的支持范畴。外部资金的管理上也比较细致，在资金的使用上也有诸多限制，海外耕地投资企业申请此类资金支持也不现实。另外，外部资金多以农业合作的方式展开，其主要使用范围是在中国国内，况且中国海外耕地投资企业在国际上与一些国家（如日本）的企业形成竞争关系，海外耕地投资企业自然难以获取这些国家的资金支持。

从国际经验来看，商业银行等金融机构的资金应当成为中国海外耕地投资企业筹集资金的重要选择。首先，海外耕地投资是一种跨国商业活动，在当前的市场规则下通过商业机构筹集资金是国际通用的做法，符合 WTO 规则的相关要求，可以避免一些国家对企业的"双反"和反不正当竞争调查。其次，金融机构资金实力雄厚，且筹集资金手段较多，可以有效地筹集社会闲散资金对海外耕地投资企业提供支持，如美国、瑞典等发达国家的企业就主要通过养老基金、私募基金和对冲基金来筹集投资资金。最后，商业银行等金融机构在市场"看不见的手"的调节下，可以显著提高企业的资金利用效率，如湖北万宝粮油在莫桑比克投资的 150 万亩粮食生产项目共使用资金 10 亿元，其中企业自有资金 3 亿元，另外 7 亿元则通过国家开发银行湖北分行贷款。目前，从国家开发银行获取资金支持已成为湖北企业筹集资金的首要选择，国家开发银行湖北分行还在非洲设立了办事机构，配备了一批国际化的专属客户经理为企业提供跟踪支持。因此，无论从国际上发达国家海外耕地投资企业筹集资金的经验上来看，还是从中国企业筹集资金的实践上来看，在当前全球的市场规则下，市场化程度较高的金融机构应当成为海外耕地投资企业筹集资金的首要选择，国家应当从政策层面引导商业银行加大对中国海外耕地投资企业的金融支持力度。

8.3.2　加大对海外耕地投资企业风险的保险支持

随着中国"走出去"战略的实施，已经有越来越多的中国农业企业走向世界，投身到利用"两种资源、两个市场"为中国发展服务的潮流中。但是，跨国投资的企业面临的诸多风险也更加突出，并且已经成为抑制企业顺利投资的主要障碍之一。利比亚战争、埃及政局动荡、乌克兰骚乱等政治风险此起彼伏，不但给一些企业造成了重大经济损失，而且严重影响着企业对海外市场的开拓。韩国投资马达加斯加项目的失败发人深省，所以，建立一种针对海外耕地投资企业的风险分担制度显得极为重要。

在以日韩、欧美为代表的发达国家，保险业已经成为一个成熟的行业，无论是保险公司的业务范围还是保险种类均发展的相对完善，并且建立了健全的境外投资保险制度和民间商业保险机构。一般来看，发达国家对外投资的保险承保机构主要有以下三种操作模式：①政府公司模式；②政府机构模式；③政府机构与政府公司的混合模式。政府公司模式以美国政府设立的海外私人投资公司（Overseas Private Investment Corporation）和加拿大出口发展公司（Export Development Canada）为代表，保险机构为独立法人，自负盈亏。政府机构模式以日本的通商产业省出口保险部和英国的出口信用担保局（Export Credits Guarantee Department）为代表。混合模式的代表是德国，由政府部门组成的委员会审查和批准保险，信托与监察公司（Treuatbeit A.G.）和黑姆斯信用保险公司（Herms Keditve rsicherungs A.G.）负责执行具体业务（冯育勤，2013）。在民间商业保险机构方面，美国国际集团（American International Group）、美国教师退休基金会（Teachers Insurance and Annuity Association-College Retirement Equities Fund）、美国丘博保险集团（Chubb）、德国安联集团（（Allianz SE）、荷兰国际集团（Internationale Nederlanden Group）、加拿大鲍尔集团（Power Corporation of Canada）等公司均可为海外投资企业提供商业保险支持。

对海外耕地投资企业来说，其需要寻求的保险支持也分为两种，一是来自政府的境外投资保险，主要是以国家财政作为理赔后盾，这种保险不以盈利为目的，而是投资国政府对本国投资者对外投资的一种保护手段；二是商业保险，主要以保险公司的自有资金为后盾，这种保险是以商业盈利为目的的。目前，可为中国海外耕地投资企业提供境外投资保险的机构只有中国出口信用保险公司一家，其承保内容主要有汇兑限制、征收、战争、政治暴乱、政府违约等。中国可为海外耕地投资企业提供商业保险的机构也只有中国人民保险集团股份有限公司一家，其承保内容主要是商业风险和人身风险，该公司从2013年才开始试点短期的出口信用保险业务。

从理论上讲，境外投资保险是中国海外耕地投资企业急需的保险支持，可是笔者调查的许多受访企业却对中国出口信用保险公司提供的保险服务望而却步。究其原因，主要有以下几点。一是中国出口信用保险公司的境外投资保险费用偏高。无论与世界银行集团的多边投资担保机构，还是与亚洲开发银行相比，中国出口信用保险公司的境外投资保险费率均比较高，甚至高过银行贷款的优惠条件，导致申请企业的机会成本较高。二是对承保项目的资金规模要求较高,导致成长中的海外耕地投资企业很难申请成功。而美国的海外私人投资公司最小的资金规模可以降低到 10 万美元。三是承保的风险种类面向对象性较差,受技术水平的限制。中国出口信用保险公司无论在保险的险种设计还是在理赔服务上均与国际知名保险公司存在差距,并且风险种类的划分不够明确,如对政府的蚕食性征收就关注不足,与企业的诉求还存在一定差距。四是管理水平有待提高。由于只有中国出口信用保险公司一家为中国企业提供境外投资保险服务,其对企业申请的审核标准也比较严格,导致很多希望规避风险的海外耕地投资企业被拒之门外。

在商业保险方面,海外耕地投资企业更是处于无险可保的尴尬地位。目前,中国只有中国人民保险集团股份有限公司一家在试点做境外投资商业保险。实际上,受该公司国际化水平不足的影响,中国的海外耕地投资企业很难从中国人民保险集团股份有限公司获得商业保险支持。湖北最大的海外耕地投资企业湖北联丰海外农业开发有限公司就坦言,他们在获取设备、基础设施等项目风险的承包上异常困难,保险公司往往以没有此类险种为理由予以拒绝,即使曾经为公司员工购买过的人身意外伤害保险,也因为保险公司对国外投资环境的不了解而不准备续签。

综述所述不难发现,由于海外耕地投资企业投资的耕地具有敏感性、不可移动性、长期性等特点,投资企业非常需要保险公司协助企业分担风险。但是,受中国保险业整体发展水平的限制,无论是在来自政府部门的境外投资保险方面,还是在来自企业的商业保险方面,中国的海外耕地投资企业都难以获得有效支持。因此,加大对海外耕地投资企业的保险支持,协助企业化解投资风险,无论对中国实施海外耕地投资战略,还是对中国企业顺利进行海外耕地投资都极为关键。

8.3.3 培育建设海外耕地投资中介组织

根据日本、韩国等海外耕地投资大国的经验,面向本国海外耕地投资企业构建完善的咨询服务体系对企业成功进行投资发挥了重要的作用。中国也应效仿其成功经验,培育建设海外耕地投资中介组织,助力中国企业海外耕地投资成效的提升。

1. 搭建服务平台

成立以政府为主导的海外耕地投资企业服务平台,为中国企业提供投资情报服务。要尽快整合商务、农业、外交、发展和改革委员会、海关等部门有关海外耕地投资的业务联系,加强对海外耕地投资情报的综合处理。可以考虑在农业部的领导下建立海外耕地投资信息服务平台,有针对性地定期发布海外耕地投资信息,并向企业提供投资政策、风险防范、项目状况等情报服务。

2. 拓宽投资信息来源

目前，中国海外耕地投资的信息来源主要有外交部驻外使馆的经济商务参赞处、当地商会等。通常情况下，驻外使馆经参处的情报较为权威，商会由于是一个利益集合体，其提供的情报质量偏低。因此，应该在驻外使馆经参处的主导下，加强企业与粮食安全委员会、国际商会等机构的联络，拓宽中国海外耕地投资企业的信息来源，为企业提供权威、准确、及时的投资信息。

3. 培育海外耕地投资中介组织

海外耕地投资中介组织可以很好地克服企业在投资过程中的信息不对称性。虽然在苏丹、塞内加尔、塞拉利昂等被投资国已有当地的中介公司为海外耕地投资企业提供咨询服务，但是对中国投资企业来说，在中介服务上还是本国公司较为牢靠。海外耕地投资对中国企业来说尚属于新生事物，这就要求培育本国的海外耕地投资中介组织，协助企业做好投资的法律事务、投资可行性研究、投资风险评估、投资合同翻译、企业社会责任认识等方面的服务。

9 结　论

　　粮食安全问题属于关乎国家自立、社会稳定的重大战略问题，特别是对中国这样的人口大国来说尤其如此，所以，必须对粮食安全的措施保障未雨绸缪。最近几年，全球生物能源产业的发展对国际粮食市场产生了重要影响，也使得全球耕地资源与人口分布不均衡的矛盾比以往更为突出。在经济全球化浪潮的推进下，部分国家已经意识到耕地资源的战略属性，并将其视为与石油、矿产等资源同等重要的战略资源，鼓励本国企业在全球进行海外耕地投资布局。海外耕地投资作为当前国际政治、经济大背景下的新问题，作为世界上最大的发展中国家和土地资源相对较为紧缺的国家，中国显然不能置身事外。本书从保障中国粮食安全，特别是保障中国粮食供给安全出发，对中国参与海外耕地投资的问题进行了研究，主要得到以下三点结论。

1. 中国应将海外耕地投资作为保障粮食供给的补充手段

　　从粮食供应上保障国家粮食安全一直是各国政府消除粮食不安全威胁的首要抓手。美国学者 Brown 早在 1995 年就对中国未来保障国家粮食供应的能力提出了质疑，他认为到 2030 年中国的粮食产量将会因耕地面积减少而减产 20%，届时中国将会每年从国际市场进口粮食 2.0 亿～3.69 亿吨，相当于当年全球粮食贸易的总量。而且中国巨大的粮食缺口及其由于经济发展而形成的强大购买能力将会买断全球粮食出口，从而致使其他贫穷国家难以通过国际粮食市场买到足够的粮食。因此，中国最终将会动摇全球的粮食安全状态，世界将难以养活中国。

　　改革开放以来，中国在粮食生产上取得了举世瞩目的成就。粮食总产量由 1979 年的 3.3 亿吨增加到 2013 年的 6.0 亿吨，35 年间净增长了 2.7 亿吨。然而，随着国内耕地数量的减少、质量的下降，以及粮食需求规模的扩大，中国的粮食生产能力再次受到人们的关注。本书借鉴萨伊的生产要素理论，将影响中国粮食生产的物质投入要素划分为土地、资本、劳动力三种，并利用灰色关联模型分别从家庭联产承包责任制（1979～1989 年）、制度平稳（1990～2001 年）和加入WTO 后（2002～2011 年）三个阶段对物质投入要素对中国粮食生产的影响进行了测度。研究结果显示，耕地要素对中国粮食生产的重要作用随着时间的推移而逐渐显现，无论是从数量方面还是从质量方面测度，土地要素对中国粮食生产的影响力都在逐渐增强。所以，本书认为，从物质投入的角度来看，中国改革开放以来的粮食生产对土地要素的依赖非常大。换而言之，耕地是约束中国粮食生产最为重要的物质要素投入，面对中国日趋严峻的粮食安全形势，保障粮食供应量最有效的手段就是破解耕地资源对中国粮食生产的约束，尽可能地提高耕地质量和补充耕地数量。

在中国当前内部水土资源约束和粮食需求状态下，完全利用国内农业资源保障粮食供给显得既不现实也不经济，从国际粮食市场保障粮食供给成为中国补充粮食供给的重要选项，这一发展路径似乎也在印证着 Brown 的论断。本书在"Brown 论断"对中国粮食贸易的理论假设下，利用格兰杰因果检验模型重点对中国保障大米、小麦、玉米、大豆供给的贸易手段进行了测度，结果显示中国作为主粮的大米、小麦和玉米对国际粮食市场均有较强的需求价格弹性，并且大米、玉米和大豆的国内价格对国际价格具有较高的敏感性。伴随着中国大米、小麦、玉米和大豆净进口规模的扩大，中国利用国际粮食市场保障国内粮食供应所面临的价格风险也越来越大，中国粮食安全在利用国际市场保障国内粮食供应方面所面临的"Brown 论断"困境正在凸显。

基于以上分析和当前部分粮食紧缺国利用海外耕地投资手段保障国家粮食供给的现实，本书运用 SWOT 分析法对中国采用海外耕地投资手段保障国家粮食供给的可行性进行了分析。结果显示，在当前的国内外环境中，中国已经具备了主动利用国外农业资源调剂国内粮食余缺的能力。在国际耕地资源充裕、海外耕地投资快速发展的背景下，以及保障国民口粮安全这一重要前提下，有战略地将国内口粮以外的粮食需求外部化，并将海外耕地投资纳入中国农业"走出去"战略和粮食安全战略的顶层设计中，将有利于释放国内耕地资源的承载压力，维持国内农业资源利用的可持续性。在当前时代背景下，采用海外耕地投资的方式保障国家的粮食供给，不仅是中国建立持续、稳定、安全的全球粮食获取网络的需要，也是参与全球政治力量格局大调整和建立新型全球治理结构的需要。

2. 国际上存在一批值得进行海外耕地投资的目标国

联合国粮农组织一直强调在全球粮食需求量持续走高的趋势下，开垦后备耕地资源和提高不发达地区的耕地利用水平是未来保障全球粮食安全的重要措施。联合国粮组织 2013 年发布的报告显示，全球 90% 的后备耕地资源位于拉丁美洲和撒哈拉以南非洲地区，在以上后备耕地资源中，大约有 50% 集中分布在巴西、民主刚果、安哥拉、苏丹、阿根廷、哥伦比、玻利维亚 7 个国家。世界银行农业专家对全球可开垦耕地的研究也显示，在全球 15 亿公顷没有开垦的土地中，大约有 4.45 亿公顷适合开垦耕种。其中，2 亿公顷在撒哈拉以南非洲地区；1.23 亿公顷在拉丁美洲地区，0.52 亿公顷在东欧地区。本书基于以上分析，利用基于中心点的三角白化权函数和特尔斐法构建评价模型，从资源条件、生产基础、宏观环境、投资状况四个方面构建评价体系，对撒哈拉以南非洲、拉丁美洲、前苏联地区和耕地充裕发达国家的海外耕地投资潜力进行了评价。

撒哈拉以南非洲地区资源条件的特点是耕地数量充裕、质量较差，其中苏丹、尼日利亚和科特迪瓦的综合资源条件最为突出。撒哈拉以南非洲地区生产基础水平较低的主要障碍是物质投入水平较低，其中南非、毛里求斯、马拉维、乌干达、津巴布韦的综合生产基础最为突出。撒哈拉以南非洲地区宏观环境没有优势的原因在于大多数国家社会环境较差，只有毛里求斯一国的综合宏观环境最优。撒哈拉以南非洲地区较好的投资状况则得益于当地的耕地资源优势、农业开发潜力和优惠政策引导，埃塞俄比亚、莫桑比克、塞拉利昂、坦桑尼亚、利比里亚和马里的综合投资状况最为突出。从整体海外耕地投资潜力看，埃塞俄比亚、加纳、苏丹、坦桑尼亚、莫桑比克、乌干达、尼日利亚7个国家是该地区最具投资潜力的国家。从值得投资的耕地数量看，在撒哈拉以南非洲地区发生海外耕地投资的31个国家中，投资潜力处于"强"灰类的7个国家共拥有耕地面积1.2亿公顷，占以上国家耕地总量的44%。

拉丁美洲地区资源条件的优势同样在耕地数量方面、劣势仍存在于耕地质量方面，其中巴西、阿根廷、墨西哥和巴拉圭的综合资源条件最为突出。拉丁美洲地区各国其生产基础条件较好，智利、哥伦比亚、巴西、委内瑞拉、牙买加、阿根廷、墨西哥、秘鲁的生产基础条件都非常突出。拉丁美洲地区宏观环境的优势在于社会环境较好，劣势在于政府控制力较差，只有智利和秘鲁的整体宏观环境最为突出。拉丁美洲地区投资状况的特点是各国对投资的管理比较规范，其中巴西、阿根廷、哥伦比亚的综合投资状况最为突出。从整体的海外耕地投资潜力看，拉丁美洲地区的巴西、阿根廷、乌拉圭和哥伦比亚4个国家最具投资潜力。从值得投资的耕地数量看，在被评价的拉丁美洲国家中，投资潜力处于"强"灰类的4个国家共有耕地面积1.24亿公顷，占被评价国家耕地总量的72%。

前苏联地区资源条件的耕地数量优势明显，但是质量则受水资源的约束较为严重，其中俄罗斯、哈萨克斯坦和乌克兰3个国家的综合资源条件最为突出。前苏联地区生产基础最为突出的国家是爱沙尼亚、立陶宛、拉脱维亚、乌兹别克斯坦和白俄罗斯。前苏联地区宏观环境的优势在于社会环境和商业环境，劣势在于治理环境，其中爱沙尼亚、拉脱维亚、格鲁吉亚、立陶宛、哈萨克斯坦、塔吉克斯坦、土库曼斯坦、亚美尼亚、乌兹别克斯坦和阿塞拜疆的整体宏观环境最为突出。前苏联地区投资状况的优势在于政府的投资管理水平较高，其中俄罗斯和乌克兰的综合投资状况最为突出。从整体的海外耕地投资潜力看，前苏联地区的俄罗斯、乌克兰和哈萨克斯坦3个国家最具投资潜力。从整体的海外耕地投资潜力看，在前苏联地区诸国中，海外耕地投资潜力处于"强"灰类的3个国家共有耕地面积 1.8 亿公顷，占该地区耕地总量的 88%。

对 12 个耕地充裕发达国家的分析显示，澳大利亚、美国、加拿大、西班牙和法国在资源条件方面具有明显优势，所有国家的生产基础条件和宏观环境状况都很好，但其缺陷在于投资状况优势不明显。主要原因在于，从当前的海外耕地投资现实来看，发展中国家是当前海外耕地投资的重要目标国，可能受农业生产水平的限制，发达国家并不是当前海外耕地投资发展的主要区域。从整体的海外耕地投资潜力看，澳大利亚、加拿大、美国、西班牙、丹麦、法国、芬兰、匈牙利和波兰 9 个国家最具投资潜力。从土地数量视角看，在 12 个耕地充裕发达国家中，海外耕地投资潜力处于"强"灰类的 9 个国家共有耕地 3.16 亿公顷，共占以上国家耕地总量的 98%。对海外耕地投资企业来说，在海外耕地投资目标区域的选择上，应首先选择耕地充裕地区，而对投资目标国的选择则应根据各个潜在目标国在不同方面的比较优势和实际状况，并结合企业自身的不同特质，规避不利因素，提高投资效率。

本书对中国海外耕地投资的实证研究也显示，海外耕地投资潜力处于"强"灰类的国家已经成为中国企业进行海外耕地投资的重要目标国。从项目数量角度看，在中国投资被评价国家的 47 个海外耕地投资项目中，有 23 个项目位于海外耕地投资潜力"强"灰类的国家；有 3 个项目位于海外耕地投资潜力"一般"灰类的国家；有 8 个项目位于海外耕地投资潜力"一般"灰类的国家；有 3 个项目位于海外耕地投资潜力"较弱"灰类的国家；有 8 个项目位于海外耕地投资潜力"弱"灰类的国家。从项目面积角度看，中国 47 个海外耕地投资项目共投资了 256.3 万公顷，其中处于海外耕地投资"强"灰类国家的面积为 184.2 万公顷；处于海外耕地投资潜力"较强"灰类国家的面积为 17 万公顷；处于海外耕地投资潜力"一般"灰类国家的面积为 7.6 万公顷；处于海外耕地投资潜力"较弱"灰类国家的面积为 12.1 万公顷；处于海外耕地投资潜力"弱"灰类国家的面积为 22.2 万公顷。

3. 中国投资企业应有策略地选择不同模式进行海外耕地投资

本书利用文献资料法和案例分析法对当前海外耕地投资模式及其特点进行了归纳总结，并提出了中国企业的海外耕地投资模式选择策略。本书认为，当前海外耕地投资模式大致可分为部门合作型海外耕地投资模型和土地权利控制型海外耕地投资模式两种。

基于部门合作的海外耕地投资模式可分为"公对公""公对私""私对私"三种。"公对公"模式是指海外耕地投资的合作双方均来自投资国和被投资国的公共部门，这种模式通常在政府间的农业合作框架下进行，包括国家层面的双边合作和地方政府层面的双边合作两种。"公对私"模式是指海外耕地投资的合作双方一方来自公共部门，一方来自私人部门，根据合作双方扮演角色的不同"公对私"模式又可分为投资主导型"公对私"模式和引资主导型"公对私"模式两种。投资主导型"公对私"模式的主要特征是投资方是来自公共部门，被投资方来自私人部门，这种模式多为粮食紧缺国政府所采用；引资主导型"公对私"模式的主要特征是投资方是来自私人部门的企业，被投资方则由项目所在地政府或其附属机构组成，这种模式多为非洲一些希望通过耕地吸引农业发展资金的国家所采用。"私对私"模式则是指投资方和被投资方均来自私人部门，主要包括私营企业与私营企业之间的合作、私营企业与土地所有者之间的合作，以及农户与农户之间的合作三种形式。

基于土地权利控制的海外耕地投资模式则体现了投资者对"土地"这一要素的高度重视，根据投资者拥有土地权利的程度可划分为土地权利完全拥有模式、土地权利部分拥有模式和土地权利控制模式三种海外耕地投资模式。土地权利完全拥有模式是指投资者完全拥有其投资农场的土地权利，即投资者在符合当地法律规定、土地用途管制等基本条件的情况下，可以完全购买其投资耕地的所有产权，并可以自行安排农场的生产经营活动，其核心是投资者完全拥有耕地产权，并享有占有、使用、收益和处分的权利，其实施的前提条件是被投资国法律允许本国以外的投资者拥有本国土地，并赋予投资者参与土地市场进行交易的权利。土地权利部分拥有模式，即投资者并不完全拥有其投资耕地的所有产权，而是与其他利益相关者一起共享土地产权，大多数海外耕地投资企业采用此种模式，目前主要有混合支持、合作开发和租买雇佣三种表现形式。土地权利控制模式，即投资企业在海外耕地投资过程中不直接介入其投资项目的土地产权归属问题中，而是采取一些手段强化企业对其项目土地所有者或使用者的影响和控制，从而保证企业投资目标的实现，此种投资模式多应用于投资风险较高的地区，目前主要有订单农业、合约农场和合作经营三种表现形式。

基于对各种投资模式的分析和比较，本书认为，在投资发展中地区时，中国的国有企业应重点选择"公对公"模式、投资主导型"公对私"模式、土地权利完全拥有模式和土地权利部分拥有模式；中国的私营企业应重点选择引资主导型"公对私"模式、"私对私"模式、土地权利部分拥有模式和土地权利控制模式。在投资发达国家时，无论国有企业还是私营企业均应着重考虑"私对私"模式、土地权利完全拥有模式和土地权利部分拥有模式。

参 考 文 献

白远. 2012. 中国企业对外直接投资风险[M]. 北京：中国金融出版社.

贝瑟尔·莱斯利. 1984. 剑桥拉丁美洲史[M]. 中国社会科学院拉丁美洲研究所译. 英国：剑桥大学出版社.

毕于运. 1995. 中国耕地[M]. 北京：中国农业出版社.

蔡运龙. 2000. 中国经济高速发展中的耕地问题[J]. 资源科学，22（3）：24-28.

陈百明，周小萍. 2004. 中国近期耕地资源与粮食综合生产能力的变化态势[J]. 资源科学，（5）：38-44.

陈百明. 2002. 未来中国的农业资源综合生产能力与食物保障[J]. 地理研究，21（3）：294-304.

陈春苗，牛海鹏. 2012. 耕地细碎化对粮食产量的影响——以河南省焦作市为例[J]. 资源开发与市场，（1）：28-30.

陈飞，范庆泉. 2010. 农业政策、粮食产量与粮食生产调整能力[J]. 经济研究，（11）：1-40.

陈雷. 2009. 中国水利[M]. 北京：中国水利水电出版社.

陈丽芳. 2013. 基于历史视角的海外耕地投资研究[D]. 武汉：华中科技大学硕士学位论文.

陈利顶. 1995. 中国耕地资源与粮食供需未来变化趋势预测研究[J]. 自然资源，（4）：1-7.

陈利根，毛戴军，张潇琳. 2006. 城镇建设占用耕地与粮食安全[J]. 资源·产业，（2）：8-10.

陈前恒，张黎华，王金晶. 2009. 农业"走出去"：现状、问题与对策[J]. 国际经济合作，（02）：9-12.

陈锡康，潘晓明. 1999. 中国粮食：21世纪的挑战与生产潜力[J]. 系统工程理论实践，19（12）：132-137.

陈佑启. 2000. 我国耕地利用变化及其对粮食生产的影响[J]. 农业工程学报，（6）：29-32.

成丽，方天堃，潘春玲. 2008. 中国粮食贸易中虚拟耕地贸易的估算[J]. 中国农村经济，（6）：25-31.

成丽，吴迪，王洪玉. 2011. 粮食贸易对耕地资源可持续利用影响分析[J]. 农业经济，（1）：41-43.

程国强. 1995. 世界贸易组织与中国粮食安全[J]. 世界经济，（12）：62-67.

程国强. 2013. 全球农业战略：基于全球视野的中国粮食安全框架[M]. 北京：中国发展出版社.

程亨华，肖春阳. 2002. 中国粮食安全及其主要指标研究[J]. 财贸经济，（12）：70-73.

邓祥征，黄季焜，Scott R. 2005. 中国耕地变化及其对生物生产力的影响——兼谈中国的粮食安全[J]. 中国软科学，（5）：65-70.

丁声俊. 2009. 干旱灾害与粮食安全[J]. 中国食物与营养，（4）：4-6.

丁守海. 2009. 国际粮价波动对我国粮价的影响分析[J]. 经济科学，（2）：60-71.

樊闽，程峰. 2006. 中国粮食生产能力发展状况分析[J]. 中国土地科学，（4）：46-51.

樊胜根，莫塞蒂塔·索姆比拉，刘庆华. 1997. 中国未来粮食供求预测的差别[J]. 中国农村观察，（3）：17-35.

范辉，冯德显，余国忠. 2009. 河南城市土地集约利用水平差异时空特征研究[J]. 地域研究与开发，（5）：113-118.

范建刚.2007."大国效应"的有限性与我国粮食外贸的政策选择[J].经济问题,(08):29-31.

范明,潘明华.2008.跨国企业文化整合模式研究[J].扬州大学学报(人文社会科学版),
　　(01):38-41.

封志明,李香莲.2000.耕地与粮食安全战略:藏粮于土,提高中国土地资源的综合生产能力[J].
　　地理学与国土研究,(3):1-5.

封志明.2007.中国未来人口发展的粮食安全与耕地保障[J].人口研究,(2):15-29.

冯连勇.2002.开发利用海外石油资源的对策和建议[J].石油大学学报(社会科学版),(6):1-3.

冯育勤.2013-6-17.如何降低中国企业的海外投资风险[N].Financial Times 中文网.

傅龙波,钟甫宁,徐志刚.2001.中国粮食进口的依赖性及其对粮食安全的影响[J].管理世界,
　　(3):135-140.

傅泽强,蔡运龙,杨友孝.2001.中国粮食安全与耕地资源变化的相关分析[J].自然资源学报,,
　　(4):313-319.

高建军.2004.粮食储备与粮食安全[J].农产品市场周刊,(13):17-19.

葛向东,彭补拙,濮励杰.2002.耕地总量动态平衡的监测和预警研究[J].自然资源学报,(1):35-41.

郭燕枝,郭静利,王秀东.2007.我国粮食综合生产能力影响因素分析[J].农业经济问题,(s1):22-25.

郭志涛.2008.完善地方粮食储备体系的思考[J].粮食科技与经济,(5):12-13.

韩俊.2011.全球已进入粮食市场动荡多变和高粮价时代[J].价格与市场,(10):10.

韩俊.2013.14亿人的粮食安全战略[M].海口:海南出版社.

何昌垂.2013.粮食安全:世纪应对与挑战[M].北京:社会科学文献出版社.

何蒲明,刘建军.2009.粮食安全与农产品期货市场的关系研究[J].长江大学学报(自然科学版)
　　农学卷,(4):83-85.

何蒲明,王雅鹏.2008.我国粮食综合生产能力的实证研究[J].生态经济,(5):28-30.

何艳芬,张柏,马超群.2004.吉林省耕地动态变化及其对粮食生产的影响[J].资源科学,(4):119-125.

何毅峰,谢永生,王继军.2008.吴起县耕地变化与粮食安全问题研究[J].中国农学通报,(10):583-588.

洪波,陈浩.2007.耕地非农化对粮食生产影响研究——基于耕地质量变化角度的分析[J].江西
　　农业学报,(4):127-129,146.

胡靖.2000.中国粮食安全:公共品属性与长期调控重点[J].中国农村观察,(4):24-30,80.

胡小平,星焱.2012.新形势下中国粮食安全的战略选择——"中国粮食安全形势与对策研讨"
　　综述[J].中国农村经济,(1):92-96.

胡小平.2001.宏观政策市影响中国粮食生产的决定性因素[J].中国农村经济,(11):54-57.

黄德林,李向阳,蔡松锋.2010.基于中国农业CGE模型的耕地政策对粮食安全影响研究[J].中
　　国农学通报,(23):413-419.

黄广宇,蔡运龙.2002.福建省耕地资源态势与粮食安全对策[J].资源科学,(1):45-50.

黄季焜.2004.中国的食物安全问题[J].中国农村经,(10):4-10.

黄佩民,俞家宝.1997.2000~2030年中国粮食供需平衡及其对策研究[J].管理世界,(2):153-185.

黄善林,卢新海.2010.当前国际上海外耕地投资状况及其评析[J].中国土地科学,(7):71-76.

蒋庭松,梁希震,王晓霞.2004.加入WTO与中国粮食安全[J].管理世界,(3):82-94.

冷崇总.2008.我国粮食价格波动问题研究[J].新疆农垦经济,(5):4-11.

李安山. 2010. 中国的援非故事：一位美国学者的叙述[J]. 外交评论（外交学院学报），(05)：12-19.

李炳坤. 2002. 加入世贸组织与农业发展对策[J]. 中国农村经济，(01)：14-20.

李凤鸣. 2003. 企业风险管理[J]. 审计与经济研究，(01)：12-15.

李功奎，钟甫宁. 2006. 农地细碎化、劳动力利用与农民收入——基于江苏省经济欠发达地区的实证研究[J]. 中国农村经济，(4)：42-48.

李晶晶. 2005. 直面粮食进口安全[J]. 中国外资，(8)：20-22.

李录堂，薛继亮. 2008. 人口增长、耕地变化与粮食安全分析及预测[J]. 南京师大学报（社会科学版），(5)：39-42.

李睿璞，卢新海. 2010. 中国发展海外耕地投资的机遇与风险[J]. 华中科技大学学报（社会科学版），(6)：74-78.

李树清. 1995. 通过国际经济合作改善我国一次性能源结构[J]. 国际经济合作，(11)：33-36.

李树清. 1996. 外贸企业创办综合商社引发的思考[J]. 石油化工技术经济，(2)：20-23.

李托明. 2010. 我国利用海外铁矿石资源发展状况分析[J]. 钢铁论坛，(8)：23-25.

李晓俐. 2011. 虚拟耕地进口是目前及未来确保中国粮食安全之策[J]. 农业展望，(10)：28-30.

李晓钟，张小蒂. 2004. 粮食进口贸易中"大国效应"的实证分析[J]. 中国农村经济，10：26-32.

李秀彬. 1999. 中国近 20 年来耕地面积的变化及其政策启示[J]. 自然资源学报，(4)：329-333.

李友田，李润田，翟玉胜. 2013. 中国能源型企业海外投资的非经济风险问题研究[J]. 管理世界，(5)：1-11.

李众敏. 2012. 中国海外经济利益保护战略刍论[J]. 世界经济与政治，(8)：92-106.

联合国粮农组织. 2012. 世界粮食不安全状况[R]. 罗马：联合国粮农组织.

梁鹰. 1996. 中国人能养活自己吗[M]. 北京：经济科学出版社.

梁媛. 2010. 国有资产境外投资风险生成机理与治理机制研究[D]. 长沙：湖南大学博士学位论文.

廖洪乐. 2005. 中国南方稻作区农户水稻生产函数估计[J]. 中国农村经济，(6)：12-18.

廖霞林. 2011. 中日海外矿产资源开发利用扶持制度比较研究[J]. 理论月刊，2011，(5)：144-147.

刘昌明，陈志恺. 2001. 中国水资源现状评价和供需发展趋势分析（中国可持续发展水资源战略研究报告集 第 2 卷）[M]. 北京：中国水利水电出版社.

刘纪远，张增祥，庄大方. 2003. 20 世纪 90 年代中国土地利用变化时空特征及其成因分析[J]. 地理研究，(1)：1-12.

刘金花，郑新奇. 2004. 山东耕地动态变化与粮食总产量相关分析[J]. 地域研究与开发，(6)：102-105.

刘思峰，党耀国，方志耕. 2010. 灰色系统理论及其应用[M]. 北京：科学出版社.

刘颂尧. 1984. 略论新殖民主义[J]. 经济研究，(04)：65-71.

刘涛，曲福田，等. 2008. 土地细碎化、土地流转对农户土地利用效率的影响[J]. 资源科学，(10)：1511-1516.

刘晓梅. 2004. 关于我国粮食安全评价指标体系的探讨[J]. 财贸经济，(9)：56-61.

刘彦随，王介勇，郭丽英. 2009. 中国粮食生产与耕地变化的时空动态[J]. 中国农业科学，(12)：4269-4274.

刘彦随，吴传钧. 2002. 中国水土资源态势与可持续食物安全[J]. 自然资源学报，17(3)：270-275.

龙方. 2007. 新世纪中国粮食安全问题研究[J]. 湖南农业大学学报（社会科学版），（3）：7-14.

卢锋，谢亚. 2008. 我国粮食供求与价格走势（1980～2007）——粮价波动、宏观稳定及粮食安全问题探讨[J]. 管理世界，（3）：70-80，187.

卢新海，黄善林. 2013. 基于粮食安全的海外耕地投资及其对中国的启示[J]. 战略与风险管理，（7）：83-93.

卢新海，李书宁. 2012. 海外耕地投资模式探析[J]. 西北农林科技大学学报（社会科学版），（6）：81-85.

卢新海. 2004. 开发区土地资源的利用与管理[J]. 中国土地科学，（2）：40-44.

鲁靖，许成安. 2004. 构建中国的粮食安全保障体系[J]. 农业经济问题，（8）：29-32，79.

鲁奇. 1999. 中国耕地资源开发、保护与粮食安全保障问题[J]. 资源科学，（6）：5-8.

陆文彬，吴群，郭贯成. 2007. 我国耕地变化及其成因的研究——从耕地保护的体制与政策角度分析[J]. 国土资源科技管理，（2）：7-11.

罗泽尔·斯科特，斯通·布鲁斯，李建光. 1990. 粮食产量波动与中国农业政策和技术进步[J]. 农村经济与社会，（3）：13-20.

马博虎，张宝文. 2010. 中国粮食对外贸易中虚拟耕地贸易量的估算与贡献分析——基于1978-2008年中国粮食对外贸易数据的实证分析[J]. 西北农林科技大学学报（自然科学版），（6）：115-119，126.

马九杰，张传宗. 2002. 中国粮食储备规模拟优化与政策分析[J]. 管理世界，（9）：95-113.

马九杰，张象枢，顾海兵. 2001. 粮食安全衡量及预警指标体系研究[J]. 管理世界，（1）：154-162.

马文杰，冯中朝. 2008. 中国粮食生产影响因素分析[J]. 陕西农业科学，（1）：163-166.

马永欢，牛文元. 2009. 基于粮食安全的中国粮食需求预测与耕地资源配置研究[J]. 中国软科学，（3）：11-16.

茅于轼. 2008. 耕地保护与粮食安全[R]. 北京：天则经济研究所.

苗齐，钟甫宁. 2001. 经济全球化与我国新的粮食安全策略. 吉林农业大学学报，（2）：117-121.

苗齐，钟甫宁. 2006. 我国粮食储备规模的变动及其对供应和价格的影响[J]. 农业经济问题，（11）：9-14.

奈特. 2010. 风险、不确定性与利润[M]. 北京：商务印书馆.

聂明华. 2002. 经济全球化中的我国境外直接投资[J]. 财经论丛，（4）：8-13.

潘苏，熊启泉. 2011. 国际粮价对国内粮价传递效应研究——以大米、小麦和玉米为例[J]. 国际贸易问题，（10）：3-13.

彭克强，易新福，邱雁. 2013. 改革以来中国农业投入产出关系的协整分析[J]. 农业技术经济，（04）：59-68.

曲福田，冯淑怡. 1998. 中国农地保护及其制度研究[J]. 南京农业大学学报，21（3）：110-115.

曲福田，朱新华. 2008. 不同粮食分区耕地占用动态与区域差异分析[J]. 中国土地科学，（3）：34-40.

屈雪冰，赵华甫. 2011. 中国近期耕地资源的变化及其对粮食产能的影响[J]. 安徽农学通报（上半月刊），（11）：4-7.

申瑞花. 2007. 日本利用海外资源发展核电对我国的启示[J]. 核动态，（3）：34-35.

沈茂盛. 2010. 我国粮食进口、自给率及粮食安全问题的思考[J]. 粮油加工,（1）: 42-47.

石军红. 2009. "海外屯田"与我国粮食安全问题述论[J]. 湖北社会科学,（7）: 81-83.

石少龙. 2004. 2003 年粮食安全研究综述[J]. 农业经济问题,（9）: 4-10, 79.

石淑芹, 陈佑启, 姚艳敏. 2007. 耕地变化对粮食生产能力的影响评价——以吉林中西部地区为例[J]. 资源科学,（5）: 143-149.

史培军, 王静爱, 谢云. 1997. 最近 15 年来中国气候变化、农业自然灾害与粮食生产的初步研究[J]. 自然资源学报,（7）: 197-203.

水利部南京水文水资源研究所, 中国水利水电科学研究院水资源研究所. 1999. 21 世纪中国水供求[M]. 北京: 中国水利水电出版社.

税尚楠. 2012. 全球化视角下我国粮食安全的新思维及战略[J]. 农业经济问题,（6）: 21-25, 110.

宋海燕, 叶优良, 曲日涛. 2005. 山东省粮食生产与化肥施用状况研究[J]. 中国农学通报, 21（9）: 380-384.

孙东升, 吕春生. 2001. 加入 WTO 对我国粮食安全的影响与对策[J]. 农业经济问题,（4）: 13-16.

孙娅范, 余海鹏. 1999. 价格对中国粮食生产的因果关系及影响程度分析[J]. 农业技术经济,（2）: 37-39.

孙勇胜, 孙敬鑫. 2010. "新殖民主义论"与中国外交应对[J]. 青海社会科学,（05）: 45-50.

谭术魁, 彭补拙. 2002. 我国粮食供给安全与耕地资源变化[J]. 世界地理研究,（4）: 12-17.

唐健, 陈志刚, 赵小凡. 2009. 论中国的耕地保护与粮食安全——与茅于轼先生商榷[J]. 中国土地科学,（3）: 4-10.

唐正平. 2002. 前景广阔的中非农业合作[J]. 西亚非洲,（6）: 13-17.

童华磊, 钟兴文. 2000. 农业项目投资风险管理[J]. 中国科技论坛,（5）: 43-45.

万广华, 陆铭, 陈钊. 2005. 全球化与地区间收入差距: 来自中国的证据[J]. 中国社会科学,（3）: 17-26, 205.

王蕾, 卢新海. 2013. 当前国际上海外耕地投资区位选择现状及评析[J]. 中国外资,（02）: 1-3, 7.

王雅鹏. 2000a. 加入 WTO 对中国粮食安全的影响分析[J]. 粮食问题研究,（3）: 4-7.

王雅鹏. 2000b. 加入 WTO 与中国粮食安全问题[J]. 调研世界,（6）: 14-17.

威尔逊·里奇. 2002. 剑桥欧洲经济史: 第 5 卷[M]. 王春法, 等泽. 北京: 经济科学出版社.

文云朝. 2000. 非洲农业资源开发利用[M]. 北京: 中国财政经济出版社.

吴锋, 毛德华, 王红. 2009. 粮食安全背景下的虚拟耕地研究[J]. 国土资源科技管理,（2）: 51-55.

吴群, 郭贯成, 万丽平. 2006. 经济增长与耕地资源数量变化: 国际比较及其启示[J]. 资源科学,（7）: 45-51.

吴洋, 聂勇, 杜辉. 2008. 家庭生命周期、土地细碎化与农户农业生产性投入——来自湖北省老河口市的数据[J]. 云南财经大学学报,（1）: 70-75.

吴志华, 胡学君, 施国庆. 2001. 以合理成本谋求粮食安全[J]. 农业经济问题,（8）: 48-51.

夏敬源, 聂闯. 2012. 全球粮食与农业领域发展趋势[J]. 世界农业,（9）: 12-13.

肖国安, 刘友金, 向国成. 2009. 国家粮食安全战略研究论纲[J]. 湘潭大学学报（哲学社会科学版）,（6）: 39-45.

肖丽群, 陈伟, 吴群. 2012. 未来 10 年长江三角洲地区耕地数量变化对区域粮食产能的影响——基于耕地质量等别的视角[J]. 自然资源学报，（4）：565-576.

谢杰. 2007. 中国粮食生产函数的构建与计量分析[J]. 统计与决策，（20）：74-76.

谢俊奇，蔡玉梅，郑振源. 2004. 基于改进的农业生态区法的中国耕地粮食生产潜力评价[J]. 中国土地科学，（4）：31-37.

熊健. 1997. 我国耕地水灌溉与粮食产量的灰色关联分析[J]. 数量经济技术经济研究，（3）：78-80.

熊鹰，王克林，胡敏. 2005. 湖南省耕地资源态势与粮食安全研究[J]. 地域研究与开发，（2）：92-95.

徐磊，张峭. 2011. 国际粮食市场价格风险评估研究[J]. 中国农业大学学报，（4）：158-163.

许经勇，黄焕文. 2004. 中国粮食安全问题的理性思考[J]. 厦门大学学报（哲学社会科学版），（1）：38-43.

许世卫，信乃诠. 2010. 当代世界农业[M]. 北京：中国农业出版社.

闫梅，黄金川，彭实诚. 2011. 中部地区建设用地扩张对耕地及粮食生产的影响[J]. 经济地理，（7）：1157-1164.

颜玉华. 2011. "耕地红线"与"粮食安全生命线"——我国18亿亩耕地红线忧思录[J]. 公民与法制，（5）：18-20.

杨丽萍，郭洪海，袁奎明. 2007. 山东省粮食生产与耕地动态变化的相关分析[J]. 中国农业资源与区划，（4）：9-12.

杨晓智. 2009. 世界粮食贸易格局及趋势研究. 国际贸易问题，（12）：9-15.

杨燕，刘渝琳. 2006. 中国粮食进口贸易中"大国效应"的扭曲及实证分析[J]. 国际商务. 对外经济贸易大学学报，（4）：27-31.

杨玉蓉，刘文杰，邹君. 2011. 基于虚拟耕地方法的中国粮食生产布局诊断[J]. 长江流域资源与环境，（4）：495-500.

杨再高. 1994. 广东省人口、耕地、粮食的变化趋势及其对策研究[J]. 农业经济问题，（7）：16-20.

姚今观，宋景义，杨菁. 2001. 加入WTO对中国粮食市场的影响及对策[J]. 河北学刊，（02）：63-67.

叶浩，濮励杰，张健. 2008. 我国粮食主产区耕地产出效率研究[J]. 长江流域资源与环境，（4）：584-587.

尹成杰. 2005. 关于提高粮食综合能力的思考[J]. 农业经济问题，（1）：5-10.

于法稳. 2008. 中国粮食生产与灌溉用水脱钩关系分析[J]. 中国农村经济，（10）：34-44.

余振国，胡小平. 2003. 我国粮食安全与耕地的数量和质量关系研究[J]. 地理与地理信息科学，（5）：45-49.

俞文政，曲福田，祁英香，等. 2009. 青海湖地区土地持续利用评价[J]. 中国生态农业学报，（5）：1017-1022.

曾希柏，李菊梅. 2004. 中国不同地区化肥施用及其对粮食生产的影响[J]. 中国农业科学，（3）：79-84.

张凤荣，薛永森，鞠正山. 1998. 中国耕地的数量与质量变化分析[J]. 资源科学，（9）：32-39.

张福锁，崔振岭，王激清，等. 2007. 中国土壤和植物养分管理现状与改进策略[J]. 植物学报，24（6）：687-694.

张海鑫，杨钢桥. 2012. 耕地细碎化及其对粮食生产技术效率的影响——基于超越对数随机前沿生产函数与农户微观数据[J]. 资源科学，（5）：903-910.

张晋科，张凤荣，张琳. 2006. 中国耕地的粮食生产能力与粮食产量对比研究[J]. 中国农业科学，

（11）：2278-2285.

张立富，张锦梅，刘颖. 2002. 中国的粮食安全问题[J]. 农业经济，（3）：39-40.

张琳，张凤荣，安萍莉. 2008. 不同经济发展水平下的耕地利用集约度及其变化规律比较研究[J]. 农业工程学报，（1）：108-112.

张顺洪，孟庆龙，毕健康. 1998. 国内外学者对新殖民主义的认识与研究[J]. 史学理论研究，（04）：123-133.

张卫峰，季玥秀，马骥. 2008. 中国化肥消费需求影响因素及走势分析[J]. 资源科学，（2）：213-220.

张晓京. 2012. WTO《农业协议》下的粮食安全——基于发达与发展中国家博弈的思考[J]. 华中农业大学学报（社会科学版），（2）：91-97.

张友先. 2011. 促进我国企业进行海外矿产资源开发利用的若干建议[J]. 金融前沿，（3）：75-78.

张宇. 2009. 中国跨国公司风险管理的内部问题分析[J]. 国际经济合作，（08）：22-27.

张月蓉，黄耀辉. 1990. 我国耕地资源、粮食生产潜力浅析[J]. 中国农村经济，（11）：40-44.

章丽华. 2008. 日韩争相"海外垦田"御粮荒[J]. 观察与思考，（10）：50-51.

赵翠薇，濮励杰. 2006. 城市化进程中的土地利用问题研究——以江苏省为例[J]. 长江流域资源与环境，（2）：169-173.

赵曙明. 1998. 国际企业：风险管理[M]. 南京：南京大学出版社.

中国科学院国情分析研究小组. 2000. 国情研究第 5 号报告——国内报刊独家连载农业与发展——21 世纪中国粮食与农业发展战略研究[J]. 资源节约和综合利用，（2）：2-11.

中央企业境外投资考察团. 2004. 加快海外资源开发利用步伐——中央企业境外投资考察报告[J]. 宏观经济研究，（8）：19-21.

钟甫宁，朱晶，曹宝明. 2004. 粮食市场的改革与全球化：中国粮食安全的另一种选择[M]. 北京：中国农业出版社.

钟甫宁. 2011a. 关于当前粮食安全的形势判断和政策建议[J]. 农业经济与管理，（1）：5-8.

钟甫宁. 2011b. 粮食储备和价格控制能否稳定粮食市场？——世界粮食危机的若干启示[J]. 南京农业大学学报（社会科学版），（2）：20-26.

周四军. 2003. 对我国粮食生产影响因素的计量分析[J]. 统计与决策，（4）：41-42.

周小萍，卢艳霞，陈百明. 2005. 中国近期粮食生产与耕地资源变化的相关分析[J]. 北京师范大学学报（社会科学版），（5）：122-127.

朱红波，张安录. 2007. 中国耕地压力指数时空规律分析[J]. 资源科学，（2）：104-108.

朱红波. 2008. 中国耕地资源安全研究[M]. 成都：四川大学出版社.

朱晶，钟甫宁. 2004. 市场整合、储备规模与粮食安全[J]. 南京农业大学学报（社会科学版），（3）：19-23.

朱晶. 2003. 农业公共投资、竞争力与粮食安全[J]. 经济研究，（1）：13-20.

邹彩芬，王雅鹏. 2005. 国内外民间粮食储备情况综述及其政策启示[J]. 粮食科技与经济，（3）：24-26.

邹健，龙花楼. 2009. 改革开放以来中国耕地利用与粮食生产安全格局变动研究[J]. 自然资源学报，（8）：1366-1377.

Alden W L. 2010. Whose land are you giving away，Mr. President？ [R]. Washington: Paper presented at the Annual Bank Conference on Land Policy and Administration.

Andersen P P, Lorch R P, Rosegrant M W. 1997. The World Food Situation: Recent Developments, Emerging Issues, and Long-Term Prospects, 2020 Vision Food Policy Report[R]. Washington: International Food Policy Research Institute.

Andersen P P. 2009. Food security: definition and measurement[J]. Food Security, （1）: 5-7.

Arezki R, Deininger K, Selod H. 2012. The global land rush [J]. Finance and Development, （3）: 46-49.

Ash R F, Edmonds R L. 1998. China's land resources, environment, and agricultural production[J]. The China Quarterly, 156: 836-879.

Babu S C, Reidhead W. 2000. Monitoring natural resources for policy interventions: a conceptual framework, issues, and challenges[J]. Land Use Policy, 17 （1）: 1-11.

Babu S C, Tashmatov A. 1999. Attaining food security in central Asia-emerging issues and challenges for policy research[J]. Food Policy, 24 （4）: 357-362.

Baydildina A, Akshinbay A, Bayetova M, et al. 2000. Agricultural Policy Reforms and Food Security in Kazakhstan and Turkmenistan[J]. Food Policy, 25 （6）: 733-747.

Binswanger H, Byerlee D, Mccalla A, et al. 2011. The Growing Opportunities for African Agricultural Development[R]. Washington: International Food Policy Research Institute.

Bodie Z, Merton R C. 2000. Finance[M]. London: Prentice Hall.

Borlaug N E. 2000. Ending world hunger, the promise of biotechnology and the threat of antiscience zealotry[J]. Plant Physiology, 124 （2）: 487-490.

Borras J S M, Hall R, Scoones I, et al. 2011. Towards a better understanding of global land grabbing: an editorial introduction[J]. Journal of Peasant Studies, 38 （2）: 209-216.

Bremmer X. 2005. Managing risk in an unstable world[J]. Risk and Reward in World Markets, （23）: 51-61.

Brown L R. 1994. Who will feed China? world watch[J]. World Watch Magazine, 7 （5）: 33-39.

Brown L R. 1995. Who Will Feed China? Wake-up Call for a Small Planet[M]. New York: Norton Press.

Brown L. 2004. China's Shrinking Grain Harvest: How Its Growing Grain Imports Will Affect World Food Prices[R]. Washington: Earth Policy Institute.

Bruinsma J. 2003. World Agriculture: Towards 2015/2030, an FAO Perspective[R]. Rome: Food and Agriculture Organization of the United Nations.

Bruinsma J. 2009. The Resource Outlook to 2050: by How Much do Land, Water Use and Crop Yields Need to Increase by 2050? [R]. Rome: Food and Agriculture Organization of the United Nations.

Buckley P, Casson M C. 1981. The optimal timing of a foreign direct investment[J]. The Economic Journal, 91 （3）: 75-87.

Buckley P, Casson M C. 1998. Analyzing foreign market entry strategies: extending the internalization Approach[J]. Journal of International Business Studies, 29 （3）: 539-561.

Bues A. 2011. Agricultural Foreign Direct Investment and Water Rights: An Institutional Analysis from Ethiopia[A]. Conference paper: International Conference on Global Land Grabbing[C]. Institute of Development Studies, University of Sussex.

Carvalho F P. 2006. Agriculture, pesticides, food security and food safety[J]. Environmental Science & Policy, 9 (7-8): 685-692.

Christiansen F. 2009. Food security, urbanization and social stability in China[J]. Journal of Agrarian Change, 9 (4): 548-575.

Colchester M. 2011. Palm Oil and Indigenous Peoples in South East Asia [OL]. http://www. forestpeoples. org/topics/palm-oil-rspo/publication/2010/palm-oil-and-indigenous-peoples-south-east-asia[2013-10-9].

Conforti P. 2011. Looking ahead in world food and agriculture: Perspectives to 2050[R]. Rome: Food and Agriculture Organization of the United Nations.

Cordell D, Drangert J, White S. 2009. The story of phosphorus: global food security and food for thought[J]. Global Environmental Change, 19 (2): 292-305.

Cotula L, Vermeulen S, Leonard R, et al. 2011. Agricultural investment and international land deals: evidence from a multi-country study in Africa[J]. Food Security, 3 (1): 99-113.

Cotula L, Vermeulen. 2009. Deal or no deal: the outlook for agricultural land investment in Africa[J]. International Affairs, 85 (6): 1233-1247.

Crosson P. 1995. Soil erosion and its on-farm productivity consequences: what do we know? [R]. Washington: Resources for the Future.

Davis J. 2008. Ukraine's Role in Increasing World Food Security[OL]. http: www. unian. net/eng/print/244459[2011-3-1].

Deininger K, Byerlee D. 2011. Rising global interest in farmland: can it yield sustainable and equitable benefits? [R]. Washington: World Bank.

Deininger K. 2003. Land Policies for Growth and Poverty Reduction[R]. Washington: World Bank.

Deininger K. 2011. Challenges posed by the new wave of farmland investment[J]. Journal of Peasant Studies, 38 (2): 217-247.

Deutsche Bank. 2012. Foreign investment in farmland[R]. Frankfurt: Deutsche Bank.

Djiré M. 2007. Land Registration in Mali—No Land Ownership for Farmers? [R]. London: International Institute for Environment and Development.

Dunning J H. 1988. Explaining International Production[M]. London: Un Win Hyman.

Eickhout B, van Meijl, Tabeau A, et al. 2009. The Impact Of Environmental and Climate Constraints on Global Food Supply[A]. Economic Analysis of Land Use in Global Climate Change Policy[C]. London: Routledge.

Eidt R C. 1968. Japanese agricultural colonization: a new attempt at land opening in argentina[J]. Economic Geography, (1): 1-20.

Fairbairn M. 2013. Indirect dispossession: domestic power imbalances and foreign access to land in mozambique[J]. Development and Change, 44 (2): 335-356.

Fan S. 1997. Production and productivity growth in Chinese agriculture: new measurement and evidence[J]. Food Policy, 22 (3): 213-228.

Fargione J, Hill J, Tilman D, et al. 2008. Land clearing and the biofuel carbon debt[J]. Science, 319 (5867): 1235-1238.

Federal Ministry for Economic Cooperation and Development. 2009. Development policy stance on the topic of land grabbing-the purchase and leasing of large areas of land in developing countries[R]. Berlin: Federal Ministry for Economic Cooperation and Development.

Food and Agriculture Organization. 1996. Declaration on world food security[R]. Rome: World Food Summit.

Food and Agriculture Organization. 2007. World agriculture towards 2030/2050[R]. Rome: Food and Agriculture Organization of the United Nations.

Food and Agriculture Organization. 2013. FAO statistical yearbook 2012[R]. Rome: Food and Agriculture Organization of the United Nations.

Genetic Resources Action International. 2008. Seized! The 2008 land Grab for Food and Financial Security[OL]. http: www. grain. org/go/landgrab[2009-6-12].

Genetic Resources Action International. 2011. Land Grabbing and the Global Food Crisis[OL]. http://www. grain. Org/bulletin_board/entries/4429-new-data-sets-on-land-grabbing landgrabGRAIN- dec2011. pdf[2012-1-16].

Genetic Resources Action International. 2012. GRAIN Releases Data Set with Over 400 Global Land Grabs[OL]. http://www. grain. org/article/entries/4479-grain-releases-data-set-with-over-400-lobal-land-grabs[2013-4-28].

Gorton D, Bullen C R, Ni M C. 2010. Environmental influences on food security in high-income countries[J]. Nutrition Reviews, 68 (1): 1-29.

Haberl H, Erb K H, Krausmann F, et al. 2011. Global bioenergy potentials from agricultural land in 2050: sensitivity to climate change, diets and yields[J]. Biomass and Bioenergy, 35: 4753-4769.

Han S. 2010. Urban expansion in contemporary China: what can we learn from a small town? [J]. Land Use Policy, 27 (3): 780-787.

Hazell P B R, Norton R D. 1986. Mathematical Programming for Economic Analysis in Agriculture[M]. New York: Macmillan Publishing Company.

Hazell P B R. 1986. Summary proceedings of a workshop on cereal yield variability[R]. Washington: International Food Policy Research Institute.

Heilig G K. 1997. Anthropogenic factors in land-use change in China[J]. Population and Development Review, 23: 139-168.

Helpman E. 1985. Market Structure and International Trade[M]. Cambridge: MIT Press.

Hinrichs C C. 2013. Regionalizing food security? imperatives, intersections and contestations in a post-9/11 world[J]. Journal of Rural Studies, 29 (1): 7-18.

Hovhannisyan V, Gould B W. 2011. Quantifying the structure of food demand in China: an econometric approach[J]. Agricultural Economics, 42 (1): 1-18.

Hyman G, Larrea C, Farrow A. 2005. Methods, results and policy implications of poverty and food security mapping assessments[J]. Food Policy, 30 (5-6): 453-460.

Hymer S H. 1976. The International Operations of National Firms: A Study of Direct Foreign Investment[M]. Cambridge: MIT Press.

Institute For Food First. 2010. Stop Land Grabbing Now[OL]. http://www. foodfirst. Org/en/node/2900.

Jenkins J C, Scanlan S J. 2001. Food security in less developed countries, 1970 to 1990[J]. American Sociological Review, 66 (5): 718-744.

Jiang T S. 2003. The impact of China's WTO accession on its regional economies[J]. Australian Agribusiness Review, (11): 9-17.

Jiang T S. 2002. WTO Accession and Regional Incomes[A]. Ross Garnaut and Ligang Song, ed., China 2002: WTO Entry and World Recession[C]. Canberra: Asia Pacific Press.

Jin S Q, Huang J K, Hu R, et al. 2002. The Creation and Spread of Technology and Total Factor Productivity in China[J]. American Journal of Agricultural Economics, 84 (4): 916-930.

Kasanga K, Kotey N A. 2001. Land management in ghana: building on tradition and modernity[R]. London: International Institute for Environment and Development.

Kneafsey M, Dowler E, Mumford H, et al. 2013. Consumers and food security: uncertain or empowered? [J]. Journal of Rural Studies, (29): 101-112.

Kugelman M, Levenstein S L. 2009. Land grab? the race for the world's farmland[R]. Washington: Woodrow Wilson International Center for Scholars.

Large M, Ravenscroft N. 2009. A global land-grab [J]. The Ecologist, 39 (2): 63-64.

Li T M. 2011. Centering labor in the land grab debate[J]. Journal of Peasant Studies, 38 (2): 281-298.

Liehtenberg E. 1992. R&D investment and international productivity difference [R]. London: National Bureau of Economic Research.

Lin G C, Ho S P. 2003. China's land resources and land use changes: insights from the 1996 land survey[J]. Land Use Policy, 20: 87-107.

Lin J Y. 1998. How did China feed itself in the past? how will China feed itself in the future? [R]. Cimmyt: Second Distinguished Economist Lecture.

Lin Y 1992. Rural reform and agricultural growth in China[J]. The American Economic Review, 82 (1): 34-51.

Liu J, Liu M, Tian H, et al. 2005. Spatial and temporal patterns of China's cropland during 1990-2000: an analysis based on landsat TM data[J]. Remote Sensing of Environment, (98): 442-456.

Liu X, Chen B. 2007. Efficiency and sustainability analysis of grain production in Jiangsu and Shanxi Provinces of China[J]. Journal of Cleaner Production, 15 (4): 313-322.

Makhura M T. 1998. The development of food security policy for South Africa (SAFSP): a consultative process[J]. Food Policy, 23 (6): 571-585.

March J G, Shapira Z. 1987. Managerial perspectives on risk and risk taking[J]. Management Science, 33 (11): 1404-1418.

McCarthy J F, Cramb R M. 2009. Policy narratives, landholder engagement, and oil palm expansion on the malaysian and indonesian frontiers[J]. The Geographical Journal, (2): 112-123.

McMichael P A. 2009. Food regime genealogy[J]. Journal of Peasant Studies, (1): 139-169.

Miao Y X，Stewart B A，Zhang F，et al. 2011. Long-term experiments for sustainable nutrient management in China[J]. Agronomy for Sustainable Development，31：397-414.

Miller K D. 1996. Measurement of Perceived Environmental Uncertainties：Response and Extension[M]. West Lafayette：Purdue University Press.

Ministry of Health. 2003. Key results of the 2002 national children's nutrition survey[R]. Wellington：Ministry of Health.

Msangi S，Rosegrant M. 2009. World agriculture in a dynamically-changing environment：IFPRI's long-term outlook for food and agriculture under additional demand and constraints[R]. Rome：Expert Meeting on How to feed the World in 2050，Food and Agriculture Organization of the United Nations.

Murphy R，Woods J，Black M，et al. 2011. Global developments in the competition for land from biofuels[J]. Food Policy，36：52-61.

Nellemann C. 2009. The environmental food crisis[R]. Nairobi：United Nations Environment Programme（UNEP）.

Nelson M，Erens B，Bates B，et al. 2007. Low income diet and nutrition survey[R]. London：Food Standards Agency.

Nonfodji P. 2011. China's farmland rush in Benin：toward a win-win economic model of cooperation？[A]. Conference paper：International conference on global land grabbing[C]. Institute of Development Studies，Brighton：University of Sussex.

Nord M，Andrews M，Carlson S. 2008. Household food security in the United States，2007[R]. Washington：Economic Research Service，United States Department of Agriculture.

Northam R M. 1975. Urban Geography[M]. New York：John Wiley & Sons.

Pacheco P，Chapuis R P. 2009. Cattle ranching development in the Brazilian Amazon：emerging trends from increasing integration with markets[R]. Bogor：Center for International Forestry Research.

Patel R. 2009. Food sovereignty[J]. The Journal of Peasant Studies，36（3）：663-706.

Pyakuryal B，Roy D，Thapa Y. 2010. Trade liberalization and food security in Nepal[J]. Food Policy，35（1）：20-31.

Qiao F，Chen J，Carter C. 2011. Market Development and the Rise and Fall of Backyard Hog Production in China[J]. The Developing Economies，49（2）：203-222.

Rosegrant M W，Cline S. 2003. Global food security：challenges and policies[J]. Science，302（5652）：1917-1919.

Royal Society of London. 2009. Reaping the Benefits：Science and the Sustainable Intensification of Global Agriculture[M]. London：The Royal Society.

Rozelle S，Rosegrant M W. 1997. China's past，present，and future food economy：can China continue to meet the challenges？[J]. Food Policy，22（3）：191-200.

Rufino M C，Thornton P K，Nganga S，et al. 2013. Transitions in agro-pastoralist systems of east Africa：impacts on food security and poverty[J]. Agriculture，Ecosystems & Environment，（179）：215-230.

Rugman A M. 1979. International Diversification and the Multinational Enterprise[M]. Cambridge: Lexington Books.

Russell D G, Parnell W R, Wilson N, et al. 1999. Key results of the 1997 national nutrition survey[R]. Wellington: Ministry of Health.

Saleth R M, Dinar A. 2009. The impact of multiple policy interventions on food security[J]. Journal of Policy Modeling, 31 (6): 923-938.

Sanchez P A, Leakey R R B. 1997. Land use transformation in Africa: three determinants for balancing food security with natural resource utilization[J]. European Journal of Agronomy, 7 (3): 15-23.

Scheidel A, Sorman A H. 2012. Energy Transitions and the Global Land Rush: Ultimate Drivers and Persistent Consequences[J]. Global Environmental Change, 22: 588-595.

Schmidhuber J. 2006. Impact of an increased biomass use on agricultural markets, prices and food security: a longer-term perspective[R]. Rome: Food and Agriculture Organization of the United Nations.

Scoones I. 2010. Alternative Perspectives on Land Grabbing and Biofuels: Exploring the Implications for Policy[OL]. http://www. tni. org/sites les/Ian%20 Scoones, %20 Rome%20CFS%20 Notes%20Oct%202010. pdf[2010-11-10].

Shriar A J. 2002. Food security and land use deforestation in northern guatemala[J]. Food Policy, 27 (4): 395-414.

Smaller C, Mann H. 2009. A thirst for distant lands: foreign investment in agricultural land and water[R]. Ottawa: International Development Research Centre of the Government of Canada.

Spiertz J H J. 2010. Nitrogen, sustainable agriculture and food security, a review[J]. Agronomy for Sustainable Development, 30 (1): 43-55.

Stocking M A. 2003. Tropical soils and food security: the next 50 years[J]. Science, 302 (5649): 1356-1359.

Tao F, Hayashi Y, Zhang Z, et al. 2008. Global warming, rice production, and water use in China: developing a probabilistic assessment[J]. Agricultural and Forest Meteorology, 148 (1), 94-110.

Tao F, Yokozawa M, Hayashi Y, et al. 2005. A perspective on water resources in China: interactions between climate change and soil degradation[J]. Climate Change, (68): 169-197.

The Economist. 2009. Buying farmland abroad: outsourcing's third wave[J]. The Economist, 65-66.

van Rooyen J, Sigwele H. 1998. Towards regional food security in southern Africa: a new policy framework for the agricultural sector[J]. Food Policy, 23 (6): 491-504.

Verburg P H, Chen Y. 2000. Spatial explorations of land use change and grain production in China[J]. Agriculture, Ecosystems and Environment, 82: 333-354.

Visser O, Spoor M. 2011. Land grabbing in post-soviet eurasia: the world's largest agricultural land reserves at stake[J]. Journal of Peasant Studies, 38 (2): 299-323.

von Braun J, Meinzen-Dick R. 2009. "Land Grabbing" by foreign investors in developing countries: risks and opportunities [J], IFPRI Policy Brief 13, (3): 1-9.

Wen G J. 1993. Total factor productivity change in China's farming sector: 1952-1989[J]. Economic Development & Cultural Change, 42 (1): 1-41.

Willett A H. 1901. The Economic Theory of Risk and Insurance[M]. New York: The Columbia University Press.

Williams C A, Heins R M. 1964. Risk management and insurance[M]. New York: McGraw-Hill.

Wittman H. 2009. Reworking the metabolic rift: la via campesina, agrarian citizenship, and food sovereignty[J]. The Journal of Peasant Studies, 36 (4): 805-826.

Wolford W. 2010c. This Land is Ours Now: Social Mobilization and the Meanings of Land in Brazil[M]. Durham: Duke University Press.

World Bank. 2007. Rising Global Interest in Farmland, Can It Yield Sustainable and Equitablel Benefits? [OL]. http://www. reliefweb. int/rw/lib. nsf/db900sid/MYAI-8944QM/$file/wb-sep2010. pdf[2011-12-14].

World Bank. 2008. World Development Report: Agriculture for Development [M]. Washington: World Bank.

World Bank. 2010a. Lao PDR: Investment and Access to Land and Natural Resources: Challenges in Promoting Sustainable Development [R]. Washington: World Bank.

World Bank. 2010b. Principles for Responsible Agricultural Investment (RAI) that Respects Rights, Livelihoods and Resources[OL]. http: //siteresources. worldbank. Org/INTARD/214574 1113 8388661/22453321/Principles_Extended. pdf[2011-12-14].

Xiong W, Declan C, Lin E, et al. 2009. Future cereal production in China: the interaction of climate change, water availability and socio-economic scenarios[J]. Global Environmental Change, 19(1): 34-44.

Xiong W, Holman I, Lin E, et al. 2010. Climate Change, Water Availability and Future Cereal Production in China[J]. Agriculture, Ecosystems and Environment, 135: 58-69.

Yang H, Li X. 2000. Cultivated land and food supply in China[J]. Land Use Policy, 17: 73-88.

Yao F, Xu Y, Lin E, et al. 2007. Assessing the impacts of climate change on rice yields in the main rice areas of China[J]. Climatic Change, 80: 3-4.

Ye J Z, Pan L. 2012. Differentiated childhoods: impacts of rural labor migration on left-behind children in China[J]. The Journal of Peasant Studies, 38 (2): 355-377.

Zezza A, Tasciotti L. 2012. Urban agriculture, poverty, and food security: empirical evidence from a sample of developing countries[J]. Food Policy, 35 (4): 265-273.

Zhang K H, Song S F. 2003. Rural-urban migration and urbanization in China: evidence from time-series and cross-section analyses[J]. China Economic Review, 14 (4): 386-400.

Zhou Z Y. 2001. Joining WTO and China's food security[R]. Sydney: Association for Chinese Economic Studies (Australia) Newsletter.

Zoomers A. 2011. Introduction: rushing for land: equitable and sustainable development in Africa, Asia and Latin America [J]. Development, (1): 12-20.